La demande reconventionnelle devant la Cour internationale de Justice

Le droit aujourd'hui

La collection « Le droit aujourd'hui » regroupe des études juridiques concernant des problèmes d'actualité nationale et internationale, dans divers domaines (éthique, politique, questions de société…).

Déjà parus

Claire Joachim, *Protection de la qualité des eaux douces au canada et dans l'union européenne, Le partage des compétences,* 2018.
Ianjatiana Randrianandrasana, *Le droit de la protection de la nature à Madagascar : entre centralisme et consensualisme*, 2018.
Wendkouni Judicaël Djiguemdé, *L'aménagement conventionnel de la société commerciale en droit français et en droit OHADA*, 2018.
A. A. Cançado Trindade, *Vers un nouveau* jus gentium *humanisé. Recueil des opinions individuelles du juge A. A. cançado trindade*, 2018.
Fabienne Labelle et Damien Thierry (dir.), *Droit des sites et sols pollués. Bilans et perspectives*, 2018.
Moustapha Kamara (avec la collaboration d'Isabel Falconer et Samba Thiam), *Le contentieux du transfert des joueurs devant la FIFA et le Tribunal arbitral du sport. Guide juridique pratique*, 2017.
Marie Pelé et Cédric Sueur (Coord.), *Questions d'actualité en éthique animale*, 2017.
Guy Dibangue, *La recherche de l'équilibre contractuel dans le cautionnement*, 2017.
David Defrance, *Le retour à meilleure fortune, Étude en droit des difficultés économiques*, 2017.
Mariem Aydi Ghozzi, *Les principes généraux dans la jurisprudence de l'organe de règlement des différends de l'OMC, 2017.*
Boris Barraud, *Le droit postmoderne. Une introduction*, 2017.
Boris Barraud, *La jurisprudence et la doctrine*, 2017.
Geneviève Iacono, *Voyages au cœur des propriétés publiques*, 2016.
Nitish Monebhurrun, *La fonction du développement dans le droit international des investissements,* 2016.
Djiby Sow, *La légalité de l'intervention militaire française au Mali. Contribution à l'étude du cadre juridique de la lutte armée contre le terrorisme international*, 2016.
Emmanuel Tessier, *Le stade en droit public. Recherche sur le régime juridique des enceintes sportives*, 2015.
Sophie Huvé, *La Russie et l'ONU. L'Organisation des Nations unies, cadre et instrument de la politique extérieure russe (1999-2015)*, 2015.

Hadi Azari

La demande reconventionnelle devant la Cour internationale de Justice

Préface d'Alain Pellet

L'Harmattan

5-7, rue de l'École-Polytechnique, 75005 Paris
http://www.editions-harmattan.fr
ISBN : 978-2-343-13557-1
EAN : 9782343135571

A

mes parents

Préface

LA DEMANDE RECONVENTIONNELLE DEVANT LA COUR INTERNATIONALE DE JUSTICE

L'ouvrage que l'on va lire est issu d'une thèse de doctorat préparée sous la direction du Professeur Joe Verhoeven et soutenue devant un jury prestigieux que j'ai eu l'honneur de présider, à l'Université Panthéon-Assas. Elle atteste de l'intérêt renouvelé pour la Cour internationale de Justice[1] et de la montée de jeunes talents « extra-européens » dans la doctrine internationaliste.

Pour être honnête, j'étais loin de soupçonner qu'Hadi Azari ferait preuve de telles aptitudes lorsqu'il a été admis, en 2003, dans le Diplôme d'études approfondies (DEA) de « Droits internationaux » que je dirigeais à l'Université Paris-Nanterre (elle portait alors un autre nom, plus inutilement compliqué). Je n'avais, initialement, pas prêté d'attention particulière à cet étudiant réservé, handicapé par une maîtrise insuffisante de la langue française. J'ai manqué de perspicacité. Assez vite en effet, il a témoigné de la « passion du droit international » que lui a transmise le Professeur Djamchid Momtaz, grand maître de cette discipline. Je la crois sincère. Elle se manifestait dans ses interventions non seulement lors de mes cours, mais aussi durant les nombreuses « conférences d'actualité juridique » organisées

---

[1] V. ma recension des ouvrages généraux qui lui ont été consacrés récemment dans *The Law and Practice of International Courts and Tribunals*, 2017, n° 16 (« The ICJ – A Renewed Bibliography (On Rosenne's Fifth Edition and Some Others) »).

par le Centre de Droit international de Nanterre (CEDIN) dont il ne manquait aucune que ce soit durant ses études de DEA ou pendant toute la période (d'ailleurs plus que raisonnablement courte) de préparation de sa thèse. Elle transparaît encore dans celle-ci dont le sujet, technique et passablement austère, se prête pourtant peu à des débordements affectifs.

À juste titre, l'auteur souligne d'emblée l'intérêt nouveau dont bénéficie l'institution de la demande reconventionnelle devant la CIJ et les zones d'ombre qui subsistent quant à ses modalités et sur sa définition même.

Dans un style remarquablement limpide et suivant un plan aussi logique que simple (Notion/Recevabilité/Mise en œuvre), Hadi Azari conduit le lecteur dans les arcanes de cette institution complexe – qu'il n'est pas toujours facile de distinguer d'une simple défense comme en témoignent les atermoiements voire les contradictions de la jurisprudence de la Cour lorsqu'il s'agit d'apprécier l'existence du « quelque chose de plus » qui caractérise la reconversion alors même que, comme le relève l'auteur, défense et reconvention « appartiennent à la stratégie défensive de la partie contre laquelle l'instance est engagée » - étant toutefois remarqué que la jurisprudence de la Cour se montre peu regardante sur le caractère défensif de la reconvention, qu'elle voit davantage comme un glaive que comme un bouclier.

Enrichie par des développements de droit comparé, l'étude, qui se recommande par son caractère clair et pédagogique, se veut essentiellement pratique et devrait, en effet, être fort utile aux conseils et avocats devant la Cour, voire aux membres de la Haute Juridiction eux-mêmes lorsqu'ils sont confrontés à une demande reconventionnelle. Ce souci didactique, qui n'exclut pas une grande finesse de l'analyse, se traduit notamment par des rappels constants, mais concis etaccessibles, des principes généraux applicables aux procédures devant la CIJ, qui éclairent utilement la présentation très complète et plus technique des problèmes portant plus directement sur les demandes reconventionnelles.

Comme le relève Hadi Azari, s'agissant de la Cour mondiale, la reconversion, qui n'est pas prévue par le Statut est une création prétorienne, consacrée par le Règlement. C'est fort intéressant car cela me paraît établir que cette utile institution (ou n'est-ce qu'une pratique ?) relève des « pouvoirs inhérents » à toute juridiction, notion controversée s'il en est et pourtant tout à fait indiscutable aux yeux du signataire de ces lignes, sans qu'il y ait lieu de se laisser arrêter par le fait que les parties qui se présentent devant la Cour sont des États souverains. Du reste, comme le rappelle l'auteur, Anzilotti lui-même, peu suspect de vouloir étendre indument les effets de la volonté de l'État, y voyait un principe général de droit transposable à la procédure devant la CPJI.[2] Dès lors que la Cour a compétence (donc que le consentement des Parties est établi), elle bénéficie, « aux seules fins d'assurer une meilleure administration de la justice »[3], de tous les pouvoirs nécessaires pour l'exercer et se doit, conformément à la mission que lui impartit le chapeau de l'article 38 de son Statut, de régler (complètement) les différends qui lui sont soumis. Elle y contribue en se prononçant sur une demande reconventionnelle puisque celle-ci, aux termes de l'article 80 du Règlement, doit être « en connexité directe avec l'objet de la demande de la partie adverse ». Portant sur un différend « intimement rattaché à celui introduit par le demandeur », selon l'heureuse formule d'Hadi Azari, pas davantage qu'une conclusion additionnelle, la demande reconventionnelle ne saurait en effet transformer celui-ci « en un autre différend dont le caractère ne serait pas le même »[4].

L'éloignement de l'auteur à l'égard des discussions théoriques abstraites ne l'empêche pas de prendre position sur des aspects incertains ou controversés de la jurisprudencela Cour – on peut parfois ne pas le suivre.

Ainsi, il prend le parti de la majorité qui, dans l'affaire du *Génocide* entre la Bosnie-Herzégovine et la Serbie, avait estimé

---

[2] D. Anzilotti, « La demande reconventionnelle en procédure internationale », *JDI (Clunet)* 1930, p. 863.

[3] CIJ, ordonnance, 17 décembre 1997, *Application de la convention pour la prévention et la répression du crime de génocide, demandes reconventionnelles, Recueil 1997*,p. 257, par. 30.

[4] V. CPJI, arrêt, 15 juin 1939, *Société commerciale de Belgique*, série A/B n° 78, p. 173 ; v. aussi CIJ, arrêt, 26 novembre 1984, *Activités militaires et paramilitaires au Nicaragua et contre celui-ci (Nicaragua c. Etats-Unis d'Amérique), Recueil 1984*, p. 427, par. 80 ; arrêt, 26 juin 1992, *Certaines terres à phosphates à Nauru, Rec.* 1992, p. 267, par. 69 ; arrêt, 11 juin 1998, *Frontière terrestre et maritime entre le Cameroun et le Nigéria (Cameroun c. Nigéria; Guinée Équatoriale (intervenant)), Recueil 1998*, pp. 318-319, par. 99.

que des conclusions relatives à un acte de génocide pouvaient faire l'objet d'une demande reconventionnelle portant sur un autre génocide prétendument attribuable à l'État requérant[5]. Je persiste à penser qu'« en aucun cas une violation de la convention [de 1948] ne pourrait servir d'excuse à une autre violation de celle-ci »[6]. Et ce n'est pas essentiellement un problème d'identité factuelle, écartée par la Cour dans d'autres affaires dans lesquelles elle s'est contentée de l'existence de « faits de même nature » s'inscrivant « dans le cadre d'un même ensemble factuel complexe »[7] : la solution retenue par la Cour – à tort à mon avis – fait fi du caractère non réciproque de l'obligation violée.

On peut aussi s'interroger sur le bien-fondé du vigoureux plaidoyer de l'auteur en faveur de la nécessité d'un désistement spécifique à une demande reconventionnelle en cas de retrait de l'affaire principale : la reconversion n'est qu'un incident de procédure, indissolublement lié à la requête initiale (voire au compromis) dont on imagine mal qu'elle puisse être maintenue isolément. Cette position paraît du reste difficilement compatible avec celle, contraire, qu'il prend dans l'hypothèse où la disparition de l'instance résulte de l'acceptation par la Cour d'une exception jointe au fond.

---

[5] CIJ, ordonnance, 17 décembre 1997, *Application de la convention pour la prévention et la répression du crime de génocide, demandes reconventionnelles, Recueil 1997*, p. 258, par. 35; *contra*, v. l'opinion dissidente du Vice-président Weeramentri, *ibid.*, p. 291.

[6] CR 2006/8, 3 mars 2006, p. 22 par. 33 (A. Pellet citant CIJ, ordonnance du 17 décembre 1997, *Application de la convention pour la prévention et la répression du crime de génocide, demandes reconventionnelles, Recueil 1997*, p. 258, par. 35). V. aussi les Observations écrites du Gouvernement de la Bosnie-Herzégovine sur les demandes reconventionnelles de la République fédérative de Yougoslavie, 9 octobre 1997, partie 4 ; paragraphe 4) du commentaire de l'article 26 du Projet d'articles sur la responsabilité de l'État pour fait internationalement illicite, *Annuaire de la CDI*, 2001, Vol. II, 2e partie, p. 90 : « un génocide [...] ne saurait justifier un contre-génocide ».

[7] CIJ, ordonnance, 17 décembre 1997, *Application de la convention pour la prévention et la répression du crime de génocide, demandes reconventionnelles, Recueil 1997*, p. 258, par. 34. Pour d'autres exemples de décision admettant la recevabilité de demandes reconventionnelles malgré l'absence d'identité entre les faits invoqués à l'appui de la reconversion et ceux justifiant la requête principale, v. not. : CIJ, ordonnance, 10 mars 1998, *Plates-formes pétrolières (République islamique d'Iran c. États-Unis d'Amérique), Recueil 1998*, p. 205, par. 38 ; ordonnance, 30 juin 1999, *Frontière terrestre et maritime entre le Cameroun et le Nigéria (Cameroun c. Nigéria; Guinée Équatoriale (intervenant)), Recueil 1999*, p. 985 ; ordonnance, 29 novembre 2001, *Activités armées sur le territoire du Congo (République démocratique du Congo c. Ouganda), Recueil 2001*, p. 679, par. 38.

Indiscutablement, « la modification de l'objet du différend initial n'est possible que par l'adjonction dans l'instance des prétentions qui y sont liées » ; telle est l'essence même des demandes incidentes et « ceci est valable tant pour la demande reconventionnelle que pour la demande additionnelle ou encore pour la demande d'intervention partie »[8]. Mais, dans ces conditions, on peut s'interroger sur l'intérêt de la double condition posée par l'article 80, paragraphe 1, du Règlement et se demander comment la compétence pourrait manquer si la connexité directe est établie. Hadi Azari, prend cependant position en faveur la dissociation et montre que celle-ci peut, dans certaines circonstances, assez particulières, produire des effets concrets.

Autre position, plus contestable à mes yeux : l'affirmation selon laquelle la décision de la Cour sur sa compétence conformément à l'exigence de l'article 80 du Règlement ne serait prise, dans l'ordonnance sur la recevabilité de la demande reconventionnelle, que *prima facie*, à l'instar de sa pratique en matière de mesures conservatoires. Comme le montre l'affaire des *Immunités juridictionnelles de l'État* (que l'auteur invoque curieusement à l'appui de sa thèse), une fois l'incompétence déclarée, « la Cour n'est plus saisie d'aucune demande reconventionnelle »[9] et cette décision est, me semble-t-il, revêtue *ne varietur* de l'autorité de la chose jugée.

Une autre thèse sur laquelle l'auteur insiste longuement ne manquera pas de faire débat : sa vigoureuse affirmation selon laquelle la Cour bénéficierait d'un pouvoir discrétionnaire pour refuser de connaître d'une demande reconventionnelle quand bien même les deux conditions de l'article 80 du Règlement – titre de compétence et connexité directe –seraient remplies[10]. À mon sens, c'est confondre deux problèmes distincts : oui, la Cour bénéficie d'un large pouvoir d'appréciation pour déterminer l'existence de ces conditions (en tout cas de la connexité) ; mais, dès lors qu'elle les estime remplies, il me semble que la jonction est de droit :

[8] Il me semble que ça l'est aussi pour les demandes d'intervention « simple ».

[9]CIJ, arrêt, 3 février 2012, *Immunités juridictionnelles de l'État (Allemagne c. Italie ; Grèce (intervenant)), Recueil 2012*, p. 117, par. 39.

[10] H. Azari semble même admettre, dans sa conclusion, que la Cour pourrait admettre la recevabilité d'une demande reconventionnelle en l'absence de connexité si cela permet d'« éviter la multiplication des procédures » ; ceci me paraît, à vrai dire contraire à l'idée même de « *re*convention ».

comme je l'ai rappelé plus haut, il lui appartient de régler complètement le différend qui lui est soumis. Et il ne me paraît nullement évident que le « ne peut ... que » du paragraphe 1 de l'article 80 puisse être interprété *a contrario* comme ayant une valeur purement permissive. En revanche, il va de soi que la Cour ne saurait recevoir de demande reconventionnelle abusive – mais c'est une autre histoire qui relève de la notion d'abus de droit et n'est en rien liée spécifiquement à la reconvention. Il reste qu'un tel abus, ici comme ailleurs, est d'appréciation particulièrement difficile.

Partant du principe que « la meilleure défense est l'attaque », le Défendeur au principal a parfois tendance à soulever des demandes reconventionnelles « atmosphériques » dont l'objectif caché est moins d'obtenir une décision de la Cour que de lui permettre de développer des arguments préjudiciables au Requérant et de lui éviter d'apparaître comme le « *badguy* ». Il en est, à l'évidence, allé ainsi de la demande reconventionnelle de la Yougoslavie, qu'elle a retirée ensuite[11], dans l'affaire du *Génocide*,[12] de celles du Nigéria dans l'affaire de la *Frontière terrestre et maritime* avec le Cameroun[13] ou encore de celles de l'Ouganda dans l'affaire des *Activités armée sur le territoire du Congo*[14].Telle a aussi été, assurément, la préoccupation du Nicaragua lorsqu'il a, dans un premier temps, formulé des demandes reconventionnelles dans l'affaire relative à *Certaines activités*[15] avant de, finalement, formuler une requête distincte[16] et d'en demander la jonction avec l'affaire précédente[17]. J'ai tendance à penser que ces hypothèses ne constituent pas des abus mais des exemples d'« utilisation politique » du forum de la Cour – elle est dans l'ordre des choses.

---

[11] V. le Retrait des demandes reconventionnelles par la République fédérale de Yougoslavie, 20 avril 2001.

[12]Contre-mémoire du Gouvernement de la République fédérative de Yougoslavie, 22 juillet 1997, pp. 349-1077.

[13]Contre-mémoire de la République Fédérale du Nigéria, 21 mai 1999, pp. 801-825.

[14] Contre-mémoire de l'Ouganda, 21 avril 2001, pp. 217-230.

[15] Contre-mémoire du Nicaragua, 6 août 2012, pp. 415-454.

[16] Requête introductive d'instance, 21 décembre 2011, *Construction d'une route au Costa Rica le long du fleuve San Juan (Nicaragua c. Costa Rica)*.

[17] V. la lettre datée du 19 décembre 2012 accompagnant son mémoire en l'affaire *Nicaragua c. Costa Rica*; cette demande a été acceptée par la Cour par son Ordonnance du 17 avril 2013.

Je n'ai pas caché les réserves que je peux avoir sur certaines des conclusions d'Hadi Azari. Mais que l'on ne se méprenne pas : elles ne diminuent en rien les grands mérites que je reconnais à cet ouvrage particulièrement utile et opportun. Au contraire, elles en dévoilent la richesse et montrent combien il stimule la discussion. Et je vois mal que les praticiens de la CIJ et, sans doute au-delà, du procès international en général, puissent se passer dorénavant de le consulter lorsqu'ils envisageront de formuler une demande reconventionnelle ou seront appelés à y donner suite. En ce qui me concerne je n'y manquerai pas.

Et cela me conduit à espérer que la lecture de ce livre à la fois complet et d'un format raisonnable suscitera des vocations parmi les jeunes (ou pas, d'ailleurs !) chercheurs qui souhaitent faire œuvre concrètement utile pour la connaissance et la pratique du droit international : d'autres institutions juridiques comparables à la demande reconventionnelle s'offrent à leur analyse – les autres procédures incidentes devant la Cour ou dans le cadre d'autres contentieux ; mais aussi d'autres « petits sujets » qui, pour être concrètement utiles, n'en suscitent pas moins d'intéressantes controverses et sont, probablement, préférables à de larges fresques théoriques.

Alain PELLET

Professeur émérite de l'Université Paris Nanterre ; ancien Président de la Commission du Droit international des Nations Unies ; Président de la Société française pour le Droit international; Membre de l'Institut de Droit international

Résumé:

La demande reconventionnelle est une conclusion du défendeur qui poursuit des avantages autres que le simple rejet de la prétention du demandeur. Elle peut être introduite dans toutes les juridictions, mais devant la Cour Internationale de Justice elle présente des caractéristiques particulières que notre recherche a souhaité mettre en lumière. Celles-ci apparaissent tant dans les éléments constitutifs de cette demande que dans ses conditions de recevabilité. En ce qui concerne les éléments de sa définition, il ressort de la jurisprudence de la Cour qu'elle est une demande autonome et indépendante, qu'elle est un moyen de défense, qu'elle est formée par le défendeur et qu'elle est une demande incidente. Toutefois, s'il ne fait aucun doute qu'elle constitue une demande autonome, il n'en demeure pas moins que la pertinence de son influence sur le sort de la demande de la partie adverse, l'identification de la partie habilitée à l'introduire en cas de saisine de la Cour par compromis, et sa distinction d'autres demandes réciproques, restent à déterminer. S'agissant des conditions de sa recevabilité, une distinction délicate doit être établie entre la « connexité » requise par l'article 80 du Règlement et la « jonction » de la demande à l'instance en cours. A ce titre une question centrale se pose, celle de savoir si le juge peut refuser une demande reconventionnelle pourtant connexe à l'objet du litige, et inversement, l'accepter quand la connexité fait défaut. Alors que la jurisprudence de la Cour paraît incertaine et la doctrine reste partagée, notre thèse avance des arguments pour une réponse favorable.

Title:

Counterclaims before the International Court of Justice

Abstract:

The counterclaim is the submission of respondent that pursuing objectives other than the mere dismissal of the claim of the applicant in the main proceedings. The counterclaim which the International Court of Justice may entertain by virtue of article 80 of the rules, although similar to those that can be introduced in other jurisdictions, has unique characteristics. This appears in both components of this claim and in its conditions of admissibility. Regarding its definition, if one should not doubt that it constitutes a legal claim, the fact remains that its influence on the fate of the claim of the other party, the identification of the party entitled to present such a claim when the case is brought before the Court by ad hoc compromise, and its distinction from other cross-claims, are to be determined. As regards the conditions of admissibility, after explaining that it must come within the jurisdiction of the Court and maintain a direct connection with the subject-matter of the claim of the other party, this research emphasizes the distinction between its admissibility under rule 80 and its junction with the current proceeding, The goal is to demonstrate that an claim brought by the defendant may not be attached to the pending proceeding even though the conditions imposed by the rules are met.

Principales abréviations

I. Annuaires, Recueils, Revues

A.C.D.I .... Annuaire de la Commission du droit international

A.F.D.I .... Annuaire français de droit international

A.I.D.I .... Annuaire de l'Institut de droit international

A.J.D.A. .... Actualité juridique du droit administratif

A.Y.I.L .... African Yearbook of International Law

Bull. civ .... Bulletin des arrêts de la Cour de cassation de France

B.Y.I.L .... British Yearbook of International Law

C.I.J. Annuaire .... Annuaire de la Cour internationale de Justice

D.J.I.L.P. .... Denver Journal of International Law and Policy

E.J.I.L .... European Journal of International Law

Gaz. Pal .... Gazette du Palais

ILR .... International Law Reports

INT'L L.Q .... International & Comparative Law Quarterly

J. C. P. .... La Semaine juridique. Edition générale

J.D.I .... Journal du droit international

J-Cl. .... Juris-classeur de la procédure civil

L.J.I.L .... Leiden Journal of International Law

L.P.I.C.T .... The Law and Practice of International Courts and Tribunals

M.L.R. .... Michigan Law Review

Max Planck UNYB .... Max Planck United Nations Yearbook

Min. L.R .... Minnesota Law Review

R.C.A.D.I .... Recueil des Cours de l'Académie de Droit International de La Haye

R.B.D.I .... Revue belge de droit international

R.D.I.L.C .... Revue de droit international et de législation comparée

R.G.D.I.P .... Revue générale de droit international public

R.H.D.I .... Revue hellénique de droit international

R.S.D.I. E .... Revue suisse de droit international et européen
R.G.P .... Revue générale des procédures
RTD civ. ....Revue trimestrielle de droit civil

II. Organisations, Institution et juridictions internationales,

C.C.I .... Chambre de commerce internationale
C.D.I ....Commission du droit International
C.I.J. ....Cour internationale de Justice
C.J.C.E ....Cour de justice des Communautés européennes
C.P.A ....Cour permanente d'arbitrage
C.P.J.I. .... Cour permanente de Justice internationale
I.D.I .... Institut de droit international
S.F.D.I .... Société française pour le droit international

Sommaire

TROISIEME PARTIE

LA MISE EN ŒUVRE DE LA DEMANDE RECONVENTIONNELLE

Introduction

A. « Une affaire dans l'affaire »

Un procès ordinaire a deux éléments : les parties (élément subjectif) et l'objet du litige (élément objectif). Il y a toujours une demande et une défense, et par conséquent, un demandeur et un défendeur. Cette composition classique se trouve complètement modifiée lorsque celui-ci entend soumettre à son tour une demande à la décision du juge. L'affaire sera désormais composée de deux éléments subjectifs et deux éléments objectifs. Citons un exemple. L'Etat A, s'estimant victime d'une agression armée de la part de l'Etat B, saisit la Cour internationale de Justice (ci-après CIJ ou la Cour) lui priant de condamner celui-ci pour avoir recouru à la force en violation de l'article 2, alinéa 4 de la Charte de l'ONU. L'Etat B justifie son action en invoquant son droit de légitime défense, exercé conformément à l'article 53 de la même Charte, contre l'attaque armée qu'il aurait subi de la part de l'Etat A. Jusque-là l'affaire est assez classique. Elle ne le sera plus si l'Etat B, devenu défendeur, demande à son tour à la Cour de condamner son adversaire (l'Etat A) pour avoir méconnu lui-même les règles du droit international interdisant l'emploi de la force. Une autre demande vient ainsi s'ajouter au litige initial. Elle est reconventionnelle, a été présentée par le défendeur dans le but de contrer les allégations de son adversaire et d'obtenir du juge une décision en sa faveur. C'est là la meilleure illustration de l'expression « l'affaire dans l'affaire », employée par le juge Bedjaoui[18] pour désigner la procédure incidente relative à l'exception de compétence devant la CIJ [19] : car, en tant que

[18] M. Bedjaoui, « La 'fabrication' des arrêts de la Cour internationale de Justice », in *Le droit international au service de la paix, de la justice et du développement. Mélanges offerts à M. Virally*, Paris, Pedone, 1991, p. 89.

[19] Ces procédures sont au nombre de six et figurent à la Section D du Règlement qui englobe, outre la demande reconventionnelle, les mesures

véritable demande en justice, la demande reconventionnelle est le seul moyen qui, une fois introduite dans l'instance, conduit le juge non seulement à ouvrir une « procédure incidente » pour décider de sa recevabilité, mais aussi, à mettre en marche, après son acceptation, une procédure contentieuse, semblable à celle qui est habituellement engagée dans une affaire ordinaire, afin de décider du fond de la demande dont il est saisi. Elle doit dès lors « suivre toutes les étapes écrites et orales, contradictoires ou délibératoires, d'une procédure au fond »[20].

En effet, deux « affaires » se rencontrent : la première est celle qui a été engagée par l'acte introductif de l'instance (compromis ou requête), par le demandeur ; la seconde est celle qui est introduite au cours du procès, par le défendeur. Les rôles des parties étant renversés, le défendeur à l'instance devient demandeur et vice versa. La faculté ainsi reconnue au défendeur dans tous les systèmes de règlement de différends a pour mérite de lui permettre de saisir le juge d'une contestation qui l'oppose au demandeur sans avoir à observer les règles ordinaires d'introduction de l'instance. L'avantage de cette pratique est qu'elle atténue la situation quelque peu désavantageuse dans laquelle le défendeur se trouve du fait qu'un procès ait été intenté à son encontre; et qu'elle met le juge en mesure de statuer en une fois sur les prétentions réciproques des parties, de réaliser, ce faisant, une économie de procès et d'assurer dans cette mesure, une meilleure administration de la justice. C'est pour ces raisons qu'elle a été insérée dans le Règlement de la Cour permanente de Justice internationale (ci-après CPIJ) alors que le Statut de celle-ci était muet à son sujet.

B. Un regain d'intérêt

Les avantages précités, aussi importants soient-ils, n'ont guère incité les Etats défendeurs à recourir à cette technique juridique. La CPJI n'en a connu que quelques exemples (affaires de l'*Usine de Chorzów*, des *Prises d'eau à la Meuse* et du *Chemin de fer Panevezys-Saldutiskis*). Devant la Cour actuelle, après une timide

---

conservatoires, les exceptions préliminaires, l'intervention, le renvoi spécial et le désistement.

[20] M. Bedjaoui, *op. cit.*, p. 89.

approche au début des années cinquante (affaires du *Droit d'asile*, et des *Droits des ressortissants des États-Unis d'Amérique au Maroc*), la demande reconventionnelle est demeurée pour longtemps oubliée avant de connaître une sorte de renouveau au cours des deux dernières décennies. En 1997 et 1998, deux demandes de ce type, présentées à la Cour par la Yougoslavie et l'Iran respectivement dans l'affaire de l'*Application de la convention pour la prévention et la répression du crime de génocide* (ci-après l'affaire de la *Convention sur le génocide*), et celle des *Plates-formes pétrolières*, ont été admises et jointes aux instances en cours. La tendance a été suivie par l'Ouganda dans l'affaire des *Activités armées sur le territoire du Congo*, par le Nigéria dans celle de la *Frontière terrestre et maritime entre le Cameroun et le Nigeria,* par la Serbie dans celle de l'*Application de la convention pour la prévention et la répression du crime de génocide (Croatie c. Serbie),* par l'Italie dans celle des *Immunités juridictionnelles de l'Etat*, par le Nicaragua dans l'affaire relative *à Certaines activités menées par le Nicaragua dans la région frontalière*[21], par la Costa Rica dans celle de la *Construction d'une route au Costa Rica le long du fleuve San Juan,* et par la Colombie dans celle des *Violations alléguées de droits souverains et d'espaces maritimes dans la mer des Caraïbes (Nicaragua c. Colombie).*

Dans chacune de ces affaires une procédure incidente, consacrée à la recevabilité des demandes formées par ces Etats, fut ouverte et aboutit à une ordonnance portant la décision de la Cour en la matière. Ce qui est considéré comme un tournant dans le traitement de ces demandes dans la pratique de la Cour internationale de Justice.

Une nouvelle tendance pour les Etats et un nouvel exercice juridictionnel pour le juge, telles sont, au demeurant, les raisons qui font de cette notion un sujet d'actualité qui ne cesse d'évoluer[22]. Car il s'agit effectivement d'une institution juridique

---

[21] La décision de la CIJ sur la demande reconventionnelle dans cette dernière affaire a été rendue postérieurement à la rédaction et la soutenance de cette thèse.

[22] La première décision du TIDM relative à la demande reconventionnelle dans l'affaire du *Navire Virginia G* (Panama/Guinée-Bissau) a été rendue le 2 novembre 2012, peu après la soutenance de cette thèse. Voir Hadi AZARI, « La demande reconventionnelle devant le Tribunal international du droit de la

en voie de construction, chaque décision prise par la Cour y ajoutant une pierre supplémentaire. L'ordonnance du 17 décembre 1997, rendue dans l'affaire de la *Convention sur le génocide* à propos de l'admissibilité de la demande reconventionnelle formée par la Yougoslavie, a non seulement établi les fondations de l'institution, mais a aussi rappelé ce qu'est une demande reconventionnelle, comment se déroule la procédure incidente consacrée à l'examen de sa recevabilité et ce qu'il faut entendre par la « connexité directe », qui constitue la première condition de recevabilité énoncée par le Règlement. L'affaire des *Plates-formes pétrolières* a éclairci la seconde condition, à savoir la compétence, et celle, relative à la *Frontière terrestre et maritime entre le Cameroun et le Nigeria,* a précisé comment se déroulera la procédure incidente lorsque le demandeur originaire ne conteste pas l'admissibilité de la demande dirigée contre lui. L'affaire des *Activités armées sur le territoire du Congo* a fourni le premier exemple d'une reconvention rejetée pour manque de connexité, et celle des *Immunités juridictionnelles de l'État,* d'un rejet pour défaut de compétence.

Non moins importants sont les nombreux travaux doctrinaux consacrés à cette matière. Si les études se comptaient sur les doigts d'une main avant la jurisprudence de la Cour issue de l'ordonnance de 17 décembre 1997 précitée, elles se sont considérablement multipliées depuis lors, l'usage de la technique de la reconvention par les Etats devenant de plus en plus fréquent. Il semble donc que les auteurs ont découvert avec les Etats une notion juridique qui mérite d'être bien reconnue. Rares demeurent toutefois les commentateurs qui ont examiné toutes les questions que pose l'introduction par le défendeur d'une demande dans un procès devant la Cour internationale. Du dépôt de l'acte introductif d'instance jusqu'à l'extinction de la procédure engagée (par l'effet d'un désistement ou d'une décision sur le fond), en passant par la compétence et la recevabilité, l'organisation de la procédure contentieuse (échange des pièces écrites, tenue des audiences orales etc.), la présentation des moyens incidents (mesures conservatoires, intervention etc.), le déroulement de la procédure incidente et les conditions de forme et de délai : autant

---

mer : l'apport de l'ordonnance du 2 novembre 2012 dans l'affaire du Navire 'VIGINIA G' », *Annuaire français de droit international*, 2012, pp. 471-476.

d'étapes que de questions soulevées par la présentation d'une demande à titre reconventionnel devant la CIJ.

C. Manque d'une définition précise

L'article 80 du Règlement, le seul qui regroupe les dispositions applicables à cette institution, demeure, en effet, muet sur la définition de la demande. Il se lit comme suit :

> « 1. La Cour ne peut connaître d'une demande reconventionnelle que si celle-ci relève de sa compétence et est en connexité directe avec l'objet de la demande de la partie adverse.
>
> 2. La demande reconventionnelle est présentée dans le contre-mémoire et figure parmi les conclusions contenues dans celui-ci. Le droit qu'a l'autre partie d'exprimer ses vues par écrit sur la demande reconventionnelle dans une pièce de procédure additionnelle est préservé, indépendamment de toute décision prise par la Cour, conformément au paragraphe 2 de l'article 45 du présent Règlement, quant au dépôt de nouvelles pièces de procédure.
>
> 3. En cas d'objection relative à l'application du paragraphe 1 ou à tout moment lorsque la Cour le considère nécessaire, la Cour prend sa décision à cet égard après avoir entendu les parties ».

L'absence d'une définition bien précise de cette technique a, dans le passé, induit en erreur tant la Cour que les parties et les commentateurs. Dans l'affaire de l'*Usine de Chorzów*, la Cour permanente conclut que « la demande reconventionnelle [polonaise] ayant été formulée dans le contre-mémoire, les conditions de forme exigées par le règlement se trouvent réalisées en l'espèce aussi bien que les conditions de fond »[23], avant de changer d'avis et de qualifier la conclusion de la Pologne de moyen de défense :

> « Bien qu'étant formellement une demande reconventionnelle, car elle tend à condamner la Partie demanderesse à une prestation envers la défenderesse – en réalité, si l'on tient

[23] *Affaire de l'Usine de Chorzów, C.P.J.I., Série A, n° 13*, p. 38.

compte des motifs sur lesquels elle se fonde, la conclusion contient un moyen opposé à la demande de l'Allemagne [...][24]».

La pratique de la Cour actuelle n'en est pas moins confuse. Dans l'affaire du *Temple de Préah Vihéar*, le Cambodge, demandeur, avait soutenu dans sa requête et dans son mémoire que « la souveraineté territoriale sur le temple de Préah Vihéar appartient au Royaume du Cambodge »[25]. Dans le contre-mémoire, le Gouvernement thaïlandais, après avoir demandé le rejet des prétentions du Gouvernement cambodgien, a, lui aussi, conclu que « Préah Vihéar est en territoire thaïlandais et [que] la Cour est respectueusement invitée à le dire et à le juger »[26]. Dans son arrêt du 26 mai 1961 portant sur sa compétence, ainsi que dans celui du 15 juin 1962 relatif au fond de l'affaire, la Cour a décrit l'objet du différend dans les termes suivants :

> « Dans la présente affaire, le Cambodge invoque la violation par la Thaïlande de la souveraineté territoriale du Cambodge sur la région du temple de Préah Vihéar et ses environs. La Thaïlande répond en affirmant que ce territoire est situé du côté thaïlandais de la frontière commune entre les deux pays et qu'il relève de la souveraineté thaïlandaise. Il s'agit là d'un différend portant sur la souveraineté territoriale[27]».

La conclusion thaïlandaise avait toutes les allures d'une demande reconventionnelle, mais elle n'a pas été considérée comme telle par la Cour[28]. Demande elle l'était, car le juge était

---

[24] *Ibid.*

[25] *Temple de Préah Vihéar (Cambodge c. Thaïlande), Fond, Arrêt du 15 juin 1962 : C.I.J. Recueil 1962*, p. 9 et 10, conclusion n° 2 du Cambodge.

[26] *Ibid.*, p. 10, conclusion n° 2 de la Thaïlande.

[27] *Ibid.*, p. 14.

[28] Le juge Moreno Quintana fut le seul à y attribuer cette qualification dans son opinion dissidente. Elle dit ceci : « Etat défendeur, la Thaïlande fait usage dans les conclusions de son contre-mémoire d'une demande reconventionnelle pour que la Cour déclare que la souveraineté sur la région de Préah Vihéar lui appartient. A l'une et à l'autre partie incombe alors de fournir la preuve de son allégation », *ibid.*, p. 68.

prié de reconnaître une situation juridique : l'appartenance du temple à la Thaïlande. La Cour le constate en soulignant que :

> « En ce qui concerne le fardeau de la preuve, il convient d'observer que, si le Cambodge, qui a introduit l'instance, est au point de vue formel le demandeur, la Thaïlande est également demanderesse eu égard à la demande qu'elle a présenté dans la deuxième conclusion du contre-mémoire [29]».

On verra qu'une demande reconventionnelle n'est autre chose qu'une demande présentée dans la conclusion du contre-mémoire de la partie défenderesse au procès, ce qui fait que celle-ci devient à son tour « demanderesse » eu égard à sa demande.

Défense elle l'était aussi, car son acceptation aurait entraîné l'échec de l'action de l'adversaire. Si la demande du Cambodge tendant à faire reconnaître sa souveraineté sur le Temple a pu être considérée comme une action en justice, donnant lieu à l'ouverture d'une procédure devant la Cour, on ne voit pas pourquoi la même demande présentée par son adversaire ne devrait pas l'être en tant que demande reconventionnelle[30].

Inversement, ont été considérées comme des demandes reconventionnelles, alors qu'elles ne l'étaient manifestement pas : une conclusion contenue dans le compromis, dans l'affaire du *Détroit de Corfou,* par le Royaume-Uni, partie à l'instance[31], et un cas de jonction d'instance faite conformément à l'article 47 du Règlement, par certains commentateurs[32].

---

[29] *Temple de Préah Vihéar (Cambodge c. Thaïlande), Fond, Arrêt du 15 juin 1962 : C. I.J. Recueil 1962*, p.15-16.

[30] L'affirmation vaut également pour la conclusion présentée par la Colombie dans l'affaire du *Différend territorial et maritime, (Nicaragua c. Colombie), 19 novembre 2012, Arrêt*, para. 17, para. 251 (1). Cet arrêt a été rendu postérieurement à la rédaction et la soutenance de cette thèse.

[31] Il demanda à la Cour, dans sa conclusion finale, de « dire et juger que l'Albanie n'a établi son droit sur aucun des chefs de la demande reconventionnelle [...] ». *Affaire du Détroit de Corfou, Arrêt du 9 avril 1949 : C.I.J. Recueil 1949*, p. 12.

[32] C. Antonopoulos, *Counterclaims before the International Court of Justice*, T.M.C. Asser Press, The Hague, 2011, p. 122; G. Guyomar, *La Révision du règlement de la Cour internationale de justice*, Paris, A. Pédone, 1973, p. 372-373.

Mais une définition au demeurant précise et claire a été donnée de cette demande dans l'ordonnance du 17 décembre 1997 rendue dans l'affaire de la *Convention sur le génocide*, à propos de l'admissibilité de la demande reconventionnelle formée par la Yougoslavie, définition qui a été réitérée dans les ordonnances qui ont suivi celle du 17 décembre 1997[33]. Pour autant la confusion n'a pas disparu.

Dans l'affaire des *Activités armées sur le territoire du Congo*, alors qu'elle avait rejeté la troisième demande reconventionnelle de l'Ouganda, faute de connexité de droit, arguant que les deux demandes ne partageaient pas le même fondement juridique, la Cour énonce expressément dans son arrêt sur le fond rendu dans la même affaire que la demande reconventionnelle n'a pas à être fondée sur le même fondement juridique pour être recevable[34].

Tout cela démontre que la procédure de la demande reconventionnelle présente des zones d'ombres qui n'ont pas encore été éclairées. Et justement c'est la mission que nous nous sommes donnée.

D. Objet de l'étude

Cette recherche a pour but de dégager, à partir des enseignements tirés de la pratique récente de la Cour, une réponse claire et précise à la question générale de savoir ce qu'est une demande reconventionnelle dont la CIJ peut connaître. On s'interroge sur trois choses : la qualification de la demande reconventionnelle, les conditions de son examen par le juge international, et l'organisation de la procédure consacrée à cet examen. La première tient à la notion de la demande, la seconde tient à sa recevabilité. Ce n'est qu'après avoir déterminé ces deux points que l'on peut répondre à la question que nous nous sommes posée. Pour savoir, par exemple, si la Cour accepte la demande

---

[33] Voir *infra* p. 31 et s.

[34] Voir *infra,* p. 243 et s. L'arrêt du 19 novembre 2012 rendu dans l'affaire du *Différend territorial et maritime (Nicaragua c. Colombie)*, vient confirmer cette affirmation. En l'espèce, la Cour a accédé à la demande de la Colombie, défendeur à l'instance, formulée dans son contre-mémoire, sans la considérer comme étant une demande reconventionnelle, alors que, à nos yeux, elle l'était incontestablement (voir arrêt, p. 12, para. 16, p. 94, para. 251 (1)).

reconventionnelle indirecte – qui est une question de notion –, il faut déterminer d'abord le sens qu'elle attribue à la « connexité directe », qui est une condition de recevabilité. En effet, une demande reconventionnelle qui s'appuie sur des faits distincts de ceux invoqués pour la demande principale ne peut pas être soumise au juge si celui-ci donne une interprétation (très) restreinte de la condition de connexité.

1. Comment la demande reconventionnelle se définit-elle ?

Quant à cette première question, la Cour a dégagé, dans son ordonnance du 17 décembre 1997, en accord dans une large mesure avec la doctrine et d'autres systèmes de règlement juridique de différends, les éléments d'une définition juridique, dans les termes suivants :

> « il est constant qu'une demande reconventionnelle présente, au regard de la demande de la partie adverse, un double caractère ; qu'elle en est indépendante dans la mesure où elle constitue une « demande » distincte, c'est-à-dire un acte juridique autonome ayant pour objet de soumettre une prétention nouvelle au juge, et, qu'en même temps, elle s'y rattache, dans la mesure où, formulée à titre « reconventionnel », elle riposte à la demande principale; que le propre d'une demande reconventionnelle est ainsi d'élargir l'objet initial du litige en poursuivant des avantages autres que le simple rejet de la prétention du demandeur à l'action - par exemple, la condamnation de celui-ci; et que, à ce titre, la demande reconventionnelle se distingue d'un moyen de défense au fond [35]».

La demande formée par le défendeur est donc, selon cette définition, une « demande indépendante » dès lors qu'elle poursuit « des avantages autres que le simple rejet de la prétention du demandeur » et en même temps une « défense » dès lors qu'elle « riposte à la demande principale » et « à ce titre, [elle] se distingue d'un moyen de défense au fond ». L'exemple suivant peut s'avérer utile pour mieux se représenter la différence entre

[35] Application de la Convention pour la prévention et la répression du crime de génocide, C.I.J. Rec. 1997, par. 27

une demande reconventionnelle et un moyen de défense. Si l'Etat B dont la condamnation est sollicitée pour son prétendu fait internationalement illicite, justifie son action par le droit à contre-mesure comme réponse à l'attitude de l'Etat A, son action ne constitue qu'un simple moyen de défense[36]. Si au-delà de cette justification, il tente de faire condamner l'Etat A pour l'attitude en réponse de laquelle la prétendue contre-mesure a été menée, son action constitue une demande reconventionnelle[37].

Le caractère défensif de la demande formée par le défendeur constitue-t-il une condition obligatoire de sa qualification ? Autrement dit, une demande formée à titre reconventionnel doit-elle obligatoirement entraîner l'échec, total ou partiel, de la demande introduite à titre principal ? A lire la jurisprudence récente de la CIJ, on ne peut qu'en douter. Il existe en droit interne deux types de demandes reconventionnelles : l'une qui est à la fois demande et défense, l'autre qui n'est qu'une demande. Cette dernière ne peut exercer aucune influence sur le sort de la demande initiale. Est-ce également la solution adoptée par la Cour internationale ?

Différentes versions des Règlements successifs avaient expressément restreint la recevabilité des demandes reconventionnelles aux seules instances introduites par requête unilatérale. Ce n'est plus le cas. Le Règlement actuellement en vigueur ne différencie pas les affaires, s'agissant de la présentation de la demande reconventionnelle, selon qu'elles sont portées devant la Cour par requête ou par voie de compromis. La question est dès lors de savoir quelle partie est en droit d'exercer la faculté que lui confère l'article 80 du Règlement dans une instance où, par définition, il n'y a pas de demandeur et de défendeur au sens procédural du terme.

---

[36] La contre-mesure est considérée comme une circonstance excluant l'illicéité selon l'article 22 des Articles sur la responsabilité de l'Etat pour fait internationalement illicite. Voir J. Crawford, *Les articles de la C.D.I. sur la responsabilité de l'Etat, introduction, texte et commentaires*, Paris, Pedone, 2003, p. 200.

[37] Exemple présenté par H. Thirlway, "Counterclaims Before the International Court of Justice: The Genocide Convention and Oil Platforms Decisions", 12 *Leiden J.I.L.*, (1999), p. 205.

Ceci n'est toutefois pas le seul problème que pose l'exercice de ladite faculté dans l'instance engagée par compromis. En effet, une instance de ce genre est régie par des règles qui assurent une stricte égalité procédurale entre les parties. Cette égalité risque d'être perturbée lorsque l'une des parties se met en position de demandeur en cours du procès en cherchant à obtenir la condamnation de l'autre. Par ailleurs, par compromis, les parties précisent l'objet du litige qu'elles entendent porter au jugement de la Cour. Or, autoriser la reconvention, c'est permettre à la partie qui la formule de soumettre « une prétention nouvelle au juge », et d'inviter celui-ci à statuer à son sujet. Pour autant, ces obstacles ne rendent pas totalement impossible la présentation d'une demande reconventionnelle dans les instances introduites par compromis. Il faut alors réconcilier les effets de la demande avec les caractéristiques de l'instance en cours.

La dernière caractéristique de la demande reconventionnelle est son introduction en cours du procès ; elle est une « procédure incidente ». Or, il ne peut y avoir de demande reconventionnelle s'il n'existe pas déjà une demande en cours d'examen devant la juridiction. Cela implique-t-il qu'elle est aussi appelée à disparaître si la demande en cours venait à s'éteindre pour une raison ou une autre ?

Trancher ces questions c'est franchir une première étape dans l'identification de la demande reconventionnelle dont le juge de La Haye peut connaître.

2. Quelles sont les conditions de son examen ?

La deuxième question est celle de savoir comment et à quelles conditions le juge international peut connaître d'une demande reconventionnelle. Selon l'article 80 du Règlement, celle-ci doit satisfaire à certaines conditions de fond et de forme. Elle doit figurer parmi les conclusions du contre-mémoire, relever de la compétence de la Cour et présenter une connexité directe avec la demande principale. S'agissant de la condition de compétence, une distinction délicate doit être établie entre la compétence incidente de la Cour et sa compétence au fond. La première lui permet d'examiner l'admissibilité de la demande et de se prononcer sur sa jonction à l'instance. La compétence au fond, quant à elle, autorise le juge à statuer sur le fond du litige qui lui est soumis par le défendeur. La distinction n'est pas toujours facile à établir. Il peut arriver qu'en statuant sur la compétence incidente, la Cour soit amenée à se prononcer sur sa compétence au fond. Mais le plus important est la question de savoir si la compétence de la Cour pour statuer sur la demande reconventionnelle doit être fondée sur le titre même servant de base à la compétence quant à la demande principale, ou si elle peut être fondée sur un titre différent.

Après avoir conclu à sa compétence pour connaître de la demande reconventionnelle, la Cour doit vérifier si celle-ci présente un lien suffisant avec l'objet du litige pendant. L'existence d'une connexité est la seule condition de recevabilité de fond de la demande formée à titre incident[38]. C'est la condition *sine qua non* de son admissibilité, requise dans toutes les lois de procédure, internes ou internationales. Elle est également exigée pour d'autres procédures incidentes. Une demande d'intervention ou une demande de mesures conservatoires, pour ne prendre que ces deux exemples, ne sont admises que si elles se rattachent à l'objet de l'affaire dans laquelle elles s'immiscent. Quelle est la raison d'être de cette exigence ? Que faut-il entendre par la « connexité directe » prévue à l'article 80 du Règlement ? En quoi est-elle différente d'autres liens de rattachement exigés pour d'autres procédures incidentes mentionnées dans la Section D du Règlement ?

Le plus fondamental demeure toutefois la question de savoir si une demande relevant de la compétence de la Cour et entretenant une connexité directe avec l'objet de la demande initiale oblige la

---

[38] Toutefois il convient de souligner que dans son ordonnance du 18 avril 2013, rendue dans l'affaire relative *à Certaines activités menées par le Nicaragua dans la région frontalière (Costa Rica c. Nicaragua)* la Cour a déclaré qu'il n'y avait pas lieu de se prononcer sur la première demande reconventionnelle du Nicaragua parce qu'elle était devenue « sans objet ». Dans cette espèce, le Nicaragua qui avait d'abord formulé ses réclamations en tant que demande reconventionnelle dans l'affaire intentée contre lui par le Costa-Rica, a intégré les mêmes réclamations dans une requête introductive d'instance engageant ainsi une nouvelle affaire contre ce dernier. Voir para. 24.

Cour à la joindre au procès en cours. Là aussi, il est permis d'en douter. En fait, deux thèses s'opposent. L'une consiste à dire que le juge a une compétence liée, qu'une fois les conditions réglementaires remplies, la jonction s'impose. L'autre soutient au contraire qu'il dispose sur ce point d'un pouvoir discrétionnaire. Il prendra sa décision en fonction de la particularité de l'espèce, indépendamment de l'existence ou non d'une connexité directe entre les demandes respectives des parties. Des indices importants se trouvent dans la jurisprudence récente en faveur de l'une ou l'autre de ces thèses.

Trancher ces questions constitue la seconde étape dans la détermination de la demande reconventionnelle dont le juge international peut connaître. Cela n'épuise toutefois pas toutes les questions concernant les conditions de l'examen de la demande par le juge de La Haye. En effet, les conditions de forme auxquelles est soumise l'introduction de la demande reconventionnelle n'en posent pas moins des questions délicates.

3. Comment la procédure consacrée à son examen se déroule-t-elle ?

La manière dont le défendeur peut soumettre ses prétentions à la décision de la Cour internationale est expressément prévue au premier paragraphe de l'article 80 du Règlement, selon lequel :

> « La demande reconventionnelle est présentée dans le contre-mémoire et figure parmi les conclusions contenues dans celui-ci »

Cette formule fixe à la fois le moment et la forme de l'introduction de la demande. Quant à l'exigence du moment, il s'agit de présenter la demande dans le délai imparti pour le dépôt du contre-mémoire. L'exigence de forme, quant à elle, est double. Non seulement la demande du défendeur doit être introduite dans le contre-mémoire, mais elle doit aussi figurer parmi les conclusions contenues dans celui-ci. Un embarras s'installe lorsqu'on s'interroge sur la possibilité pour le défendeur de présenter sa demande après le dépôt du contre-mémoire puisque la question concerne non seulement le moment mais aussi la forme de son introduction. Il faut s'entendre sur le caractère obligatoire ou non de l'exigence de forme, car ce n'est qu'en autorisant le défendeur à introduire sa demande par acte séparé que l'on peut répondre favorablement à la question de savoir s'il peut le faire ultérieurement au dépôt du contre-mémoire.

Celui-ci étant pour la reconvention ce qu'est la requête ou le compromis pour la demande principale, à savoir l'acte de saisine, la question est de savoir si la mention des éléments prévus à l'article 40 du Statut et à l'article 38 du Règlement (l'objet du différend, l'identité des parties, les moyens de droit et de fait) est également requise pour cet acte. Si tel est le cas, quelle serait la sanction de son inobservation ?

Enfin, une dernière question se porte sur le déroulement des deux procédures : celle qui est engagée afin de permettre aux parties en litige de débattre la recevabilité de la demande et au juge de décider sur sa recevabilité (procédure incidente), et celle qui porte sur le fond de la demande en question (procédure contentieuse). La première est organisée selon le dernier paragraphe de l'article 80 qui stipule :

> « En cas d'objection relative à l'application du paragraphe 1 ou à tout moment lorsque la Cour le considère nécessaire, la Cour prend sa décision à cet égard après avoir entendu les parties ».

Quelles sont les objections pouvant être soulevées à l'admissibilité de la demande formée par le défendeur ? Que faut-il entendre par les termes « après avoir entendu les parties » ? Comment la Cour décidera-t-elle sur le sort de la demande, et sous quelle forme ?

En ce qui concerne la procédure sur le fond, celle qui est engagée après la jonction de la demande reconventionnelle à l'instance en cours, on s'interrogera sur les effets de l'élargissement de l'objet du litige : des objections peuvent-elles être soulevées par le demandeur originaire à la recevabilité au fond des prétentions émises par son adversaire, cette même partie peut-elle répondre aux allégations qui lui sont opposées, quels sont les incidents de procédure susceptibles d'être introduits par rapport à ces allégations. La dernière question sera de s'entendre sur la forme, la structure et la portée de l'arrêt sur le fond.

Le cadre, la méthode et le plan

Une demande reconventionnelle ne peut pas être introduite dans une procédure consultative. Rappelons que celle-ci est engagée suite à une requête d'avis présentée à la C.I.J. par l'Assemblée générale ou le Conseil de Sécurité pour « toute question juridique » (art. 96, § 1). L'article 96, § 2 prévoit cependant que l'Assemblée générale peut autoriser « tous autres organes de l'Organisation et institutions spécialisées » à demander également des avis consultatifs à la Cour « sur des questions juridiques qui se poseraient dans le cadre de leur activité ».

L'exclusion de la reconvention du domaine des avis ne pose pas de difficulté particulière, elle ne demande même pas à être justifiée. Le Règlement consacrant son troisième et quatrième Titre, respectivement à la « procédure contentieuse » et à la « procédure consultative », n'a inséré les règles relatives à la demande reconventionnelle que dans le cadre de son troisième Titre. Ce qui implique qu'elle ne peut être envisagée dans une procédure consultative, pas plus que ne peuvent l'être d'autres procédures incidentes que prévoit la Section D de ce même Titre. On peut aussi invoquer les termes de l'article 80 du Règlement qui énonce dans son deuxième paragraphe qu'une telle demande doit être présentée dans le contre-mémoire de la partie dont elle émane, condition qui ne peut évidemment pas être remplie lorsque l'affaire est engagée selon l'article 65 du Statut[39]. S'il faut néanmoins la justifier, l'argumentation ne manque pas. On peut dire que dans l'exercice des fonctions consultatives que lui confère l'article 65 du Statut, la Cour ne tranche pas un différend juridique, elle se borne à donner un « avis », lequel «ne saurait

[39] En matière consultative la procédure écrite est nettement différente de celle qui existe en matière contentieuse. L'affaire est engagée par « une requête écrite qui formule, en termes précis, la question sur laquelle l'avis de la Cour est demandé. Il y est joint tout document pouvant servir à élucider la question » (article 65, paragraphe 2 du Statut). Des « exposés écrits » peuvent être déposés par « tout Etat admis à ester devant la Cour et [...] toute organisation internationale jugés, par la Cour ou par le Président si elle ne siège pas, susceptibles de fournir des renseignements sur la question » (article 66, paragraphe 2 du Statut). Les « observations » (article 105, par 2, *a)* du Règlement), peuvent être présentées par les Etats ou organisations qui conformément à l'article 66, paragraphe 4 peuvent « discuter les exposés faits par d'autres Etats et organisations ».

avoir d'effet obligatoire»[40]. Son pouvoir de donner suite à une requête d'avis découle de l'article 96 de la Charte et de l'article 65, précité, du Statut, et non pas du consentement des Etats, comme c'est le cas en matière contentieuse[41]. L'avis est donné par la Cour dans le but d'«éclairer» l'organe ou l'institution qui la sollicite[42]. Qu'en l'«éclairant», elle en vienne à traiter d'un litige entre deux ou plusieurs Etats n'y change rien, ceci étant la « conséquence inhérente au mécanisme de l'avis consultatif »[43]. Comme la Cour l'a fait remarquer dans son avis sur la Namibie « [p]resque toutes les procédures consultatives ont été marquées par des divergences de vues entre Etats sur des points de droit : si les opinions des Etats concordaient, il serait inutile de demander l'avis de la Cour[44]».

N'y change rien, non plus, le fait que la demande d'avis se réfère à une clause, inscrite dans des instruments adoptés par l'organisation des Nations Unies, qui prévoit d'avance qu'il aurait force obligatoire[45], ou à une convention internationale qui prévoit qu'il aurait pour effet de régler le différend opposant cette organisation à l'un de ses Membres[46]. L'organe judiciaire admet

[40]*Interprétation des traités de paix conclus avec la Bulgarie, la Hongrie et la Roumanie, première phase, avis consultatif, C.I.J. Recueil 1950*, p. 71.

[41] *Applicabilité de la section 22 de l'article VI de la convention sur les privilèges et immunités des Nations Unies, avis consultatif C.I.J. Recueil 1989*, p. 189, par. 31.

[42] *Ibid.*

[43] E. David, « L'avis consultatif de la Cour internationale de Justice du 15 décembre 1989 sur l'applicabilité de la section 22 de l'article VI de la Convention sur les privilèges et immunités des Nations Unies (affaire Mazilu) », *AFDI*, 1989. pp. 298-320.

[44] *Conséquences juridiques pour les Etats de la présence continue de l'Afrique du Sud en Namibie (Sud-Ouest africain) nonobstant la résolution 276 (1970) du Conseil de sécurité, avis consultatif C.I.J. Recueil 1971,*p. 24, par. 34.

[45] Plusieurs avis consultatifs de cette nature ont été demandés à la CIJ par les organes spécialisés de l'ONU se référant à l'article XII de l'annexe au statut du Tribunal administratif de l'Organisation internationale du Travail qui attribue dans son deuxième paragraphe la valeur décisoire à l'avis rendu par la CIJ. Pour le plus récent en date voir *Jugement no 2867 du tribunal administratif de l'organisation internationale du travail sur requête contre le fonds international de développement agricole, Avis consultatif du 1er février 2012.*

[46] On peut trouver des dispositions de ce genre dans les accords de siège ou les accords sur les immunités et privilèges des Nations Unies. La section 30 de l'article VIII de la convention sur les privilèges et immunités des Nations

que la particularité de la procédure de cette nature est que « la voie consultative est substituée à la voie contentieuse que le Statut de la Cour ne permettait pas de suivre »[47], non sans relever toutefois que cela n'affecte en rien la nature de la procédure consultative :

> « [l]'existence, en arrière-plan, d'un différend et de parties que l'avis de la Cour peut affecter ne modifie...pas le caractère consultatif de la fonction de la Cour, consistant à répondre aux questions qui lui sont posées... [48]».

Le fait qu'une procédure consultative revête quelques caractères de la procédure contentieuse ne suffit pas pour donner à l'Etat en cause le droit de riposter à l'organisation. Ce n'est pas parce que la nature consultative de la fonction de la Cour ne s'en trouve pas modifiée, mais plutôt parce que la demande reconventionnelle étant un mode de saisine, les textes régissant les attributions de la Cour ne permettent pas aux Etats de saisir celle-ci contre une organisation internationale. L'obstacle est insurmontable. Et c'est regrettable[49].

Unies en est un exemple qui a donné lieu à la demande d'un avis sur un différend qui opposait l'organisation à la Malaisie. Voir *Différend relatif à l'immunité de juridiction d'un rapporteur spécial de la Commission des droits de l'homme, avis consultatif; C. I. J. Recueil 1999,* p. 62. Pour un commentaire de cet avis voir Ch. Brower, P.H.F. Bekker, "Understanding "Binding" Advisory Opinions of the International Court of Justice", *Liber amicorum Judge Shigeru Oda,* Vol. 1., Kluwer Law International, 2002, p. 351 et s.

[47] *Jugement du Tribunal administratif de L'O. I. T. sur requêtes contre l'U. N. E. S. C. O., Avis consultatif du 23 octobre 1956 : C. I.J., Recueil 1956*, p. 85.

[48] *Différend relatif à l'immunité de juridiction d'un rapporteur spécial de la Commission des droits de l'homme, avis consultatif ; C. I. J. Recueil 1999,* p. 71, par. 25 ; citant Demande *de réformation du jugement no 158 du Tribunal administratif des Nations Unies, avis consultatif, C.I.J. Recueil 1973,* p. 171, par. 14.

[49] Alors que le Statut réserve la voie contentieuse uniquement aux Etats et la voie consultative uniquement aux organisations, celles-ci par le biais d'une voie « détournée » parviennent à porter à la décision de la Cour le différend qui s'élèverait entre elles et un Etat membre. On ne peut pas s'empêcher de s'interroger, avec le juge Ago, sur la conformité de ce système à « une véritable exigence de justice internationale » dès lors que lorsqu'un différend se produit entre un Etat et une organisation internationale, les deux parties ne sont pas « placées sur un plan d'égalité quant à la faculté de promouvoir

La présente recherche a donc pour cadre la procédure contentieuse de la Cour internationale de Justice[50]. L'approche retenue pour la mener à bien est à la fois analytique et évaluative[51]: il s'agit non seulement d'exposer, comprendre ou expliquer ce qu'est la demande reconventionnelle mais aussi de déterminer ce qu'elle devrait (ou pourrait) être. L'intitulé de cette thèse indique lui-même la délimitation du champ de l'étude. La généralité de la notion de demande reconventionnelle est tempérée par la spécificité de la juridiction de la Cour internationale de Justice. On n'a toutefois pas hésité à revenir sur la pratique de la Cour permanente de Justice internationale, tant pour examiner les travaux préparatoires précédant l'adoption de la disposition relative à cette demande en 1922 et 1936, que pour décrire ce qu'était sa position sur les différents points délicats que pose cette notion. On a également estimé opportun de consacrer un bref développement à l'étude de la notion en droit comparé. Cela nous permet de bien comprendre le pouvoir du défendeur de contre-attaquer dans la procédure internationale, la qualification de la

l'ouverture d'une procédure devant la Cour». Voir R. Ago, « Les avis consultatifs "obligatoires" de la Cour internationale de Justice : problèmes d'hier et d'aujourd'hui », *in Le Droit International au service de la paix, de la justice et du développement.* Mélanges *offerts à* M. Virally, A. Pedone, Paris, 1991, p. 24

[50] La demande reconventionnelle étant une procédure incidente, l'ouverture d'une telle procédure dans les instances portant sur l'interprétation ou la révision d'un arrêt de la Cour n'est pas rare. Dans l'affaire de la *Demande en interprétation de l'arrêt du 15 juin 1962 en l'affaire du Temple de Préah Vihéar (Cambodge c. Thaïlande)* et celle de *Demande en interprétation de l'arrêt du 31 mars 2004 en l'affaire Avena et autres ressortissants mexicains*, la procédure incidente relative aux mesures conservatoires a été engagée, dans laquelle la Cour a examiné les demandes présentées à cet effet par l'une des parties. Il est vrai que la demande reconventionnelle se distingue des autres procédures incidentes en ce qu'elle présente au juge une demande nouvelle dont l'acceptation modifiera l'objet de l'instance. Mais cela ne constitue pas un obstacle à l'acceptation d'une telle demande dans une procédure d'interprétation ou de révision. Il faut rappeler, et ceci est un point important, que dans l'affaire *Avena*, précitée, les demandes additionnelles ont été introduites par le demandeur et acceptées par la Cour (*C.I.J. Recueil 2008*, p. 331-332, par. 80). La demande additionnelle, elle aussi, élargit l'objet du litige.

[51] Sur le sens et la signification de ces méthodes voir O. Corten, *Méthodologie du droit international*, Bruxelles, ULB, 2009, p. 34

demande qu'il formule et les caractéristiques que celle-ci présente.

La première partie de ce travail intitulée « La notion de la demande reconventionnelle » recouvre chacune de ces matières. Dans la deuxième partie nous examinerons les conditions de sa recevabilité, et dans la troisième partie l'on se penchera sur la mise en œuvre de cette demande, à savoir les procédures engagées suite à sa formulation et d'autres questions procédurales que soulève son introduction dans un procès devant la Cour internationale.

Première partie

LA NOTION DE LA DEMANDE RECONVENTIONNELLE

La demande reconventionnelle est une action en justice[52]. Elle réalise le droit du défendeur de demander au juge international qu'il se prononce sur le bien-fondé de sa prétention. Ce droit lui a été accordé par la Cour permanente lors de l'adoption de son premier Règlement en 1922, mais il a fallu attendre jusqu'à 1997 pour que la Cour actuelle dise en quoi consiste ce droit. Les deux cours ont en commun de s'inspirer de droit comparé tant dans la consécration de la demande que dans l'identification de ses caractères et ses éléments constitutifs. Point n'est besoin d'insister sur le fait que cette demande existe dans toutes les juridictions, nationales et internationales, judiciaires et arbitrales. C'est pour cela qu'il nous a paru opportun d'entreprendre une analyse comparative des différentes juridictions afin de dégager les éléments d'une définition généralement admise de la demande pouvant être formée par le défendeur, avant d'entrer en détail sur les travaux préparatoires de la disposition du Règlement relative à la demande reconventionnelle et sur l'évolution que celle-ci a connu au fil des modifications successives qu'a subi le Règlement de la Cour depuis son adoption en 1922 (Titre I).

C'est à la lumière de ce qui ressort de l'étude du droit comparé et des travaux préparatoires du Règlement qu'on examinera la première définition qu'a présenté la CIJ de cette demande dans une ordonnance rendue dans l'affaire de *la Convention sur le génocide* à propos de la recevabilité de la demande que la Yougoslavie avait introduite dans son contre-mémoire contre la Bosnie, le demandeur. Il est question de savoir quelle est la nature de cette demande et quels sont les caractères qu'elle présente (Titre II).

---

[52] L'action en justice est définie comme suit : « pouvoir reconnu aux sujets du droit de s'adresser à la justice pour obtenir le respect de ses droits ou de ses intérêts légitimes », *Lexique des termes juridiques*, 19e éd., Dalloz, 2012, p. 28.

TITRE I

LA CONSECRATION DU POUVOIR DU DEFENDEUR DE CONTRE-ATTAQUER

Le pouvoir du défendeur d'introduire ses propres prétentions dans l'instance engagée contre lui ne va pas de soi. La consécration de ce pouvoir en droit interne se heurta au vieux principe de l'immutabilité du litige qui interdisait la présentation de toute demande incidente. Dans l'arbitrage international, se posa la question de sa conformité à la convention d'arbitrage, l'extension des limites de la controverse formulée dans celle-ci n'étant possible que par l'accord des parties. Elle a été pourtant admise, car la demande reconventionnelle présente des avantages pratiques indéniables, elle vise notamment à garantir une meilleure administration de la justice. Cela dit, ces avantages ne sont pas assurés par toute demande de ce genre, ils ne le sont que par celle qui se rattache étroitement à la demande initialement introduite.

Le constat est également vrai pour ce qui est de la juridiction de la Cour internationale. L'adoption de la disposition permettant au défendeur d'introduire sa propre demande s'est confrontée à une vive résistance au sein de la Cour permanente de Justice internationale. Elle n'aurait pas été possible si son acceptation n'avait pas été subordonnée à une condition substantielle : l'existence de la connexité directe entre les actions opposées.

Ceci ne constitue toutefois pas le seul point de ressemblance entre ces différents systèmes de règlement des différends juridiques. Le concept retenu de la demande en question et la condition de forme et de délai à laquelle est soumise sa présentation n'en sont pas moins identiques. Autant dire qu'en l'autorisant, les juges internationaux ont transposé au droit international un principe général de procédure. C'est pour comprendre ce qu'est le contenu de ce principe général qu'on va étudier la demande reconventionnelle en droit comparé

(Chapitre I) avant de passer à l'étude de l'adoption par la Cour internationale de la disposition qui y est relative (Chapitre II). Cela nous permettra non seulement d'expliquer le processus de la consécration dont il s'agit, mais aussi de souligner les éléments constitutifs de la demande reconventionnelle dans ces différents systèmes du règlement juridique de différend.

Chapitre I.

La consécration du pouvoir de contre-attaquer en droit comparé

Il ne s'agit pas d'entreprendre une recherche exhaustive sur la notion de demande reconventionnelle devant toutes les juridictions autres que la CIJ, mais de s'interroger sur ce qu'est cette demande dans les droits nationaux (Section 1) et dans l'arbitrage international (Section 2)[53].

Section 1. Droits nationaux

L'étude des *travaux préparatoires* du Règlement de la Cour et de l'histoire de l'évolution de cet instrument, de son adoption à nos jours, met en évidence l'influence importante et la contribution croissante du droit comparé dans l'élaboration des règles régissant la procédure de la Cour internationale. En 1936, lors de la révision de son Règlement, la CPJI a étudié l'intérêt d'y insérer une référence aux principes généraux de droit. La proposition était ainsi conçue : « dans tous les cas non prévus par ce Règlement, la Cour décide en s'inspirant des principes généraux de la procédure reconnus par les nations civilisées »[54]. Elle ne fut pas retenue parce qu'elle n'aurait rien ajouté à la pratique de la Cour[55]. Il n'empêche que certains de ces principes ont trouvé leur place dans le Règlement adopté. Comme l'a fait

[53] Le pouvoir de contre-attaquer n'est pas prévu devant la Cour de justice de l'Union européenne. Si le défendeur veut introduire une demande devant le juge de la communauté, il devra le faire par une requête. Voir Ch. Van Reepinghen et P. Orianne, *La procédure devant la Cour de justice des communautés européennes*, Bruxelles, Larcier, 1961, p. 36, n°30.
[54] *CPIJ, Série D_02_3e addem.* p. 781.
[55] V. Coussiart-Coustere et P-M Eisemann, « La procédure devant les juridictions internationales permanentes », in *La juridiction internationale permanente*, SFDI, Colloque de Lyon, Pedone, Paris, 1987, p.109

observer M. Lachs, l'ancien président de la haute juridiction: « *one cannot escape the impression that many of the ideas and concepts reflected in the domestic jurisdictions have found their way into international proceedings* »[56]. Il n'est dès lors guère étonnant de voir que lors des *travaux préparatoires* du Règlement de la Cour en 1922, certaines dispositions furent conçues par les juges comme « une sorte de combinaison entre le système de procédure en vigueur dans les pays anglo-saxons et le système suivi sur le continent »[57]. La demande reconventionnelle n'échappa pas à ce principe formateur. Loin s'en faut. L'on verra tout au long de ce travail que la Cour internationale en adoptant les règles applicables à cette notion, n'a fait autre chose que de s'inspirer des « *principes du droit général* », selon l'ancien juge Caloyanni, ou de « *concepts de droit généralement admis* », d'après le juge Anzilotti. « En examinant la jurisprudence de la Cour, nous voyons, exposa le juge Caloyanni, *combien elle s'inspire des principes du droit général* ;... à propos des demandes reconventionnelles, les éléments sont encore ici ceux qui constituent leur nature en droit privé[58]». Selon le juge Anzilotti « il existe un concept de demande reconventionnelle qui, en substance, est commun à toutes les législations, même si les règles qui concrétisent cette notion diffèrent dans chacune de ces législations : d'un ensemble de règles distinctes en leurs formes, mais ayant un contenu commun, il est bien possible d'abstraire ce contenu en un concept lequel est ensuite concrétisé en règle propre d'un autre droit »[59]. Il est, de plus, intéressant de noter que l'avant-projet servant de base à la disposition du Règlement de 1922 relative aux demandes reconventionnelles était, selon le greffier, dans une grande mesure fondé sur la procédure de la Cour suprême des Etats-Unis[60].

---

[56]M. Lachs, « The revised procedure of the international court of justice », in *Essays on the development of the international legal order, in memory of Haro F. Van Panhuys*, Sijthoff § Noordhoff, 1980, p. 23.

[57]Voir *CPIJ, Série D_02_3e addem.* p. 251.

[58] M. A. Caloyanni, « L'organisation de la Cour permanente de justice internationale et son avenir », *RCADI*, 1932, t. XXXVIII, p. 35

[59] D. Anzilotti, « La demande reconventionnelle en procédure internationale », *Journal du droit international* (clunet), 1930, vol. 57, p.867.

[60] *CPIJ, Série D_02_3e addem.* p. 107.

Cette interpénétration de deux systèmes juridiques n'a rien d'anormal, elle apparaît même naturelle, voire nécessaire. Naturelle, car la Cour constitue un forum composé de magistrats venant de différentes formations juridiques ; il est normal que ceux-ci tiennent spontanément compte de leur formation tant lors de l'adoption du Règlement qu'au moment de son application. Le juge Lachs exprime cette affirmation de la manière suivante : « *Those who drafted the rules in each case were, no doubt, influenced, very largely by the schools or systems they belonged to* »[61]. Elle est ensuite nécessaire puisque l'innovation de la Cour en matière de procédure pourrait comporter, comme l'a fait à raison remarquer le professeur Genet, le risque « de dérouter et de surprendre les juristes qui viendraient concourir à son œuvre, d'un côté comme de l'autre de la barre et du prétoire [62]».

Mais qu'est-ce que nous enseigne ce droit en matière reconventionnelle ? Une recherche comparative au sein des grandes familles du droit nous permettra de répondre à cette question. Le droit français est choisi comme exemple connu du système de droit civil (§1) et le droit américain comme représentant du système juridique de *common law* ou anglo-saxon (§2).

§ 1. Droit français

On ne saurait épuiser la question de demande reconventionnelle en droit français qu'après avoir étudier successivement les trois points suivants : la notion, la recevabilité, et la procédure réservée à cette demande.

A. La notion

Les conclusions reconventionnelles en droit français, comme ailleurs, sont fréquentes en matière contractuelle, particulièrement en raison de la réciprocité des dettes et des créances qu'engendre souvent l'exécution d'un contrat. Une hypothèse simple de telles

---

[61] M. Lachs, « The revised procedure of the international court of justice », *op. cit.*, p. 23.

[62] R. Genet, « Les demandes reconventionnelles et la procédure de la Cour permanente de justice internationale », *R.D.I.L.C.*, t. XIX, 1938, n° 1, p. 153.

conclusions est celle où elles sont présentées en vue de la condamnation du requérant à des dommages-intérêts pour abus du droit d'agir en justice[63].

Fidèles au principe d'immutabilité de l'objet du litige, les législateurs internes anciens se montrèrent réticents à l'égard d'une contre-attaque émanant de la partie défenderesse du procès[64]. En droit français, si les articles 54, 171, 377 et 464 du code de procédure civile de 1806 révélèrent indirectement l'existence d'un droit à l'action reconventionnelle, ce n'est qu'en 1976, au terme d'une réforme décisive de la procédure civile, que l'on a pris soin de définir la demande reconventionnelle (art. 64) et d'en préciser le régime juridique en l'inscrivant sous la rubrique « Demandes incidentes » (art. 63) qui peuvent être introduites devant toutes les juridictions du contentieux privé[65]. Selon l'article 64 du NCPC,

> « Constitue une demande reconventionnelle la demande par laquelle le défendeur originaire prétend obtenir un avantage autre que le simple rejet de la prétention de son adversaire ».

La clarté de la définition présentée par la législation française, en ce qu'elle montre que la demande reconventionnelle constitue à la fois une demande et une défense, n'a pas empêché la doctrine, voire la jurisprudence, de connaître différents types, parfois controversés, de telles demandes, distingués les unes des autres selon soit leur nature (la demande reconventionnelle pure et hybride[66]) ou le but recherché (les demandes reconventionnelles en dommages et intérêts, en défense et en compensation).

---

[63] R. Chapus, *Droit du contentieux administratif*, 8e édition, Montchrestien, Paris, 2008, p. 792 ; G. Cornu et J. Foyer, *Procédure Civile*, Presses universitaires de France, 1996, p. 375.

[64] Voir A. Heurté, « Les demandes reconventionnelles », *A.J.D.A.* 1960 I, p. 444 ; M. Douchy-Oudot, « Demandes Reconventionnelles », *Répertoire de la procédure civile*, Dalloz 2003, p. 2 ; R. Genin-Meric, « Demandes Reconventionnelles », *J-CL*, 1996, fasc. 132, p. 4.

[65] Des exceptions à ce principe se rencontrent en matière de divorce, l'article 1142 alinéa 2 du NCPC disposant qu'« aucune demande reconventionnelle n'est recevable, sauf sur les conséquences du divorce ».

[66] J. Heron et T. Le Bars, *Droit judicaire privé*, Montchrestien, Paris, 2006, p. 97 ; *Droit et pratique de la procédure civile*, S. Guinchard (ed.), Dalloz, Paris, 2006/2007, p. 544-545.

Il peut exister une demande reconventionnelle hybride là où l'action menée par le défendeur revêt en même temps la forme d'une demande et d'une défense (ex. : le défendeur poursuivi en exécution d'un contrat en demande reconventionnellement la nullité). La démarcation entre ces deux aspects n'est pas toujours évidente, ils s'entremêlent et selon le cas, l'aspect défensif apparaîtra le plus évident ou, au contraire, l'aspect offensif prendra le dessus ; l'appréciation varie selon les hypothèses[67]. En revanche, la demande reconventionnelle est qualifiée de « pure » lorsque l'action du défendeur ne peut exercer aucune influence sur le sort de la demande initiale (ex. : une demande reconventionnelle en communication des résultats d'une analyse médicale formée par le client d'un laboratoire auquel celui-ci réclamait le paiement de sa facture[68]).

La demande reconventionnelle peut avoir pour objet la prétention d'une partie tendant à obtenir la compensation de sa dette avec une créance de dommages et intérêts[69]. La demande reconventionnelle en défense est celle par laquelle le défendeur émet une prétention propre ayant pour conséquence, si elle est fondée, le rejet des prétentions du demandeur (ex. : le défendeur à une demande de divorce pour altération définitive du lien conjugal réplique par une demande reconventionnelle de divorce pour faute)[70]. Concernant la demande en compensation, le droit judiciaire français en connaît deux types, la compensation légale et la compensation judiciaire. La première se produit *ipso jure,* de plein droit, même à l'insu des parties, du jour de la coexistence de deux dettes réciproques satisfaisant aux conditions de l'article 1291 du code civil, soit la fongibilité, la liquidité, et l'exigibilité[71]. Ainsi, elle ne requiert l'intervention du juge que pour constater la réunion de ces conditions. La compensation judiciaire, en revanche, est prononcée par un juge, dès lors qu'un débiteur poursuivi en paiement d'une dette oppose la créance qu'il détient sur le demandeur à l'instance en l'absence des conditions

---

[67] S. Guinchard, *Méga Nouveau Code de Procédure Civile*, Dalloz, 2001, p. 159.
[68] Cass. 1er civ. 4 oct. 1989, D. 1989, IR. p. 259.
[69] Cass. com. 26 mai 1998, *Bull. civ.* IV, n° 172 ; Cass. com. 19 juill. 1971, *Bull. civ.* IV, n° 213.
[70] O. Staes, *Droit judiciaire privé*, Ellipses, Paris, 2006, p.102-103.
[71] Com. 17 mai 1994, *Bull. civ.* IV, n°178.

requises pour la compensation légale[72]. Ici l'intervention du juge est requise, pour donner à la dette à compenser les caractéristiques de liquidité, de fongibilité et d'exigibilité. Ainsi, le juge jouit d'une marge d'appréciation pour rendre la demande en compensation recevable. Ce type de compensation constitue, tout comme une demande reconventionnelle, une défense, pour autant que le défendeur oppose à son adversaire la créance qu'il détient, et une demande puisqu'il demande au juge de rendre sa créance opposable. En d'autres termes, la demande en compensation est une défense puisque, si elle est admise, il y aura rejet de la demande initiale, mais elle est judiciaire et remplit une fonction offensive, car son auteur soumet un autre rapport d'obligation pour, éventuellement, le compenser[73]. C'est la raison pour laquelle, la Cour de cassation de France, selon une jurisprudence constante, autorise à demander la compensation judiciaire par le biais d'une demande reconventionnelle[74].

B. La condition de recevabilité : la connexité

Hormis les conditions générales de recevabilité que doit satisfaire toute demande (qualité ou intérêt à agir par ex.), celle qui est présentée à titre reconventionnel doit, pour être recevable, présenter un lien particulier de rattachement avec la demande initiale. Avant l'adoption du nouveau code de procédure civile, la jurisprudence française subordonnait la recevabilité de la demande reconventionnelle à l'existence d'un lien de connexité entre la demande principale et la demande reconventionnelle[75]. Le nouveau code de procédure civile déclare recevable toute demande reconventionnelle se rattachant aux prétentions originaires par un « lien suffisant » (l'article 70), lequel n'est toutefois pas exigé en matière de compensation (alinéa 2). Le lien « suffisant » peut être entendu d'une manière plus large que la connexité, cette dernière impliquant dans la littérature juridique

[72] Civ. 1er, 30 juin 1993, *Bull. civ.* 1, n° 235 ; voir F. Chabas, « Réflexions sur la compensation judicaire », *JCP*, Doctrine (1966), p. 2026.
[73] S. Guinchard, *Méga Nouveau Code de Procédure Civile*, *op. cit.*, p. 159.
[74] Civ. 1er, 17 déc. 1991, Bull. civ. 1, n° 355
[75] J. P. Rousse, « Les demandes reconventionnelles formées pour la première fois en appel », *Gaz. Pal.* 2 novembre 1976, Doctrine, p. 619.

française une dépendance entre la demande originaire et la demande reconventionnelle[76].

L'exigence de la « cause commune » ayant été abandonnée[77], il est aujourd'hui difficile de dégager de la jurisprudence française un critère précis à partir duquel un tribunal peut conclure à l'existence de lien suffisant entre les demandes opposées des parties. Néanmoins, doctrine et jurisprudence s'accordent à dire qu'un tel lien existe dans le cas d'une demande reconventionnelle hybride qui constitue un moyen de défense à la prétention de demandeur[78]. Il en est de même pour la demande reconventionnelle en dommages-intérêts fondée exclusivement sur la demande initiale[79]. Pour le reste, les tribunaux français reconnaissent la satisfaction de cette condition dans tous les cas où les deux demandes procèdent d'« une même situation de fait litigieuse ou d'un même contrat »[80]. Ceci dit, force est de constater qu'une bonne partie de la doctrine propose que le « lien suffisant » soit apprécié d'après les « circonstances factuelles des affaires [81]».

Il en va à peu près de même dans les autres systèmes juridiques qui suivent la tradition continentale. En droit judiciaire belge, où la recevabilité de la demande reconventionnelle au premier degré dépend de l'existence d'un lien de connexité entre celle-ci et la demande principale, la connexité se rencontrera lorsque la demande reconventionnelle a « pour but et pour effet d'écarter en tout ou en partie la demande principale, de la

---

[76] *Ibid.*

[77] Cass. 2e civ.19 juill. 1962, Bull. civ. II, n°616. Avant 1935, le changement de cause étant interdit en appel, la jurisprudence voyait la connexité dans l'identité de cause entre les deux demandes, principale et additionnelle [et reconventionnelle]. Voir : J. MIGUET, « Demande additionnelle », *J-Cl., procédure civile 1*, 1995, Fasc. 127, p. 4.

[78] M. Douchy-Oudot, « Demandes Reconventionnelles », *op. cit.*, p. 3 ; *Droit et pratique de la procédure civile*, S. Guinchard (ed), *op. cit.* p. 547.

[79] Cass. 2e civ. 11 juill. 1974, Bull. civ. II n° 230; Cass. com., 19 juill. 1971, Bull. civ. IV, n° 213 ; voir R. Genin-Meric, « Demandes Reconventionnelles », *op. cit.*, p. 7.

[80] Civ. 21 oct. 1980, Gaz. Pal. 1981. 1 panorama jurisprudence p. 63; Civ. 14 jan. 1987, Bull. civ. II, n°12. Voir Solus et Perrot, *Droit judiciaire privé*, tome 3, Sirey 1991, p. 880.

[81] M. Douchy-Oudot, « Demandes Reconventionnelles », *op. cit.*, p. 3; G. Couchez, *Procédure Civile*, 14e édition, Sirey, 2006, p.368.

neutraliser ou d'en restreindre les effets»[82]. Le droit judiciaire italien admet la demande reconventionnelle lorsqu'elle partage la même *causa petendi* que la demande initiale[83]. Aux termes de l'article 6 point 3 de la Convention de Bruxelles de 1968 sur la compétence judiciaire et l'exécution des décisions en matière civile et commerciale, le défendeur domicilié dans un Etat contractant peut être par ailleurs attrait devant le tribunal saisi de la demande originaire lorsqu'il s'agit d'une demande reconventionnelle dérivant du « contrat ou du fait sur lequel est fondée cette demande principale ».

C. Le régime procédural

En règle générale, la demande reconventionnelle peut toujours être introduite lorsque la prétention du défendeur peut être tranchée par les tribunaux de droit commun en vertu des dispositions du code de procédure civile[84]. Ainsi, la demande reconventionnelle en tant qu'une demande nouvelle se trouve soumise aux conditions générales de recevabilité de l'action en justice. Elle doit par exemple exposer, conformément à l'article 67 du nouveau code de procédure civile, les prétentions et les moyens de la partie qui la forme et en indiquer les pièces justificatives.

Néanmoins, la demande reconventionnelle échappe au formalisme, normalement strict, applicable à l'introduction de l'instance. S'agissant de la forme que doit revêtir la présentation du défendeur, l'article 68, alinéa 1 du nouveau code de procédure civile prévoit que « les demandes incidentes sont formées à l'encontre des parties à l'instance de la même manière que sont présentés les moyens de défense ». Ce texte vise la voie des *conclusions* dans les procédures écrites[85]. L'article 69 précise que

---

[82] A. Braas, *Précis de procédure civile*, t. 1, Bruylant, Bruxelles, 1944, p. 368.

[83] M. Cappelleti, J. M. Perillo, *Civil Procedure in Italy*, Martinus Nijhoff, 1965, p. 105. Pour une étude comparative sur la notion de connexité en droit civil de divers pays, voir M. Ladislas Sierdlecki, « Les demandes reconventionnelles, étude critique et comparative », *RTD civ*. 1937, p. 780 et s.

[84] *Ibid.*, p. 784.

[85] Dans le cas de la procédure orale (devant le tribunal de commerce, le conseil de prud'hommes…), les demandes incidentes peuvent être formées verbalement à l'audience. Voir *Cass. soc. 19 juill. 1983 : Bull. civ. V, n° 444.*

« l'acte par lequel est formée une demande incidente vaut conclusion ; il est dénoncé aux autres parties »[86]. La nécessité de dénoncer la conclusion aux autres parties (article 69 *in fine*) signifie que si la demande incidente n'est formée que par (ou contre) une seule des parties (en cas de pluralité des parties) à l'instance initiale, il est logique que les autres soient informées de cet élément nouveau susceptible d'avoir une incidence sur le sort de leurs prétentions, quand bien même la demande incidente ne serait pas dirigée contre elles[87].

Concernant le délai à respecter, le principe du contradictoire[88] impose que la demande reconventionnelle ne soit pas présentée tardivement, compte tenu notamment de l'ordonnance de clôture dans les procédures en comportant une[89]. Normalement, la reconvention est instruite et jugée en même temps que la demande principale. Néanmoins, le tribunal saisi dispose d'un pouvoir discrétionnaire d'ordonner la disjonction des demandes et de statuer séparément sur chacune d'elles lorsque l'une des demandes et non pas l'autre est en état d'être jugée[90], ou lorsque la demande reconventionnelle est de nature à faire subir un trop long retard au jugement de la demande principale[91]. Il n'en demeure pas moins que la disjonction n'aura pas pour effet de dessaisir la juridiction, mais tout simplement de renvoyer l'examen de la prétention à une date ultérieure[92].

---

[86] Il en va de même en droit judiciaire belge, là où l'article 908 du Code judiciaire précise qu' « entre parties en cause, les demandes incidentes sont formées par conclusions, déposées au greffe, et communiquées aux autres parties ».

[87] Y. Desdevises, « Demande en justice », *J-Cl., procédure civile* 6, 1997, Fasc. 126-7, p. 2.

[88] Selon l'article 14 du NCPC, « nulle partie ne peut être jugée sans avoir été entendue ou appelée. ». Ainsi, pour la Cour de cassation, « l'adjonction à l'audience de conclusions nouvelles en l'absence du défendeur et sans qu'il en ait préalablement reçu notification constitue une violation des droits de la défense. » (Civ. 12 juin 1950 : D. 1950. 614).

[89] R. Genin-Meric, « Demandes Reconventionnelles », *op. cit.*, p. 10.

[90] Solus et Perrot, *Droit judiciaire privé, op. cit.*, p. 883.

[91] L'alinéa 2 de l'article 70 du NCPC et l'article 810 de Code judiciaire belge.

[92] Cass. req. 5 fév. 1940, DH 1940. 101.

§ 2. Droit américain

Ici aussi on commencera par étudier la notion de demande reconventionnelle en droit américain (A) avant de se pencher sur l'examen de sa recevabilité (B).

A. La notion

La demande reconventionnelle (counter-claim) n'est entrée dans le droit judiciaire américain qu'à l'issue de la réforme du « New York's Field code » en 1852. Elle connaissait néanmoins deux antécédents : le *recoupement* en procédure de « common law » et le *set-off* en procédure d'« equity »[93]. Le premier signifie le droit du défendeur de réduire la prétention de demandeur, et le deuxième correspond à un concept analogue de la notion de compensation en droit judiciaire du système civiliste, conduisant à l'extinction mutuelle des dettes liquides et exigibles.

Sous l'empire des Federal Rules of Civil Procedure, établi en 1938, et actuellement en vigueur, et en vertu de l'article 13 alinéas a) et b), deux types de *counterclaim* sont envisagés : *compulsory* (ou *mandatory*) et *permissive*. Elle est *compulsory* lorsque la cause de la prétention du demandeur sert de fondement à la conclusion reconventionnelle du défendeur. Selon l'article 13 (a) (1) "*A pleading must state as a counterclaim any claim that — at the time of its service —the pleader has against an opposing party if the claim : (A) arises out of the transaction or occurrence that is the subject matter of the opposing party's claim; and (B) does not require adding another party over whom the court cannot acquire jurisdiction*". En revanche, l'on parle de « permissive counterclaim » lorsque la cause de la demande du défendeur est différente de celle de la demande du requérant. Aux termes de l'article 13 (b), "*A pleading may state as a counterclaim against an opposing party any claim that is not compulsory*".

La différence entre les deux types des couter-claims tient donc à leurs objets : la *compulsory* est fondée sur la « *transaction or occurrence* » qui constitue l'objet de la prétention initiale[94], tandis

---

[93] J. Fleming, *Civil procedure*, Boston : Little, Brown, c 1992, p. 483.

[94] Sur les exceptions portées à cette règle générale, voir M. Rosenberg, H. Smit et R. Cooper Dreyfuss, *Elements of Civil Procedure, cases and materials*,

que la *permissive* peut avoir comme objet une « *transaction or occurrence* » autre que celle qui constitue l'objet de la demande de la partie adverse. L'introduction d'une demande de ce genre permettra au tribunal de connaître de tous les différends qui lui sont soumis par les parties au litige. Mais la différence tient aussi aux conséquences qui s'attachent à la distinction entre ces deux types de *counterclaim*. En effet, le langage de l'alinéa (a) se référant à la *compulsory counterclaim* a un tour impératif[95]. Il ne laisse pas au défendeur le choix entre former ses conclusions reconventionnelles dans l'instance en cours ou les réserver à une instance séparée et indépendante. Autrement dit, la demande est « *compulsory* » car elle doit être obligatoirement formulée dans la même instance engagée par le demandeur initial[96]. Il en découle deux conséquences majeures. Premièrement, le défaut éventuel du défendeur peut signifier qu'il a renoncé à son droit d'agir reconventionnellement et qu'il lui sera, par conséquent, interdit, en application du principe *res judicata*, d'introduire une nouvelle instance[97]. Deuxièmement, la doctrine de la juridiction auxiliaire (*ancillary juridiction*) autorise le défendeur à former des conclusions reconventionnelles ne relevant pas de la compétence matérielle de la cour fédérale saisie de la requête, s'il s'agit d'une *compulsory counterclaim* fondée sur la transaction qui constitue l'objet de la demande initiale[98]. L'article 13 (a) cherche à éviter la multiplicité des instances en empêchant le défendeur d'introduire

---

Fifth edition, Westbury New York, The Fondation Press, Inc., 1990, p. 424 et ss.

[95] *Cyclopedia of Federal procedure*, 3rd ed., Rochester, NY: Lawyers Cooperative Publishing., 1951-1990, p. 18.

[96] Voir Ch. A. Wright, "Estoppel by Rule: The Compulsory Counterclaim Under Modern Pleading", 38 *Minnusita Law Review* (1954), p. 423 et ss.

[97] *Mesker Brothers Iron Company v. Donata Corp.*, 401 F.2d 275, 279.

[98] *Baker v. Gold Seal Liquors, Inc.*, 517 US, 41 L Ed 2d 243, 94 S Ct 2504. James Fleming, *Civil procedure*, *op. cit.* note 2. p. 489; United States to Use and for Benefit of Foster Wheeler Corporation v. American Surety Co. of New York, D.C.E.N.Y. 1938, 25 F. Supp. 700. Par contre, s'il s'agit d'une permissive counter-claim, il faut absolument qu'elle relève de la compétence du tribunal saisi sur la demande initiale pour que ce dernier puisse se prononcer sur les deux demandes dans la même instance.

une nouvelle instance où il mettra dans sa requête les faits invoqués dans sa conclusion reconventionnelle[99].

B. La condition de recevabilité : la connexité

Lorsque la *counterclaim* est *compulsory*, le tribunal saisi de la demande initiale est automatiquement compétent pour se prononcer sur la demande du défendeur. Le lien entre les deux demandes est aussi assuré parce qu'elles partagent le même objet du litige. L'expression *transaction or occurrence,* recouvrant une notion très large, elle peut comprendre ensemble « the facts and circumstances out of which a claim may arise »[100]. Selon le Black's Law Dictionary, la transaction consiste normalement en un «*act or agreement having some connection with each other, in which more than one person is concerned, and by which the legal relations of such persons between themselves are altered*»[101].

Dans l'examen du point de savoir si les demandes respectives des parties sont basées sur la même "*transaction or occurrence*", le juge américain prend en considération, les transactions alléguées dans la requête du demandeur[102], et l'ensemble des actions mutuelles des parties à un marché ou un engagement juridique. Cela dit, les tribunaux d'Etats américains n'utilisent pas tous le même critère pour juger du caractère *compulsory* d'une demande formée par la partie défenderesse du procès. Quatre critères principaux se dégagent de la jurisprudence : la counter-claim serait *compulsory* 1) lorsque les éléments de fait et de droit qui constituent les demandes respectives des parties sont les mêmes, 2) lorsque le principe de *res judicata* fera obstacle à l'ouverture d'une nouvelle instance par le défendeur qui n'a pas riposté dans le cadre de l'instance initiale[103], 3) lorsque les mêmes éléments de preuves sont invoqués à l'appui des deux

[99] *Southern Const. Co. v. United States for Use of Pickard*, 371 US 57, 9 L Ed 2d 31, 83 S Ct 108.
[100] *Cyclopedia of Federal procedure, op. cit.* p.19
[101] *Black's Law Dictionary, Sixth edition, West Publishing co.1990, p. 1496.*
[102] M. Rosenberg, H. Smit et R. Cooper Dreyfuss, *Elements of Civil Procedure, op. cit., p. 564.*
[103] Meyer v. S.S. Vance, 406 P.2d 996 (Okl.1965).

demandes[104], et 4) lorsqu'il y a un lien logique (*logical relationship*) entre la demande du demandeur et celle de défendeur[105]. Force est néanmoins de constater que des tribunaux des Etats-Unis ont tendance à privilégier ce dernier critère, à savoir celui de *logical relationship*, pour établir le caractère *compulsory* du counterclaim. Cette relation logique est établie lorsque « *some operative facts serve as basis of both claims or aggregate core of facts upon which claim rests activate additional legal rights, otherwise dormant, in defendant* »[106] ou quand « *many of same factual legal issues, or offshoots of same basic controversy between parties [is] involved…* »[107] ou lorsque « *the essential facts of the various claims are so logically connected that considerations of judicial economy and fairness are that all issues be resolved in one lawsuit* [108]».

***

Il ressort de cette analyse comparative que la connexité est l'unique condition de recevabilité des demandes reconventionnelles devant les différentes juridictions internes, et que les critères permettant d'apprécier cette condition varient d'une juridiction à l'autre. Alors que pour le droit belge la connexité est juridique, qu'elle est pour le droit italien factuelle, le droit américain, le droit français, ainsi que la Convention de Bruxelles de 1968 optent pour un critère de rattachement à la fois factuel et juridique.

Section 2. Arbitrage international

Il convient de distinguer la procédure de l'arbitrage international interétatique (§ I) de celle de l'arbitrage transnational (§II).

---

[104] Williams v. Robinson, 3 Fed Rules Serv 13a.11, Case 1; 1 FRD 211. City of Cleveland v. Cleveland Elec. Illuminating Co., 570 F2d 123 (CA6, 1978).
[105] *Old Homestead Co. v. Continental Baking Co., 47 F.R.D. 560, 563.*
[106] *U.S. v. Aronson, C.A. Fla., 617 F. 2d 119. 121.*
[107] *Tasner v. Billera, D.C.III.*, 379 F. Supp. 809, 813.
[108] *Harris v. Steinem, 571* F2d 119 (CA2, 1978).

§1. Arbitrage international interétatique

Point n'est besoin d'insister sur le fait que la procédure devant la Cour internationale se rapproche de celle de l'arbitrage international plus que de celle de n'importe quel autre système de règlement des différends, dès lors que dans l'une comme dans l'autre, c'est de la volonté des parties que découle le pouvoir de l'organe judiciaire ou arbitral de connaître d'un litige ; ils ne peuvent en aucune manière se prononcer sur des prétentions qui n'entrent pas dans les limites de la compétence fixées par les parties.

Par ailleurs, l'étude des *travaux préparatoires* du Règlement de la Cour laisse apparaître que la place de la reconvention dans l'arbitrage international a retenu l'attention des juges lors du débat sur l'adoption de la disposition permettant à une partie au litige de présenter dans son contre-mémoire des conclusions reconventionnelles. Selon M. Wang, l'un des signataires du texte qui est devenu l'article 63 du Règlement de 1936 :

> « [d]ans les règlements de procédure des divers tribunaux arbitraux mixtes, l'on trouve en matière reconventionnelle deux systèmes différents. Le premier est celui figurant dans le Règlement de la Cour. Nous en trouvons un correspondant dans le Règlement du Tribunal gréco-allemand, lequel dispose que : « la réponse contient... les conclusions qui peuvent être libératoires...soit reconventionnelles ». Nous voyons une illustration du second dans le Règlement du Tribunal germano-polonais, lequel, sous le titre « demande reconventionnelle », dispose que ces demandes ne sont pas admises et que « toute demande du demandeur doit être formulée par une requête introductive d'instance ; le Tribunal pourra ordonner que les causes soient jointes ou qu'elles soient plaidées dans la même audience [109]».

M. Wang expliqua que la formule proposée « cherchait à combiner les avantages des deux systèmes et à trouver une sorte de *vie média* entre eux, en adoptant le critérium de la connexité de la demande reconventionnelle avec la demande principale, cette connexité étant reconnue lorsque la demande reconventionnelle se trouve fondée sur les mêmes faits que la demande principale ; c'est dans ce cas que le

[109] *CPIJ, Série D_02_3^e addem.* p. 114.

texte admet la possibilité de formuler la demande reconventionnelle dans le contre-mémoire [110]».

Si la contribution de l'arbitrage international à la consécration du droit du défendeur de contre-attaquer apparaît évidente, il n'en reste pas moins que, en dépit de sa longue histoire[111] – on sait qu'il remonte au traité de Jay signé entre les Etats-Unis d'Amérique et la Grande-Bretagne en 1794 – et malgré son efficacité en tant que méthode du règlement juridique de différends internationaux, l'apport de l'arbitrage au développement du droit de la demande reconventionnelle en procédure internationale demeure très mince, pour ne pas dire inexistant. La raison en tient principalement au caractère contractuel de cette procédure, caractère qui défavorise tant formellement que substantiellement la formulation de conclusions reconventionnelles. Formellement, d'abord, car la procédure arbitrale se caractérise par l'égalité entre les parties, ce qui explique assez clairement l'absence formelle de défendeur au procès, c'est-à-dire de la partie à laquelle il revient de présenter ce type de demandes. C'est pourquoi le juge Anzilotti, ancien président de la C.P.J.I., fit valoir qu'« il ne pouvait, évidemment, pas être question de demande reconventionnelle dans la procédure internationale, tant que la seule forme judiciaire de solution des litiges entre Etats a été l'arbitrage, au sens étroit du mot. Pour que naisse le problème de la possibilité de la demande reconventionnelle, il est nécessaire que les parties assument, non seulement matériellement, mais formellement, les rôles de demandeur et de défendeur [112]». Dans des termes très proches, le professeur Charles de Vischer souligne que « nécessairement absente de la procédure internationale aussi longtemps que celle-ci n'a eu pour fondement que les compromis d'arbitrage, la demande reconventionnelle y a fait son entrée avec la création d'un tribunal international institutionnalisé devant lequel les

---

[110] *Ibid.*

[111] Pour l'histoire de l'arbitrage international interétatique, voir L. Caflish, « L'avenir de l'arbitrage international interétatique », *A.F.D.I.,* 1979, p. 10 et s.

[112] D. Anzilotti, « La demande reconventionnelle en procédure internationale », *op. cit.*, note 6, p. 857.

parties comparaissent avec les qualités formelles de demandeur et de défendeur[113]».

Le caractère contractuel de l'arbitrage défavorise substantiellement aussi la présentation des prétentions reconventionnelles, car à la différence du juge, l'arbitre, personne privée, tire son pouvoir de la volonté des parties en litige et prononce sa décision en s'appuyant sur l'accord intervenu entre elles. Cet accord définit l'objet du litige et fixe les limites de la compétence de l'arbitre. Celui-ci ne peut, sans outrepasser son pouvoir, étendre sa juridiction au-delà de ce que les parties ont expressément convenu ; il ne peut se saisir de contestations différentes de celles qui sont prévues dans la convention d'arbitrage[114], sous peine d'un excès de pouvoir pouvant entraîner la nullité de la sentence arbitrale[115]. A moins que la convention n'en dispose autrement, l'arbitre ne peut donc accueillir des demandes susceptibles de modifier l'objet du litige et d'étendre son cadre préétabli[116]. De surcroît, l'arbitre ne bénéficie pas des extensions permises par l'application de la règle « *le juge d'action est le juge d'accessoires*»[117], dont jouit le juge ordinaire et qui lui permet d'examiner tous les moyens de défense, en ce compris les demandes reconventionnelles[118]. L'article 17 du *Projet de règlement pour la procédure arbitrale internationale* adopté par l'Institut de droit international, le 28 août 1875, disposait ainsi que :

---

[113] *Ibid.*, p. 114.

[114] Ph. de Bournoville, « Au sujet des demandes incidentes en matière d'arbitrage », in *L'Arbitrage* : *travaux offerts au professeur Albert Fettweis*, Lambert Matray, Georges de Leval (dir.), 1989, p. 56.

[115] A. Balasko, *Causes de nullité de la sentence arbitrale en droit international public*, Editions A. Pedone, 1938, p. 190

[116] Voir J.L. Simpson, H. Fox, *International arbitration, law and practice*, Stevens & sons limited, London, 1959, p. 172.

[117] Sur la question de la formulation d'une action reconventionnelle imprévue dans le compromis d'arbitrage, voir la note de P. Level sur un arrêt de la Cour de Paris, *J.C.P* (la semaine juridique), 1962 II, p12853.

[118] En vertu de l'adage « *le juge de l'action est le juge de l'exception* », le tribunal d'instance, quand il est saisi d'un litige pour lequel il est compétent, peut connaître de tout moyen de défense (à l'exception de ceux relevant exclusivement d'une autre juridiction - art. 49 NCPC français et T 321-22 COJ). Ainsi, il lui est possible de statuer sur les demandes reconventionnelles dans la mesure où, comme nous le verrons plus tard, celles-ci constituent des moyens de défense.

« Les demandes reconventionnelles ne peuvent être portées devant le tribunal arbitral qu'en tant qu'elles lui sont déférées par le compromis, ou que les deux parties et le tribunal sont d'accord pour les admettre [119]».

Certains auteurs se sont néanmoins exprimés en faveur de l'admissibilité de la demande reconventionnelle, qui n'est pas prévue dans le compromis, si elle est connexe à la demande principale. M. Mérignhac invoquait à cet égard l'équité et l'intention probable des parties. Selon lui, lorsque le compromis défère sans réserve le litige aux arbitres, « l'on doit considérer la demande reconventionnelle comme tacitement comprise dans le mandat arbitral qui embrasse la cause entière avec toutes ses suites [120]». Dans le même ordre d'idées, Witenberg soutint que « si la demande reconventionnelle est connexe à la demande principale, il faut considérer qu'elle n'a pu échapper aux prévisions des parties ; elle sera donc recevable sauf si elle est formellement interdite par le compromis »[121]. M. Georges Scelle, rapporteur spécial de la Commission du droit international, fit valoir dans son commentaire sur *le projet de la convention sur la Procédure arbitrale* que :

> « [q]uant à la demande *reconventionnelle (counter-claim),* ...le principe de la recevabilité ne fait pas doute, mais il convient encore d'exiger un lien de connexité entre la demande reconventionnelle et le fond du litige[122]».

Cette idée trouve un écho dans l'article 19 du *Modèle de règles sur la procédure arbitrale*, adopté par la Commission du droit international en 1958[123]. Selon cet article,

---

[119] Projet de règlement pour la procédure arbitrale internationale, *I.D.I.*, Session de La Haye, 1874 ; voir aussi *Revue de Droit International et de législation comparé* (R.D.I.L.C.), 1874, p. 594 ; et R.D.I.L.C., 1875, p. 281.

[120] A. Mérignhac, *Traité théorique et pratique de l'arbitrage international*, L. Larose, Paris, 1895, p. 264.

[121] J. C. Wittenberg, *L'organisation judiciaire, la procédure et la sentence internationales*, A. Pedone, Paris 1937, p. 193.

[122] Procédure arbitrale: rapport de Georges Scelle, rapporteur spécial, A/CN.4/18, *Annuaire de la Commission du droit international*, 1950, vol. II, p. 136-137.

[123] *Annuaire de la Commission du droit international*, vol. II 1958, Commentaire relatif à certains articles du modèle de règles sur la procédure

« [s]auf accord contraire impliqué par l'engagement d'arbitrage ou stipulé par le compromis, le tribunal statue sur toutes les demandes accessoires qu'il estime indivisibles de l'objet du litige et nécessaires à sa liquidation définitive ».

Il est à noter que *la convention pour le règlement pacifique des conflits internationaux*, adoptée à l'issue de la Conférence de la paix de La Haye de 1899, et révisée en 1907 lors de la deuxième Conférence de la paix traitant de l'arbitrage comme d'une méthode de règlement international, établissant la Cour permanente d'arbitrage, et définissant une série de règles de procédure applicables à la conduite des arbitrages, n'opéra aucune référence à la demande reconventionnelle. Il a fallu attendre près d'un siècle pour qu'elle soit introduite dans *le Règlement facultatif de la Cour permanente d'arbitrage pour l'arbitrage des différends entre deux Etats*, entré en vigueur le 20 octobre 1992. Ce Règlement, fondé, non sans certaines modifications, sur *le Règlement d'arbitrage de 1977 de la Commission des Nations Unies pour le droit commercial international* (CNUDCI), dispose dans son article 19 alinéa 3 :

« Dans sa réponse, ou à un stade ultérieur de la procédure arbitrale, si le tribunal arbitral décide que ce délai est justifié par les circonstances, le défendeur peut former une demande reconventionnelle fondée sur le même traité ou accord ou invoquer un droit fondé sur le même traité ou accord comme moyen de compensation [124]».

Peut-on dès lors conclure avec certitude à l'admissibilité de la demande reconventionnelle du fait de sa connexité avec la demande originale en l'absence de l'accord des parties litigantes ? L'affirmative doit être réservée aux cas où la volonté des parties telle qu'exprimée dans la convention d'arbitrage ne l'exclut pas d'une manière ou d'une autre[125]. Encore faut-il que le lien de

---

arbitrale, p. 89 ; voir aussi : G.A. Res. 1262 (XIII), U.N. GAOR, 13th Sess., Supp. No. 18, U.N. Doc. A/4090 (1958).

[124] Voir le même article dans le Règlement facultatif de la CPA relatif à l'arbitrage des différends entre deux parties dont l'une seulement est un Etat, des différends entre les organisations internationales et les Etats, et des différends entre les organisations internationales et les parties privées.

[125] Le préambule du texte final portant le modèle de règles sur la procédure arbitrale, précité, précise l'applicabilité desdites règles aux différends entre les

connexité entre les demandes des parties opposées soit suffisamment solide, en droit et en fait, pour que l'arbitre soit en mesure d'associer le traitement de la demande de la partie défenderesse à celui de la partie adverse.

Un certain nombre de demandes de cet ordre ont été présentées lorsque les parties s'étaient exprimées dans un sens passable de son admission[126]. C'est ainsi que « The Mexican-Venezuelan Claims Commission » fut autorisée en 1903 par un échange de télégrammes provenant des parties en litige, à se prononcer sur les demandes reconventionnelles présentées par le Vénézuela contre les réclamations de Mexique[127]. Dans *l'affaire des phoques de la mer de Behring*, opposant les Etats-Unis à la Grande-Bretagne, cette dernière se fondant sur l'article VIII du traité de Washington de 1892, a présenté des demandes reconventionnelles fondées sur les préjudices subis par ses navires, lorsque les demandes originales des Etat-Unis portaient sur leurs « juridictional rights » et la sauvegarde des phoques de la mer de Behring[128]. Dans les procédures arbitrales engagées par la France et le Guatemala dans *l'affaire Bezault*[129], par les Etats- Unis et le Siam dans *l'affaire M.A. Cheek*[130] et enfin par les Etats-Unis et la Norvège dans *l'affaire des armateurs norvégiens*[131], ce fut par référence au compromis que les arbitres acceptèrent de statuer sur les demandes reconventionnelles des parties défenderesses[132].

Devant les tribunaux arbitraux mixtes (T.A.M.), l'admissibilité des demandes reconventionnelles variait selon les dispositions de leur Règlement. Explicitement écartées par celui du tribunal

---

Etats, tout en ajoutant qu'ils ne sont pas obligatoires que lorsque les parties se sont mises d'accord pour y recourir.

[126] Voir M. Whiteman, *Damages in international law*, vol. 1, US Gov. Printing office, Washington, 1937, p. 248 et s; - *Digest of International law*, vol. 12, U.S. Dept. of State, Washington, 1963, p. 1079 et s.

[127] J. H. Raleston, *International law and procedure*, Ginn and Company, Boston and London, 1910, p. 139.

[128] A.M. Stuyt, *Survey of international arbitration*, 1974-1989, Martinus Nijhuff publishers, n° 170

[129] H. La Fontaine, *Pasicrisie internationale*, p.579

[130] J. De Clerq (dir.), *Recueil des traités de la France*, 1901-1902, t.22, pp.552-558.

[131] Recueil des sentences arbitrales publié par l'ONU, vol.1, p. 316.

[132] P. Boum, *Les demandes reconventionnelles dans la procédure de la cour internationale de La Haye*, thèse, Paris, 1982, p. 18.

belgo-allemand[133], elles étaient par exemple admises devant le tribunal anglo-australien[134]. Le règlement de certains autres, dont le tribunal gréco-autrichien[135], demeurait en revanche muet sur ce point[136].

§2. *Arbitrage transnational*

En principe, la question des demandes reconventionnelles dans l'arbitrage commercial et d'investissement est soumise aux mêmes règles que celles qui viennent d'être évoquées à propos de l'arbitrage interétatique. Ici aussi, l'arbitre est toujours contraint par l'accord des parties, l'extension arbitraire des limites du litige mettant en cause la conformité de la décision arbitrale avec la convention d'arbitrage. Cependant, dans ce domaine, la pratique est moins frileuse que celle de l'arbitrage interétatique, du moins lorsqu'existe une procédure arbitrale institutionnalisée qui, tout à la fois, restreint la liberté des parties et le pouvoir discrétionnaire de l'arbitre, et harmonise, dans une certaine mesure, les règles applicables à la demande reconventionnelle. Ainsi, le règlement de certaines institutions internationales spécialisées, telle la Commission des Nations Unies pour le droit commercial international (CNUDCI), la Cour d'arbitrage de la Chambre de

---

[133] Selon l'article 29 du Règlement de procédure du tribunal arbitral mixte belgo-allemand, « les demandes reconventionnelles ne sont pas admises. Toute demande du défendeur doit être formée par une requête introductive d'instance... ». 1 Trib. Arb. Mixtes 33 (1921-1922), p. 36-37 ; voir aussi l'article 13 du règlement du tribunal arbitral anglo-allemand, 1 Trib. Arb. Mixtes 109 (1921-1922), p. 111 ; article 28 du règlement du tribunal arbitral germano-polonais, 1 Trib. Arb. Mixtes 687, 691 (1921-1922).

[134] Selon l'article 27 du règlement de procédure du tribunal anglo-australien, « where the defendant raises a counterclaim it shall have the same effect as a separate claim and the Tribunal may pronounce a final judgement in the same cause both on the original and on the cross-claim... ». 1 Trib. Arb. Mixtes 622, 626-627 (1921-1922). Voir aussi l'article 27 du règlement de la procédure du tribunal anglo-bulgare, 1 Trib. Arb. Mixtes 639, 643 (1921-1922).

[135] Règlement de procédure du tribunal greco- autrichien, 1 Trib. Arb. Mixtes 672 (1921-1922).

[136] B. Larchan, G. Mirfendereski, "The Status of Counter-Claims in International Law, with Particular Reference to International Arbitration Involving a Private Party and a Foreign State", *D.J.I.L.P.*, vol. 15, n°1, 1986, p.20-21, J-C. Wittenberg, *L'organisation judiciaire, la procédure et la sentence internationales*, *op. cit.*, p. 194.

commerce international (CCI), le Centre international de règlement des différends liés aux investissements (CIRDI), l'Institut d'arbitrage de la Chambre de Commerce de Stockholm ou le Centre belge d'arbitrage et de médiation (CEPANI), a prévu la possibilité de formuler des demandes reconventionnelles devant l'instance arbitrale.

Selon l'article 19 alinéa 3 du Règlement de la CNUDCI adopté par l'Assemblé générale des Nations Unies dans sa résolution 31/98,

> « Dans sa réponse, ou à un stade ultérieur de la procédure arbitrale si le tribunal arbitral décide que ce délai est justifié par les circonstances, le défendeur peut former une demande reconventionnelle fondée sur le même contrat ou invoquer un droit fondé sur le même contrat comme moyen de compensation[137] ».

D'après l'article 46 de la convention pour le règlement des différends relatifs aux investissements entre États et ressortissants d'autres États, conclue à Washington le 18 mars 1965,

> « [s]auf accord contraire des parties, le Tribunal doit, à la requête de l'une d'elles, statuer sur toutes demandes incidentes, additionnelles ou reconventionnelles se rapportant directement à l'objet du différend, à condition que ces demandes soient couvertes par le consentement des parties et qu'elles relèvent par ailleurs de la compétence du Centre ».

Aux termes de l'article 5 alinéa 5 du Règlement de la Cour d'arbitrage de la CCI,

> « [t]oute demande reconventionnelle formée par un défendeur doit l'être avec sa réponse et contenir notamment :
> a) un exposé de la nature et des circonstances du litige à l'origine de la demande reconventionnelle ;
> b) une indication de l'objet de la demande et, dans la mesure du possible, du ou des montants réclamés[138] ».

---

[137] Documents officiels de l'Assemblée générale, trente et unième session, Supplément n° 17 (A/31/17).

[138] Règlement d'arbitrage de la CCI, en vigueur à compter du 1er janvier 1998, disponible sur le site www.iccarbitration.org. Le Règlement du CEPANI est calqué sur celui de la CCI sans aucune modification.

Selon l'article 40 du Règlement du Centre international de règlement des différends liés aux investissements (CIRDI) concernant les demandes accessoires,

« (1) [s]auf accord contraire des parties, une partie peut présenter une demande incidente, additionnelle ou reconventionnelle, se rapportant directement à l'objet du différend, à condition que cette demande accessoire soit couverte par le consentement des parties et qu'elle relève par ailleurs de la compétence du Centre.

(2) [u]ne demande incidente ou additionnelle est présentée au plus tard dans la réponse et une demande reconventionnelle est présentée au plus tard dans le contre-mémoire, sauf si le Tribunal autorise la présentation de la demande à un stade ultérieur de la procédure, sur justification fournie par la partie présentant la demande accessoire et après avoir pris en considération toutes les objections de l'autre partie.

(3) [l]e Tribunal fixe un délai dans lequel la partie contre laquelle est présentée une demande accessoire peut déposer ses observations y relatives ».

En vertu de l'article 10 alinéa 2 du Règlement de l'Institut d'arbitrage de la Chambre de Commerce de Stockholm,

« [s]i le défendeur désire former une demande reconventionnelle ou opposer une exception de compensation, il devra l'indiquer dans sa réponse, laquelle devra contenir un exposé de la nature et des circonstances du litige et une indication préliminaire de l'objet de la demande. La demande reconventionnelle et l'exception de compensation ne seront admises que si elles relèvent du domaine de la convention d'arbitrage[139]».

Il en est de même devant les tribunaux arbitraux *ad hoc* dont les Règlements sont calqués souvent sur un Règlement type comme celui de la CNUDCI ou celui du CIRDI. Ainsi, *Iran-United States Claims Tribunal* autorise la partie défenderesse à former

---

[139] Règlement adopté par la Chambre de Commerce de Stockholm et entré en vigueur à compter du 1er avril 1999.

« any counterclaim which arises out of the same contract, transaction or occurrence that constitutes the subject matter of that national's claim, if such claims and counterclaims are outstanding on the date of this Agreement...»

On peut retenir de ce qui précède que les tribunaux arbitraux composés en vertu des dispositions des institutions spécialisées sont compétents pour statuer sur les actions reconventionnelles, à moins que l'accord des parties ne les interdise expressément. Il ressort toutefois de ces dispositions que l'admissibilité de pareille demande dépend en premier lieu du respect des limites de la compétence attribuée à l'arbitre par la convention d'arbitrage ou par la clause compromissoire[140], et en second lieu de l'existence d'un lien de connexité entre lesdites actions et l'objet de la demande originaire[141]. S'agissant des règles de forme, deux conditions sont à respecter: la formulation de demandes reconventionnelles dans la réponse de la partie défenderesse et le délai fixé par le tribunal arbitral durant lequel le défendeur est invité à présenter ses conclusions. Une action reconventionnelle présentée après la clôture des débats ou à des fins dilatoires constituant une procédure abusive sera déclarée irrecevable[142] sauf si, dans ce dernier cas, l'arbitre considère que

---

[140] Voir par exemple *Atlanitic Triton c. Guiné, ARB/84/1, CIRDI, Sentence du 21 avril 1986*, où la demande reconventionnelle formée par la Guinée fut rejetée par le tribunal arbitral au motif qu'elle ne relevait pas de l'exécution de l'accord qui contenait la clause compromissoire dont les arbitres tenaient leurs pouvoirs. Pour un commentaire voir E. Gaillard, « C.I.R.D.I., Chronique des sentences arbitrales », *Journal du droit international*, 1988, n°1, p. 181 et s.

[141] Il va sans dire que la demande reconventionnelle présentée à un tribunal arbitral constitué dans le cadre d'une institution doit relever de la compétence de celle-ci. Voir l'affaire *Amco c. Indonésie II (Etendue de l'annulation), décision du 13 mai 1988*, par. 125, où le tribunal arbitral a refusé d'admettre une demande reconventionnelle « ne relevant pas « de la compétence du Centre [CIRDI] ». Il s'est fondé en cela sur le texte même de l'article 25 (1) de la Convention de Washington selon lequel seuls les différends « en relation directe avec un investissement » relèvent de la compétence du Centre. Pour un commentaire voir E. Gaillard, *La jurisprudence du CIRDI*, A. Pedone, 2004, p. 241-2 et 251.

[142] P. Level, « La jonction de procédures, intervention de tiers et demandes additionnelles et reconventionnelles », *Bulletin de la cour internationale de l'arbitrage de la CCI*, vol. 7/n° 2- décembre 1996, p. 40.

l'intérêt de trancher tous les différends opposant les parties à l'arbitrage doit prédominer[143].

---

[143] A. Redfern, M. Hunter, *Droit et pratique de l'arbitrage commercial international*, traduit de l'anglais par Éric Robine, *L.G.D.J*, Paris 1994, p. 259.

Chapitre II.

La consécration du pouvoir de contre-attaquer dans la procédure devant la Cour internationale

Il est important de souligner que contrairement au Statut qui a été adopté selon la même procédure que celle qui fut poursuivie pour la Charte de Nations Unies, et qui jouit dès lors d'un caractère conventionnel puisqu'il est considéré comme « partie intégrante » de celle-ci (art. 92), le Règlement a été adopté par la Cour elle-même, sur la base du pouvoir qui lui est conféré par l'article 30 alinéa 1 du Statut, en vertu duquel « [l]a Cour détermine par un règlement le mode suivant lequel elle exerce ses attributions. Elle règle notamment sa procédure ». Ceci met en évidence la différence entre ces deux textes quant à la procédure à suivre pour la modification de leurs dispositions. Celles du Statut peuvent être amendées « par la même procédure que celle prévue pour les amendements à la Charte des Nations Unies » (art. 69 du Statut), la Cour ne jouissant à cet égard que d'un pouvoir de propositions (art. 70). En revanche, celle-ci dispose d'un pouvoir discrétionnaire quant à la modification des dispositions du Règlement.

Le Statut étant complètement muet sur la question de la demande reconventionnelle, ce fut sur la base du pouvoir qui lui est accordé par l'article 30, précité, de son Statut, que la Cour a pris l'initiative d'adopter une disposition à ce propos dans son premier Règlement élaboré en 1922 (Section I) ; disposition qui a connu, à plusieurs reprises, d'importantes modifications avant de revêtir la forme actuelle de l'article 80 du Règlement en vigueur (Section II).

Section 1. Réglementation de la demande reconventionnelle

Il y a lieu d'étudier le processus d'adoption dans le Règlement de la disposition relative à la demande reconventionnelle par la Cour permanente de Justice internationale (§1) avant de passer à l'examen du contenu de la disposition adoptée (§2).

§1. L'adoption de la disposition relative à la demande reconventionnelle: une exception à l'article 40 du Statut

Le Règlement de 1922 de la Cour était basé sur un avant-projet présenté à la Cour par le Secrétariat de Genève[144]. L'article 33 de cet avant-projet, relatif au contenu des mémoires et des contre-mémoires, affirmait que ces derniers comprennent :

> « [...]
>
> 4) les conclusions qui pourront comprendre des demandes reconventionnelles, fondées sur des faits avancés, et qui seront numérotées dans l'ordre ».

Se fondant sur cette disposition, le Comité de rédaction élabora à l'issue des délibérations de la Cour tenues le 6 mars 1922 (Distr. 79) un projet de Règlement dont l'article 41, relatif au contenu des mémoires et contre-mémoires, indiquait :

> Les « contre-mémoires » comprennent :
>
> « 4) des conclusions fondées sur les faits énoncés et qui sont numérotées dans l'ordre ; ces conclusions peuvent comprendre des demandes reconventionnelles ».

Au cours de l'examen de cet article par la Cour, lors de la séance du 9 mars 1922, le juge Anzilotti suggéra la suppression de l'article tout entier comme étant superflu, ou tout au plus didactique. Il finira par retirer sa proposition car plusieurs membres de la Cour se prononcèrent en faveur du maintien de l'article, tel qu'il figurait au paragraphe 2, alinéa 4 de l'article 40, adoptée le 24 mars 1922, relative au contenu des mémoires et contre-mémoires :

---

[144] Sur le processus de l'adoption du Règlement par la CPJI et ses avant-projets, voir A. Hammarskjold, « Le Règlement de la Cour permanente de Justice internationale », *R.D.I.L.C.*, 1922, p. 127.

« Les contre-mémoires comprennent : ... 4) des conclusions fondées sur les faits énoncés ; ces conclusions peuvent comprendre des demandes reconventionnelles pour autant qu'elles rentrent dans la compétence de la Cour ».

Le Règlement fit l'objet d'une révision le 31 juillet 1926 et d'amendements le 7 septembre 1927 et le 21 février 1931. La disposition relative à la demande reconventionnelle demeura inchangée, sans que l'on sache si cela tient au fait qu'aucun cas ne s'était jusqu'alors présenté pour mettre en lumière les difficultés en cette matière, ou que la Cour avait estimé que la disposition du Règlement de 1942 suffisait provisoirement aux besoins de sa procédure. En revanche, elle fut entièrement remaniée au cours de la révision générale de 1936 afin de combler les lacunes de l'ancien Règlement, de manière essentiellement à tenir compte de la jurisprudence suivie par la Cour en 1928 dans l'affaire *Usine de Chorzów*, dans laquelle la Pologne, défendeur, formula dans son contre-mémoire ses propres prétentions contre le demandeur, l'Allemagne. Dans cette espèce, l'Allemagne, tout en qualifiant de demande reconventionnelle l'action introduite par la Pologne, donna son accord à ce qu'elle soit traitée par la Cour permanente dans l'instance qu'elle avait engagée. Dans son arrêt de 1928 sur le fond, la Cour, après avoir rappelé l'accord des parties l'autorisant à statuer sur la demande du défendeur, souligna que :

> « [l]a demande reconventionnelle est basée sur l'article 256 du Traité de Versailles qui constitue le fondement de l'exception soulevée par la partie défenderesse, et [...], partant, elle se trouve en rapport de connexité juridique avec la demande principale [145]».

Elle ajouta, en se reportant à l'article 40, alinéa 4, de son Règlement, que « la demande reconventionnelle ayant été formulée dans le contre-mémoire, les conditions de forme exigées par le règlement se trouvent réalisées en l'espèce aussi bien que les conditions de fond »[146]. La Cour reconnaît ainsi que, pour être recevable, une demande reconventionnelle doit satisfaire à deux conditions, l'une tenant à la forme, sa formulation dans le contre-mémoire, et l'autre tenant au fond, sa connexité avec la demande

---

[145] *Affaire de l'Usine de Chorzów, C.P.J.I., Série A, n° 13*, p. 38.
[146] *Ibid.*

principale. La première était expressément prévue dans l'article 40 alinéa 4 du Règlement de 1922, la deuxième y faisait défaut. C'est la raison pour laquelle, lors de la révision générale de celui-ci en 1936, la Cour modifia la disposition relative à la demande reconventionnelle en y ajoutant, entre autres, la nécessité de l'existence d'un lien de rattachement entre les demandes respectives des parties.

Pour mener à bien cette révision, elle institua quatre Commissions entre lesquelles se répartit l'étude des diverses sections du Règlement et des questions connexes. Il fut ensuite prévu qu'il reviendrait à un comité central de coordonner et d'harmoniser les travaux émanant des diverses Commissions. Ce comité fut composé des rapporteurs des quatre autres Commissions et du président de la Cour[147].

L'examen de la demande reconventionnelle fut confié à la troisième Commission, composée des juges Anzilotti, Urrutia et Jhr. Van Eysinga. La Commission rendit, le 15 mars 1936, le rapport suivant :

> « Une étude approfondie de la question de l'action reconventionnelle (art. 40 du Règlement) a amené la Commission à estimer qu'il serait préférable de laisser, comme par le passé, le développement de l'institution de l'action reconventionnelle à la jurisprudence de la Cour. La Commission ne recommande qu'une seule mise au point de l'article 40, alinéa 2, sous 4, du Règlement. Lorsque cette disposition parle de « contre-mémoire », elle vise la procédure tant par compromis que par requête, tandis qu'une demande reconventionnelle ne peut être introduite que dans la procédure par requête. C'est pour cette raison que la Commission propose de libeller la disposition en question de la façon suivante :

[147] Les règles à suivre, pour procéder méthodiquement à l'étude de la révision étaient les suivantes : a) déterminer les matières mises à l'étude ; b) confier chaque matière à un Comité de trois ou quatre juges ; c) chaque comité nomme un rapporteur, qui lui présentera le rapport à une session ultérieure ; d) le Comité, après la discussion du rapport, proposera à la Cour les modifications qu'il jugera désirable d'introduire ; e) les membres de la Cour pourront proposer à ce propos les observations et amendements qu'ils croiront utiles et nécessaires.

« Les contre-mémoires comprennent :

1°...2°...3°....

4° des conclusions fondées sur les faits avancés ; lorsque l'instance est introduite par requête, ces conclusions peuvent comprendre des demandes reconventionnelles, pour autant que ces dernières rentrent dans la compétence de la Cour »[148].

Après avoir entendu les observations du rapporteur de la troisième commission, M. Van Eysinga à propos de cette « légère modification », le Comité de coordination[149] adopta, dans son rapport du 14 mai 1934, le texte de l'article 40, alinéa 2, ainsi conçu :

« 1....

2. *le contre-mémoire* contient : la reconnaissance ou la contestation des faits mentionnés dans le mémoire ; le cas échéant, un exposé additionnel des faits ; *des observations relatives à l'exposé de droit contenu dans le mémoire, ainsi qu'*un exposé de droit *présenté au nom de la partie qui soumet le contre-mémoire ; et les conclusions de cette partie. Lorsque l'instance est introduite par requête, ces conclusions peuvent comprendre des demandes reconventionnelles, dans la mesure où celles-ci rentrent dans la compétence de la Cour* [150]».

De vives divergences surgirent au sein de la Cour sur la conformité de la disposition relative à la demande reconventionnelle avec les principes généralement admis en matière de procédure, à savoir celui consacré par l'article 40 du Statut selon lequel « les affaires sont portées devant la Cour, selon le cas, soit par notification du compromis soit par une requête

[148] *CPIJ, Série D_02_3^e addem.* p. 781, Distr. 3140. Voir aussi « Examen préliminaire des rapport des quatres commissions d'études », 31e Session, 15 mars 34, p. 848.

[149] Le comité de coordination, avait pour mission, en premier lieu, d'« établir pour chacun des articles du Règlement qui avait fait l'objet d'une proposition d'amendement un texte qui, tenant compte des propositions faites à l'égard de cet article, semblait à la Commission propre à assurer, de la manière la plus satisfaisante, le fonctionnement de la Cour », et en deuxième lieu, à « présenter à la Cour, à titre de base de discussion, un texte complet du Règlement, avec insertion des articles modifiés ».

[150] *Ibid.*, p. 870.

adressée au greffe...», et celui, toujours prévu dans ce même article, d'après lequel tous les autres Etats admis à ester devant la Cour doivent être avertis de l'introduction d'une affaire nouvelle.

La question n'était pas nouvelle. Dans son étude consacrée à la reconvention en procédure internationale qui avait paru cinq ans avant ces travaux, le juge Anzilotti s'interrogea déjà sur le point de savoir si la Cour pouvait, dans le silence du Statut, introduire dans son Règlement l'institution de la demande reconventionnelle[151]. L'article 30 du Statut peut-il être invoqué comme base de ce pouvoir [152]? Le juge Anzilotti rappelle qu'« il ne faut pas oublier que même le Statut contient un chapitre entier (les articles 39 à 64) consacré à la procédure et que les pouvoirs conférés à la Cour par l'article 30 doivent sans aucun doute être considérés comme limités par le Statut même, la Cour ne pouvant déroger aux règles de ce Statut que lorsqu'elle y est expressément ou tacitement autorisée ». Ceci dit, l'éminent juriste ne croyait pas que la Cour avait dérogé aux règles du Statut en adoptant dans son Règlement la disposition contenue dans l'article 40, al. 2, n. 4. A ses yeux, « en interprétant le Statut, elle a estimé qu'il n'excluait pas la possibilité de la demande reconventionnelle ». Il écrit que « dans toutes les lois de procédure, il existe une règle, laquelle prescrit une ou plusieurs formes afin d'établir une instance ; cette règle n'a pas empêché de faire admettre partout la possibilité d'une demande reconventionnelle introduite sous une forme différente ». Il fit en outre référence à la pratique de la Cour permanente dans l'affaire des *Concessions Mavrommatis,* où il avait été admis que, dans un procès institué par une demande unilatérale, il est possible d'introduire, du fait de l'accord des parties, une question qui, bien que connexe en quelque sorte avec celle qui avait originairement formé l'objet du rapport de procédure, n'était pas comprise dans la clause d'attribution de juridiction[153].

---

[151] D. Anzilotti, « La demande reconventionnelle en procédure internationale », *op. cit.*, p. 862.

[152] Aux termes de l'alinéa 1 de cet article « la Cour détermine par un règlement le mode suivant lequel elle exerce ses attributions. Elle règle notamment sa procédure ».

[153] D. Anzilotti, *ibid.,* p. 863.

Ces explications ne semblent pas avoir mis un terme à la querelle juridique en question. Lors de la révision du Règlement en 1936, certains juges insistèrent sur les prescriptions susmentionnées de l'article 40 du Statut, considérant que la forme de la requête s'imposait pour la demande reconventionnelle. D'autres évoquèrent les « avantages pratiques » du système du Règlement alors en vigueur, lequel autorisait le défendeur à introduire dans son contre-mémoire des conclusions reconventionnelles. Ils soutinrent notamment que cette institution garantit la « meilleure administration de la justice » et « assure au défendeur la possibilité de demander dans la même instance ce qui lui est dû par le demandeur pour un motif connexe avec la controverse déjà pendante ». Ils soulignèrent, en outre, qu'il est possible que la demande reconventionnelle soit si étroitement liée aux moyens de défense, que, si l'on exige une requête spéciale du défendeur, on risque de mettre celui-ci dans une situation difficile ». Ils étaient enfin d'avis que « la cour commettrait une véritable injustice en s'occupant de la demande principale sans s'occuper en même temps de la demande reconventionnelle »[154].

En somme, la « raison » s'opposa à la « forme ». Les principes généraux du droit, puisque la demande reconventionnelle est admise dans toutes les lois de procédure, les avantages pratiques, puisqu'elle permet au défendeur d'évoquer dans le même procès ce qui lui est dû, l'équité, puisqu'elle empêche que le défendeur se retrouve dans une situation difficile lorsque sa demande est étroitement liée aux moyens de défense, le souci d'assurer une « meilleure administration de la justice » et, surtout, d'éviter que la Cour commette une « injustice », étaient autant de raisons qui militaient en faveur de l'introduction de la reconvention dans le Règlement de la Cour internationale. Mais ces « raisons », si convaincantes fussent-elles, ne réglèrent pas les problèmes de forme auxquels cette introduction se trouva confrontée. C'est pourquoi ses partisans soulignèrent le caractère exceptionnel de cette procédure :

> « l'objet de la disposition de l'article 40 visant les demandes reconventionnelles n'est nullement d'exclure l'introduction de ces demandes par voie de requête, mais seulement d'ouvrir

[154] *CPIJ, Série D_02_3^e addem.* p. 108.

exceptionnellement, en vue d'assurer une bonne administration de la justice, la possibilité de présenter des demandes de ce genre dans les contre-mémoires également [155]».

Quant à l'intérêt qu'ont les Etats tiers à connaître une demande reconventionnelle, ils firent observer qu'il existe dans l'alinéa 2 de l'article 42 du Règlement alors en vigueur, une disposition permettant à la Cour ou au Président d'ordonner, que le Greffier tienne à la disposition de tout Etat admis à ester en justice le mémoire et le contre-mémoire dans chaque affaire, et que c'est précisément lorsqu'il y aura une demande reconventionnelle que l'on aura recours à cette disposition[156].

Après de longs échanges de points de vue, la disposition autorisant la présentation des demandes reconventionnelles dans le contre-mémoire prit le pas sur celle exigeant la formulation de ces demandes dans une requête séparée. La Cour permanente souligna toutefois qu'il ne s'agissait pas de n'importe quelle demande, mais de celle qui répondait à certaines conditions de forme et de fond énoncées dans la disposition[157].

---

[155] *Ibid.*, p. 111.
[156] *Ibid.*, p. 106.
[157] La Cour actuelle s'est rangée à cette manière de voir dans l'ordonnance qu'elle a rendue dans l'affaire relative à l'*application de la convention pour la prévention et la répression du crime de génocide,* où elle précise qu'« une demande doit normalement être portée devant le juge par la voie d'un acte introductif d'instance; [...] s'il est admis que certains types de demandes soient formulées à titre incident, c'est-à-dire dans le cadre d'une instance déjà en cours, c'est aux seules fins d'assurer une meilleure administration de la justice [...] en ce qui concerne les demandes reconventionnelles, il s'agit essentiellement de réaliser une économie de procès tout en permettant au juge d'avoir une vue d'ensemble des prétentions respectives des parties et de statuer de façon plus cohérente ». *C.I.J. Recueil* 1997, p. 257, par. 30. La Cour souligne également que si certaines considérations ont amené sa devancière à déroger aux règles de forme énoncées dans l'article 40 du Statut, il n'en demeure pas moins qu'elle ne pourrait en aucun cas contourner par l'admission de la reconvention le principe fondamental qui est celui du consentement des parties investissant la Cour du pouvoir de statuer sur le litige qui lui est soumis. « [C]'est pour ce motif qu'il est exigé, dit-elle, au paragraphe 1 de l'article 80 du Règlement, que la demande reconventionnelle « relève de la compétence de la Cour » et « soit en connexité directe avec l'objet de la demande de la partie adverse ». *Ibid.*, p. 257, par. 31.

§2. Le contenu de la disposition

Au cours de la treizième séance (tenue le 29 mai 1934), un document fut distribué par les juges Negulesco, Wang, Schucking et Fromageot, dans lequel ils proposaient de substituer à la dernière phrase de l'alinéa 2 de l'article 40 du projet de la Commission de coordination, précité, un article spécial ainsi conçu :

> « peuvent seules être introduites dans le contre-mémoire comme demandes reconventionnelles, des demandes qui sont en connexité directe avec l'objet de la requête présentée par l'autre partie, pourvu qu'elles rentrent dans la compétence de la Cour[158] ».

M. Negulesco déclara que l'intention des quatre membres signataires de ce texte était *de préciser* ce qu'il faut entendre par « demande reconventionnelle pouvant être invoquée dans le contre-mémoire ». Le président rappela qu'avec les adjonctions, suppressions et amendements rédactionnels suggérés, le texte proposé par les quatre juges se présentait comme suit :

> « lorsque l'instance a été introduite par requête, des demandes reconventionnelles peuvent être introduites dans le contre-mémoire, pourvu qu'elles soient en connexité directe avec l'objet de la requête présentée par l'autre partie, et qu'elles rentrent dans la compétence de la Cour[159] ».

Il consulta la Cour sur ce texte, lequel fut adopté à l'unanimité. Il fut expliqué en outre que les auteurs de la proposition étaient arrivés à la conclusion que si le défendeur introduit une demande reconventionnelle présentant une connexité directe avec la demande, il peut l'insérer dans le contre-mémoire. Si, au contraire, la demande qu'il formule ne remplit pas cette condition, elle doit revêtir la forme d'une requête, dans laquelle la partie qui la présente peut demander à la Cour d'en prononcer la jonction

---

158 *CPIJ, Série D_02_3^e addem.* p. 110.
159 *Ibid.*, p. 117.

avec l'affaire principale. Pour tenir compte de ce dernier point, M. Negulesco ajoute au texte proposé un alinéa ainsi conçu :

> « toute autre demande, qui ne remplit pas la première condition prévue au premier alinéa, doit être présentée sous forme de requête. La Cour peut décider la jonction de cette demande à la requête à laquelle elle se réfère [160]».

Cette proposition ayant été adoptée, il fut laissé à la Commission de coordination le soin d'en examiner la rédaction. La Commission présenta le texte sous une nouvelle numérotation, l'article 41 ; après avoir été modifié par la Cour dans sa séance du 1er juin 1934, il se lit comme suit :

> « lorsque l'instance a été introduite par requête, des demandes reconventionnelles peuvent être présentées dans les conclusions du contre-mémoire, pourvu que ces demandes soient en connexité directe avec l'objet de la requête et qu'elles rentrent dans la compétence de la Cour. Toute demande qui ne remplit pas la première condition doit être présentée sous forme de requête, et peut rester l'objet d'une instance séparée ou être jointe par la Cour à l'instance primitive ».

Au cours de la vingt-neuvième séance tenue le 26 février 1936, la deuxième lecture consacrée à l'étude détaillée des articles du Règlement adoptés en première lecture, aboutit à l'adoption de l'article 63, aucune suggestion d'amendement n'ayant été présentée à propos des dispositions proposées en premier lecture. Dans le texte final du Règlement adopté à la date du 11 mars 1936, sous la rubrique « Règles particulières », l'article 63 disposait ainsi :

> « lorsque l'instance a été introduite par requête, une demande reconventionnelle peut être présentée dans les conclusions du contre-mémoire, pourvu que cette demande soit en connexité directe avec l'objet de la requête et

---

[160] *Ibid.*, p. 111.

qu'elle rentre dans la compétence de la Cour. Toute demande qui n'est pas en connexité directe avec l'objet de la requête originaire, doit être présentée sous forme de requête séparée et peut rester l'objet d'une instance distincte ou être jointe par la Cour à l'instance primitive [161]».

Ainsi, la Cour réserve une place à part aux demandes reconventionnelles dans son Règlement, en lui consacrant un article séparé et en le rangeant parmi les *Règles particulières*. Pour la première fois, l'admission de la reconvention est expressément soumise à certaines conditions de forme et de fond. Dans un premier temps, elle pouvait être introduite lorsque la demande initiale avait été portée devant la Cour par requête, ce qui différenciait nettement le Règlement de 1936 de celui de 1922, dans la mesure où ce dernier laissait entendre que la formulation de l'action reconventionnelle était possible aussi bien dans les affaires introduites par notification d'un compromis que dans celles ouvertes par requête unilatérale. La condition de forme à respecter était celle de l'introduction de la demande reconventionnelle dans les conclusions du contre-mémoire. En ce qui concerne les conditions de fond, le Règlement disposait que, pour être admissible, la demande reconventionnelle devait être en connexité directe avec l'objet de la requête et entrer dans la compétence de la Cour.

Deux cas de demande reconventionnelle furent introduits sous le régime de l'article 63 devant la Cour permanente de Justice internationale, l'un dans l'affaire de *Prises d'eau à la Meuse*, opposant les Pays-Bas à la Belgique[162], et l'autre dans l'affaire du *Chemin de fer Panevezys-Saldutiskis*, opposant le gouvernement estonien au gouvernement lituanien[163]. Dans la première affaire, le

---

[161] *Ibid.*, p.1015. Voici sa version anglaise: "When proceeding have been instituted by means of an application, a counter-claim may be presentd in the submissions of the Counter-Memorial, provided that such counter-claim is directly connected whit the subject of the application and that it comes whitin the jurisdiction of the Court. any claim which is not directly connected with the subject of the original application must be put forward by means of a seprate application and may form the subjetc of distinct proceedings or be joined by the Court to the original proceedings".

[162] *CPJI, Série A/B, N° 70.*

[163] *CPIJ, Série A/B, N° 75 et 76.*

gouvernement du Royaume des Pays-Bas avait introduit contre le gouvernement belge une instance relative à l'interprétation du traité du 12 mai 1863 conclu entre les deux pays sur le régime des prises d'eau à la Meuse. Aux termes de la requête, l'objet du différend était de savoir si, d'une part, l'exécution par la Belgique de divers ouvrages, se rattachant à la construction du canal Albert, et, d'autre part, la manière dont, sans le consentement des Pays-Bas, la Belgique avait assuré à l'époque et semblé vouloir assurer pour l'avenir l'alimentation en eau des canaux existants ou à construire dans le nord de son territoire, étaient compatibles avec les droits accordés par ledit traité aux Pays-Bas. Le gouvernement belge, se portant reconventionnellement demandeur, avait de son côté allégué dans son contre-mémoire que le gouvernement des Pays-Bas avait violé le Traité de 1863 en établissant sur le cours de la Meuse en amont de Maestricht le barrage de Borgharen[164]. La Cour a déclaré recevable la demande reconventionnelle de la Belgique puisqu'elle était « en connexité directe avec la demande principale »[165], mais elle l'a rejetée sur le fond[166].

Dans la deuxième affaire, celle du *Chemin de fer Panevezys-Saldutiskis*, le gouvernement estonien reprochait au gouvernement lituanien d'avoir refusé de reconnaître les droits de propriété et de concession revendiqués par une société estonienne en tant que propriétaire et concessionnaire de la ligne de *Chemin de fer Panevezys-Saldutiskis,* et d'avoir saisi et exploité cette ligne. Et il demandait la réparation du préjudice subi de ce chef par la société en question. Le défendeur souleva deux exceptions préliminaires qui furent jointes au fond par une ordonnance rendue par la Cour le 30 juin 1938. Dans son contre-mémoire, le gouvernement lituanien formula, subsidiairement pour le cas où la Cour rejette ses exceptions, une demande reconventionnelle relative au préjudice qu'il prétendait avoir subi et dont il demandait la réparation[167]. Ayant retenu l'une des exceptions soulevées par le défendeur, la Cour n'eut toutefois pas à se pencher sur la demande reconventionnelle du gouvernement lituanien.

[164] *Ibid.*, N° 76, arrêt du 28 juin 1937, p. 28.
[165] *Ibid.*
[166] *Ibid.*, p. 32
[167] *Ibid.*, N° 76, arrêt de 28 février 1939, p. 7.

Section 2. La ré-adoption par la CIJ de la disposition de l'ancien Règlement relative à la demande reconventionnelle et évolution ultérieure

Le Règlement de 1936 a été ré-adopté par la Cour internationale de justice en 1946 (§1). Il connut toutefois d'importantes modifications en 1978 et en 2001 pour ce qui concerne la demande reconventionnelle (§2).

§1. La ré-adoption du Règlement en 1946

La Cour internationale de Justice adopta le 6 mai 1946, après de légers aménagements, le Règlement de sa devancière, la Cour permanente de justice internationale[168]. Son article 63, relatif à la demande reconventionnelle, entièrement modifié dans sa deuxième partie, prit la forme suivante :

> « lorsque l'instance a été introduite par requête, une demande reconventionnelle peut être présentée dans les conclusions du contre-mémoire, pourvu que cette demande soit en connexité directe avec l'objet de la requête et qu'elle rentre dans la compétence de la Cour. *Si le rapport de connexité entre la demande présentée comme demande reconventionnelle et l'objet de la requête n'est pas apparent, la Cour, après examen, décide s'il y a lieu ou non de joindre cette demande à l'instance primitive*[169] ».

Les travaux préparatoires et la discussion de la Cour n'étant pas publiés, on ignore le motif et la cause exact de ces

[168] Voir G. Guyomar, *Commentaire du Règlement de la Cour internationale de justice : interprétation et pratique*, Pedone (1983), p. 522 et s.

[169] Voici sa version anglaise : "When proceeding have been instituted by means of an application, a counter-claim may be presented in the submissions of the Counter-Memorial, provided that such counter-claim is directly connected whit the subject of the application and that it comes within the jurisdiction of the Court. In the event of doubt as to the connection between the question presented by way of counterclaim and the subject matter of the application the Court shall, after due examination, direct whether or not the question thus presented shall be jointed to the original proceeding."

modifications. Il est clair toutefois que cette rédaction reflète le souci d'éclaircir le sort d'une demande reconventionnelle qui présente un rapport de connexité douteux avec la demande initiale. En premier lieu, elle exige un *examen préalable* de la question de la connexité lorsque celle-ci n'est pas apparente, même si elle ne précise pas si cet examen a lieu à la demande des parties ou d'office, ou bien les deux. En second lieu, elle laisse à la partie défenderesse toute liberté de décider du sort de sa demande lorsque celle-ci n'a pas été jointe à l'instance primitive, faute de connexité directe. Rappelons que le texte de l'article 63 du Règlement de 1936 précisait qu'une demande reconventionnelle qui n'était pas en connexité directe avec l'objet de la requête originaire devait être présentée sous forme de requête séparée et pouvait rester l'objet d'une instance distincte ou être jointe par la Cour à l'instance primitive.

Deux cas de demande reconventionnelle furent portés devant la Cour sous le nouveau régime de l'article 63, l'un dans l'affaire du *Droit d'asile* (1950) opposant la Colombie au Pérou, l'autre dans l'affaire des *Droits des ressortissants des États-Unis d'Amérique au Maroc* (1952) opposant la France aux Etats-Unis d'Amérique. L'affaire du *Droit d'asile* trouvait son origine dans la demande de l'ambassade de Colombie à Lima tendant à obtenir du gouvernement péruvien un sauf-conduit pour Monsieur Victor Raul Haya de la Torre, qualifié par la Colombie de délinquant politique. Le réfugié en question, chef de l'Alliance populaire révolutionnaire américaine, faisait l'objet d'une poursuite criminelle pour avoir organisé une rébellion militaire au Pérou le 3 octobre 1948. Ne se considérant pas juridiquement tenu d'accepter la qualification unilatérale d'asile à laquelle avait procédé l'ambassadeur de Colombie, le gouvernement péruvien affirmait que la convention en vigueur entre les deux pays ne l'obligeait pas à octroyer le sauf-conduit réclamé.

Les deux pays conclurent un compromis dit *acte de Lima* pour soumettre le différend à la décision de la Cour internationale de Justice. Néanmoins, vu l'impossibilité pour les parties de parvenir à un accord sur les termes dans lesquels elles auraient pu soumettre conjointement à la Cour le cas en discussion, elles convinrent que la procédure pourrait être engagée à la demande de l'une quelconque des deux parties. La Colombie, prenant l'initiative, déposa sa requête introductive d'instance et posa aux juges les questions suivantes :

- *Première question :* dans le cadre des obligations qui découlent en particulier de l'accord bolivarien sur l'extradition du 18 juillet 1911 et de la convention sur l'asile du 20 février 1928, tous deux en vigueur entre la Colombie et le Pérou, et, d'une façon générale, du droit international américain, appartient-il ou non à la Colombie, en tant que pays accordant l'asile, de qualifier la nature du délit aux fins du susdit asile ?

- *Deuxième question :* dans le cas concret matière du litige, le Pérou, en sa qualité d'Etat territorial, est-il ou non obligé d'accorder les garanties nécessaires pour que le réfugié sorte du pays, l'inviolabilité de sa personne étant respectée ?

Le Pérou, se basant sur l'article 63 du Règlement, demanda à la Cour, à titre reconventionnel, de dire et juger que « l'octroi de l'asile par l'ambassadeur de Colombie à Lima à Victor Raul Haya de la Torre avait été fait en violation de l'article 1, paragraphe 1, et de l'article 2, paragraphe 2, de la Convention sur l'asile signée à la Havane en 1928 »[170]. A l'issue des plaidoiries, l'agent du Pérou chercha à réformer la conclusion primitive en ajoutant les mots suivants à la demande initialement présentée dans le contre-mémoire : « et qu'en tout cas, le maintien de l'asile constitue actuellement une violation dudit traité ».

Le gouvernement colombien contesta la recevabilité de la demande reconventionnelle péruvienne tant dans sa forme primitive qu'à propos de l'adjonction faite au cours de la procédure orale. Concernant la demande reconventionnelle dans sa forme primitive, il faisait valoir son défaut de connexité directe avec l'objet de la requête. S'agissant de l'adjonction effectuée au cours de la procédure orale, il remit en question la compétence de la Cour pour statuer sur la demande reconventionnelle modifiée. La Cour rejeta la première contestation en affirmant qu'

> « [i]l ressort clairement de l'argumentation des Parties que la deuxième conclusion du Gouvernement de la Colombie, relative à l'exigence d'un sauf-conduit, s'appuie largement sur la

---

[170] *Droit d'asile (Colombie c. Pérou), arrêt du 20 novembre 1950, C.I. J. Recueil 1950,* p. 270.

régularité prétendue de l'asile, régularité qui précisément est contestée par la demande reconventionnelle. La connexité est si directe que certaines conditions requises pour l'exigence d'un sauf-conduit dépendent précisément de faits qui sont mis en jeu par la demande reconventionnelle. La connexité directe étant ainsi clairement établie, la seule exception opposée à la recevabilité de la demande reconventionnelle en sa forme primitive se trouve écartée [171]».

La Cour, après avoir examiné, conformément à la version modifiée en 1946 de l'article 63, puis rejeté l'exception présentée par la Colombie quant à la recevabilité de la demande reconventionnelle du Pérou, a précisé dans son arrêt sur le fond qu' « *octroyer asile n'est pas un acte instantané, qui prendrait fin avec l'accueil fait, à un moment donné,[...]l'asile [était] octroyé aussi longtemps que la présence continue du réfugié dans l'ambassade prolonge cette protection* [172]». Cela rendait logiquement sans objet la deuxième exception soulevée par la Colombie relative à l'incompétence de la Cour pour se prononcer sur le maintien de l'asile, dès lors que celle-ci écarte l'idée que l'octroi et le maintien sont deux phénomènes juridiques distincts. Elle déclara que l'adjonction faite au cours de la procédure orale *« était destinée à se substituer à la demande reconventionnelle en sa forme primitive si celle-ci était écartée : elle disparaît par le fait que cette demande a été admise. Dès lors, il n'y a pas lieu pour la Cour d'examiner ni l'exception d'incompétence ni les exceptions d'irrecevabilité que le Gouvernement de la Colombie a déduites de l'inobservation de l'article 63 du Règlement de la Cour, ni la valeur au fond de la prétention ainsi présentée par le Gouvernement du Pérou* [173]».

Dans l'affaire des *Droits des ressortissants des États-Unis d'Amérique au Maroc* (1952), la France demanda, dans sa requête[174], à la Cour de dire et juger que les privilèges des

---

[171] *Ibid.*, p. 280-281.
[172] *Ibid.*
[173] *Ibid.*, p. 288. Pour un commentaire sur les conclusions de la Cour dans cette affaire, voir M.P.F. Gonidec, « L'affaire du Droit d'asile », *R.G.D.I.P.*, 1951, p. 582 et s.
[174] La requête de la France visait l'accord de coopération économique du 28 juin 1948 entre les Etats-Unis et la France et le traité pour l'organisation du

ressortissants américains au Maroc se limitaient à ceux qu'énonçait le Traité américano-marocain de 1836, que les ressortissants américains étaient soumis aux lois et réglementations marocaines, législation fiscale et décret de 1948 compris, sans qu'il y ait besoin de l'assentiment des Etats-Unis et, enfin, que le décret de 1948 était conforme au régime économique applicable au Maroc aux termes des conventions qui liaient le Maroc et les Etats-Unis.

Les Etats-Unis demandèrent reconventionnellement à la Cour de rejeter les conclusions françaises, considérant que constituerait une violation de l'acte d'Algésiras et un manquement au droit international le fait pour les autorités douanières de s'écarter de la méthode du traitement préférentiel, et qu'en l'absence d'une base conventionnelle explicite, les ressortissants américains au Maroc ne pouvaient être soumis à une taxation sans l'assentiment préalable des Etats-Unis ; en conséquence, la taxe de consommation fixée par le dahir du 2 février 1948 et recouvrée sur des ressortissants américains, avant que les Etats-Unis y aient consenti, avait été perçue illégalement et devait être remboursée[175]. Aucune objection n'ayant été présentée par la France à la recevabilité de la demande reconventionnelle américaine, la Cour examina en même temps, au stade du fond, les demandes respectives des parties. Ce qui implique que *l'examen préalable* prévu dans le Règlement de 1946 n'est effectué qu'en cas d'objection à la recevabilité de la demande reconventionnelle formulée par la partie défenderesse. En tout cas, cette affaire n'ajouta rien à la pratique de la Cour en matière de demande reconventionnelle.

---

protectorat français dans l'Empire chérifien, signé à Fez le 30 mars 1912 entre la France et l'Empire chérifien. Elle faisait en outre mention du traité de paix et d'amitié du 16 septembre 1836 entre les Etats-Unis et l'Empire chérifien, ainsi que de l'acte général de la Conférence internationale d'Algésiras du 7 avril 1906.

[175] *Droits des ressortissants américains au Maroc (France c. Etats-Unis d'Amérique), arrêt du 27 août 1952, C.IJ. Recueil 1952*, p. 181 et s.

§ 2. L'historique de l'évolution ultérieure de la disposition relative à la demande reconventionnelle

La disposition du Règlement relative à la demande reconventionnelle a subi deux modifications importantes, d'abord en 1978 et ensuite en 2001. Les modifications touchaient tant au contenu qu'à la forme des dispositions. Concernant la forme, il convient de rappeler une fois de plus que la demande reconventionnelle ne faisait pas initialement l'objet d'un article spécifique. Dans le Règlement de 1922, la demande reconventionnelle fut traitée dans l'article 40 relatif au contenu des mémoires et des contre-mémoires. Ce n'est qu'en 1936 que cette demande a trouvé sa place parmi les articles du Règlement. Elle faisait alors l'objet de l'article 36, inséré parmi les « Règles particulières ». Le Règlement fit ensuite l'objet d'un remaniement en 1972, qui en modifia la numérotation, l'article 68 étant substitué à l'article 36[176]. En revanche, lors de la modification de 1978, l'article 68 devient l'article 80 et le titre « Règles particulières » laisse place à des « Procédures incidentes ». Cette formule sera maintenue par la Cour lors de la modification du 5 décembre 2001.

Quant au fond, les modifications effectuées tiennent aux conditions de recevabilité de la reconvention d'une part, et aux règles régissant l'instance reconventionnelle d'autre part. Voici le détail de cette évolution.

A. La révision de 1978

L'article 68 du Règlement de 1972 fut complètement revu au cours de la révision effectuée en 1978. En premier lieu, la sous-section « Règles particulières » laissa sa place à la sous-section 3 de la Section D intitulée « Procédures incidentes ». En deuxième lieu, la numérotation de la disposition sur la demande reconventionnelle fut à nouveau modifiée, l'article 68 devenant l'article 80. Celui-ci disposait :

---

[176] Le Règlement révisé le 10 mai 1972 est entré en vigueur le 1er septembre 1972. Pour un commentaire sur cette révision, voir E. Jiménez de Aréchega, « The Amendments of the Rules of Procedure of the International Court of Justice », 67 *A.J.I.L.*, 1973, pp. 1-22.

« 1. Une demande reconventionnelle peut être présentée pourvu qu'elle soit en connexité directe avec l'objet de la demande de la partie adverse et qu'elle relève de la compétence de la Cour.

2. La demande reconventionnelle est présentée dans le contre-mémoire de la partie dont elle émane et figure parmi ses conclusions.

3. Si le rapport de connexité entre la demande présentée comme demande reconventionnelle et l'objet de la demande de la partie adverse n'est pas apparent, la Cour, après avoir entendu les parties, décide s'il y a lieu ou non de joindre cette demande à l'instance initiale [177]».

Le changement le plus important réside toutefois dans la suppression de l'expression « lorsque l'instance a été introduite par requête », qui avait figuré dans le Règlement de la Cour depuis 1936. Revenant au premier Règlement de sa devancière, celui de 1922, la Cour autorise ainsi la présentation de la demande reconventionnelle dans les instances engagées par notification de compromis. C'est la raison pour laquelle, dans le premier paragraphe, la connexité directe avec *l'objet de la requête* exigée par l'ancien Règlement laisse place à la connexité directe avec *l'objet de la demande de la partie adverse.* Concernant la deuxième condition de recevabilité, à savoir la compétence, la seule modification tient au fait que, dans la version française du Règlement modifié, la proposition « *qu'elle rentre dans la compétence de la Cour* » est remplacée par « *qu'elle relève de la*

---

[177] Voici la version anglaise du texte: « 1. A counter-claim may be presented provided that it is directly connected with the subject-matter of the claim of the other party and that it comes within the jurisdiction of the Court. 2. A counter-claim shall be made in the Counter-Memorial of the party presenting it, and shall appear as part of the submissions of that party. 3. In the event of doubt as to the connection between the question presented by way of counter-claim and the subject-matter of the claim of the other party the Court shall, after hearing the parties, decide whether or not the question thus presented shall be joined to the original proceedings". Il est à noter que la disposition du Règlement de 1978 sur la demande reconventionnelle a été reprise par le Tribunal international pour le droit de la mer dans son Règlement, l'article 98. Pour le détail voir *The rules of the International Tribunal for the Law of the Sea: a commentary,* P. Chandrasekhara Rao and Ph. Gautier (eds), M. Nijhoff, cop. 2006, p 279.

compétence de la Cour », ce qui, pour certains auteurs, pourrait être interprété comme ayant un sens moins restrictif[178]. Les discussions de la Cour sur la révision du Règlement en 1978 n'ayant pas été publiées, on ignore la raison exacte de cette légère modification, mais il paraît difficile d'accepter que le seul remplacement du verbe « rentrer » par « relever » puisse être interprété comme autorisant une interprétation moins stricte des dispositions servant de base à sa compétence[179]. Et il ne faut pas perdre de vue que la version anglaise du texte est demeurée sur ce point inchangée.

Le dernier changement, intervenu en 1978, apparaît dans le troisième paragraphe de l'article 80, portant sur la démarche à suivre par la Cour lorsque le rapport de connexité entre la demande reconventionnelle et l'objet de la demande initiale n'est pas apparent. Alors que selon l'ancien Règlement, la décision de la Cour doit en pareil cas être prise *"après l'examen"*, la nouvelle disposition prévoit que cette décision survienne *"après avoir entendu les parties"*. Cette modification modifie la pratique de la Cour relative au traitement des objections présentées à la recevabilité de la demande reconventionnelle ; elle ouvre la voie à une procédure incidente, qui permet aux parties de s'exprimer sur la jonction de la demande reconventionnelle au procès en cours. La Cour décide ensuite, sous forme d'ordonnance, du sort des objections soulevées ou de l'opportunité de la jonction demandée.

Dans l'affaire de *la Convention sur le génocide* opposant la Bosnie-Herzégovine à la République fédérale de Yougoslavie[180], dans celle *des Plateformes pétrolières* opposant l'Iran aux Etats-Unis d'Amérique[181], des *Activités armées sur le territoire du*

---

[178] S. Torres Bernardez, « La modification des articles du règlement de la Cour internationale de justice relatifs aux exceptions préliminaires et aux demandes reconventionnelles », *A.F.D.I.*, 2003, p. 238.

[179] Dans l'affaire des *Zones franches*, la *C.P.J.I* a déclaré qu'elle « ne conteste pas le principe d'après lequel tout compromis, de même que toute clause prévoyant la juridiction de la Cour doit être interprété strictement ». *C.P.J.I., Série A/B, n° 46,* pp. 138-139.

[180] *Application de la convention pour la prévention et la répression du crime de génocide, C.I.J. Recueil* 1997, p. 243.

[181] *Plates-formes pétrolières (République islamique d'Iran c. Etats-Unis d'Amérique), demande reconventionnelle, ordonnance du 10 mars 1998, C.I.J. Recueil* 1998, p. 190.

Congo opposant la République Démocratique du Congo à l'Ouganda[182], et de la *Frontière terrestre et maritime entre le Cameroun et le Nigeria* opposant le Cameroun au Nigeria[183], des demandes reconventionnelles furent déposées devant la Cour en vertu du Règlement remanié en 1978 et une procédure incidente, consacrée à leur recevabilité, fut ouverte dans chaque affaire, suivie d'une ordonnance portant la décision de la Cour en la matière.

Dans les trois premières affaires, les défendeurs, après avoir cherché vainement à contester la compétence de la Cour et la recevabilité des demandes des requérants, finirent par déposer des contre-mémoires contenant des demandes reconventionnelles. Les demandeurs initiaux, à leur tour, présentèrent des objections à la recevabilité des demandes formulées par les parties défenderesses, ce qui a conduit la Cour à décider de leur jonction ou non au procès en cours, en rendant une ordonnance après avoir reçu les observations des parties au litige. Dans l'affaire de la *Frontière terrestre et maritime entre le Cameroun et le Nigeria,* la Cour a en revanche rendu une ordonnance se prononçant sur la jonction de la demande reconventionnelle du Nigeria sans que la recevabilité de cette demande ait été mise en cause par le Cameroun. Dans toutes ces affaires, les demandes reconventionnelles formulées par les parties défenderesses furent déclarées recevables par la Cour et jointes à l'instance en cours ; exception faite de l'affaire de *la Convention sur le génocide*, où le défendeur a finalement retiré ses demandes[184], toutes furent intégrées dans l'arrêt sur le fond.

C'est ainsi que la Cour, pour la première fois dans l'affaire de *la Convention sur le génocide*, traita la question de la recevabilité de la demande reconventionnelle dans une phase préliminaire, avant de se pencher sur le fond. L'ordonnance qu'elle rendit le 17 décembre 1997, a servi d'exemple pour d'autres affaires. Les objections présentées par le demandeur initial ont donné

---

[182] *Activités armées sur le territoire du Congo (République démocratique du Congo c. Ouganda), ordonnance du 29 novembre 2001, C.I.J. Recueil* 2001, p. 660.

[183] *Frontière terrestre et maritime entre le Cameroun et le Nigéria, ordonnance du 30 juin 1999, C.I.J. Recueil* 1999, p. 983.

[184] *Application de la convention pour la prévention et la répression du crime de génocide, ordonnance du 10 septembre 2001, C.I.J. Recueil 2001,* p. 572.

l'occasion à la Cour de jeter un éclairage nouveau sur la notion de demande reconventionnelle dans la procédure internationale.

C'est pour tenir compte de ce développement jurisprudentiel et en vue d'améliorer les conditions de traitement de la demande reconventionnelle que la Cour a tenté de remanier à nouveau l'article 80 de son Règlement en 2001, ce qui était en quelque sorte la codification de certaines acquisitions de la pratique dont un bref récapitulatif vient d'être fourni.

B. L'amendement de 2001

Dans un Communiqué de presse du 12 janvier 2001 (2001/1), la Cour a déclaré avoir amendé deux articles de son Règlement portant sur des procédures incidentes[185], à savoir l'article 79 relatif aux exceptions préliminaires et l'article 80 relatif aux demandes reconventionnelles[186].

Soucieuse d'accélérer l'instruction des affaires qui lui sont soumises, et plus sollicitée que jamais, la Cour, en adoptant ces amendements, a cherché à réduire la durée de ces procédures, dont la multiplication avait alourdi de nombreux contentieux, à clarifier les règles en vigueur, et à les adapter afin qu'elles reflètent davantage la pratique développée par la Cour.

Tel qu'il fut modifié en 2001, l'article 80 du Règlement de la Cour, toujours en vigueur à ce jour, est rédigé comme suit[187] :

---

[185] Pour des commentaires sur ces modifications, voir S. Torres Bernardez, « La modification des articles du règlement de la Cour internationale de justice relatifs aux exceptions préliminaires et aux demandes reconventionnelles », *op. cit.*, pp. 207-247 ; Sh. Rosenne, « The international Court of Justice : Revision of Articles 79 and 80 of the Rules of Court » 4 *Leiden J.I.L* (2001), pp. 77-87; D. W. Prager, "The 2001 Amendments of the Rules of Procedure of the International Court of Justice", *LPICT*, Vol. 1, 2001, N° 1, pp. 155–197.

[186] Les amendements effectués sont entré en vigueur le 1er février 2001. Toute affaire soumise à la Cour avant cette date, ou toute phase d'une telle affaire, restera, selon le Communiqué, régie par le Règlement tel qu'adopté le 14 avril 1978.

[187] Les modifications figurent en italiques, ce qui montre l'ampleur de changements effectués.

Sous-section 3. Demandes reconventionnelles

Article 80

« 1. *La Cour ne peut connaître d'une demande reconventionnelle que si celle-ci relève de sa compétence et est en connexité directe avec l'objet de la demande de la partie adverse.*

2. La demande reconventionnelle est présentée dans le contre-mémoire et figure parmi *les conclusions contenues dans celui-ci. Le droit qu'a l'autre partie d'exprimer ses vues par écrit sur la demande reconventionnelle dans une pièce de procédure additionnelle est préservé, indépendamment de toute décision prise par la Cour, conformément au paragraphe 2 de l'article 45 du présent Règlement, quant au dépôt de nouvelles pièces de procédure.*

3. *En cas d'objection relative à l'application du paragraphe 1 ou à tout moment lorsque la Cour le considère nécessaire, la Cour prend sa décision à cet égard après avoir entendu les parties*[188] ».

Le paragraphe 1 a été reformulé sur divers points. En premier lieu, la disposition traite de la demande reconventionnelle pouvant être *connue* par la Cour, au lieu de celle qui pouvait être *présentée* par une partie selon le Règlement de 1978. En deuxième lieu, l'ordre dans lequel sont énoncées les deux conditions de recevabilité requises étant inversé, la condition de compétence se place désormais devant celle de connexité. Enfin, dans sa version française, le nouveau Règlement utilise une formule négative en disposant que *la Cour ne peut connaître d'une demande reconventionnelle que [...].*

---

[188] Voici sa version anglaise: "1. The Court may entertain a counter-claim only if it comes within the jurisdiction of the Court and is directly connected with the subject-matter of the claim of the other party. 2. A counter-claim shall be made in the Counter-Memorial and shall appear as part of the submissions contained therein. The right of the other party to present its views in writing on the counter-claim, in an additional pleading, shall be preserved, irrespective of any decision of the Court, in accordance with Article 45, paragraph 2, of these Rules, concerning the filing of further written pleadings. 3. Where an objection is raised concerning the application of paragraph 1 or whenever the Court deems necessary, the Court shall take its decision thereon after hearing the parties".

Toutes ces modifications ne font que refléter la pratique récente de la Cour rappelée ci-dessus, dans la mesure où la disposition met en relief son pouvoir discrétionnaire quant au traitement de la demande reconventionnelle, d'une part, et le fait que les deux conditions d'admissibilité de la demande sont cumulatives, d'autre part. En inversant l'ordre des conditions d'admissibilité, la disposition codifie la tendance apparue dans les affaires susmentionnées, où la Cour a vérifié d'emblée si les demandes de la partie défenderesse relevaient de sa compétence avant de se pencher sur le lien de connexité requis. Il s'ensuit que si la Cour conclut à son incompétence s'agissant de la demande présentée par voie reconventionnelle, il devint inutile d'examiner la deuxième condition de recevabilité, à savoir la connexité.

Le paragraphe 2 comporte deux phrases. L'une, version remaniée du deuxième paragraphe du Règlement de 1978, concerne la forme de la présentation de la demande reconventionnelle ; l'autre, ajoutée en 2001, a pour objet de préserver le droit de l'autre partie d'exprimer ses vues sur la demande reconventionnelle dans une pièce de procédure additionnelle. Selon la première phrase, « la demande reconventionnelle est présentée dans le contre-mémoire *et figure parmi les conclusions contenues dans celui-ci...* », alors que le Règlement de 1978 précisait que « la demande reconventionnelle est présentée dans le contre-mémoire de la partie dont elle émane et figure parmi ses conclusions ». Cette modification ne fait que simplifier la disposition relative à la condition de forme exigée par toutes les versions du Règlement depuis 1922, selon laquelle la demande reconventionnelle doit être présentée par voie de conclusion. La phrase « la partie dont elle émane » a été supprimée à nos yeux pour son caractère superflu, car il était clair depuis 1978 qu'une demande reconventionnelle pouvait être présentée aussi bien dans les affaires portées devant la Cour par requête unilatérale que dans celles introduites par voie de compromis.

La deuxième phrase du deuxième paragraphe vise le droit de la partie contre laquelle une demande reconventionnelle a été formulée, c'est-à-dire le demandeur originaire, de présenter ses observations pour la deuxième fois à propos des prétentions qui lui sont adressées. Selon cette disposition, « *le droit qu'a l'autre partie d'exprimer ses vues par écrit sur la demande reconventionnelle dans une pièce de procédure additionnelle est préservé, indépendamment de toute décision prise par la Cour, conformément au paragraphe 2 de l'article 45 du présent Règlement, quant au dépôt de nouvelles pièces de procédure ».*

Il est à noter que, sous le régime de l'ancien Règlement, lorsque le contre-mémoire d'une partie contenait des demandes reconventionnelles, les deux parties pouvaient, conformément à l'article 45 du Règlement[189], échanger leurs points de vue en la matière sous la forme d'une réplique de la part du demandeur original contre le demandeur reconventionnel et d'une duplique de la part de celui-ci comme réponse aux observations du demandeur originaire. Cette procédure mettait manifestement en cause le respect du principe d'égalité entre les parties au litige[190]. Le remaniement ainsi effectué vise à assurer le plein respect de ces principes et à éviter le déséquilibre procédural qui découlait de la présentation d'une demande à titre incident. .

Le troisième paragraphe de l'article 80 porte sur le traitement des objections éventuellement présentées par le demandeur initial à la recevabilité de demandes reconventionnelles qui lui sont adressées. D'après l'ancien Règlement, *si le rapport de connexité entre la demande présentée comme demande reconventionnelle et l'objet de la demande de la partie adverse n'est pas apparent, la Cour, après avoir entendu les parties, décide s'il y a lieu ou non de joindre cette demande à l'instance initiale.* Cette disposition ayant été remaniée en profondeur, se lit désormais comme suit :

> *«En cas d'objection relative à l'application du paragraphe 1 ou à tout moment lorsque la Cour le considère nécessaire, la Cour prend sa décision à cet égard après avoir entendu les parties.»*

---

[189] Selon le paragraphe 2 de l'article 45, « la Cour peut autoriser ou prescrire la présentation d'une réplique du demandeur et d'une duplique du défendeur si les parties sont d'accord à cet égard ou si la Cour décide, d'office ou à la demande d'une partie, que ces pièces sont nécessaires ».

[190] Le principe d'égalité cherche à assurer une neutralité dans le traitement des parties au litige et à placer tous les éléments du litige dans des conditions objectivement équivalentes.

Trois changements importants sont à remarquer[191]. En premier lieu, à la différence de l'ancien Règlement, lequel limitait la présentation de l'objection au seul cas où le lien de connexité entre les demandes ne serait pas apparent, le Règlement actuel étend, pour la première fois, cette possibilité à l'autre condition de recevabilité, celle de la compétence de la Cour pour statuer sur la demande reconventionnelle. En deuxième lieu, la Cour se réserve expressément le droit d'entendre les parties lorsqu'elle conteste d'office l'application du paragraphe 1 de l'article 80 à la demande présentée à titre reconventionnel, et de prendre ensuite sa décision. Cette rédaction met fin à l'ambiguïté de l'ancien Règlement, qui n'indiquait pas à qui il revenait de présenter de telles objections, se contentant de précise que *« si le rapport de connexité...n'est pas apparent, la Cour, après avoir entendu les parties, décide... »*. Le troisième changement réside dans la suppression de la clause selon laquelle la Cour « décide s'il y a lieu ou non de joindre cette demande à l'instance initiale », remplacée par une clause plus générale selon laquelle la Cour « prend sa décision à cet égard ».

On constate donc aisément que, l'extension du premier paragraphe à la condition de compétence mise à part, la nouvelle version de l'article 80 n'affecte pas le contenu de la disposition mais uniquement sa structure et son économie.

Une demande reconventionnelle a été portée devant la Cour internationale de justice dans l'affaire des *Immunités juridictionnelles de l'Etat,* (Allemagne c. Italie) sur la base de la nouvelle version de l'article 80 du Règlement. Dans cette affaire, le Gouvernement de la République fédérale d'Allemagne avait déposé au Greffe de la Cour, le 23 décembre 2008, une requête introductive d'instance contre le Gouvernement de la République italienne, dans laquelle il déclarait que « [p]ar sa pratique judiciaire (...) l'Italie a manqué et continue de manquer à ses obligations envers l'Allemagne en vertu du droit international». Le 23 décembre 2009, dans le délai fixé par la Cour dans son ordonnance du 29 avril 2009, l'Italie a déposé son contre-

[191] Ici nous nous contentons de noter les changements intervenus et de comparer les deux versions du règlement, laissant l'examen détaillé de la portée et le contenu de cette disposition à l'autre partie de cette recherche. Voir *infra* p. 397 et s.

mémoire, lequel contenait dans son chapitre VII une demande reconventionnelle «portant sur la question des réparations dues aux victimes italiennes des graves violations du droit international humanitaire commises par les forces du Reich allemand».

La demande de l'Italie s'est heurtée à la contestation de l'Etat demandeur, alléguant qu'elle n'était pas conforme aux dispositions du paragraphe 1 de l'article 80 du Règlement. En réservant sa position sur le point de savoir si la condition de connexité directe était remplie en l'espèce, l'Allemagne contestait expressément que la demande reconventionnelle satisfasse à la condition de compétence énoncée au paragraphe 1 de l'article 80 du Règlement. Dans l'ordonnance rendue le 6 juillet 2010, la Cour a retenu l'exception soulevée par l'Allemagne, jugeant que cette demande ne relevait pas de sa compétence et était dès lors irrecevable[192].

---

192 *Immunités juridictionnelles de l'Etat (Allemagne c. Italie), demande reconventionnelle, ordonnance du 6 juillet 2010, C.I. J. Recueil 2010, p. 11, par. 32 et 35 (A).*

Conclusion du Titre I

Le pouvoir du défendeur de contre-attaquer dans un procès intenté contre lui est aujourd'hui considéré comme un principe général de procédure, même si l'histoire de sa consécration devant toutes les juridictions est relativement récente. En droit français, il n'a été expressément introduit et défini qu'à l'issue de l'adoption du Nouveau code de procédure civile. En droit américain, il l'a été suite à l'adoption en 1938 des Federal Rules of Civil Procedure. Il en va de même en ce qui concerne l'arbitrage international. Ce n'est que dans le Règlement facultatif de la Cour permanente d'arbitrage pour l'arbitrage des différends entre deux Etats, entré en vigueur le 20 octobre 1992, que le pouvoir du défendeur de contre-attaquer a été expressément consacré. Enfin, en arbitrage commercial, c'est par l'apparition des institutions spécialisées en matière d'arbitrage que ledit pouvoir du défendeur a trouvé sa place dans les règlements de ces institutions.

Partout, les mêmes considérations ont été à l'origine de la consécration du pouvoir du défendeur de contre-attaquer : garantir la meilleure administration de la justice, éviter la contrariété des décisions, doter le juge d'une vision globale de la situation litigieuse etc. Cela ne justifie pas pour autant que le défendeur soit autorisé à introduire n'importe quelle demande dans le procès au risque de détourner l'objet du litige présenté par son adversaire. Dans toutes les juridictions, le pouvoir conféré au défendeur est bridé, l'admissibilité de sa demande étant subordonnée à l'existence d'un lien de rattachement entre celle-ci et l'objet de la demande initiale. En arbitrage international, étant donné le caractère consensuel de la juridiction, il est exigé que, en plus du lien de rattachement, elle rentre dans les limites de la compétence attribuée à l'arbitre par la convention d'arbitrage.

Devant la Cour internationale de La Haye, avant de régler la question de savoir quelles étaient les conditions de l'admissibilité de la demande reconventionnelle, il fallait résoudre un problème majeur, à savoir celui de la conformité de la consécration du pouvoir de contre-attaquer à l'article 40 du Statut, qui exige que les demandes soient portées à la décision de la Cour soit par compromis soit par requête. Les partisans de la consécration ont souligné qu'il s'agissait d'une exception à la règle générale de la saisine de la Cour par l'acte introductif d'instance. Ainsi, le premier Règlement a-t-il consacré le principe même de l'admissibilité de la demande reconventionnelle devant la Cour internationale. L'article 30 du Statut lui permettait de le faire. Le Règlement a fait l'objet de multiples modifications, ce qui a permis aux juges de préciser les conditions de fond et de forme de recevabilité de cette demande. Celle de compétence était prévue au Règlement de 1922, celle de connexité y fut ajoutée au cours de sa révision générale en 1936.

TITRE II

LA QUALIFICATION DE L'ACTION RECONVENTIONNELLE

Le Règlement ne fait qu'encadrer le traitement de la demande reconventionnelle lorsque celle-ci est introduite dans une affaire engagée devant la Cour internationale. Mais il ne précise à aucun moment ce qu'il faut entendre par cette notion, quels sont ses éléments constitutifs et comment elle se caractérise. Le silence se trouvait aussi dans la jurisprudence jusqu'à une date relativement récente. En effet, ce n'est que par une ordonnance du 17 décembre 1997 que la Cour a jeté, pour la première fois, certaines lumières sur la notion, en soulignant les éléments qui la constituent et les caractères qu'elle présente. L'examen de ces points met en évidence l'influence de la définition globalement acceptée de cette institution sur la conception que s'en est faite la Cour de La Haye. Quelle est cette définition ?

Dans un rapport présenté par le professeur George Scelle à la C.D.I. en 1949 sur la procédure arbitrale, la demande reconventionnelle a été définie comme celle qui « émane de la partie contre laquelle est dirigée la demande principale et tend à obtenir quelque chose de plus que le simple rejet des conclusions du demandeur »[193]. L'on rencontre peu ou prou la même définition dans certaines législations internes. Le Code civil français définit, dans son article 64, la demande reconventionnelle comme « la demande par laquelle le défendeur originaire prétend obtenir un avantage autre que le simple rejet de la prétention de son adversaire ». Aux termes de l'article 14 du Code judiciaire belge,

---

[193] *Annuaire de la C.D.I.*, 1949, vol. II, p. 137.

la demande reconventionnelle est une « demande incidente formée par le défendeur et qui tend à faire prononcer une condamnation à charge du demandeur ». Dans le code de procédure de certains Etats américains, la *counterclaim* se définit généralement comme « a cause of action arising out of the contract or transaction set forth in the complaint as the foundation of plaintiff's claim, connected with the subject of the action, arising on a contract independent of the contract sued on »[194].

Les définitions données par certains dictionnaires juridiques de la reconvention témoignent de la même connotation. Dans le *Dictionnaire du droit international*, elle est définie comme « une demande incidente par laquelle une partie à une instance prétend obtenir, en sus du rejet de la demande introduite contre elle, la satisfaction par la partie adverse d'une prétention entretenant un lien de connexité avec l'objet de la demande de cette partie »[195]. Selon le *Dictionnaire de la terminologie du droit international*, elle est une « demande incidente formée par le défendeur contre le demandeur à une action en justice et se rattachant à la demande initiale par un lien de connexité »[196]. Pour l'*Encyclopaedic Dictionary of International Law*, elle est " a cross-claim made by the respondent State in a contentious case before the ICJ instituted by means of an application"[197]. Le *Black's Law Dictionary* définit la *counterclaim* comme "a claim for relief asserted against an opposing party after an original claim has been made; esp., a defendant's claim in opposition to or as a set-off against the plaintiff's claim"[198]. Enfin, d'après l'*Oxford Companion to Law*, il s'agit d'un "substantive claim against the plaintiff that could have grounded an independent action"[199].

Il ressort de ce qui précède que le concept de demande reconventionnelle se compose, en substance, de deux éléments.

---

[194] *Cyclopedia of Federal procedure*, op. cit. p. 7, note de bas de page 24.
[195] *Dictionnaire du Droit International*, J. Salmon (ed), Bruxelles, Brulant, 2001, p. 316.
[196] J. Basdevant, *Dictionnaire de la Terminologie du Droit International*, Paris, Sirey, 1960, p. 199.
[197] *Encyclopedic dictionary of international law*, Parry and Grant, 1988, Oceana publication, Inc., New York. London. Rome, p. 78.
[198] *Black's Law Dictionary*, Seventh Edition, Bryan A. Garner (ed), St. Paul, Minn., 1999, p. 353.
[199] *Oxford Companion to Law*, D.M. Walker (ed.), 1980, p. 298.

L'un, la demande (ou *Claim* en anglais), formant une action en justice, consiste en la recherche de la condamnation du demandeur originaire à une prestation. L'autre, constituant un moyen de défense, vise à débouter la partie adverse de ses allégations. La Cour internationale de justice a confirmé ce caractère hybride de la reconvention, en déclarant dans l'ordonnance de 17 décembre 1997 rendue dans l'affaire de la *Convention sur le génocide* qu'

> « il est constant qu'une demande reconventionnelle présente, au regard de la demande de la partie adverse, un double caractère ; qu'elle en est indépendante dans la mesure où elle constitue une « demande » distincte, c'est-à-dire un acte juridique autonome ayant pour objet de soumettre une prétention nouvelle au juge, et, qu'en même temps, elle s'y rattache, dans la mesure où, formulée à titre « reconventionnel », elle riposte à la demande principale; que le propre d'une demande reconventionnelle est ainsi d'élargir l'objet initial du litige en poursuivant des avantages autres que le simple rejet de la prétention du demandeur à l'action - par exemple, la condamnation de celui-ci; et que, à ce titre, la demande reconventionnelle se distingue d'un moyen de défense au fond [200]».

Ceci dit, force est de constater que la demande reconventionnelle, outre son autonomie en tant que demande nouvelle, et son rôle en tant que moyen de défense (Chapitre 1), se caractérise également d'un côté par son caractère incident, et de l'autre, par sa présentation par le défendeur (Chapitre 2).

---

[200] *Application de la Convention pour la prévention et la répression du crime de génocide, C.I.J. Rec. 1997*, par. 27

Chapitre I.

Nature juridique de la demande reconventionnelle

La demande reconventionnelle est d'une nature hybride ; elle est une demande (Section 1) et en même temps un moyen de défense (Section 2).

Section 1. Une demande

La reconvention est une demande nouvelle dans ce sens que son auteur soumet pour la première fois une prétention au jugement de la Cour (§1), demande qui est autonome et indépendante de celle soumise au juge par le demandeur à l'instance (§2).

§1. Une demande nouvelle

La demande reconventionnelle est une action en justice présentée dans le but d'obtenir « quelque chose de plus » (A), ce qui la distingue nettement d'une autre demande qui émane, elle aussi, du défendeur, à savoir la demande en compensation (B).

A. Obtention de quelque chose de plus

Une demande reconventionnelle constitue avant tout une demande en justice, c'est-à-dire un acte par lequel un Etat saisit la Cour pour obtenir d'elle la sanction d'un droit dont il se dit titulaire[201]. Dans les termes de la Cour, il s'agit d'un « acte

[201] Les termes « demande en justice » s'emploient également dans la pratique pour désigner l'objet même de la demande, c'est-à-dire la prétention soumise au juge. Voir *Vocabulaire juridique*, Gérard Cornu (ed), 1er édition 1987,

juridique autonome ayant pour objet de soumettre une prétention nouvelle au juge ». Le vieil adage selon lequel « il n'est pas de demande en justice sans prétention »[202] vaut également pour une demande formulée à titre reconventionnel. Le juge Anzilotti écrivit à ce propos, dans son étude précitée, que l'« élément commun aux diverses législations qui accueillent la notion de demande reconventionnelle est que, par cette demande, *le défendeur tend à obtenir en sa propre faveur, dans le même procès intenté par le demandeur quelque chose de plus que le rejet des prétentions du demandeur* »[203]. M. George Scelle, précisa, dans son rapport, qu'il s'agit d'une demande qui « tend à obtenir *quelque chose de plus* que le simple rejet des conclusions du demandeur ».

La possibilité pour une partie de présenter reconventionnellement dans la même affaire ses propres prétentions à l'encontre de son adversaire traduit son droit et son pouvoir d'agir en justice. En d'autres termes, la reconvention, en tant qu'action en justice, réalise le « pouvoir virtuel »[204] d'une partie d'« obtenir une décision de la Cour sur le droit matériel contesté, c'est-à-dire sur le fond de la prétention [205]». Cette prétention doit dès lors constituer une demande réelle, caractérisée par la soumission d'un nouveau différend à la Cour[206]. Elle doit

---

Presses Universitaires de France, p. 248 ; *Dictionnaire du Droit International, op. cit.*, p. 315.

[201] *Différend frontalier terrestre, insulaire et maritime (El Salvador / Honduras ; Nicaragua (intervenant)), arrêt du 11 septembre 1992, C.I.J. Recueil 1992,* p. 555 et 615.

[202] Observations de M. Perrot à l'arrêt de la Chambre Sociale de la Cour de cassation, 10 juillet 1996, *RTD civ*. 1996, p. 981.

[203] D. Anzilotti, « La demande reconventionnelle en procédure internationale », *op. cit.*, p. 867. Italiques ajoutés.

[204] K. Mbaye, « L'intérêt pour agir devant la Cour internationale de justice », *RCADI*, 1988 II, vol 209, p. 251.

[205] G. Abi-Saab, *Les exceptions préliminaires dans la procédure de la Cour internationale de Justice*, Paris, Pedone, 1968, p. 94.

[206] Notons qu'un différend est « un désaccord sur un point de fait ou de droit, une contradiction, une opposition de thèses juridiques ou d'intérêts entre deux personnes » ; *Concessions Mavrommatis en Palestine, arrêt no 2, 1924, C.P.J.I. série A, no 2*, p. 11. Voir aussi : *Certains intérêts allemands en Haute Silésie Polonaise, C.P.I.J. Série A, n° 6*, p. 14 et l'affaire de l'*Interprétation des traités de paix conclus avec la Bulgarie, la Hongrie et la Roumanie, avis consultatif, C.I.J. Recueil 1950*, p. 74.

contenir des « revendications précises et argumentées », et reposer sur un « désaccord sur un point de droit ou de fait » ou sur une « opposition de thèses juridiques ou d'intérêts »[207]. Une demande ne peut dès lors être considérée comme « reconventionnelle » si elle se borne à modifier l'instance principale, sans y introduire un nouveau litige, distinct du celui qui le fut par la partie adverse.

C'est donc la volonté de se procurer un avantage distinct et indépendant, et plus précisément, c'est la recherche de « quelque chose de plus », qui distingue la demande reconventionnelle d'un moyen de défense au fond. Ce dernier tend à faire rejeter comme non justifiée, après examen au fond, la prétention de l'adversaire[208]. Il est formé à l'encontre de la partie défenderesse de la même manière qu'est présentée la reconvention, à savoir par voie de conclusions. Constitue ainsi un moyen de défense la conclusion qui, si elle est admise, ne fait qu'anéantir ou restreindre les effets de la demande principale. En revanche, est une demande reconventionnelle la conclusion qui, si elle est admise, « poursui[t] des avantages autres que le simple rejet de la prétention du demandeur », pour reprendre les termes de l'ordonnance précitée de la Cour. L'exemple suivant illustre la différence : la demande initiale du demandeur consiste à prier la Cour de dire et juger que l'Etat défendeur a violé les obligations que lui impose le droit international en refusant d'exécuter la sentence arbitrale rendue par un tribunal arbitral constitué par les parties au sujet d'un différend qui les opposait[209]. Si l'autre partie se borne à justifier son manquement en évoquant par exemple l'impossibilité de l'exécution de la sentence[210], son allégation est un moyen de défense. Si en revanche, elle demande à la Cour de

---

[207] *Différend frontalier terrestre, insulaire et maritime, C.I.J. Recueil 1992,* p. 555 et 615.

[208] L'article 71 du NCPC de France.

[209] Les affaires des *Sentence arbitrale du 31 juillet 1989,* de la *Société commerciale de Belgique* et de la *Sentence arbitrale rendue par le roi d'Espagne le 23 décembre 1906,* avaient une telle demande comme objet du litige.

[210] Exemple : l'impossibilité d'effectuer le paiement de l'indemnité allouée par la sentence en raison de la situation financière et monétaire dans laquelle se retrouve le défendeur (l'affaire de la *Société commerciale de Belgique, ibid.*, p. 171), ou l'impossibilité due au caractère lacunaire, obscure et contradictoire de la sentence (l'affaire de la *sentence arbitrale rendue par le roi d'Espagne le 23 décembre 1906, Arrêt du 18 novembre 1960 :C. I. J. Recueil 1960,* p. 197.

constater la nullité de cette sentence, sa demande est bel et bien une demande reconventionnelle[211].

C'est ce « quelque chose de plus » qui caractérise la demande formée à titre reconventionnel, et qui, variant selon les cas, peut être par exemple une demande de condamnation à la charge du demandeur, une demande de constatation d'une situation juridique, ou encore une demande d'indemnisation pour des préjudices subis. Il est parfois explicitement mis en lumière par la Cour dans l'examen de la qualification de ce dont elle est saisie par la partie défenderesse au procès. Dans l'ordonnance rendue dans l'affaire de la *Convention sur le génocide*, on lit :

> « Considérant qu'en l'espèce, si les conclusions n°s 1 et 2 du contre-mémoire de la Yougoslavie tendent exclusivement au rejet des demandes de la Bosnie-Herzégovine, les conclusions n°s 3 à 6 expriment en revanche des demandes distinctes cherchant à *obtenir, au-delà du rejet des demandes de la Bosnie-Herzégovine, des réparations ;* et que de telles demandes constituent des « demandes reconventionnelles » au sens de l'article 80 du Règlement [212]».

De même ; dans l'affaire de la *Frontière terrestre et maritime entre le Cameroun et le Nigéria*, la Cour a souligné :

> « que la conclusion no 7 du contre-mémoire du Nigéria exprime des demandes cherchant à obtenir, *au-delà du rejet des demandes du Cameroun, l'établissement d'une responsabilité de celui-ci et des réparations à ce titre*; et que de telles demandes constituent des 'demandes reconventionnelles' au sens de l'article 80 du Règlement [213]».

Ces deux moyens, la reconvention et la défense au fond, appartiennent à la stratégie défensive de la partie contre laquelle l'instance est engagée. Dans l'affaire du *Personnel diplomatique*

---

[211] L'exemple est valable pour les autres actes juridiques comme les traités internationaux dont découlent les obligations à la charge des parties.

[212] *Application de la Convention pour la prévention et la répression du crime de génocide, C.I.J. Rec. 1997*, p. 257, par. 29. Italiques ajoutés.

[213] *Frontière terrestre et maritime entre le Cameroun et le Nigéria, C.I.J. Recueil 1999,* p. 985.

et consulaire des Etats-Unis à Téhéran, l'Iran demanda à la Cour de ne pas se saisir de l'affaire intentée contre lui au motif que « la question des otages de l'ambassade américaine à Téhéran » ne représentait, selon l'Iran, qu'« un élément marginal et secondaire d'un problème d'ensemble dont elle ne saurait être étudiée séparément... ». La Cour, en rejetant cette argumentation, souligna que « si le Gouvernement de l'Iran estime que les activités alléguées des Etats-Unis en Iran sont en étroite connexité juridique avec l'objet de la requête des Etats-Unis, il lui est loisible, en vertu du Statut et du Règlement de la Cour, de développer à ce sujet sa propre argumentation devant la Cour, soit comme moyen de défense dans un contre-mémoire, soit par la voie d'une demande reconventionnelle présentée en vertu de l'article 80 du Règlement [...] [214]».

La ligne de démarcation entre un « moyen de défense dans un contre-mémoire » et « une demande reconventionnelle présentée en vertu de l'article 80 du Règlement » n'est pourtant pas toujours facile à tracer[215]. Dans les cas complexes où la détermination de la nature du moyen présenté par le défendeur s'avère difficile, le test à appliquer consiste, à nos yeux, à se demander si la conclusion du défendeur peut faire l'objet d'une requête introductive d'instance, et constituer, partant, l'objet d'une affaire nouvelle et séparée. Dans l'affirmative, il s'agirait d'une demande reconventionnelle. Il arrive que le défendeur présente sa « demande » dans le seul but de neutraliser la tentative de son adversaire ou tout au moins d'atténuer la condamnation qui le menace. En pareil cas, la demande s'analyse en une simple défense au fond. Tel est le cas de la demande en compensation, qui est fréquemment présentée dans un contentieux devant les tribunaux étatiques. Il convient d'étudier un peu plus en détail la

---

[214] *Personnel diplomatique et consulaire des Etats- Unis à Téhéran, mesures conservatoires, ordonnance du 15 décembre 1979, C.I.J. Recueil 1979,* p. 15, par. 24; *Personnel diplomatique et consulaire des Etats-Unis* à *Téhéran, arrêt, C.I.J. Recueil 1980,* p. 19-20, par. 36.

[215] C'est pourquoi certaines juridictions confèrent au juge le pouvoir de requalifier le moyen dont il est saisi. Tel est notamment le cas en droit civil américain où "when a party has mistakenly designated a defense as a counterclaim or a counterclaim as a defense, the court on terms, if justice so requires, shall treat the pleading as if there had been a proper designation" (Rule 8 (c) of United States Federal Rules of Civil Procedure)

question du rapprochement entre ces deux institutions juridiques, dans l'espoir de pouvoir en tirer des conclusions qui s'avéreraient tout aussi valables pour les juridictions internationales.

B. La reconvention et la compensation

Ces deux notions se rapprochent l'une de l'autre en ce que dans les deux cas, le défendeur oppose sa « demande » à celle de son adversaire[216]. En revanche, à la différence de la reconvention où le défendeur cherche par une demande distincte à obtenir une condamnation à la charge du demandeur, la compensation est présentée dans le seul but d'éteindre la prétention de la partie demanderesse. La compensation est décrite comme « a shield, not a sword [217]», alors que la reconvention est considérée comme un « sword, not merely a shield [218]». La question fit l'objet d'un débat riche d'enseignements devant la Cour de justice des Communautés européennes. En effet, celle-ci avait été invitée dans l'affaire *Danvoern* à se prononcer sur le point de savoir si une demande en compensation doit être considérée comme une « demande reconventionnelle » au sens de l'article 6, point 3, de la convention du 27 septembre 1968 concernant la compétence judiciaire et l'exécution des décisions en matière civile et commerciale[219].

La convention étant muette sur ce qu'il faut entendre par « demande reconventionnelle » et « demande en compensation »,

---

[216] Il ne s'agit évidemment pas de la compensation judiciaire, qui nécessite l'intervention du juge pour liquider la créance opposée par le défendeur. En droit français, la Cour de cassation a établi une jurisprudence constante autorisant à formuler ce type de compensation au moyen d'une demande reconventionnelle, *Civ. 1er, 17 déc. 1991, Bull. civ.* 1, n° 355.

[217] "*Un bouclier, pas une épée*", *Stooke v Taylor (1880) 5 QB 569, per Cockburn CJ*, p. 575, référence citée par Ch. Fountoulakis, *Set-off defences in international commercial arbitration: a comparative analysis*, Oxford and Portland, Or. : Hart Pub., 2011, p. 21.

[218] « *Une épée, pas simplement un bouclier* », *Ibid.*

[219] Selon cet article, *« le défendeur domicilié sur le territoire d'un Etat contractant* peut aussi être attrait : ...3) s'il s'agit d'une demande reconventionnelle qui dérive du contrat ou du fait sur lequel est fondée la demande originaire, devant le tribunal saisi de celle-ci ».

l'avocat général, M. Philippe Léger, se référa au rapport Jenard[220] selon lequel le texte de l'article 6, point 3, s'inspire du projet de code judiciaire belge, définissant la demande reconventionnelle dans son article 15 (l'actuel article 4 du code judiciaire belge) comme «...la demande incidente formée par le défenseur et qui tend à faire prononcer une condamnation à charge du demandeur ». L'auteur du projet [221] précisait que cette définition rejoint la conception que la Cour de cassation de France avait proposée au gouvernement dans son projet de Code de procédure civile en 1806, celle d'une contre-prétention, conception qui, à défaut de définition de la demande reconventionnelle dans le code lui-même, s'accorde avec la doctrine et la jurisprudence qui l'ont définie comme « une demande incidente...qui poursuit une condamnation à la charge du demandeur ». En somme, l'avocat général nota que la « demande reconventionnelle se caractérise par les points essentiels suivants : 1) il s'agit d'une demande nouvelle, présentée en cours d'instance par le défendeur, qui devient demandeur à son tour, 2) portant sur un droit de nature quelconque, 3) et visant au prononcé d'une condamnation distincte, ne se limitant pas au rejet des prétentions du demandeur originaire [222]».

S'agissant de la compensation, l'avocat général, s'inspirant du droit français, souligna qu'elle consiste en un mode d'extinction simultanée de deux obligations distinctes (généralement pécuniaires) existant en même temps entre deux personnes qui se trouvent débitrices l'une envers l'autre, à concurrence de la dette la moins élevée[223]. Il ajouta que la « compensation se caractérise par les points essentiels suivants : 1) il peut s'agir selon le cas soit d'un moyen de défense, opposé à

---

[220] Rapport de M. P. Jenard sur la convention concernant la compétence judiciaire et l'exécution des décisions en matière civile et commerciale (JO 1979, C 59, p. 1), cité par l'avocat général dans l'affaire *Danvoern* C-341/93, CJCE, 13 juil. 1995, *Recueil des Arrêts*, 1995-I, p. 2061.

[221] Ch.Van Reepinghen, « Rapport sur la réforme judiciaire », volume II, Moniteur belge, 1964, p. 6, cité par l'avocat général dans l'affaire *Danvoern*, *Ibid.*

[222] *Ibid.*, p. 2062.

[223] Voir dans le même ordre d'idées les conclusions de l'avocat général M. Capotorti dans l'affaire *Meeth/ Glacetal, Recueil de la CJCE, 23/78 le 9 novembre 1978, deuxième partie*, p. 2147.

titre de simple exception par le défendeur pour justifier le non-respect de son obligation alléguée par le demandeur, dans le cadre du même procès que celui intenté par ce dernier, soit d'une action reconventionnelle introduite par le défendeur et tendant au prononcé d'une condamnation distincte du demandeur ; 2) elle vise au rejet total ou partiel des prétentions du demandeur (lorsqu'il s'agit d'un moyen de défense), ou au prononcé d'une condamnation distincte (lorsqu'il s'agit d'une demande reconventionnelle) [224]». Après avoir examiné les différentes versions linguistiques de la notion, l'avocat général conclut que ce sont bien les expressions « demande reconventionnelle » en français, «counter-claim» en anglais, «Widerklage» en allemand et « demanda riconvenzionale » en droit italien, qui correspondent à l'article 6, point 3 de la convention. Ceci signifie que la demande reconventionnelle au sens de la convention est entendue comme celle répondant à la volonté d'obtenir le prononcé d'une condamnation distincte[225].

Dans son arrêt du 13 juillet 1995, la CJCE a suivi les observations de l'avocat général, constatant que « les droits nationaux des Etats contractants distinguent en général deux situations. La première est celle où le défenseur invoque, comme moyen de défense, l'existence d'une créance dont il serait titulaire à l'encontre du demandeur et qui aurait pour effet d'éteindre totalement ou partiellement la créance de celui-ci. La seconde est celle où le défenseur vise, par une demande distincte présentée dans le cadre du même procès, à faire condamner le demandeur au paiement d'une dette envers lui. Dans ce dernier cas, la demande distincte peut viser un montant supérieur à celui réclamé par le demandeur, et être poursuivie même si le demandeur se trouve débouté de sa demande. L'article 6 point 3 ne vise que les demandes présentées par les défendeurs tendant au prononcé d'une condamnation distincte. Il ne concerne pas la situation où un défendeur invoque comme un simple moyen de défense une créance dont il est titulaire à l'encontre de demandeur [226]».

Qu'en est-il pour la Cour internationale ? Disons tout d'abord qu'étant donné la nature généralement non pécuniaire des

---

[224] Affaire *Danvoern, C-341/93, op. cit.*, p. 2062
[225] *Ibid.*, p. 2066.
[226] *Ibid.*, p. 2076-2077.

prétentions portées devant sa juridiction, la question de la compensation et de son rapport avec la reconvention ne se pose pas devant la Cour telle qu'elle se pose devant les juridictions internes ou les tribunaux arbitraux[227]. Cependant, dans l'affaire de l'*Usine de Chorzów*, la Cour permanente de Justice internationale dut s'y pencher pour répondre à la demande de l'Allemagne, demandeur, tendant à ce que la Cour exclue la possibilité pour le Gouvernement polonais de compenser sa prétendue créance – résultant des assurances sociales en Haute-Silésie – contre l'indemnité qu'il serait condamné par la Cour à lui verser.

Il ne s'agissait assurément pas d'une exception de compensation à proprement parler, soulevée par le défendeur par référence à une créance déterminée, mais d'une demande d'exclusion de la compensation soulevée par le demandeur dans le but d'assurer l'effectivité de l'éventuelle réparation à allouer[228]. La Cour s'est déclarée sans compétence pour connaître de la demande allemande ; elle n'a toutefois pas exclu la possibilité pour le défendeur d'opposer sa créance à celle de réparation si elle est « liquide et non contestée »[229]. Il en ressort qu'à la demande d'indemnisation de son adversaire, le défendeur peut opposer, dans procédure devant la Cour internationale, une demande tendant à ce que le montant de cette indemnité, si elle est retenue, soit confondu à due concurrence avec les créances qu'il détient contre le demandeur. La Cour peut en tenir compte s'il s'agit d'une dette parfaitement liquide et exigible, ne suscitant aucune difficulté ni quant à son principe ni quant à sa quotité. En revanche, s'il s'agit d'une dette contestée ou une dette dont la Cour est invitée à déclarer la liquidité, la demande du défendeur a une nature reconventionnelle, et le juge peut statuer à son sujet si les autres conditions d'admissibilité d'une telle demande sont réunies.

De la distinction entre moyen de défense et demande reconventionnelle, ainsi sanctionnée, découle des conséquences

---

[227] Wittenberg s'est exprimé en faveur du pouvoir de l'arbitre de connaitre d'une demande en compensation s'il s'agit d'une dette parfaitement liquide et exigible.Voir J-C Wittenberg, *L'organisation judiciaire, la procédure et la sentence internationales*, op. cit., p. 266.

[228] *Usine de Chorzów, C.P.J.I., Série A, n° 13,* p. 61.

[229] *Ibid.*, p. 62.

très importantes. En premier lieu, si la conclusion du défendeur est qualifiée de reconvention, c'est en tenant compte de celle-ci que la Cour fixera le cadre de son jugement final. La règle selon laquelle la Cour a le « devoir de répondre aux demandes des parties telles qu'elles s'expriment dans leurs conclusions finales »[230] s'applique à l'ensemble des demandes qui lui sont adressées, à titre principal ou incident. De surcroît, la Cour, confrontée à une conclusion considérée comme un moyen de défense au fond, n'aura pas à s'assurer que celle-ci relève de la compétence que lui reconnaissent les parties, car « il appartient à la Cour [d'en] connaître dans l'exercice normal de sa compétence »[231], la règle étant ici que « le juge d'action est le juge d'accessoire »[232]. Si les conclusions du défendeur constituent de simples moyens de défense, la Cour ne peut en revanche se prononcer à son sujet dans le dispositif, mais seulement dans les motifs de son arrêt[233]. Enfin, le moyen de défense au fond est logiquement appelé à disparaître avec la demande initiale, faute d'autonomie.

§2. Une demande autonome et indépendante

L'autonomie dont jouit la demande portée devant le juge international à titre reconventionnel se manifeste aussi bien dans

---

[230] *Demande d'interprétation de l'arrêt du 20 novembre 1950 dans l'affaire du droit d'asile, (Colombie/Pérou), arrêt du 27 novembre 1950, C.I.J., Recueil 1950*, p. 402.

[231] *Application de la Convention pour la prévention et la répression du crime de génocide*, C.I.J. Rec. 1997, p. 257, par. 28.

[232] Il en va différemment devant le Tribunal irano-américain des réclamations. Celui-ci expose dans l'arrêt *In Computer Sciences Corp.*: "The tribunal determines that as far as its jurisdiction is concerned claims for set-off are generally governed by the same standards as counterclaims. The concept of set-off necessarily presuppose the existence of a claim that can be used for such set off ". Award No. 221-65-1 (16 April 1986), p. 52 in Iran-U.S. C.T.R. 269, 309. Pour plus d'explications, voir S. A. Baker, M. David, *The Uncitral Arbitration Rules in Practice: The Experience of the Iran-United States Claims Tribunal,* Kluwer Law Intl, 1992, p. 89-90 ; G. H. Aldrich, *The jurisprudence of the Iran-United States Claims Tribunal*, Clavendon press oxford, 1995, p. 112.

[233] *CPIJ, Série D_02_3^{e} addem.* p. 105.

les éléments du nouveau litige (A) que dans les caractères de la procédure qui lui est réservée devant la juridiction (B).

A. Autonomie dans les éléments du litige

Il convient de rechercher l'autonomie dont il s'agit, tant dans l'élément subjectif (1) que dans l'élément objectif du litige (2).

1. Autonomie dans l'élément subjectif du litige

Tout comme la demande initiale, celle qui est présentée à titre reconventionnel crée un lien juridique entre les parties. De ce fait, elle suppose deux adversaires : l'un, appelé le demandeur reconventionnel ou le demandeur sur reconvention, émet une prétention et la soumet à la décision de la Cour, alors que l'autre, appelé le défendeur reconventionnel ou le défendeur sur reconvention, répond à la prétention émise. Ce renversement du rôle des parties au litige n'en emporte pas moins des conséquences importantes pour l'application des principes de la procédure. Au demandeur sur reconvention, il incombe d'établir le bien-fondé en droit et en fait de ses allégations[234], conformément à la règle générale suivant laquelle chaque partie a la charge de prouver ce qu'elle avance dans le procès (*actori incombit probatio*)[235]. Et il appartient au défendeur de contester ces allégations en faisant valoir les exceptions tirées de l'irrecevabilité de la demande ou de l'incompétence de la Cour pour en connaître[236].

---

[234] *Plates-formes pétrolières, C.I.J. Rec. 2003*, p. 215, par. 119.

[235] « [C]'est en définitive au plaideur qui cherche à établir un fait qu'incombe la charge de la preuve », *Activités militaires et paramilitaires au Nicaragua et contre celui-ci (Nicaragua c. Etats-Unis d'Amérique), compétence et recevabilité, arrêt, C. I.J. Recueil 1984,* p. 437, par. 101, cité dans l'affaire de la *Frontière terrestre et maritime entre le Cameroun et le Nigéria, exceptions préliminaires, arrêt, C.I. J. Recueil 1998,* p. 319, par. 101.

[236] Voir par exemple, l'affaire des *Plates-formes pétrolières, C.I.J. Rec. 2003*, p. 209 et s., et celle des *Activités armées sur le territoire du Congo (République démocratique du Congo c. Ouganda), arrêt de 19 décembre 2005, C.I.J. Rec. 2005,* p. 83 et s. Dans cette dernière affaire, la Cour constate que la République démocratique du Congo est en droit de contester, au stade du fond, la recevabilité des demandes reconventionnelles formulées par l'Ouganda (par. 275), en soulignant

2. Autonomie dans l'élément objectif du litige

L'objet de la reconvention est distinct de celui de la demande initiale, même s'il peut concerner les mêmes « faits » que ceux qui sont invoqués dans l'acte introductif d'instance. L'exemple le plus intéressant est celui qui fut cité par le juge Negulesco lors des travaux préparatoires du Règlement en 1936[237]. Mais il peut aussi concerner des « faits » tout à fait nouveaux. Tel fut le cas dans l'affaire des *Plates-formes pétrolières* où la partie défenderesse avait avancé des éléments de fait complètement différents de ceux sur lesquels s'appuyait le demandeur. En pareil cas, il appartient à la Cour de juger si ces faits présentent avec ceux qui sont avancés par le demandeur une connexité suffisante pour ordonner la jonction de la demande reconventionnelle à l'instance en cours.

Les prétentions émises à titre reconventionnel peuvent revêtir des formes tout aussi variables que celles qui sont présentées à titre initial[238]. En se portant reconventionnellement demandeur, le défendeur peut en effet chercher à obtenir la reconnaissance d'un droit, la reconnaissance ou la création d'une situation juridique nouvelle ou la condamnation de son adversaire à une prestation. Dans la jurisprudence de la Cour internationale, on constate que le défendeur a demandé à la Cour de condamner son adversaire à une prestation envers sa faveur (l'affaire de l'*Usine de Chorzów*), ou au paiement d'indemnités pour le préjudice qu'il a subi (l'affaire du *Chemin de fer Panevezys-Saldutiskis,* l'affaire de la *plate-forme pétrolière*), de reconnaître que sa responsabilité internationale était engagée du fait d'avoir commis un fait internationalement illicite (l'affaire de *la Convention sur le génocide*) ou d'avoir violé ses obligations contractuelles (l'affaire du *Droit d'asile*, l'affaire de la *plate-forme pétrolière*, l'affaire de

---

toutefois que l'article 79 du Règlement ne s'applique pas à une exception à des demandes reconventionnelles qui ont été jointes à l'instance originelle (par. 274).

[237] Voir *infra* p. 130 et s.

[238] Pour des exemples de divers motifs pouvant susciter l'introduction d'une instance devant la Cour, voir : I. Brownlie, « Why do states take disputes to the international Court », *Liber Amicorum du juge Shigeru Oda*, Nisuke Ando, Edward McWhinney et RüdigerWolfrum, (dir.), La. Haye, Kluwer Law International, 2002, p. 834.

la frontière maritime et terrestre entre le Cameroun et le Nigéria et l'affaire Congo c. Ouganda).

Le défendeur peut aussi chercher à obtenir par sa demande reconventionnelle un jugement déclaratoire, c'est-à-dire un jugement « destiné à faire reconnaitre une situation de droit une fois pour toutes et avec effet obligatoire entre les parties, en sorte que la situation juridique ainsi fixée ne puisse être mise en discussion pour ce qui est des conséquences juridiques qui en découlent »[239]. Dans l'affaire du *Différend relatif à des droits de navigation et des droits connexes (Costa Rica c. Nicaragua),* le Nicaragua, défendeur à l'instance, demanda à la Cour de rejeter l'ensemble des demandes du Costa Rica, soit parce qu'il n'avait pas violé ses obligations, soit parce que ces prétendues obligations ne s'appuyaient sur aucune règle de droit international. Il y ajouta ensuite un chef de conclusions supplémentaire, demandant à la Cour de «faire une déclaration formelle sur les questions qu'il a soulevées à la section II du chapitre VII de son contre-mémoire et à la section I du chapitre VI de sa duplique»[240]. Dans son arrêt sur le fond, la Cour a rejeté la demande du Nicaragua[241], non sans laisser entendre qu'une telle demande pouvait faire l'objet d'une demande présentée en vertu de l'article 80 du Règlement[242].

En bref, toute demande qui peut être portée devant la juridiction par voie de l'acte introductif d'instance peut l'être par voie du contre-mémoire du défendeur. Ce point mérite d'être souligné car une thèse avancée par la Bosnie dans l'affaire de la *Convention sur le génocide*, et développée par le juge Weeramantry dans son opinion jointe à l'ordonnance de 17 décembre 1997, soutenait que le défendeur ne peut pas opposer sa demande reconventionnelle à une demande initiale qui lui reproche d'avoir commis un crime international. Le juge Weeramantry s'est appuyé sur le *Corpus Juris Secundum* pour affirmer que la «reconvention», la « demande reconventionnelle »

---

[239] *Interprétation des arrêts numéros 7 et 8 (Usine de Chorzów), arrêt du 16 décembre 1927, C.P.I.J., Série A, n° 13,* p. 20.

[240] *Différend relatif à des droits de navigation et des droits connexes (Costa Rica c. Nicaragua), arrêt, C.I.J. Recueil 2009*, par. 153, p. 268.

[241] *Ibid.*, par. 155, p. 269.

242 [242] Nous reviendrons sur la nature de cette demande et les raisons pour lesquelles elle a été rejetée. Voir *infra* p.345 et s.

et l'« action reconventionnelle», étaient des notions de droit civil[243],

> « la nature intrinsèque d'un préjudice causé par une infraction pénale ne permet pas d'opposer un acte criminel à un autre » et qu' « un acte de génocide du demandeur ne peut [dès lors] être opposé à un acte de génocide du défendeur [244]».

M. Rigaux, juge *ad hoc* désigné par l'Iran dans l'affaire des *Plates-formes pétrolières*, trouve l'opinion du juge Weeramantry plus convaincante que la décision de la majorité. A son avis, à les supposer l'un et l'autre vérifiés, le génocide de l'un n'est pas un moyen de défense au génocide de l'autre[245]. L'argumentation n'est guère convaincante. La nature pénale ou non des faits reprochés à un Etat dans un procès engagé devant la Cour internationale est sans pertinence pour ce qui est de la question de l'admissibilité de la demande introduite à propos de ces faits. Dans l'affaire de la *Convention sur le génocide*, la Cour fut saisie d'un différend opposant deux États souverains concernant l'application et l'exécution d'un traité international, à savoir la convention sur le génocide ; les obligations qui en découlent pour les États « sont des obligations et des responsabilités relevant du droit international, et ne sont pas d'ordre pénal »[246]. Un État sera condamné devant la CIJ pour avoir commis un crime international, selon les règles de droit de la responsabilité internationale, lorsque les personnes ou les organes dont les agissements lui sont attribuables ont enfreint la ou les règles en cause[247]. Une demande, tendant à déclarer que la responsabilité internationale d'un Etat est engagée du fait d'avoir commis l'un

---

[243] *Application de la Convention pour la prévention et la répression du crime de génocide, C.I.J. Rec. 1997*, Opinion dissidente du Vice-président Weeramantry, p. 291.
[244] *Ibid.*, pp. 291-292.
[245]F. Rigaux, « Les demandes reconventionnelles devant la Cour internationale de Justice » in *Liber amicorum du judge Shigeru Oda*, Kluwer law international, Vol. 2, 2002, p. 945.
[246] *Application de la convention pour lu prévention et la répression du crime de génocide (Bosnie-Herzégovine c. Serbie-et-Monténégro), fond, arrêt du 26 février 2007, C.I.J. Rec.* 2007, p. 66-67, paras. 170, 178 et 179.
[247] A propos du crime de génocide voir M. Milanovic, "State Responsibility for Genocide", *E.J.I.L.*, vol. 17, 2006, p. 567-569.

des crimes internationaux, peut être soumise à la Cour par le biais d'un acte introductif d'instance comme elle peut l'être par voie des conclusions reconventionnelles.

Il faut néanmoins souligner que la demande reconventionnelle, tout en étant automne et indépendante, doit avoir la « même nature » que la demande principale. Or, lorsque celle-ci porte, par exemple, sur la délimitation maritime, celle-là ne peut pas avoir comme objet la commission d'un crime international. Ainsi, la demande reconventionnelle en procédure de révision et d'interprétation doit être, selon le cas, une demande en révision ou en interprétation. L'exigence de la connexité comme condition de recevabilité de cette demande, prévue à l'article 80 du Règlement, ne permettra pas au défendeur de soumettre au juge des demandes de nature différente de celles qui constituent l'objet de l'instance en cours.

B. Autonomie procédurale

L'autonomie et l'indépendance que l'on reconnaît à la reconvention se manifeste également dans la particularité de la procédure qui lui est réservée devant la Cour internationale. Cette procédure sera étudiée plus en détail dans le chapitre consacré à cette question ; on se contentera ici d'en rappeler les traits caractéristiques. Une fois introduite, la demande reconventionnelle poursuit en effet une vie juridique qui lui est propre. Sa formulation, son admissibilité et le procès auquel elle donne lieu sont soumis à des règles différentes de celles qui régissent la demande initiale. A la différence de cette dernière, qui doit être impérativement portée par voie de requête unilatérale ou de notification d'un compromis (article 40 du Statut), la demande reconventionnelle est présentée dans le contre-mémoire de la partie dont elle émane et figure parmi les conclusions contenues dans celui-ci (article 80 alinéa 2 du Règlement).

Pour être recevable, outre les conditions générales d'existence et de recevabilité (intérêt à agir, conflit juridique, etc…), cette demande doit satisfaire à des conditions de recevabilité spéciales ; il faut qu'elle relève de la compétence de la Cour et qu'elle soit en connexité directe avec l'objet de la demande de la partie adverse (article 80 alinéa 1). Quant au procès à suivre, le traitement de la demande reconventionnelle se trouve assujetti à une procédure simplifiée et sommaire. Le débat sur la recevabilité de la demande se fait normalement par l'échange de pièces écrites. La phase orale n'est pas exclue par le Règlement de la Cour, mais celle-ci n'a jamais usé de cette possibilité pour s'informer de l'attitude des parties concernées. La Cour se prononce sur la recevabilité de la demande par voie d'une ordonnance.

De surcroît, à l'instar de la demande initiale, l'introduction de la reconvention doit être communiquée aux Etats tiers pour qu'ils soient en mesure de faire valoir leur droit d'intervention prévu aux articles 62 et 63 du Statut. L'accord du demandeur initial est indispensable pour que le défendeur puisse retirer les demandes qu'il a valablement introduites dans l'instance[248]. Le débat sur le fond se fait par la présentation d'une pièce additionnelle par le défendeur reconventionnel contre le contre-mémoire de l'autre partie, et éventuellement d'une réplique et d'une duplique si la Cour les considère nécessaires. Deux demandes étant tranchées par le même jugement, elles se distinguent l'une de l'autre tant dans la motivation que dans le dispositif.

Mais c'est plutôt à propos du sort réservé à la demande reconventionnelle que se manifeste l'autonomie de cette institution juridique. Le plus souvent l'indépendance des deux demandes est telle que la Cour peut déclarer l'une et l'autre fondées ou non fondées, ce qui fut le cas de l'affaire de la *Convention sur le génocide*, ou de celle des *Plates-formes pétrolières*. Mais il peut arriver que cette demande s'appuie à ce point sur la demande principale qu'elle ne peut être déclarée fondée que si la demande principale est déclarée mal fondée et vice versa, ce qui fut le cas de l'affaire du *Droit d'asile*. Dans cette dernière espèce, la Colombie, demandeur, cherchait à obtenir un sauf-conduit pour M. Haya de la Torre, tandis que le Pérou, défendeur, demandait à la Cour de juger que l'octroi de l'asile par l'ambassadeur de la Colombie au réfugié en question, violait la convention sur l'asile signée entre deux pays à la Havane en 1928. La Cour a fait droit à cette demande dans son arrêt et a conclu que l'octroi de l'asile n'était pas conforme à la Convention.

---

[248] Comme cela fut le cas dans l'affaire de la *Convention sur le Génocide*. Voir *infra* p. 406.

Section 2. Un moyen de défense

Une demande formée à titre reconventionnel doit, en principe, avoir pour effet, si elle est admise, le rejet total ou partiel des prétentions présentées par le demandeur (§1). La question demeure toutefois de savoir si la Cour la rejettera si elle n'a pas cet effet (§2).

§1. Exposé du principe

On dit que la meilleure défense est l'attaque. Telle est l'autre fonction de la demande reconventionnelle : jouer le rôle d'un moyen de défense et contribuer à obtenir le rejet total ou partiel de la prétention initiale. En d'autres termes, le défendeur cherche à se défendre par le moyen d'une demande. Ce cumul de qualifications (demande et défense) a été mis en exergue par la Cour dans l'ordonnance du 17 décembre 1997, et celles qui l'ont suivie, de la manière suivante :

> « il est constant qu'une demande reconventionnelle [...] formulée à titre reconventionnel [...] *riposte à la demande principale* ... »

En règle générale, dans un procès intenté contre lui, le défendeur dispose de diverses possibilités de repousser les prétentions de son adversaire. Ces possibilités appelées moyens de défense, sont regroupées dans deux catégories : les exceptions préliminaires et la défense au fond[249]. Les premières constituent

[249] En droit français, il existe une troisième catégorie de moyens de défense : les fins de non-recevoir. Selon l'article 122 du NCPC, « constitue une fin de non-recevoir tout moyen qui tend à faire déclarer l'adversaire irrecevable en sa demande, sans examen au fond, pour défaut de droit d'agir, tel le défaut de qualité, le défaut d'intérêt, la prescription, le délai préfixé, la chose jugée ».Il est à noter que les termes de « fins de non-recevoir » ont été employés par la Cour sans pour autant être considérés comme une catégorie distincte et différente par rapport aux exceptions préliminaires et la défense au fond. Voir par exemple *Certains intérêts allemands en Haute-Silésie polonaise, C.P.J.I. série A, n° 6, 1925*, p. 19 ; *Plates-formes pétrolières, C.I.J. Rec. 2003*, p. 210, par.107 ; *Ahmadou Sadio Diallo (République de Guinée c. République démocratique du Congo), fond, arrêt, C.I.J., Recueil 2010*, para 26.

des moyens par lesquels une partie, sans discuter du bien-fondé du droit allégué par son adversaire, fait état de quelque irrégularité dans l'exercice de l'action pour obtenir qu'il soit sursis à son examen[250]. Les exceptions, soulevées à la compétence de la Cour ou à la recevabilité de la requête, nécessitent au sens de l'article 79 du Règlement une décision avant que la procédure sur le fond ne se poursuive. Si elles sont rejetées ou jointes au fond, ou lorsque aucune exception n'est présentée dans l'instance, la partie contre laquelle la demande est dirigée peut recourir à la défense au fond, c'est-à-dire s'attaquer au bien-fondé du droit allégué par le demandeur, en soutenant, par exemple, que celui-là n'existe pas ou que celui-ci n'en est pas titulaire[251]. Il est évident que la demande reconventionnelle relève de ces moyens de défense, en ce qu'elle forme une riposte à la prétention du demandeur.

L'aspect défensif de cette demande est particulièrement manifeste lorsque par son action, le défendeur s'attaque au fondement juridique de la demande formée par la partie adverse. L'exemple classique et le plus fréquent dans les contentieux internes est celui où le défendeur, assigné en exécution d'un contrat, demande au juge d'en déclarer la nullité. L'illustration la plus notable en jurisprudence internationale est fournie par l'arrêt rendu dans l'affaire du *Droit d'asile*. Comme il a été dit, dans sa deuxième conclusion, la Colombie, Etat demandeur, affirmait que « la République du Pérou, en sa qualité d'État territorial, est obligée [...] d'accorder les garanties nécessaires pour que M. Victor Raul Haya de la Torre sorte du pays, l'inviolabilité de sa personne étant respectée »[252]. L'Etat défendeur, le Pérou, pria à son tour la Cour de dire « à titre reconventionnel, aux termes de l'article 63 du Règlement de la Cour et par un seul et même arrêt, que l'octroi de l'asile par l'ambassadeur de Colombie à Lima à Haya de la Torre a été fait en violation de l'article premier, paragraphe premier, et de l'article 2, paragraphe 2, premièrement

---

250 Voir Ch. de Visscher, *Aspects récents du droit procédural de la Cour internationale de Justice*, A. Pedone (1966), p. 99.

251 Aux termes de l'article 71 du nouveau code de procédure civile de la France, « constitue une défense au fond tout moyen qui tend à faire rejeter comme non justifiée, après examen au fond du droit, la prétention de l'adversaire ».

252 *Droit d'asile (Colombie c. Pérou), arrêt du 20 novembre 1950, C.I. J. Recueil 1950,* p. 271.

(*inciso primero*), de la Convention sur l'asile signée en 1928, et qu'en tout cas le maintien de l'asile constitue actuellement une violation dudit traité »[253]. Si la Cour fait droit à la demande reconventionnelle du Pérou, la Colombie sera automatiquement déboutée dans sa demande initiale, car la première met en cause le fondement de la seconde, à savoir la régularité de l'asile. C'est la conclusion à laquelle elle est parvenue dans son arrêt sur le fond.

Tout comme l'aspect offensif, cet aspect de la demande reconventionnelle n'est assujetti à aucune forme particulière. En se portant demandeur sur reconvention, le défendeur peut soutenir que les allégations de son adversaire sont dépourvues de fondement, mettre en cause l'étendue de ses prétentions ou même justifier sa propre action en s'appuyant sur les circonstances excluant l'illicéité de ses propres faits. La jurisprudence de la Cour internationale de justice et celle de sa devancière illustrent les différentes manières par lesquelles les demandeurs reconventionnels ont cherché à tenir en échec l'action menée par le demandeur originaire. Dans l'affaire de l'*Usine de Chorzów*, la Pologne souhaitait ainsi diminuer le montant de l'indemnité réclamée par le gouvernement allemand, en demandant reconventionnellement à la Cour d'éliminer de l'indemnité réclamée la valeur des actions dont elle s'estimait titulaire. Dans l'affaire *des prises d'eau à la Meuse*, la Belgique, dans sa reconvention, invoqua à son tour la violation du traité que les Pays-Bas lui avaient reproché de ne pas respecter et soutint que cette violation en avait rendu impossible l'exécution[254]. Dans l'affaire de la *Convention sur le génocide*, l'ex-Yougoslavie invoqua également l'incitation au génocide des populations serbes comme un moyen de défense dans la mesure où, à ses yeux, certains des actes reprochés par la Bosnie-Herzégovine s'ils furent commis par les Serbes, l'avaient été pour se protéger de la menace dont ils étaient l'objet. Elle cherchait par ce biais à « couper le lien d'imputation entre les groupes serbes de Bosnie et les

---

[253] *Ibid.*

[254] Dans son opinion dissidente jointe à l'arrêt sur le fond, le juge Anzilotti voit dans la demande reconventionnelle belge une application de l'*exceptio non adimpleticontractus* justifiant le rejet de la demande principale sur ce point. *C.P.J.I., Série A/B, n°70, arrêt du 27 juin 1937*, Opinion dissidente du juge Anzilotti, p. 50.

autorités de Belgrade[255]». Dans l'affaire des *Plates-formes pétrolières,* les Etats-Unis avancèrent que les bombardements des plates-formes pétrolières dont faisait état l'Iran étaient justifiés par les attaques armées que celui-ci aurait mené contre les navires américains circulant dans le Golfe persique. De même, dans l'affaire des *Activités armées sur le territoire du Congo,* celui-ci a reproché à l'Ouganda d'avoir eu recours à la force en violation de l'article 2, paragraphe 4 de la Charte des Nations unies relatif à l'interdiction de l'emploi de la force, l'Ouganda a insisté sur son droit de légitime défense contre les actes d'agression dont il aurait été victime par le Congo[256].

§2. Portée du principe

Il faut souligner d'emblée qu'en matière reconventionnelle, la question de la pertinence de la fonction défensive de cette demande se pose à un double titre : au sujet de sa qualification juridique d'abord, et à propos du lien qu'elle doit entretenir avec l'objet de l'instance en cours, ensuite[257]. Cette dernière question sera examinée dans la section qui lui est consacrée. On s'interrogera ici sur la première, celle de savoir si la fonction défensive de la demande reconventionnelle constitue ou non un élément indispensable de sa qualification juridique. L'affirmative a été soutenue par la Bosnie-Herzégovine dans l'affaire de la *Convention sur le génocide.* Demandeur à l'instance, elle faisait grief à la Yougoslavie d'avoir violé la convention pour la prévention et la répression du crime de génocide. Elle soutint que la responsabilité internationale de la Yougoslavie étant engagée du fait de ces violations, celle-ci était tenue d'accorder au demandeur, en son nom propre et en tant que *parens patriae* de

---

[255] Y. Nouvel, « La recevabilité des demandes reconventionnelles devant la Cour internationale de justice à la lumière de deux ordonnances récentes », *AFDI*, 1998, p. 329.

[256] *Activités armées sur le territoire du Congo, C.I.J. Rec.* 2001, p.666 par. 9 et p. 679 par. 38. Voir aussi le paragraphe 360 du contre-mémoire de l'Ouganda.

[257] Ces deux questions restent quand même liées l'une à l'autre. On verra plus loin que l'interprétation donnée par la Cour de l'exigence de la connexité est déterminante pour le point de savoir si l'effet défensif de la reconvention est ou non pertinent pour sa qualification juridique.

ses citoyens, pleine réparation des dommages et des pertes ainsi causés.

Dans son contre-mémoire contenant des demandes reconventionnelles, la Yougoslavie présenta des conclusions dont une partie (conclusions 1 et 2) visait à contrecarrer les prétentions du demandeur et l'autre (conclusions 3 à 6) demandait à la Cour de juger que le fait pour la Bosnie-Herzégovine d'avoir incité au génocide et de n'en avoir pas empêché la perpétration, la rendait responsable des actes de génocide commis contre les Serbes et d'autres violations des obligations établies par la convention de 1948 pour la prévention et la répression du crime de génocide[258].

Les conclusions de la Yougoslavie étant, aux yeux de la Bosnie-Herzégovine, dépourvues de tout aspect défensif, celle-ci contesta qu'elles puissent être qualifiées de reconventionnelles. A cet égard, elle invoquait plusieurs arguments :

1. elle rappela la structure et le contenu du contre-mémoire de la Yougoslavie, lequel se divisait en deux parties complètement autonomes, l'une dans laquelle la Yougoslavie « essaie de répondre aux accusations formulées dans le mémoire de la Bosnie-Herzégovine » et l'autre, dans laquelle elle prétend que celle-ci « serait responsable elle-même de violations de la convention sur le génocide ». Elle ajouta que « les faits soumis à l'attention de la Cour par la Yougoslavie, au moyen de sa 'demande reconventionnelle', étaient totalement différents de ceux sur lesquels reposait la demande initiale » et que « le sort judiciaire de l'une ne saurait conditionner ou influencer le sort de l'autre de quelque façon que ce soit [259]» ;

[258] Les conclusions des parties sont citées par la Cour dans l'ordonnance du 17 décembre 1997 relative à la recevabilité des demandes reconventionnelles de la Yougoslavie. Pour un résumé de ces conclusions et le commentaire de cette ordonnance, voir : H. Ruiz Fabri. et J-M Sorel, « Chronique de la jurisprudence de la Cour internationale de justice pour l'année 1997 », *J.D.I.*, 1998 (2), p. 792.

[259] *Application de la convention pour lu prévention et la répression du crime de génocide, C.I.J. Rec.* 1997, par. 11. Voir aussi les Observations écrites de la Bosnie-Herzégovine sur les demandes reconventionnelles de la Yougoslavie, le 9 octobre 1997, p. 4-5.

2. la Bosnie évoqua la nature *erga omnes* et non synallagmatique des obligations consacrées dans la convention sur le génocide. Elle soutint qu'« à l'obligation de chaque Etat de respecter la Convention correspond le droit des autres Parties à la même Convention, et de la communauté internationale toute entière, de voir la Convention respectée par chacun », et que « l'intérêt en jeu étant commun, aucune place n'est laissée à la logique de la réciprocité ». Elle en déduit que l'« on ne saurait envisager que la constatation judiciaire d'une violation de la convention commise par un Etat puisse être éventuellement influencée par le fait qu'une seconde violation – dont l'Etat en question aurait été la victime – a été perpétrée [260] » ;

3. en se fondant sur les travaux de la doctrine, la Bosnie soutint que « la demande reconventionnelle doit [...] avoir pour but 'de contrer' la demande principale, c'est-à-dire de s'y opposer afin d'en bloquer ou d'en réduire les effets », et que « tel n'est pas le cas de la « demande reconventionnelle » yougoslave car, même si les allégations qui y sont formulées contre la Bosnie-Herzégovine étaient fondées, « ceci ne pourrait causer en aucun cas, [...] le rejet total ou partiel (ou « la neutralisation ») de la demande initiale de la Bosnie-Herzégovine ... [261]»;

4. en se référant à la jurisprudence de la Cour et de sa devancière, la Cour permanente de Justice internationale, la Bosnie affirma que « l'étude de la pratique ne révèle aucun cas de demande reconventionnelle qui n'ait pas été présentée dans le but de contrer la demande principale, soit pour la faire échouer, soit pour en réduire la portée et les effets »[262]. Et elle en conclut que « *la prétendue ' demande reconventionnelle' de la Yougoslavie n'en est pas une en réalité [car] par cette demande la Partie adverse ne s'oppose pas à la demande initiale, mais soulève un second différend autonome et relatif à d'autres faits, dont le règlement ne pourrait influencer en aucune façon la*

---

[260] *Application de la convention pour lu prévention et la répression du crime de génocide, C.I.J. Rec.* 1997, par. 12.
[261] *Ibid.*, par. 13.
[262] *Ibid.*, par. 14.

solution du premier différend dont la Cour a été saisie par la Bosnie-Herzégovine [263]».

Pour écarter l'objection, la Yougoslavie soutint, dans ses Observations écrites sur la recevabilité des demandes reconventionnelles, que «les actes d'incitation directe et publique à commettre un génocide à l'encontre des Serbes », desquels elle tient la Bosnie-Herzégovine responsable, sont invoqués aussi à l'appui du moyen de défense contre l'imputation qu'opère la demande principale, dans la mesure où ces actes « ont fortement influencé l'attitude de la population serbe en Bosnie-Herzégovine » et « sont d'une pertinence toute particulière pour décider si la population serbe a agi sur les ordres des autorités yougoslaves [...] ou si elle a agi spontanément pour se protéger »[264].

Elle expliqua en outre qu'à la suite d'une évolution importante de l'interprétation du paragraphe 1er de l'article 80 de son Règlement, la Cour s'est écartée de sa position originelle selon laquelle « *une demande reconventionnelle est en connexité directe avec l'objet de la demande de l'autre partie lorsqu'elle vise à rejeter cette demande* ou à obtenir un arrêt sur la responsabilité de l'autre partie »[265]. La Yougoslavie fait sur ce point allusion à l'arrêt de la Cour dans l'affaire des *Ressortissants américains au Maroc*, dans laquelle, dit-elle, « the counter-claim of United States did not play any role in the defence against the French claim. Instead of this fact neither the Applicant nor the Court expressed any doubt concerning direct connection between the counterclaim and the subject-matter of the claim and the Court decided on the counter-claim»[266]».

Sans entrer dans les détails de la discussion sur le rôle que devrait jouer la reconvention dans la défense contre la demande initiale, la Cour, se contenta de déclarer que

---

[263] *Ibid.*, italiques ajoutés.
[264] *Ibid.*, par. 20, Observations écrites de la Yougoslavie sur la recevabilité des demandes reconventionnelles, 24 octobre 1997, p. 19.
[265] *Application de la convention pour lu prévention et la répression du crime de génocide, C.I.J. Rec.* 1997, par. 22, Observations écrites de la Yougoslavie sur la recevabilité des demandes reconventionnelles, p. 51.
[266] *Ibid.*, p. 53.

« si les conclusions nos 1 et 2 du contre-mémoire de la Yougoslavie tendent exclusivement au rejet des demandes de la Bosnie-Herzégovine, les conclusions n° 3 à 6 expriment en revanche des demandes distinctes cherchant a obtenir, au-delà du rejet des demandes de la Bosnie-Herzégovine, des réparations; et que de telles demandes constituent des 'demandes reconventionnelles' au sens de l'article 80 du Règlement [267]».

La Cour n'a pas prêté une importance particulière sur ce point au caractère prétendument *erga omnes* des obligations découlant de la convention sur le génocide. Elle a, en effet, considéré que « l'argument tiré de l'absence de réciprocité dans le système de la convention n'est pas déterminant au regard de l'appréciation de la connexité juridique entre les demandes présentées à titre principal et à titre reconventionnel, dans la mesure où les deux Parties, par leurs demandes respectives, poursuivent le même but juridique, à savoir l'établissement d'une responsabilité juridique en raison de violations de la convention sur le génocide [268]».

Pour le dire autrement, la Cour n'a pas adhéré à l'idée de la Bosnie selon laquelle, pour être considérées comme reconventionnelles, les conclusions formulées par le défendeur doivent absolument jouer le rôle d'un moyen de défense. Elle a qualifié de reconventionnelle les conclusions nos 3 à 6 du contre-mémoire de la Yougoslavie alors même que celles-ci ne pourraient en aucun cas avoir pour effet le rejet total ou partiel des prétentions de la partie demanderesse. La jurisprudence ultérieure de la Cour en la matière confirme pleinement cette affirmation. Dans l'affaire des *Plates-formes pétrolières*, la demande principale de l'Iran concernait la destruction délibérée de plates-formes pétrolières situées au milieu du golfe Persique, alors que la demande reconventionnelle américaine portait sur le mouillage de mines et de l'attaque de navires en mouvement en d'autres lieux du même golfe. Dans l'affaire des *Activités armées sur le territoire du Congo*, l'Ouganda, dans sa demande reconventionnelle, faisait état de l'attaque contre sa mission diplomatique à Kinshasa, alors que la République démocratique du Congo déclarait, dans sa

[267] *Application de la convention pour la prévention et la répression du crime de génocide, C.I.J. Rec.* 1997, par. 29.
[268] *Ibid.*, par. 35.

demande principale, être victime d'une agression armée et de l'occupation illégale d'une partie de son territoire. Dans l'affaire de la *Frontière terrestre et maritime entre le Cameroun et le Nigéria*, le Cameroun avait évoqué, dans sa requête, divers incidents survenus le long de la frontière entre les deux pays, mais le Nigéria fonda ses demandes reconventionnelles sur des incidents frontaliers survenus en d'autres lieux de la même frontière. Toutes ces demandes, qui ne pouvaient nullement influencer le sort de celles qui avaient été introduites à titre principal, ont néanmoins été qualifiées par la Cour de reconventionnelles.

Cette approche a été vivement critiquée par le juge Weeramantry dans l'opinion dissidente qu'il a jointe à l'ordonnance du 17 décembre 1997. Il fait l'observation suivante :

> « [à] mon avis, une demande reconventionnelle constitue ce que donne à entendre son appellation – c'est-à-dire une demande juridique ou une situation de fait alléguée par le défendeur qui *contre* la demande présentée par le demandeur. Le simple fait que la demande est formée par le défendeur dans la même instance ne suffit pas. Le simple fait qu'elle rend au demandeur la monnaie de sa pièce pour ainsi dire, n'en fait pas une demande reconventionnelle. La notion juridique de demande reconventionnelle s'étend au-delà d'un simple parallélisme ou d'une simple réciprocité. Il doit y avoir un certain point d'intersection entre les demandes, qui fait que l'une exerce une influence sur les conséquences judiciaires de l'autre [269]».

Le juge Weeramantry estime dès lors qu'« une demande qui est autonome et qui n'a aucun effet sur la décision concernant la demande initiale ne remplit pas les conditions requises pour être

---

[269] *Application de la convention pour la prévention et la répression du crime de génocide*, *C.I.J. Rec.* 1997, opinion dissidente du Vice-président Weeramantry, p. 289. Voir également F. Rigaux « Les demandes reconventionnelles devant la Cour internationale de Justice », *op. cit*, p. 944 ; O. Lopes Pegna, "Counter-claims and Obligations Erga Omnes before the International Court of Justice", *E.J.I.L*, vol. 9, No 4, p. 724-736.

considérée comme une demande reconventionnelle »[270]. Cette opinion n'est pas dénuée de fondement. Loin s'en faut. Elle est même conforme aux *travaux préparatoires* du Règlement. Le juge Negulesco, se référant au texte qui devint l'article 63 du Règlement de 1936, donne l'exemple suivant d'une demande reconventionnelle qui devait être acceptée :

> « A la suite d'une collision de deux bateaux appartenant à deux Etats, l'un de ces Etats porte contre l'autre une action en dommages-intérêts basée sur la faute de l'autre. L'Etat défendeur, à son tour, formule reconventionnellement une action en dommages-intérêts. Dans cet exemple, les motifs de l'action du défendeur sont en réalité les moyens de défense à l'action principale [271]».

En pareil cas, dit le juge Negulesco, « les motifs de l'action du défendeur sont en réalité les moyens de défense à l'action principale ». Il invoque à l'appui de cette interprétation, l'opinion exprimée par lord Finaly en 1922 selon laquelle « il pourrait y avoir une demande reconventionnelle qui, tout en se présentant sous forme d'une demande, serait en réalité une défense au fond ; elle pourrait être si étroitement liée au fond que la Cour commettrait une véritable injustice en s'occupant de la demande principale sans s'occuper en même temps de la demande reconventionnelle »[272]. Il en conclut que « c'est cette demande reconventionnelle, dont la notion est ainsi restreinte, que les quatre juges ont voulu permettre au défendeur de formuler par voie de contre-mémoire [273]».

Vue sous cet angle, dans une affaire contenant des demandes reconventionnelles, l'admissibilité de la demande d'une partie aboutira automatiquement au rejet partiel ou total de la demande de la partie adverse dès lors que la réalisation de son droit s'oppose à celle du droit de l'autre. La Cour actuelle, on l'a vu, n'est pas de cet avis. Dans sa jurisprudence récente, elle a

---

[270]Opinion dissidente du Vice-président Weeramantry, *ibid.,* p. 291.
[271] *CPIJ, Série D_02_3e addem.*, p. 111.
[272] Opinion exprimée dans la session préliminaire de 1922 et citée dans les travaux de 1936. *Ibid.*, p. 107.
[273] *Ibid.*, p.111.

consacré ce que le juge Hudson appelait autrefois « les demandes reconventionnelles indirectes », à savoir celles qui s'appuient sur des faits ou transactions autres que ceux sur lesquels se fonde la demande principale[274].

En acceptant des « demandes reconventionnelles indirectes », la Cour s'est écartée des *travaux préparatoires* de son Règlement, mais elle s'est approchée de la tendance suivie en droit comparé. Aucune juridiction, à notre connaissance, ne retient la fonction défensive comme un élément nécessaire de qualification de la demande reconventionnelle. En droit français, par exemple, la conception originelle de la reconvention comme une arme principalement défensive a laissé place à des demandes reconventionnelles exclusives de tout aspect défensif[275]. C'est pourquoi la doctrine et la jurisprudence françaises s'accordent à distinguer deux types de demandes reconventionnelles : les demandes hybrides et les demandes simples. Est hybride la demande qui constitue à la fois une défense et une demande, tandis qu'est pure et simple celle qui, une fois admise, n'exerce aucune influence sur le sort de la demande principale[276]. Il en est de même en droit américain. On a vu que l'article 13 des *Federal Rules of Civil Procedure* envisage deux types de demande reconventionnelle, la *compulsory counterclaim* et la *permissive counterclaim.* La première doit se fonder sur la « *transaction or occurrence* » qui constitue l'objet même de la demande de la

---

[274] Les « demandes reconventionnelles indirectes » s'opposent aux « demandes reconventionnelles directes », à savoir celles qui naissent des faits ou transactions sur lesquelles se fonde la demande du demandeur. Pour le Juge Hudson la Cour pourrait, à bon droit, se déclarer compétente pour statuer sur une telle demande, dans le cas où celle-ci naîtrait de faits ou de transactions visés par le même titre de compétence que celui invoqué dans la requête. Voir M. O. Hudson, *La Cour permanente de justice internationale*, Paris, A. Pedone, 1936, p. 500.

[275] M. Douchy-Oudot, « Demande reconventionnelle », *op. cit.*, n° 24.

[276] Pour les reconventions hybrides, voir : Cass. Soc., 16 oct. 1984, Bull. Civ. V, n° 379, JCP 1984. IV. 356. Pour la demande reconventionnelle pure et simple : Civ. 1er, 8 avril 1957, Bull. civ. I, n° 177 ; Civ. 1er, 4 oct. 1988, D. 1989. IR. 259. Pour plus d'explications, voir : J. Héron, *Droit judiciaire privé*, 3e édition, Montchrestien, p. 100, n° 117 ; S. Guinchard et F. Ferrand, *Procédure civile, Droit interne et droit communautaire,* 28e édition, Paris, Dalloz, 2006, p. 990 ; *Droit et pratique de la procédure civile*, S. Guinchard (ed), p. 544.

partie adverse, tandis que la seconde peut reposer sur une « *transaction or occurrence* » distincte. Dans une approche semblable, l'article 20.4 des Civil Procedure Rules du droit anglais envisage deux espèces de counterclaim : l'une qui est introduite en même temps que la défense, auquel cas la permission du tribunal n'est pas exigée (CPR 20.4(2) (a)), et l'autre qui peut être introduite à n'importe quel moment du procès, mais sous réserve de la permission du tribunal (CPR 20.4(2) (b)). Dans les deux cas, la demande du défendeur peut découler d'événements totalement différents de ceux sur lesquels se rapporte la demande initiale[277].

L'« écarte » précité s'explique aussi, et c'est un point important, par le fait que, dans les travaux préparatoires, l'accent a été placé sur la fonction défensive de la reconvention pour expliquer son strict rattachement à l'action principale, et justifier qu'elle doive, dès lors, être présentée dans les conclusions du contre-mémoire et non en la forme d'une requête. Il n'en demeure pas moins que, selon ces mêmes travaux, l'idée qu'il puisse exister une demande reconventionnelle ne pouvant tenir en échec l'action principale n'était pas pour autant complètement étrangère aux juges de la CPJI. Bien au contraire, durant la séance du 9 mars 1922, la discussion a essentiellement porté sur la distinction à établir entre les demandes « nécessaires pour la défense » et les demandes « indépendantes »[278]. De même, à l'occasion de la révision générale de 1936, une longue discussion est intervenue sur la différence entre la demande reconventionnelle considérée comme une défense au mémoire de la partie demanderesse et celle considérée comme une demande nouvelle[279]. Ce fut, il est vrai, vers la reconvention « nécessaire pour la défense » que penchèrent les juges. Mais force est de constater que ceux-ci laissèrent à la « jurisprudence ultérieure » le soin d'interpréter la condition de connexité et de préciser ce qu'elle implique[280]. Or, l'exigence de connexité telle qu'elle est interprétée dans la jurisprudence actuellement établie permet au défendeur d'introduire dans

---

[277] A. Zuckerman, *Civil procedure*, LexisNexis UK, 2003, p. 131.
[278] *CPIJ, Série D_02_3e addem.* p. 108.
[279] Séance du 19 mai 1934, *ibid.*, 105.
[280] *Ibid.*, p. 112 et 781.

l'instance des revendications dont l'acceptation peut ne pas avoir comme conséquence le rejet de la demande de l'adversaire[281].

On peut donc soutenir au terme de cette analyse que l'acceptation ou non d'une demande reconventionnelle hybride dépend de l'interprétation que le juge donne de la notion de connexité. Une interprétation rigide, comme celle qui fut retenue par la CPJI, empêchera le défendeur d'invoquer dans son action des faits nouveaux, différents et distincts. Sa demande sera simple (ou pure) et directe. En revanche une interprétation large lui permettra de s'appuyer sur des faits distincts. Sa demande sera hybride et indirecte. C'est l'approche adoptée par la CIJ.

---

[281] Voir *infra*, p. 242 et s.

Chapitre II.

Caractères de la demande reconventionnelle

La demande reconventionnelle se caractérise par le fait que, d'une part, elle est présentée par le défendeur (Section 1), et que d'autre part, elle est introduite au cours d'une affaire pendante (Section 2).

Section 1. La demande formée par le défendeur

Il convient d'exposer dans un premier temps le principe suivant lequel la demande reconventionnelle est formulée par le défendeur au procès (§1). On s'attachera ensuite d'identifier « le défendeur » dont il s'agit (§2).

§1. Exposé de principe

La demande reconventionnelle est formée par le défendeur. Les termes mêmes de « reconvention » en français[282] et de « *counterclaim* » en anglais impliquent que l'auteur de cette action doit être la partie contre laquelle une ou plusieurs prétentions ont été formulées. Ce trait caractéristique de la reconvention retenu par l'ensemble des systèmes de règlement judiciaire de différends s'explique par le fait que c'est en émanant de la partie attaquée que la reconvention trouvera sa place dans le procès, à savoir comme un moyen de contrecarrer l'action introduite par le demandeur.

---

[282] Le terme de reconvention vient du mot latin ayant le même sens, reconventio, action du défendeur, en retour, contre le demandeur auteur de la convention. R. Japiot, *Traité élémentaire de procédure civile et commerciale,* 3e édition, n°818.

Il est vrai que, en ce qui concerne la CIJ, l'article 80 du Règlement ne retient pas expressément cette condition, mais dans son communiqué de presse du 12 janvier 2001 (2001/1), portant sur l'amendement dudit article, la Cour définit les demandes reconventionnelles comme celles « par lesquelles le défendeur prétend obtenir un avantage autre que le simple rejet des conclusions du demandeur »[283]. Du surcroît, l'article 80 du Règlement exige, depuis toujours, qu'elles soient présentées dans le contre-mémoire (alinéa 2), lequel provient par définition du défendeur (art. 45 alinéa 1)[284]. C'est toujours pour cette raison qu'en pratique, elles interviennent après la phase des exceptions préliminaires, c'est-à-dire lorsque le rejet de la demande initiale souhaité par le défendeur n'a pas abouti[285]. Il n'en reste pas moins que c'est la qualité de son émetteur qui distingue la demande reconventionnelle des autres demandes incidentes, à savoir la demande additionnelle[286] venant du demandeur[287], et la requête afin d'intervention[288] ayant pour origine un Etat tiers à l'instance.

---

[283] Document disponible sur le site de la CIJ, à l'adresse suivante : http://www.icj-cij.org/presscom/index.php?pr=611&pt=&p1=6&p2=1

[284] Aux termes de l'article 45 alinéa 1 du Règlement, « dans une affaire introduite par une requête, les pièces de procédure comprennent dans l'ordre, un mémoire du demandeur et *un contre-mémoire du défendeur* ». (Italiques ajoutés). Il en va de même en ce qui concerne les affaires introduites par compromis. Certes, dans ces affaires les deux parties peuvent présenter le contre-mémoire, mais il reviendrait à celle dont la condamnation est demandée de se prévaloir de la possibilité de formuler des conclusions reconventionnelles dans son contre-mémoire.

[285] Voir J.M. Sorel, H. Ruiz Fabri, « Chronique de contentieux international », *Revue générale des procédures*, n° 4 Octobre/ Décembre, 1998, p. 733-4 ; L. Savadogo, « La renaissance de la procédure des demandes reconventionnelles », *RBDI*, 1999/1, p. 246.

[286] Les instruments de la Cour, le Statut et le Règlement, ne contiennent aucune disposition concernant la demande additionnelle ou nouvelle en procédure devant la Cour internationale. Pourtant, celle-ci a dû examiner la question à plusieurs reprises dans sa jurisprudence, en dégageant certaines règles régissant la recevabilité de ces demandes, sans pour autant aller jusqu'à donner une définition précise de cette institution juridique. L'on peut supposer de cette jurisprudence qu'il s'agit d'une demande nouvelle introduite par le demandeur en cours d'instance visant à modifier l'objet du différend initialement porté devant la Cour selon les termes de la requête. Pour être recevable, elle doit être matériellement incluse dans la demande originelle, c'est-à-dire qu'elle « soit implicitement contenue dans la requête » ou qu'elle découle « directement de la question qui fait l'objet de cette requête »

Ceci dit, il importe de souligner que le défendeur dans le cadre de cette analyse n'est pas *nécessairement le défendeur au sens de la procédure*, c'est-à-dire la partie désignée comme telle dans une affaire engagée par voie de requête unilatérale, mais *également le défendeur dans son sens matériel*, c'est-à-dire la partie dont la condamnation est sollicitée dans une affaire engagée par compromis[289]. C'est dire que c'est moins le mode suivant lequel l'organe judiciaire est saisi d'un différend qui est déterminant pour l'introduction de la reconvention dans l'instance, que la nature conflictuelle du procès auquel donne lieu le différend. C'est pour cette raison, nous semble-t-il, que le Règlement de la Cour envisage la possibilité de formuler ce type de demande dans les affaires engagées par voie de compromis.

Bien entendu, lorsque l'affaire est introduite par requête unilatérale, la partie désignée comme défendeur dans la requête l'est également au sens matériel du terme, et par conséquent, c'est ce dernier qui pourra se prévaloir du droit accordé aux parties par

---

(*Différend territorial et maritime entre le Nicaragua et le Honduras dans la mer des Caraïbes (Nicaragua c. Honduras), arrêt, C.I.J. Recueil 2007,* par. 110).

[287] Il s'agit, bien entendu, tant du demandeur originaire que du demandeur reconventionnel. En d'autres termes, le défendeur ayant formé des conclusions reconventionnelles peut présenter, lui aussi, des demandes additionnelles, mais il le ferait en sa qualité de demandeur à la reconvention et non pas de défendeur à l'instance.

[288] On vise ici l'intervention ayant pour objet de soumettre une question juridique à la décision de la Cour, appelée « intervention partie », et non pas l'intervention dont l'objet et le but consistent, pour reprendre les termes de S. Torres Bernadez, à « faciliter la participation d'un tiers (l'intervenant), dans un procès ou une instance concernant un litige déterminé pendante entre d'autres personnes (les parties), soit en vue de la protection d'intérêts propres audit iers, soit pour la sauvegarde des principes généraux de justice ou d'efficacité protégés par le système juridique en cause, soit aux fins d'une combinaison variable de ces deux motifs », S. Torres Bernadez, « L'intervention dans la procédure de la Cour internationale de Justice », *RCADI*, 1995, vol. 256, p. 223

[289] Il ne faut pas confondre le demandeur au sens matériel avec le demandeur au sens de la preuve. Un défendeur qui se prévaut d'une exception en vue de justifier les comportements qui lui sont imputables, est considéré comme un demandeur aux fins de la preuve. Il ne cherche pas à faire condamner son adversaire, et il ne peut dès lors pas formuler des conclusions reconventionnelles. Sur la notion du demandeur au sens matériel du terme voir *infra*, p. 387.

l'article 80 du Règlement (A). En revanche, la situation est différente lorsque le litige est porté devant la Cour par notification d'un compromis, la présentation de la demande reconventionnelle devant y être réservée au défendeur « matériel » au sens précité (B).

A. La demande reconventionnelle en cas de saisine par requête

La riposte de la partie assignée en justice sous la forme d'une demande est favorisée par la distribution des qualités et des rôles des parties dans un procès. C'est pourquoi, ainsi que l'a fait remarquer Charles de Visscher, l'apparition de la demande reconventionnelle en procédure internationale date de la création d'un tribunal international institutionnalisé devant lequel les parties comparaissent avec les qualités formelles de demandeur et de défendeur[290].

Cette distribution des qualités ne pose pas de problèmes dans le droit national, les tribunaux étatiques y jouissant généralement d'une compétence obligatoire. Dans toute affaire, il est une partie, le demandeur, qui prend l'initiative d'engager l'instance en saisissant le tribunal, et une autre, le défendeur, qui se voit introduite dans l'instance par son adversaire. Il se comprend dès lors sans peine que les législations nationales disposent expressément dans leurs définitions de la demande reconventionnelle que celle-ci doit être formulée par la partie défenderesse[291].

En droit international, la situation est différente. Le pouvoir de juger y est exceptionnel[292]. Le règlement juridictionnel des différends interétatiques étant fondé depuis toujours sur la volonté des Etats, le pouvoir du tribunal international repose sur l'accord des parties intéressées ; au-delà, il ne se présume pas. Dans un ordre juridique où « le judiciaire demeure une fonction plutôt qu'un pouvoir »[293], le juge n'intervient que parce que et

---

[290] *Ibid.*, p. 114.
[291] Voir par ex. l'article 64 du CNPC de la France et l'article 14 du Code judiciaire belge.
[292] Voir C. Santulli, *Droit du contentieux international*, *op. cit.*, p. 124.
[293] J. Verhoeven, *Droit international public*, Larcier, Bruxelles, 2000, p.716.

pour autant que les Etats parties lui avait expressément accordé le pouvoir de trancher le différend qui les oppose.

La création de la Cour internationale n'a pas changé cette situation. La tentative d'investir la Cour d'une juridiction obligatoire a échoué à deux reprises, en 1920 lors de la création de la CPIJ et en 1945 lors de la Conférence de San Francisco[294]. La volonté et le consentement des parties en litige demeurent dès lors la condition *sine qua non* de son intervention dans une affaire donnée[295]. Néanmoins, dans le souci d'encourager les Etats à soumettre leurs différends au juge de La Haye, les auteurs du Statut ont mis au point une technique d'expression du consentement dont l'effet est de rapprocher la juridiction de la Cour de celle d'un tribunal étatique, c'est-à-dire d'une juridiction « obligatoire ».

Selon l'article 36 du Statut, les Etats peuvent consentir à ce que leurs différends soient jugés par la Cour de l'une des trois manières suivantes : en vertu d'un accord appelé « compromis » et conclu entre eux dans le but précis de soumettre leur différend à la Cour (paragraphe 1) ; en vertu d'une clause compromissoire prévue dans un traité auquel les Etats concernés sont parties et dont l'une des dispositions permet la soumission à la Cour de certaines catégories de différends ou de litiges concernant l'interprétation ou l'application dudit traité (paragraphe 1) ; et enfin par l'effet réciproque de déclarations d'acceptation de la juridiction obligatoire de la Cour, en vertu desquelles chacun des Etats en cause a accepté la juridiction de la Cour comme obligatoire pour leurs différends avec un autre Etat ayant fait une telle déclaration (paragraphe 2).

Ce dernier système, dit de clause facultative ou optionnelle, aboutit en quelque sorte à placer un groupe d'Etats dans la même situation vis-à-vis de la Cour que les individus

---

[294] Voir P. Dailler, M. Forteau et A. Pellet, *Droit international public*, LGDJ, Paris, 2009, p. 992. Voir aussi Sh. Rosenne, « Unilateral applications to the international Court of justice: history revisited", *Essays in international law and practice*, Martinus Nijhoff Publishers, 2007, p. 175 et ss.

[295] Dans son arrêt de *Mavrommatis,* la CPJI a déclaré que « sa juridiction est limitée, qu'elle se fonde toujours sur le consentement du défendeur et ne saurait subsister en dehors des limites dans lesquelles ce consentement a été donné ». *C. P. J.I. série A n°* 2, p. 16.

devant les tribunaux nationaux[296]. Dans une affaire où la compétence de la Cour est fondée sur une clause de ce type, « pour les différends qui en relèvent, la Cour peut être saisie par requête d'une des parties »[297] et celles-ci y apparaissent à l'évidence en qualité de demandeur et de défendeur, ce qui permet logiquement à ce dernier d'introduire une demande reconventionnelle à l'encontre de son adversaire. Il en va de même lorsque l'Etat partie à un traité bilatéral ou multilatéral contenant une clause compromissoire s'appuie sur celle-ci pour établir la compétence de la Cour dans ses rapports avec une ou plusieurs autres parties contractantes, s'il surgit entre elles un conflit d'ordre juridique portant sur l'interprétation ou l'application de ce traité. Dans l'affaire du *Personnel diplomatique et consulaire à Téhéran*, la Cour a ainsi souligné que « l'intention des parties, lorsqu'elles acceptent ces clauses, est sans aucun doute de se réserver ce droit de s'adresser à la Cour unilatéralement [...] [298]».

L'introduction de la demande reconventionnelle ne soulève pas davantage de problème lorsque les parties ont consenti à la juridiction de la Cour par la voie du *forum prorugatum*[299].

[296] Voir *Brochures de la Cour international de Justice*, quatrième édition, 1996, imprimée en Grand Bretagne, p. 41.
[297] *Nottebohm (exception préliminaire), CIJ Recueil*, 1953, p. 122.
[298] *Personnel diplomatique et consulaire des Etats-Unis à Téhéran, C.I.J. Recueil 1980,* p. 27, par. 52, réaffirmé dans l'affaire des *Activités militaires et paramilitaires au Nicaragua et contre celui-ci, C.I.J. Recueil 1984*, p. 427, par. 81.
[299] Voir notamment M. Bedjaoui, F. Ouguergouz, « Le *forum prorogatum* devant la Cour internationale de Justice : les ressources d'une institution ou la face cachée du consensualisme », *African Yearbook of International Law*, 1997, Vol. 5, p. 95; S. Yee, "Forum Prorogatum and the Indication of Provisional Measures in the International Court of Justice", in: Goodwin-Gill & Talmon (eds.), *The Reality of International Law*, Essays in Honour of Ian Brownlie (Oxford University Press, 1999), 565-84; --, "Forum Prorogatum and the Advisory Proceedings of the International Court", 95 *A.J.I.L*, (2001), 381-85; Sh. Rosenne, *The law and practice of the International Court 1920-2005*, vol. II, 4th ed., M. Nijhoff Publishers, Leiden/Boston 2006, p. 672-; -- "The *Forum Prorogatum* of the ICJ", in *RHDI* (1953), pp. 1-26 ; B. Winiarski, "Quelques réflexions sur le soi-disant forum prorugatum en droit international", in *Problèmes fondamentaux du droit international*, Festschrift für et Jean Spiropoulos (éd.), Bonn, 1957, p. 445-52; *C. H. M. Waldock*,

L'expression désigne originellement l'extension de la compétence préexistante de la Cour par l'accord, exprès ou tacite, des parties en cause. Cette technique permet « à un Etat, qui entend fonder la compétence de la Cour pour connaître d'une affaire sur un consentement non encore donné ou manifesté par un autre Etat, de présenter une requête exposant ses demandes et invitant ce dernier à consentir à ce que la Cour les examine »[300]. Dans ce dernier cas, l'Etat saisit la Cour par une requête, en invitant l'autre partie à lui reconnaître compétence pour statuer sur le différend qui les oppose[301]. Selon l'article 38 paragraphe 5 du Règlement, la Cour sera valablement saisie si l'Etat contre lequel la requête a été formée accepte la compétence de la Cour aux fins de l'affaire. S'il en va ainsi, l'affaire sera considérée comme ayant été introduite par requête. Dans l'affaire du *Détroit de Corfou,* la Cour a précisé que « ... la voie de la requête n'est pas exclusivement réservée au domaine de la juridiction obligatoire »[302], et ajouté qu'« en recourant à la voie de la requête, le Gouvernement du Royaume-Uni a fourni au Gouvernement de l'Albanie l'occasion d'accepter la juridiction de la Cour ; cette acceptation a été donnée dans la lettre du Gouvernement albanais du 2 juillet 1947. [...] une telle action séparée correspondait aux positions respectives des parties dans une procédure où, en fait, il y a un demandeur, le Gouvernement du Royaume-Uni, et un défendeur, le Gouvernement de l'Albanie »[303].

Ceci posé, « l'inversion chronologique des rapports normaux entre la saisine et la compétence »[304] provoquée par la

Forum Prorogatum or Acceptance of a Unilateral Summons to Appear Before the International Court, 2 *INT'L L.Q.* (1948), p. 377.

300 Affaire relative à *Certaines questions concernant l'entraide judiciaire en matière pénale (Djibouti c. France), Arrêt du 4 juin 2008, C.I.J, Recueil 2008*, par. 63.

301 Voir l'affaire du *Détroit de Corfou, arrêt du 25 mars 1948 (exceptions préliminaires), C.I.J. Recueil* 1947-1948, p. 28 ; l'affaire *Anglo-Iranian Oil Co., arrêt du 22 juillet 1952, C.I.J. Recueil 1952*, p. 114 ; l'affaire relative à *Certaines questions concernant l'entraide judiciaire en matière pénale, ibid.*, pars. 60-64 *C.P.I.J. Concessions Mavrommatis à Jérusalem, arrêt du 26 mars 1925, série A, n° 5,* pp. 27-28.

302 *Affaire du détroit de Corfou, ibid.*, p.16.

303 *Ibid.*, pp. 16-17

304 Voir P. Weil, « Compétence et saisine : un nouvel aspect du principe de la juridiction consensuelle », in *Theory of International Law at the Threshold of*

doctrine du *forum prorogatum* ne modifie en rien, comme la Cour l'a souligné dans l'affaire de *Corfou*, les rôles et qualités des parties résultant du dépôt anticipé de la requête introductive d'instance. Il en ressort naturellement qu'en pareille hypothèse, l'introduction d'une demande reconventionnelle se fait de la même manière que si la requête introductive d'instance l'a été sur la base d'une clause facultative ou d'une clause compromissoire.

L'affirmation que la demande reconventionnelle est présentée par la partie défenderesse est pleinement confirmée par la pratique de la Cour internationale. Toutes les demandes reconventionnelles présentées à la CIJ et à la CPJI l'ont été dans les affaires introduites par requête unilatérale, et toutes ces affaires, sauf une : celle du *Droit d'asile* – qui était basée sur un compromis – ont eu pour base de compétence soit une déclaration d'acceptation facultative de la juridiction obligatoire de la Cour[305], soit une clause compromissoire[306].

B. La demande reconventionnelle en cas de saisine par compromis

Il faut rappeler que, à la question de savoir si une demande reconventionnelle pouvait ou non être formulée dans les affaires introduites par compromis, le Règlement de la Cour ne répondait pas toujours par l'affirmative. Il a été dit que la rédaction du Règlement de 1922 laissait entendre qu'une telle demande pouvait être formulée en cas de la saisine de la Cour tant par compromis que par requête unilatérale. Lors des travaux préparatoires de ce Règlement, certains juges se sont toutefois montrés hostiles à l'idée d'autoriser la présentation des demandes de ce type dans les affaires engagées par compromis[307]. M. Anzilotti a soutenu, dans

---

the 21st Century: essays in honour of Krzysztof Skubiszewski, La Haye, kluwer law, 1996, p. 107.

[305] *Activités armées sur le territoire du Congo (République démocratique du Congo c. Ouganda) ; Frontière terrestre et maritime entre le Cameroun et le Nigéria (Cameroun c. Nigéria).*

[306] *Application de la convention pour la prévention et la répression du crime de génocide (Bosnie et Herzégovine c. Yougoslavie) ; Plates-formes pétrolières (République islamique d'Iran c. Etats-Unis d'Amérique), Immunités juridictionnelles de l'Etat (Allemagne c. Italie).*

[307] *CPIJ, Série D_02_3^{e} addem.* p. 104-5 et 109.

un écrit déjà cité[308], que « pour que naisse le problème de la possibilité de la demande reconventionnelle, il est nécessaire que les parties assument, non seulement matériellement, mais formellement, les rôles de demandeur et de défendeur ». C'est certainement sous l'influence de cet éminent juge qu'en 1936, la disposition du Règlement relative à la demande reconventionnelle fut reformulée de manière à conditionner la présentation de cette dernière à la saisine par requête de la partie demanderesse. Selon l'article 63 de ce Règlement, « *lorsque l'instance a été introduite par requête*, une demande reconventionnelle peut être présentée dans les conclusions du contre-mémoire, pourvu que cette demande soit en connexité directe avec *l'objet de la requête...* ». Aucun changement n'a été apporté à cet article lors des révisions de 1946 et de 1972. C'est en 1976 que la Cour a supprimé la référence à une requête exigée par le Règlement de 1936, autorisant dès lors l'introduction d'une demande reconventionnelle dans les affaires portées devant elle par notification d'un compromis. En son paragraphe 2 – demeuré inchangé lors de la révision de 2001 – l'article 80 du Règlement dispose que « la demande reconventionnelle est présentée dans le contre-mémoire de la partie dont elle émane et figure parmi ses conclusions ».

Tel qu'il est actuellement en vigueur, le Règlement ne différencie dès lors pas les affaires, s'agissant de la présentation de la demande reconventionnelle, selon qu'elles sont portées devant la Cour par requête ou par voie de compromis. La question est de savoir comment et à quelles conditions une telle demande peut être introduite devant la Cour lorsque sa compétence est fondée sur l'accord des parties en litige. Si elle est posée, c'est parce que la présentation de telles demandes n'est *à priori* guère compatible avec les caractéristiques d'une affaire introduite par compromis.

---

308 D. Anzilotti, « La demande reconventionnelle en procédure internationale », *op. cit.*, p. 864.

1. Incompatibilité de la demande reconventionnelle avec les caractéristiques des instances engagées par compromis

Cette incompatibilité tient à la raison d'être de la demande, à la nature de l'instance engagée et à l'économie du compromis.

a) Incompatibilité due à la nature de la demande reconventionnelle

En règle générale, les demandes reconventionnelles se présentent dans un contexte où une partie cherche à faire condamner l'autre, lequel cherche à son tour par le biais des conclusions reconventionnelles à prouver que la première, elle non plus, « n'est pas exempte de reproche »[309]. Assimilée à juste titre à « la réponse du berger à la bergère »[310], la demande reconventionnelle se présente en quelque sorte comme le « réflexe » de l'Etat unilatéralement assigné devant la Cour. En effet, une distinction doit être établie entre le compromis et la requête, quant à l'intérêt que manifestent les Etats dans le choix de l'un ou l'autre de ces modes de saisine. Si les Etats se présentent volontiers devant le juge lorsque celui-ci est saisi par un compromis, ils ressentent souvent « comme une espèce d'injure d'être appelé[s] unilatéralement devant la Cour »[311] lorsque celle-ci est saisie par une requête. En pareil cas, la qualité de défendeur est même parfois assimilée à celle d'un « accusé » dans un procès pénal[312].

Les termes « involuntary case » ont été employés par certains auteurs[313] pour désigner une affaire de ce genre et souligner sa différence avec celle qui est engagée par voie compromissoire. Pour le professeur Gill, la différence tient au consentement des Etats. Il souligne, non sans raison, qu'en cas

---

[309] H. Ruiz Fabri, J. M. Sorel, « Chronique de la jurisprudence de la CIJ pour l'année 1997 », *J.D.I*, 1998 (2), 793.

[310] H. Ruiz Fabri, J. M. Sorel, « Chronique de contentieux international », *R.G.P.*, 1998/4, p. 734.

[311] *Les procédures incidentes devant la Cour internationale de Justice : exercice ou abus de droits* ?, J-M. Sorel et F. Poirat (eds), Pedone, Paris, 2001, intervention du professeur Pellet, p. 110.

[312] Voir *Ibid.*, les interventions du juge Rezek et du professeur Quéneudec, p. 102.

[313] P. H.F. Bekker, « New ICJ jurisprudence on Counterclaims », *A.J.I.L.*, 1998, p. 513.

d'ouverture d'une instance par requête, le « real consent » de la partie défenderesse est absent ; c'est pourquoi elle réagit à l'action intentée contre elle, en s'abstenant de participer à la procédure, en formulant des exceptions préliminaires ou en soulevant des demandes reconventionnelles[314].

Bref, en tant que « riposte », la reconvention présuppose une « attaque ». Or, dans une affaire portée devant la Cour par compromis, cet aspect conflictuel du procès fait défaut. Comme l'a fait observer un auteur, « à la différence des procès engagés à partir d'une requête unilatérale, la procédure compromissoire, empreinte d'un caractère amical, ne fige pas les Etats en positions antagonistes »[315]. Dans un procès de « caractère amical », mené dans un climat d'entente mutuelle, il n'y a pas d'« attaque » à proprement parler et, par conséquent, il ne devrait pas y avoir de « contre-attaque ».

b) Incompatibilité due à la nature de la procédure engagée par compromis

L'introduction de cette demande est également incompatible avec l'objectif recherché par les parties à l'instance, qui est de régler leur différend selon les règles d'une procédure caractérisée par la stricte égalité procédurale entre les parties. Le choix du compromis n'est pas un choix hasardeux et anodin. Loin s'en faut. Les Etats préfèrent recourir à la procédure compromissoire même lorsque les conditions requises pour l'ouverture du procès par requête unilatérale sont réunies[316]. C'est ainsi que dans l'affaire du *Détroit de Corfou*, portée initialement devant la Cour par une requête de l'Albanie, les parties finirent par signer un compromis avant même que soit rendue la décision de la Cour sur les exceptions soulevées par la Grande Bretagne. La Cour a interprété cette attitude comme suit :

---

[314] T. D. Gill, *Litigation strategy at the International Court: a case study of the Nicaragua v. United States dispute*, M. Nijhoff, 1989, p. 81.

[315] L. Marion, « La saisine de la CIJ par voie de compromis », *RGDIP*, 1995, p. 261.

[316] Voir par ex. les affaires du *Détroit de Corfou*, *C.I.J. Recueil 1949 ;* celle des *Minquièers et des Ecréhous*, *C. I. J. Recueil 1953 ;* celle du *Droit d'asile*, *C.I.J. Recueil. 1950 ;* et celle du *Projet Gabcikovo-Nagymaros (Hongrie / Slovaquie), C.I.J., Recueil 1997.*

« Le but principal des deux Parties, lors de la conclusion du compromis, était d'instituer entre elles une égalité complète, en remplaçant la procédure primitive, qui se fondait sur une requête unilatérale, par une procédure fondée sur un compromis [317]».

L'égalité dont il s'agit, et à laquelle il est fait allusion, se manifeste plus particulièrement par l'absence formelle d'un demandeur et d'un défendeur dans ce type de procédure[318] et par la manière dont l'ordre de présentation des pièces écrites est fixé. Aux termes de l'article 46 du Règlement :

« 1. Dans une affaire introduite par la notification d'un compromis, le nombre et l'ordre de présentation des pièces de procédure sont ceux que fixe le compromis lui-même, à moins que la Cour, après s'être renseignée auprès des parties, n'en décide autrement.

2. Si le compromis ne contient aucune disposition à cet égard, et si les parties ne se mettent pas ultérieurement d'accord sur le nombre et l'ordre de présentation des pièces de procédure, chacune des parties dépose un mémoire et un contre-mémoire dans les mêmes délais. La Cour n'autorise la présentation d'une réplique et d'une duplique que si elle l'estime nécessaire ».

Cet article envisage deux hypothèses. La première est celle où les parties fixent elles-mêmes dans le compromis le nombre et l'ordre de présentation des pièces de procédure. Dans ce cas, elles décident si l'échange des pièces aura lieu simultanément ou consécutivement. En pratique, l'expérience de la Cour atteste la tendance des parties à présenter simultanément chacune un mémoire, un contre-mémoire et éventuellement une autre pièce (réplique). Il en va de même dans la seconde hypothèse, c'est-à-dire lorsque le compromis ne contient aucune disposition sur l'échange des pièces écrites et que les parties ne se mettent pas

---

[317] *Affaire du Détroit de Corfou, arrêt du 9 avril 1949 : C.I.J. Recueil 1949*, p. 25.

[318] « Dans une affaire soumise à la Cour par compromis [...] il n'y a ni demandeur ni défendeur ». *C.P.J.I., la compétence de la commission internationale de l'Oder, ordonnance du 15 aout 1929, Série A n°23,* p. 45

ultérieurement d'accord sur le nombre et l'ordre de présentation de ces pièces. En ce cas, les parties déposent simultanément leur mémoire et contre-mémoire et, éventuellement, des pièces supplémentaires selon la décision de la Cour (article 46, alinéa 2).

L'égalité procédurale ainsi assurée, caractérisée par l'absence formelle d'un demandeur et d'un défendeur, ainsi que par la manière dont la présentation des pièces de procédure est fixée, peut être complètement perturbée par la présentation d'une demande reconventionnelle ; son auteur se trouvera en effet dans une position diamétralement différente par rapport à son adversaire, le rapport entre les parties, du moins pour ce qui concerne la nouvelle demande s'apparentant, désormais, à celui qui est établi entre le demandeur et le défendeur dans un procès engagé par requête.

c) Incompatibilité due à l'économie du compromis

Ce problème tient au fait qu'en concluant un compromis, les parties précisent l'objet et le cadre du litige qu'elles entendent soumettre à la Cour. Cette situation ne favorise guère l'introduction d'une demande reconventionnelle, qui a pour effet d'élargir l'objet et le cadre du litige initialement fixé par les parties. A la différence des affaires introduites par requête unilatérale dans lesquelles la Cour statue sur la base de la requête du demandeur et des « conclusions finales » tirées des arguments écrits et oraux des parties[319], dans les affaires introduites par compromis c'est sur la question formulée dans celui-ci que la Cour est appelée à se prononcer[320]. Il en va ainsi même lorsque les

---

[319] *Droit de passage en territoire indien (Portugal c. Inde), fond, arrêt, C.I.J. Recueil 1960*, p. 33-34 ; *Compétence en matière de pêcheries (Espagne c. Canada), compétence de la Cour, arrêt, C.I.J. Recueil 1998,* par. 30. A noter que la Cour détermine elle-même, après avoir examiné tous les documents pertinents, quel est l'objet du différend porté devant elle lorsque les parties sont en désaccord sur la qualification de celui-ci. Ce principe fut posé par la Cour dans l'affaire de la *Compétence en matière de pêcheries (Espagne c. Canada), ibid.* par. 29. Pour la pratique de la Cour en la matière, voir *Différend territorial (Jamahiriya arabe libyenne/ Tchad), arrêt, C.I.J. Recueil* 1994, p. 14-15, par. 19, et p. 28, par. 57.

[320] Voir, par ex. Affaire du *Détroit de Corfou, arrêt du 9 avril 1949 : C.I.J. Recueil 1949*, pp. 9-12. ; Affaire des *Minquiers et des Écréhous, Arrêt du 17*

deux parties s'accordent à déposer leurs pièces écrites de la même manière que dans les affaires introduites sur requête (un mémoire de l'une suivie d'un contre-mémoire de l'autre)[321], ou lorsqu'elles sont en désaccord sur le sens et la portée de leur engagement juridictionnel[322]. Ceci est un principe jurisprudentiel établi par la Cour permanente de Justice internationale et entériné par la Cour actuelle. La première avait déclaré, dans l'arrêt *Lotus*, que :

> « La Cour ayant été saisie de la présente affaire au moyen de la notification d'un compromis conclu par les Parties en cause, c'est dans les termes de ce compromis plutôt que dans les conclusions des parties qu'elle doit

---

novembre 1953 : C. I. J. Recueil 1953, p. 51-52. ; *Plateau continental de la mer du Nord, arrêt, C.I.J. Recueil 1969,* p. 10-13 ; *Ile de Kasikili/Sedudu (Botswana / Narnibie), arrêt, C.I.J. Recueil 1999,* pp. 1051-1052. ; *Différend frontalier (Bénin/ Niger), arrêt, C.I.J. Recueil 2005,* pp. 99-103. Sh. Rosenne résume cette différence de la manière suivante : « where the case is introduced by application, the successive stages of the proceedings will always be based upon the last submissions advanced by the parties in their respective pleadings. The significance of this is that where a set of submissions, and more particularly the final submission, coincide in their definition of issues to be decided by the Court, even if those issues differ from the original claim (thought not from original subject of dispute), that coincidence may (whit the assistance of doctrine of *forum prorogatum*) perfect the jurisdiction of the Court *inter partes. But the development of this nature cannot be achieved solely through the submissions when the proceedings have been instituted by special agreement*". Sh. Rosenne, *The law and practice of the International Court* 1920-2005, vol. III, *op. cit.*, p. 1229 et 1337 (Italiques ajoutés). Voir aussi Sh. Rosenne, *World Court, what it is, how it works*, Leiden; Boston: M. Nijhoff Publishers, 2003, p. 119; L. Marion, « La saisine de la CIJ par voie de compromis », *op. cit.*, p. 384 ; la plaidoirie du professeur Prosper Weil dans l'affaire *Délimitation maritime et questions territoriales entre Qatar et Bahreïn*, CR94/5, p. 68.

[321] Affaire des *Minquiers et des Écréhous, Arrêt du 17 novembre 1953: C. I. J. Recueil 1953, p. 49-50; Plateau continental de la mer du Nord, arrêt, C.I.J. Recueil 1969,* p. 10-13.

[322] Dans ce cas là, la Cour procédera à l'interprétation de termes du compromis pour circonscrire le contenu du *petitum* au lieu de se pencher sur les positions respectives des parties prises au cours du procès. Voir par ex. *Différend frontalier, arrêt, C.I.J. Recueil 1986,* p. 585, par. 378 ; *Différend frontalier terrestre, insulaire et maritime (El salvador/ Honduras : Nicaragua (intervenant)), arrêt, C.I.J. Recueil 1992*, par. 373 et s. Différend territorial de 1994 (Jamahiriya arabe libyenne/Tchad), par. 75.

rechercher quels sont les points précis sur lesquels il lui appartient de se prononcer [323]».

Dans l'*Affaire relative à la juridiction territoriale de la commission internationale de l'Oder,* elle a mis l'accent sur l'impossibilité pour chacune des parties de modifier l'objet du litige tel qu'il est présenté dans le compromis. En l'espèce, l'une des parties (la Pologne) tentait de modifier les termes de l'une des questions contenues dans celui-ci. La Cour a souligné que « quelle que puisse être la valeur de cette thèse [...] il est certain qu'elle ne saurait changer les termes de la question portée devant la Cour en vertu du compromis ». Et elle ajoute qu' :

> « Il est donc de toute évidence que les questions [posées dans le compromis] sur lesquelles la Cour est priée de statuer [...] ne peuvent être changées ni élargies par l'une des Parties [324]».

La Cour actuelle a fait sienne cette approche, et déclaré que :

> « Dans une affaire soumise par compromis, c'est ce compromis consacrant le consentement des parties au règlement de leur différend par la Cour qui indique à celle-ci l'étendue de son action [325]».

On est ainsi en présence, d'un côté, d'un principe jurisprudentiel qui ne permet pas à l'une des parties de modifier ou d'élargir l'objet du litige présenté par compromis et, de l'autre, d'une disposition du Règlement qui autorise en pareil cas la présentation d'une demande reconventionnelle, laquelle comme l'a souligné la Cour dans son ordonnance rendue dans l'affaire de *la Convention sur le génocide*, soumet « une prétention nouvelle au juge », et dont « le propre [...] est ainsi d'élargir l'objet initial du litige ».

---

[323] L'affaire *Lotus, C.P.I.J., Série A, n° 10*, p. 12

[324] *Affaire relative à la juridiction territoriale de la commission internationale de l'Oder, C.P.I.J. Série A, n° 23*, p. 18. Voir aussi Affaire du *Borchgrave, Série A/B, n°72*, p. 168.

[325] *Plateau continental (Jamahiriya arabe libyenne / Malte), requête à fin d'intervention, arrêt, C.I.J. Recueil 1984*, p. 24, § 38

C'est pour cette raison que selon certains auteurs, la question de la présentation d'une demande reconventionnelle ne se pose pas en cas de la saisine par compromis. Selon M.O. Hudson « lorsque une affaire est introduite devant la Cour par compromis, *les questions soumises énoncent en général, sinon dans tous les cas, les demandes de toutes les parties* ; le problème des demandes reconventionnelles ne se présentera donc que rarement dans ce cas [326]». Dans le même ordre d'idées, M. Hambro estime que « counter-claims are only permitted in cases brought by application, and not in cases brought by special agreement, where the parties may be supposed to have made due provision for counter-claims without having to rely on this additional measure of protection [327]». Et M. Rosenne pense que « it is difficult to envisage a counterclaim in a case instituted by notification of special agreement meeting all the requirements of article 40 of Statute »[328].

Adhérer à cette manière de voir reviendrait à vider l'article 80 du Règlement de son sens, du moins pour autant qu'il autorise l'introduction de la reconvention dans les affaires introduites par compromis. Quelle est donc la solution ? Réconcilier les contraires, à savoir les caractères de la demande avec ceux de l'affaire. C'est dire qu'une telle demande ne peut être soumise au juge dans les affaires de ce genre que si certaines conditions sont réunies.

---

[326] M. O. Hudson, *La Cour permanente de Justice internationale*, *op. cit.*, p. 500.

[327] E. Hambro, "Jurisdiction of the international court of justice", *RCADI*, 1950 (I), vol. 76, p. 151; voir également Ch. de Visscher, *Aspects récents du droit procédural de la Cour internationale de justice*, *op. cit.*, p. 114

[328] Sh. Rosenne, *Procedure in international Court; A commentary on the 1978 Rules of international court of justice*, Boston: Nijhoff, 1983, p. 171;-- *Law and practice of international court*, 1920-2005, vol. III, p. 1233. En fait, M. Rosenne n'explique pas comment cette difficulté pourrait se rencontrer, mais l'on peut imaginer facilement qu'il pensait à l'exigence posée dans cet article selon laquelle dans le compromis notifié à la Cour « l'objet du différend et les parties doivent être indiquées ».

2. Les hypothèses où la présentation de la demande reconventionnelle dans les instances engagées par compromis est envisageable

Il est possible qu'une affaire soit portée devant la Cour par un compromis qui ne précise pas la question sur laquelle celle-ci doit rendre sa décision, lui laissant le soin de la dégager lors du développement ultérieur du procès. Une telle situation peut se présenter lorsque l'introduction de l'affaire par compromis ne suit pas son schéma habituel. On sait qu'en règle générale, le compromis comporte l'accord des parties sur la compétence de la Cour pour connaître du différend, la détermination des points litigieux dont le règlement est demandé à la Cour, et la manière par laquelle celle-ci sera saisie du différend en question. Il arrive néanmoins que les Etats en litige, tout en décidant d'un commun accord de conférer à la Cour le pouvoir de trancher leur différend, ne soient pas, pour une raison ou pour une autre, en mesure de définir avec précision les questions sur lesquelles elle est invitée à se prononcer. La Cour actuelle et sa devancière ont connu des affaires portées devant elles par un compromis soit rédigé en termes très généraux, soit laissant à chacune des parties la possibilité de présenter à la Cour sa propre conception du différend qui les oppose.

a) Hypothèse d'un compromis d'une portée générale

La première hypothèse est celle où le compromis, du fait d'avoir été rédigé de manière générale, permet aux parties d'introduire dans l'instance des conclusions nouvelles. L'affaire *Borchgrave* en fournit un exemple fort intéressant. Cette affaire portait sur une contestation entre la Belgique et l'Espagne liée à la mort du Baron Jacques de Borchgrave, un ressortissant belge qui résidait à Madrid[329]. Aux termes du compromis, la Cour permanente de Justice internationale était priée de « dire si, étant donné les circonstances de fait et de droit concernant le cas, la responsabilité du Gouvernement espagnol se trouvait engagée »[330]. La Belgique évoqua dans les conclusions de son mémoire la responsabilité de l'Espagne tant pour le « crime commis sur la

---

[329] Affaire *Borchgrave, Série A/B, n°72.*

[330] *Ibid.*, arrêt du 6 novembre 1937, exceptions préliminaires, p. 159.

personne de Borchgrave » que pour « ne pas avoir, avec une diligence suffisante, recherché et poursuivi les coupables ».

L'Espagne souleva une exception préliminaire d'incompétence de la Cour pour connaître de cette dernière conclusion, faisant valoir que « le compromis du 20 février 1937 doit être interprété strictement et que, ainsi interprété, le compromis ne viserait que la responsabilité engagée du fait de la mort du baron Jacques de Borchgrave et n'aurait point trait à des faits postérieurs au décès »[331]. En réponse, le gouvernement belge soutint que « les dispositions tout à fait générales du compromis embrasseraient la question de la responsabilité encourue aussi bien à raison de la mort même de la victime qu'à raison d'un manque de diligence dans la recherche et la punition des coupables [332]».

La Cour permanente, dans un arrêt du 6 novembre 1937, constata dans un premier temps que « le point litigieux ainsi soumis à la Cour dépend de l'interprétation du compromis du 20 février 1937 », que celui-ci « est rédigé en termes très généraux », que l'on n'y trouve pas de « mention limitative de l'objet du différend », que « les circonstances qui doivent être examinées par la Cour ne sont pas précisées » et que ses « termes sont si peu limités et le texte en est à tel point dépourvu d'expressions déterminatives, que l'on peut dire de ce compromis qu'il se caractérise par sa généralité ». En conséquence, dit-elle, il importait dans l'examen de la question posée par le compromis de « rechercher quelles ont été les prétentions respectives des deux Gouvernements dans les diverses notes diplomatiques qu'ils ont échangées depuis la disparition du baron Jacques de Borchgrave le 20 décembre 1936 jusqu'à la signature du compromis le 20 février 1937»[333]. Après les avoir analysées, la Cour déclara que « l'entente réalisée dans les notes échangées aux fins de la soumission du différend à la Cour amènent à la conclusion que le compromis du 20 février a donné à la Cour compétence pour examiner la seconde conclusion du mémoire belge relative au prétendu manque de diligence du Gouvernement espagnol dans la

---

[331] *Ibid.*, p. 163.
[332] *Ibid.*
[333] *Ibid.*, p. 164.

recherche et la poursuite des coupables » [334], alors même que celle-ci, nous l'avons dit, n'était pas explicitement mentionnée dans le compromis.

L'affaire *Borchgrave* est l'exemple typique d'une affaire introduite par compromis, où la présentation des conclusions reconventionnelles est possible, parce que l'affaire est d'une nature conflictuelle en ce sens que la condamnation de l'une des parties en cause est sollicitée, et que la rédaction du compromis permet aux parties de présenter des conclusions qui n'y sont pas explicitement contenues. Ces conclusions nouvelles sont reconventionnelles lorsqu'elles émanent du défendeur matériel, c'est-à-dire de la partie visée par la demande initiale, comme le démontre l'affaire du *Navire Virginia G* devant le TIDM où un compromis de ce genre a permis à la Guinée-Bissau d'introduire une demande reconventionnelle contre son adversaire, le Panama. En effet, en indiquant dans les termes généraux que le Tribunal traitera de « tous les aspects du fond (y compris dommages et coûts) [335]», le compromis conclu par les parties laissait la porte ouverte à la présentation des réclamations non comprises dans son texte. En outre, en priant le Tribunal de dire que « la Guinée-Bissau a contrevenu aux obligations internationales qui lui incombent en vertu de la Convention des Nations Unies sur le droit de la mer de 1982 et a ainsi causé un préjudice au pavillon panaméen et de graves dommages et pertes au navire ainsi qu'aux autres personnes et entités intéressées du fait de l'immobilisation du navire et de la durée de cette immobilisation »[336], le Panama avait placé la Guinée-Bissau en position de défendeur au sens matériel du terme. Dans sa demande reconventionnelle, la Guinée-Bissau a reproché au Panama d'avoir, lui-même, enfreint l'article 91 de la même convention en accordant sa nationalité à un navire n'ayant pas de lien substantiel avec lui. Par une ordonnance du 2 novembre 2012, le TIDM a décidé que la demande formée par la Guinée-Bissau était recevable conformément au paragraphe 1er de l'article 98 de son règlement.

---

[334] *Ibid.*, p.168.
[335] *Affaire du Navire « Virginia G », Ordonnance du 2 novembre 2012*, § 5.
[336] *Ibid.* § 8.

b) Hypothèse d'un accord-cadre

La seconde hypothèse est celle où les parties, faute de parvenir à cerner les points qui les opposent, se contentent dans un premier temps de reconnaître la compétence de la Cour, en laissant à chacune d'entre elles le soin de lui « soumettre ceux des aspects du différend qui lui tiennent particulièrement à cœur [337]». Par ce système, appelé accord-cadre ou *framework agreement*[338], chacune des parties peut prendre l'initiative de saisir la Cour en plaçant l'autre partie en position de défendeur, du moins si cette possibilité n'est pas expressément exclue par les parties[339]. Ce

---

[337] P. Weil, plaidoirie, *CR 94/5*, *op. cit.*, p. 68. L'affaire du *Droit d'asile*, l'affaire de la *Sentence arbitrale rendue par le roi d'Espagne le 23 décembre 1906 (Honduras c. Nicaragua)*, l'affaire de la *Délimitation maritime et [des] questions territoriales entre le Qatar et le Bahreïn*, et l'affaire du *Différend territorial 1994 (Jamahiriya arabe libyenne/Tchad)* ont été soumises à la Cour par le système de l'accord-cadre. Dans cette dernière affaire, le compromis (accord d'Alger) conclu entre les parties étant muet sur la manière dont celui-ci devait être notifié à la Cour, la Libye par une notification unilatérale et le Tchad par une requête, saisirent la Cour du différend qui les opposait en application de l'accord cadre en question. Néanmoins elles ont convenu devant la Cour que « l'instance avait été en fait introduite par deux notifications successives du compromis », *C.I.J.* Recueil 1994, p. 11, par. 11.

[338] Voir Sh. Rosenne, " The framework agreement as the basis for the jurisdiction of the international court of justice and some problems of language", *Essays in international law and practice*, pp. 161-170; -- *The law and practice of the International Court* 1920-2005, vol. III, *op. cit.*, p. 652 ; S. Yee, "Article 40 ", in *The Statute of the International Court of Justice : A commentary* , A. Zimmermann, Ch. Tomuschat, K. Oellers-Frahm (eds), Oxford University Press, 2006, p. 863.

[339] La Cour a déclaré, dans l'affaire de la *Délimitation maritime et [des] questions territoriales entre le Qatar et le Bahreïn*, portée devant la Cour par le système de l'accord cadre, qu'elle « ne saurait [...] connaître d'une affaire tant que la base de compétence considérée n'a pas trouvé son complément nécessaire dans un acte de saisine : de ce point de vue, la question de savoir si la Cour a été valablement saisie apparaît comme une question de compétence. Or il ne fait pas de doute que la compétence de la Cour ne peut être établie qu'en recherchant la volonté des Parties, telle qu'elle résulte des textes pertinents », *arrêt du 15 février 1995, C.I.J. Recueil 1995*, p. 23, par. 43. Après avoir dégagé ce principe, la Cour va l'appliquer au cas d'espèce de la manière suivante : « ... en interprétant le texte du procès-verbal de Doha [le compromis dans lequel le mode de saisine n'avait pas été clairement précisé], la Cour est arrivée à la conclusion qu'il permet la saisine unilatérale », ibid. Le professeur Weil en déduit, à juste titre, que « si la Cour était parvenue à la conclusion que le procès-verbal de Doha ne permettait pas la saisine

faisant, les parties non seulement laissent la voie ouverte à l'élargissement ultérieur de l'objet et du cadre du litige par l'introduction éventuelle d'une demande reconventionnelle, mais aussi elles désignent implicitement celle qui pourrait formuler cette demande dans la mesure où, dans les affaires de cette nature, il existe toujours une partie qui est située, à tout le moins matériellement, en position de défendeur.

Tel fut le cas dans l'affaire du *Droit d'asile* où les parties en cause, la Colombie et le Pérou, avaient conclu un compromis pour soumettre leur différend à la décision de la Cour internationale de Justice. Vu l'impossibilité pour les parties de parvenir à un accord sur les termes dans lesquels elles pourraient soumettre leur différend conjointement à la Cour, elles convinrent que la procédure pouvait être engagée à la demande de l'une d'entre elles. La Colombie en prit l'initiative et, déposa une requête introductive d'instance. Le Pérou riposta en formulant dans son contre-mémoire une demande reconventionnelle.

A la question de savoir qui peut soulever des conclusions reconventionnelles dans les instances engagées par compromis et à quelles conditions, on peut donc répondre que tout dépend des termes du compromis. Si celui-ci peut être interprété de manière à permettre l'introduction par l'une des parties d'une conclusion nouvelle (comme dans l'affaire *Borchgrave* ou celle du *Virginia G*), rien ne s'oppose à ce que cette conclusion soit formée à titre reconventionnel par le défendeur matériel à l'instance. S'il autorise l'une et l'autre partie à saisir unilatéralement la Cour (comme dans le système d'accord-cadre), la partie dont la condamnation est demandée peut se défendre en soulevant des conclusions reconventionnelles. En revanche, si le compromis détermine de manière précise les points litigieux, fixe le cadre du litige et spécifie la place de chaque partie dans le procès, il est difficile de conclure à la possibilité pour une partie de faire valoir des prétentions nouvelles sous forme de demandes reconventionnelles.

---

unilatérale, elle se serait déclarée incompétente pour connaître de la requête du Qatar ». P. Weil, « Compétence et saisine : un nouvel aspect du principe de la juridiction consensuelle », *op. cit.*, p. 115

Cette analyse fait apparaître ce qu'il faut entendre par défendeur matériel au procès, à savoir celui qui peut formuler des conclusions reconventionnelles dans son contre-mémoire lorsque l'instance est ouverte par compromis. Celui-ci est, en effet, la partie à la charge de laquelle une obligation de donner, de faire ou de ne pas faire est réclamée, celle contre laquelle un ou plusieurs griefs sont formulés, celle dont la responsabilité est alléguée ou, enfin, celle dont la condamnation à l'exécution d'une prestation est réclamée.

Il n'en demeure pas moins que la position du défendeur matériel au procès se manifeste principalement, comme on a pu le remarquer dans chacune des deux affaires susmentionnées, tant dans le compromis que dans les conclusions finales des parties. Mais il y a aussi un autre indice : l'ordre de présentation des pièces écrites de la procédure. Dans les affaires susmentionnées, cet ordre fut fixé de la même manière que dans les affaires introduites par requête unilatérale : un mémoire de la Belgique dans l'affaire *de Borchgrave*, de la Colombie dans l'affaire du *Droit d'asile*, et du Panama dans l'affaire du *Virginia G ;* un contre-mémoire de l'Espagne dans la première affaire, du Pérou dans la deuxième, et de la Guinée-Bissau dans la troisième, suivi d'une réplique et d'une duplique respectivement[340]. Cet ordre donna lieu à la présentation d'exceptions préliminaires par l'Espagne dans l'affaire du *Borchgrave* et de conclusions reconventionnelles dans la seconde et dernière affaire.

§2. Le champ d'application du principe

En principe, le droit d'introduire une demande reconventionnelle devant la Cour internationale de Justice doit être réservé au défendeur originaire, c'est-à-dire à la partie désignée comme telle par le requérant lorsque la Cour est saisie

[340] Il faut noter que l'ordre de présentation des pièces écrites n'est pas seul déterminant. Dans les affaires des *Minquiers et des Écréhous* et *Plateau continental de la mer du Nord,* où les pièces écrites sont échangées de la même manière que dans une affaire introduite par requête, la demande reconventionnelle ne pouvait pas être présentée, soit parce que le compromis était rédigé de manière précise (*Minquiers et des Écréhous),* soit parce que l'affaire manquait de caractère conflictuel *(Plateau continental de la mer du Nord).*

du différend par une requête introductive d'instance, ou à la partie dont la condamnation à une prestation est demandée dans une affaire portée devant la Cour par compromis. La pluralité des parties à l'instance ne modifie pas ce principe. S'il s'agit d'une pluralité de demandeurs, le défendeur peut former la demande reconventionnelle contre n'importe lequel de ceux-ci ou contre les demandeurs pris dans leur ensemble. S'il y a pluralité de défendeurs, chacun d'entre eux peut former une telle demande contre le demandeur. Ils peuvent également le faire ensemble. Il va sans dire que, dans le cas d'une pluralité de défendeurs, l'un d'eux ne pourra pas former de demande reconventionnelle à l'encontre d'un autre[341].

Reste à savoir si le demandeur à l'instance peut, à son tour former une telle demande contre le défendeur originaire, auteur de la reconvention. Plusieurs systèmes de règlement des différends ont répondu par l'affirmative. En droit français, l'adage « *reconvention sur reconvention ne vaut* » interdit en principe au demandeur de répondre à son adversaire par voie de demande reconventionnelle. L'article 64 du NCPC le confirme en mentionnant le « défendeur originaire » comme la partie qui peut former une telle demande. Cependant, la doctrine et la jurisprudence ont apporté deux exceptions à ce principe : l'une lorsque la partie contre laquelle la reconvention est dirigée se fonde sur le même titre que son adversaire, et l'autre lorsque la reconvention du défendeur reconventionnel est de nature à tenir en échec les prétentions nouvelles de la partie adverse[342]. De même, en droit américain, la jurisprudence a interprété l'article 13 (b) des Federal Rules of Civil Procedure comme permettant au défendeur sur reconvention de formuler une telle demande en réponse à celle de son adversaire[343].

---

[341] Voir : L. Cadiet, *Droit judiciaire privé*, 3e éd. Litec, Paris, 2000, p. 423.

[342] Civ. 23 nov. 1960, *Bull. civ.* II, n° 511, p. 418, p. 62 ; civ. 19 mars 1969, *Bull. civ.* II, n° 83, p. 62 ; Soc 4 nov. 1969, *Bull. civ.* V, n° 471, p. 477 ; voir sur ce point : L. Sierdlecki, « Les demandes reconventionnelles, étude critique et comparative », *op. cit.*, p. 785 ; *Droit et pratique de la procédure civile*, S. Guinchard (ed), p. 580 ; M. Douchy-Oudot, «Demande reconventionnelle», *op. cit.*, n° 13 ; R. Genin-Meric, «Demandes Reconventionnelles », *J-CL*, 1996, fasc. 132, n° 21.

[343] Warren v. indian Refining Co., 30 F Supp 281 ; Joseph Bancroft & Sons CO. v. M. Lowenstein & Sons, Inc., 50 FRD 415 ; voir sur ce point E. Gaspar

Qu'en est-il de la Cour internationale ? La question est loin de n'être que théorique. Dans l'affaire des *Plates-formes pétrolières*, l'Iran, demandeur, avait, en effet, soutenu l'idée qu'il devrait pouvoir présenter une demande reconventionnelle en réponse à celle que les Etats-Unis lui avaient opposée. Ceux-ci déniaient tout fondement à la thèse de l'Iran, soulignant que «c'est l'Iran qui [a introduit l'instance] et qui a présenté les demandes de son choix [344]».

La Cour ne s'est pas prononcée sur cette question, à laquelle on ne peut que répondre négativement, non pas pour la raison invoquée par les Etats-Unis mais simplement parce que la stricte application du Règlement ne le permet pas. Celui-ci n'en traite certes pas expressément, mais la formule employée à l'alinéa 2 de son article 80, selon laquelle « la demande reconventionnelle est présentée dans le contre-mémoire », est suffisamment claire pour dissiper le doute. Cette solution s'explique facilement par le souci d'éviter que le procès se complique à l'excès par « une sorte de surenchère sans fin »[345] dans les demandes des parties qui retarderait considérablement le règlement du litige originalement introduit. De surcroît, recourir à l'introduction de demandes reconventionnelles par le demandeur originaire apparaît superflu, voire inutile, dans la mesure où il lui est loisible de modifier ses conclusions initiales et même de présenter, le cas échéant, des demandes additionnelles contre son adversaire dans les conditions imposées par la Cour à propos des demandes nouvelles. Cette solution est à la fois plus avantageuse pour lui et préférable pour la Cour, puisque l'introduction de ces demandes est soumise à des conditions de forme nettement moins rigoureuses que celles qui sont requises pour la présentation d'une demande à titre reconventionnel.

Brown, "Counterclaim to a counterclaim", Michigan law review, vol. 52, n° 8, 1954, p. 1179-1184 ; M. Miller, "Counterclaim Against Counterclaim", 48 *Nw. U. L. Rew.* 1954, p. 671 et s.; *Cyclopedia of Federal procedure*, *op. cit.*, p. 14. Il en est de même devant le tribunal irano-américain des réclamations. Voir, par exemple, l'affaire Bendix Corp. c. Iran, 18 IR-US CTR 1988 I p. 360 ; pour un commentaire voir "Chronique du Tribunal Irano-Américain de Réclamations", coordonnée par P. Dailler, *AFDI*, 2000 p. 340.

[344] *Plates-formes pétrolières, C.I. J. Recueil 1998,* p.202, par. 28.

[345] R. Genin-Meric, « Demandes Reconventionnelles », *op. cit.*, n° 19.

Le même raisonnement doit être suivi dans le cas où les parties, par l'effet de la jonction d'instance, acquièrent à la fois la qualité de demandeur et de défendeur[346]. Il s'agit en effet de litiges opposant les mêmes parties et ayant le même objet, comme ce fut le cas dans l'affaire du *Statut juridique du Groenland oriental*[347]. Dans ce cas de figure, la Cour peut à tout moment ordonner, en vertu de l'article 47 du Règlement, que les instances soient jointes et décider dans un seul arrêt du sort des demandes respectives des parties. Sur ce point également, chaque partie gardant sa qualité de demandeur[348] est en droit de modifier ses conclusions en fonction des positions prises par la partie adverse et d'avancer, si nécessaire, des conclusions nouvelles.

Une demande reconventionnelle ne peut pas non plus être soulevée par ou contre un Etat intervenant dans une affaire engagée entre deux ou plusieurs parties. La procédure d'intervention est prévue aux articles 62 et 63 du Statut et se trouve réglementée par les articles 81 à 87 du Règlement. Selon l'article 62 du Statut ;

> « 1. Lorsqu'un Etat estime que, dans un différend, un intérêt d'ordre juridique est pour lui en cause, il peut adresser à la Cour une requête, à fin d'intervention.
>
> 2. La Cour décide ».

---

[346] M. le juge Guillaume, se fondant sur l'expérience de la Cour, résume de manière suivante les hypothèses dans lesquelles la question de la jonction d'instance pourrait se poser : dans les affaires opposant les mêmes parties et ayant le même objet (l'affaire du *Statut juridique du Groenland oriental*), dans des affaires opposant les mêmes parties mais ayant des objets différents (l'affaires de *Certains intérêts allemands en Haute-Silésie polonais*, ou dans le cas des *Appels contre certains jugements du Tribunal arbitral mixte hungaro-tchécoslovaque*). Enfin, la jonction d'instances distinctes par des Etats différents est également possible. Il peut y être procédé dans le cas où des Etats font cause commune (les affaires du *Sud-ouest africain*) ; voir G. Guillaume, « La cause commune devant la Cour internationale de justice », *Liber amicorum Mohammed Bedjaoui*, Kluwer Law International, 1999, p.340 reproduit dans *La cour internationale de justice à l'aube du XXIème siècle: le regard d'un juge*, Pedone, 2003, p. 139 ; voir également *Dictionnaire de droit international public*, J. Salmon (éd), *op. cit.*, p. 619.

[347] L'exemple le plus récent est celui de l'affaire de la *Construction d'une route au Costa Rica le long du fleuve San juan, (Nicaragua c. Costa Rica)*, jonction d'instances, ordonnance, 17 avril 2013.

[348] C.PJ.I, Série E, n° 9, p. 10.

Et aux termes de l'article 63,

« 1. Lorsqu'il s'agit de l'interprétation d'une convention à laquelle ont participé d'autres Etats que les parties en litige, le Greffier les avertit sans délai.

2. Chacun d'eux a le droit d'intervenir au procès et, s'il exerce cette faculté, l'interprétation contenue dans la sentence est également obligatoire à son égard ».

La question de la demande reconventionnelle ne se pose évidemment pas dans le cas de l'intervention fondée sur l'article 63, appelée intervention de droit, puisque l'Etat tiers qui entend intervenir sur cette base ne s'intéresse ni à l'objet du litige porté devant la Cour[349], ni à la solution que celle-ci lui apportera dans son arrêt sur le fond, mais seulement à l'interprétation qu'elle donnera du droit applicable au litige en question[350].

La situation est plus délicate lorsque l'intervention est fondée sur l'article 62, appelée intervention discrétionnaire[351]. Dans l'affaire du *Plateau continental*, la Cour s'est exprimée contre la possibilité pour l'Etat intervenant de présenter une telle demande contre les parties au litige :

« De l'avis de la Cour, un Etat demandant à intervenir en vertu de l'article 62 du Statut [...]

---

[349] Il peut s'intéresser à l'objet du litige si la requête est formée dans le but d'obtenir de la Cour un jugement déclaratoire. Dans ce cas de figure l'interprétation de la convention en cause constitue l'objet du litige.

[350] Voir Sh. Rosenne, *Intervention in the international court of justice,* Boston : Nijhoff, 1993, p. 73 ; Opinion dissidente du juge Oda jointe à l'arrêt de la Cour sur la requête à fin d'intervention de l'Italie. *C.I.J., Recueil 1984*, p. 99.

[351] Il est toutefois à noter que le caractère discrétionnaire de ce type d'intervention est mis en doute depuis l'arrêt de 1981 de la Cour rendu dans l'affaire du *Plateau continental (Tunisie/Jamahiriya arabe libyenne),* où elle fait valoir « qu'en vertu du paragraphe 2 de l'article 62 c'est à la Cour elle-même qu'il appartient de décider de toute demande d'intervention invoquant cet article. Elle souligne en même temps qu'elle ne considère pas que le paragraphe 2 lui confère une sorte de pouvoir discrétionnaire lui permettant d'accepter ou de rejeter une requête à fin d'intervention pour de simples raisons d'opportunité. Au contraire, de l'avis de la Cour, la fonction que lui confie ce paragraphe est de déterminer si la requête est admissible ou non par application des dispositions pertinentes du Statut », *CIJ, Recueil 1981,* p. 12 par 17.

> ne soumettrait pas ses propres prétentions à la décision de la Cour et ne s'exposerait à aucune demande reconventionnelle [352]».

La raison en est que cette forme d'intervention a pour but, ainsi que l'a déclaré une Chambre de la Cour, de « protéger un intérêt d'ordre juridique d'un Etat susceptible d'être affecté par une décision, dans une affaire pendante entre d'autres Etats », et non pas de « mettre l'Etat intervenant en mesure de greffer une nouvelle affaire sur la précédente, de devenir une nouvelle partie et d'obtenir ainsi que la Cour se prononce sur ses propres prétentions »[353]. Cette même Chambre a fait sienne la conclusion de la Cour dans sa décision sur la requête de l'Italie dans l'affaire du *Plateau continental,* selon laquelle

> « rien dans l'article 62 n'indique que ce texte ait été conçu comme un autre moyen de saisir la Cour d'un litige supplémentaire – matière qui relève de l'article 40 du Statut – ou comme un moyen de faire valoir les droits propres d'un Etat non partie à l'instance (*Plateau continental (Jamahiriya arabe libyenne/Malte), requête à fin d'intervention, C.I.J. Recueil 1984,* p. 23, par. 37.)[354] ».

Cependant, la Chambre n'exclut pas la possibilité pour l'Etat intervenant de devenir « partie » à l'instance s'il existe entre lui et les parties originaires un lien juridictionnel. Elle déclare :

---

[352] *Ibid.,* p. 20, par. 34.

[353] *Différend frontalier terrestre, insulaire et maritime (El Salvador/Honduras), requête à fin d'intervention, arrêt, C.I.J. Recueil 1990,* p. 133-134, par. 97.

[354] *Ibid.* La Chambre s'est basée sur « le principe général de la juridiction consensuelle » pour parvenir à ces conclusions. Elle rappelle, tout d'abord, que seuls les Etats qui ont consenti « sur une base *ad hoc*, par voie de compromis ou autrement » ou en invoquant « une clause juridictionnelle d'un traité ou du mécanisme de l'article 36, paragraphe 2 » pour que la Cour connaisse un différend particulier « sont les 'parties' à l'instance et ils seront liés par la décision que la Cour rendra en définitive » ; « aucun autre Etat ne peut donc se mêler à l'instance sans le consentement des parties initiales ». *Ibid.*, par. 95. Néanmoins, dit-elle ensuite, « en matière d'intervention, la compétence de la Cour ne découle pas du consentement des parties à l'instance, à la différence de sa compétence pour connaître de l'affaire qui lui a été soumise, mais du fait qu'en devenant parties au Statut de la Cour, elles ont consenti à ce que celle-ci exerce les pouvoirs que lui confère le Statut ». *Ibid.*, par. 96.

« ... il est vrai que, sous réserve du consentement requis des parties en cause, l'intervenant n'est pas empêché par sa qualité d'intervenant de devenir lui-même partie au procès [355]».

La conclusion de la Chambre a été entérinée par la Cour plénière dans son arrêt du 23 octobre 2001 sur la requête des Philippines dans l'affaire *Pulau Litigan et Pulau Sipidan* opposant l'Indonésie à la Malaisie, où elle a déclaré qu'

« un lien juridictionnel entre les parties à l'instance et l'Etat qui cherche à intervenir n'est requis que si ce dernier entend devenir partie au procès [356]».

Tout laisse à penser que la haute juridiction est disposée à admettre une deuxième exception à la règle générale de la soumission du différend par l'acte introductif d'instance, consacrée par l'article 40 du Statut[357]. La doctrine ne s'y oppose pas ; loin s'en faut, l'idée est largement partagée par les auteurs[358]. La pratique n'en a pas encore fourni d'exemple, mais la

---

[355] Ibid. Par. 99. Voir aussi *Différend frontalier terrestre, insulaire et maritime (El Salvador/Honduras : (intervenant)), arrêt, 11 septembre 1992, C.I.J. Recueil 1992*, p. 610, par. 424.

[356] *Souveraineté sur Pulau Ligitan et Pulau Sipadan (Indonésie/Malaisie) requête à fin d'intervention, arrêt, C. I. J., Recueil 2001*, p. 589

[357] La première étant la demande reconventionnelle, comme nous l'avons déjà expliqué.

[358] Voir parmi tant d'autres J. Crawford, *Plaidoirie en l'affaire du Différend territorial et maritime (Nicaragua c. Colombie) Requête du Honduras à fin d'intervention, tenue le mercredi 20 octobre 2010, CR 2010/20*, p. 39 et s. ; J. Crawford, *Annuaire de l'Institut de droit international*, Session Berlin, vol. 68-1, 1999, p. 181 et s.; *Plateau continental (Tunisie/Jamahiriya arabe libyenne), requête à fin d'intervention, arrêt, C.I.J. Recueil 1981*, p. 3, *Opinion individuelle du juge Oda*, p. 25, pars. 5-6 *; Plateau continental (Jamahiriya arabe libyenne/ Malte), requête à fin d'intervention, arrêt, C.I.J. Recueil 1984*, *Opinion dissidente du juge Oda*, par. 6-7 ; C. Chinkin, « Article 62 », in *The Statute of the International Court of Justice : A commentary* , A. Zimmermann, Ch. Tomuschat, K. Oellers-Frahm (eds), Oxford University Press, 2006, p. 1359; Elias, T. O., *The International Court of Justice and some contemporary problems : essays on international law*, Martinus Nijhoff Publishers, 1983, p. 95 ; A.J.J De Hoogh, « Intervention under article 62 of the statute and the quest for incidental jurisdiction without the consent of the principal parties », *L.J.I.L*, 1993, vol. 6, n° 1, p. 39-. P. Palchetti, "Opening the International Court of Justice to. Third States: Intervention and Beyond",

conséquence procédurale de l'insertion d'une nouvelle partie dans l'instance ne serait autre que celle qui est expliquée par le juge Oda dans l'opinion individuelle qu'il a jointe à l'arrêt de la Cour sur la requête maltaise à fin d'intervention dans l'affaire du *Plateau continental (Tunisie/ Libye)* ; il y affirme que « par suite de la participation de la tierce partie en qualité de partie de plein droit à l'instance principale, l'affaire devient un litige entre trois parties »[359]. On est sans doute en droit de se demander si, en pareil cas, une demande reconventionnelle peut être présentée à la Cour par ou contre l'Etat, qui obtient ainsi le statut de « partie » dans l'affaire en cause. Une réponse affirmative s'impose, car on ne voit pas pourquoi les parties originaires devraient être privées du droit de riposter par voie de conclusions reconventionnelles aux prétentions qui leur seraient adressées par la « nouvelle partie » à l'instance. On ne voit pas non plus pourquoi cette dernière devrait être empêchée de répondre reconventionnellement aux réclamations qui lui seront éventuellement adressées par les parties originaires. L'ensemble des arguments justifiant la présentation d'une telle demande dans une affaire ordinaire – équité, avantages pratiques de cette demande, etc. – valent également dans l'hypothèse où un Etat devient partie à l'instance en sa qualité d'intervenant.

Ceci dit, à l'instar des affaires soumises à la Cour par compromis, l'élément déterminant sera à ce propos la position que prendra la nouvelle partie vis-à-vis des parties originaires. Normalement, l'Etat désireux d'intervenir en tant que « partie » cherche à se faire reconnaître des droits contre les parties principales ou l'une d'entre elles ; autrement dit, il cherche à obtenir le statut de partie demanderesse. Ce qui est tout à fait

---

Max Planck UNYB 6 (2002*)*, p. 153. Pour une opinion contraire voir Rapport de Rudolf Bernhardt sur Le Règlement judiciaire et arbitrale des différends internationaux impliquant plus de deux Etats, *AIDI*, Session Berlin, 1999, vol. 68, t. 1, p. 92 et Revised Draft Resolution, novembre 1998, p. 247, par. 11. Au sein de l'Institut les participants sont divisés, voir notamment Reply of J. Crawford, ibid., p.181-186 qui s'exprime en faveur de l'intervention partie, ou la Réponse de G. Guillaume qui l'intervention active de l'intervention passive, ibid., p. 173-174.

[359] *C.I.J. Recueil 1981, p. 25, par. 5-6,* reprise dans son opinion dissidente jointe à l'arrêt de la Cour dans l'affaire du *Plateau continental (Jamahiriya arabe libyenne/Malte), sur la requête d'intervention de l'Italie, C.I.J., Recueil 1984,* p. 92-93, par. 6.

logique, car il est difficile de concevoir qu'un Etat s'expose volontairement à une condamnation éventuelle par la Cour en se rangeant délibérément du côté de la partie défenderesse. C'est la raison pour laquelle les juges qui se sont exprimés sur la nécessité d'un lien juridictionnel comme condition de recevabilité d'une demande d'intervention-partie, ont fait observer que ce lien doit exister entre l'intervenant et la partie défenderesse du procès[360]. Il reviendrait donc à celle-ci, si elle le souhaite, de répondre par voie de conclusions reconventionnelles aux allégations formulées à son encontre par la nouvelle partie à l'instance.

Section 2. Une demande incidente

Dans le Règlement de la Cour, la procédure de la demande reconventionnelle se trouve placée sous la Section D intitulée « Procédures incidentes ». Cela soulève deux questions : que faut-il entendre par cette expression ? (§1) et qu'implique-t-elle en matière reconventionnelle? (§2).

§1. Que faut-il entendre par « procédure incidente »?

La Section D, précitée, du Règlement englobe, outre la reconvention, les mesures conservatoires, les exceptions préliminaires, l'intervention, le renvoi spécial et le désistement. Une Chambre constituée par la Cour pour connaître de l'affaire du *Plateau continental* opposant la Jamahiriya arabe libyenne à la Malte a défini les procédures incidentes comme « celles qui surviennent incidemment au cours d'une affaire déjà portée devant la Cour ou une chambre »[361]. Cette définition correspond à celle d'un « moyen incident » plutôt que d'une « procédure incidente ». Les deux notions, souvent employées de manière interchangeable, n'en sont pas moins différentes l'une de l'autre. Une procédure

---

[360] Déclaration du juge M. J. De Aréchaga et celle des juges M. Dillard et Sir H. Waldock, *Essais nucléaires (Australie c. France), requête à fin d'intervention, ordonnance du 20 décembre 1974, C.I.J. Recueil 1974*, p. 533 et 537.

[361] *Différend frontalier terrestre, insulaire et maritime (El Salvador/Honduras), requête à fin d'intervention, arrêt, C.I.J. Recueil 1990*, par. 98. Voir aussi *Affaire Haya de la Torre, Arrêt du 13 juin 1951: C.I. J. Recueil 1951, p. 76.*

incidente, comme le laisse supposer son appellation, est une « procédure » qui est engagée suite à la présentation d'un moyen incident. Elle conduit, comme l'a fait observer le juge Abraham, la Cour à rendre une décision sur autre chose que le fond du litige[362]. Or, tous les incidents ne donnent pas lieu à l'ouverture d'une procédure et n'appellent pas nécessairement une décision de la part du juge.

La notion de « moyen incident » ou d'« incident » tout court est très peu développée en droit international. Il est défini comme tout ce qui survient au cours d'un procès et peut avoir une incidence sur celui-ci[363]. Un auteur en a donné la définition suivante : « la notion d'incident regroupe toutes les contestations qui interviennent à l'occasion et dans le cours d'une demande principale pour s'y joindre, en suspendre la marche, en modifier la solution ou même l'écarter entièrement »[364].

Les moyens incidents sont généralement classés en trois catégories[365] : les incidents relatifs aux preuves, les incidents de procédure et les incidents de fond. La première catégorie englobe les incidents liés à l'administration de la preuve. La deuxième englobe ceux qui surviennent au cours de procès et qui affectent les aspects procéduraux de l'affaire. Relèvent de cette catégorie les exceptions, la jonction, les mesures conservatoires, l'intervention et le désistement. Les incidents de fond affectent l'objet du litige. Ce sont des demandes incidentes, car elles se rejoignent à la demande principale et pose au juge des questions de même ordre que cette dernière. Elles sont formées par les parties originaires ou bien par un tiers[366]. Participent à cette

---

[362] *Les procédures incidentes devant la Cour internationale de Justice : exercice ou abus de droits* ?, J-M. Sorel et Fl. Poirat (eds), *op. cit.,* p. 124 (Intervention du juge Rony Abraham).

[363] *Vocabulaire juridique*, G. Cornu (dir.), Paris, PUF, 2001, p. 415.

[364] Papon, « Incident », *Répertoire de la procédure civile*, Dalloz, n° 1.

[365] *Les procédures incidentes devant la Cour internationale de Justice : exercice ou abus de droits* ?, J-M. Sorel et Fl. Poirat (eds), *op. cit.*, p. 12 ; Ch. Van Reepinghen et B. Orianne, *La procédure devant la Cour de justice des communautés européennes* Bruxelles, Larcier, 1961, n°52 ; M-C Bergère, *Contentieux communautaire*, 3 éd, Paris, PUF, 2001, p. 136, n° 127 ; M. Douchy-Oudot, *Procédure civile*, 2e édition, Gualino éditeur, 2006, p. 257, n° 440.

[366] G. Cornu, J. Foyer, *Procédure civile*, *op. cit.,* p. 668.

catégorie la demande additionnelle, la demande reconventionnelle et la demande en intervention-partie.

On notera que certains de ces moyens ne sont pas mentionnés à la Section D du Règlement, et ils ne donnent, par conséquent, pas lieu à l'ouverture d'une procédure incidente devant la Cour internationale. Tel est notamment le cas des incidents relatifs aux preuves et de la demande additionnelle. Ils constituent donc des moyens incidents et non pas des procédures incidentes. On notera également que tous les moyens mentionnés dans cette section relèvent de la catégorie d'« incidents de procédure », sauf la demande reconventionnelle, qui relève de la catégorie d'« incidents de fond ». En droit interne, on l'a dit, celle-ci englobe, outre la demande reconventionnelle, la demande additionnelle et l'intervention de tiers.

Les « procédures incidentes » ont en commun de troubler le déroulement du procès dans la mesure où la Cour est amenée à suspendre l'examen du fond de l'affaire pour se prononcer au préalable à leur sujet. Elles poursuivent en revanche des objectifs différents : mettre un terme à l'instance en cause, s'agissant des exceptions ou d'un désistement, élargir la sphère du débat primitif, dans le cas d'intervention, modifier le cadre et les éléments du litige initial, pour ce qui concerne les demandes reconventionnelles.

§2. Qu'implique-t-il le caractère incident de la demande reconventionnelle?

Le caractère incident de la reconvention implique, d'abord, que celle-ci ne constitue pas une affaire, mais seulement une demande nouvelle, présentée par le défendeur postérieurement à celle qui est introduite par le demandeur (A), ensuite, et puisque la reconvention est greffée sur la demande initiale, elle suppose au moment de sa formulation l'existence d'une instance encore pendante (B), et enfin, qu'une distinction nette soit établie entre la reconvention et les autres demandes réciproques (C).

A. Une demande nouvelle, non pas une affaire nouvelle

Si cela apparaît comme une évidence aujourd'hui, vu la place accordée à cette procédure dans le Règlement de la Cour, il n'en allait pas ainsi à l'époque où la notion de demande reconventionnelle venait d'apparaître en droit international. Le Professeur Scerni mit sérieusement en doute, dans son cours donné à l'Académie de La Haye en 1938, l'affirmation selon laquelle ces demandes n'introduisent pas une affaire nouvelle, faisant valoir que « c'est tout de même une instance où la situation procédurale des parties est renversée et où le *petitum* et la *causa petendi* sont distincts par rapport à l'instance instaurée par la requête originaire, ce qui est confirmé par le fait que la compétence sur l'affaire originaire ne couvre nullement la question introduite par voie de reconvention et que toutes les exceptions, même préliminaires, peuvent être soulevées par le demandeur attaqué [367]».

Cela n'apparut pas non plus comme une évidence à tous les juges de la CPJI lorsqu'ils étaient appelés à modifier la disposition pertinente du Règlement en 1936. Le juge Adatci demanda aux auteurs du texte qui est devenu l'article 63 relatif à la reconvention, s'ils « considèrent [...] qu'une demande reconventionnelle constitue une affaire nouvelle au sens du Statut de la Cour, ou bien une simple incident de procédure ? »[368]. M. Fromageot, l'un des signataires du texte, lui répondit que « la demande reconventionnelle n'introduit pas une affaire nouvelle. L'affaire est celle qui a été introduite par la requête, et elle se poursuit avec la demande reconventionnelle qui vient se greffer sur elle [369]».

Un vif débat s'est engagé également au sein de la Cour permanente, tournant essentiellement autour de la compatibilité de l'article 40 du Règlement de 1922 – qui autorisait l'introduction de la demande reconventionnelle dans les conclusions du contre-mémoire – avec l'article 40 du Statut selon lequel la Cour ne peut être saisie que par requête ou compromis. Cet article fut invoqué

---

[367] M. Scerni, « La procédure de la Cour permanente de justice internationale », *RCADI*, 1938 (III), p. 657.
[368] *CPIJ, Série D_02_3^{e} addem.* p. 110.
[369] *Ibid.*, p. 111.

par certains juges afin d'exiger que l'introduction de la demande reconventionnelle prenne la forme d'une requête, d'autres préférant qu'elle le soit, pour des raisons pratiques, dans les conclusions du contre-mémoire. Un argument présenté par le juge Anzilotti, en réponse aux juges évoquant l'article 40 du Statut, mérite d'être reproduit ici :

> « toutes les procédures nationales semblent renoncer à un véritable acte de citation lorsqu'il s'agit de présenter des demandes reconventionnelles, et cela parce qu'il s'agit non pas d'instituer une nouvelle affaire, mais d'ajouter quelques chose à une affaire pendante. De même, lorsque l'article 40 du Statut dispose que les affaires sont portées devant la Cour soit par requête, soit par compromis, il ne vise que l'introduction d'affaire nouvelles ; en matière reconventionnelle, au contraire, il s'agit d'une affaire qui est déjà devant la Cour [370]».

L'enjeu n'en était pas moins déterminent. Adopter une disposition exigeant le recours à une requête pour l'introduction de la reconvention équivaudrait à soutenir que celle-ci constituerait une affaire nouvelle et indépendante. Elle serait dès lors, à l'instar de la demande principale, inscrite au rôle général de la Cour sous un numéro d'ordre distinct, et ferait jouer l'ensemble des dispositions du Statut et du Règlement, y compris celles qui concernent la forme de l'introduction d'une affaire nouvelle. Autoriser le défendeur à soumettre à la Cour ses propres revendications alors que le procès est déjà engagé par la demande de l'autre partie, signifierait en revanche que l'action du défendeur est considérée comme un moyen incident. C'est cette dernière approche que la Cour adopta, en autorisant l'introduction de la reconvention dans le contre-mémoire en 1936, et en la rangeant, depuis 1978, dans la section D du Règlement, intitulée « Procédures incidentes ».

Il en ressort, d'une part, qu'une procédure de ce genre « ne saurait être une procédure qui transforme [l'affaire déjà portée devant la Cour] en une affaire différente avec des parties

[370] *Ibid.*, p. 112.

différentes [371]», et d'autre part, qu'une demande formée à tire incident obéit à des exigences de forme moins rigoureuses que celles qui sont applicable à une demande initiale. Celle-ci est, on l'a dit, soumise aux règles régissant l'introduction d'une affaire nouvelle, en particulier celles qui sont énoncées dans les articles 36 et 40 du Statut, et celles qui sont consacrées par l'article 38 du Règlement, alors qu'une demande soulevée à titre reconventionnel échappe à ce formalisme. Présentée dans les conclusions du contre-mémoire de la partie qui la formule (l'article 80 alinéa 2), cette dernière n'aura pas à indiquer « l'Etat contre lequel la demande est formée» (article 38 alinéa 1). Aussi, est-elle soumise à des règles de procédure particulières. Le fait de soulever des objections à la recevabilité d'une demande incidente n'entraînera par exemple pas, contrairement à la demande initiale, la suspension du procès en cours.

En revanche, la recevabilité d'une demande incidente est subordonnée à la satisfaction d'une condition supplémentaire : elle doit se rattacher à la demande initiale. Cette condition est énoncée dans l'article 80 alinéa 1 du Règlement, aux termes duquel « [l]a Cour ne peut connaître d'une demande reconventionnelle que si celle-ci [...] est en connexité directe avec l'objet de la demande de la partie adverse ».

Il reste que la demande reconventionnelle se distingue nettement des autres procédures incidentes en ce qu'elle soumet une question juridique au jugement de la Cour, et constitue de ce fait, une « demande incidente ». Elle est seule réglementée par les textes régissant le fonctionnement de la Cour internationale. En droit interne, la demande incidente couvre, outre la reconvention, la demande additionnelle et l'intervention d'un tiers[372]. Devant la Cour internationale, l'intervention ne constitue toutefois pas une demande incidente, car elle n'a pas pour objet de donner à l'intervenant la possibilité de lui soumettre une prétention nouvelle ; elle cherche seulement à protéger les intérêts juridiques mis en cause dans le procès en cours. Il peut en aller différemment si les conditions de la participation de l'intervenant au procès en

---

[371] *Différend frontalier terrestre, insulaire et maritime (El Salvador/Honduras), requête à fin d'intervention, arrêt, C.I.J. Recueil 1990,* p. 133-134, par. 98.

[372] Voir par exemple l'article 63 du NCPC de la France.

qualité de partie sont réunies ; en pareil cas, l'intervention revêtira la forme d'une demande incidente.

Les parties peuvent, il est vrai, présenter des demandes additionnelles, mais ces demandes ne donnent pas lieu à l'ouverture d'une procédure incidente, car elles ne sont pas mentionnées parmi les moyens incidents prévus à la Section D du Règlement, alors qu'elles méritent de l'être[373]. Rappelons très brièvement qu'en droit judiciaire français, auquel la Cour semble avoir emprunté cette expression, le nouveau code de procédure civile a mentionné dans son article 63 la demande additionnelle parmi les demandes incidentes. Selon l'article 65 de ce même code, « constitue une demande additionnelle la demande par laquelle une partie modifie ses prétentions antérieures ». Et l'article 4 prévoit que « l'objet du litige peut être modifié par des demandes incidentes lorsque celles-ci se rattachent aux prétentions originaires par un lien suffisant ». Aussi, en droit judicaire belge, la demande additionnelle est une demande incidente et, par conséquent, une demande en justice au sens de l'article 12 du Code judicaire belge. L'article 13 du même code dispose que: «la demande incidente consiste dans toute demande formée au cours du procès et qui a pour objet, soit de modifier la demande originaire ou d'introduire des demandes nouvelles entre les parties, soit de faire entrer dans la cause des personnes qui n'y avaient point été appelées».

L'on ne voit pas pourquoi il devrait en aller différemment devant la Cour internationale dès lors que, devant cette juridiction aussi, la demande additionnelle est celle par laquelle le demandeur cherche à modifier ses conclusions primitives. Elle conduit la Cour à examiner sa recevabilité de fond (le lien de rattachement) et de forme (le délai). L'engagement d'une procédure incidente à cette occasion permettra aux parties de s'exprimer sur les questions qui les divisent et de débattre des conditions de la recevabilité des conclusions nouvelles (ou substantiellement modifiées), comme il en va de la demande reconventionnelle devant la Cour, et de la demande additionnelle en droit judiciaire français et belge.

---

[373] Nous avons développé ce point dans l'étude suivant : « Que reste-t-il de la demande additionnelle en procédure de la Cour internationale de justice? », *Revue belge de droit international*, 2011/1-2, page 1-20.

B. L'existence d'une instance encore pendante

Le trait marquant d'une procédure incidente est, comme le suggèrent ces termes, son introduction au cours d'une affaire pendante[374]. Une affaire pendante, ou une instance en cours, est celle qui est enregistrée au rôle général de la Cour ; elle couvre dès lors la période s'écoulant de la saisine de la Cour par l'acte introductif d'instance jusqu'à l'extinction de l'affaire[375]. Cela ne veut pas dire qu'une procédure incidente peut être introduite tout au long de cette période. En fait, pour ce qui concerne leur introduction, toutes les procédures incidentes prévues au Statut et au Règlement n'obéissent pas à la même règle. Si certaines d'entre elles peuvent être introduites « à tout moment de la procédure engagée en l'affaire »[376], d'autres ne peuvent l'être qu'après le rejet d'exceptions préliminaires éventuellement soulevées par l'une des parties[377]. C'est le cas de l'intervention[378] et de la demande reconventionnelle.

Les procédures incidentes ont toutes en commun de requérir au moment de leur introduction l'existence de la demande sur laquelle elles se rapportent. Elles diffèrent en revanche quant à leur survie après la disparition de celle-ci. S'agissant de la demande en indication des mesures conservatoires, les mesures indiquées ne survivront pas à la disparition de la procédure

---

[374] Si on suivait l'étymologie, on dirait que la demande incidente est celle qui tombe sur la demande initiale, le mot « incident » dérivant du verbe latin *inciderer* qui signifie tomber dans ou tomber sur.

[375] L'extinction de l'affaire se fait par un arrêt sur les exceptions préliminaires où la Cour retient l'une des exceptions soulevées, par un désistement ou par un arrêt sur le fond.

[376] Article 73, paragraphe 1 du Règlement relatif à la procédure de la demande en indication des mesures conservatoires.

[377] Voir G. Fitzmaurice, "The law and procedure of the International Court of Justice, 1951-4: questions of jurisdiction, competence and procedure", *B.Y.I.L., 1958*, p. 107.

[378] A propos de la requête à fin d'intervention des îles Fidji dans l'affaire des *Essais nucléaires* qui avait été déposée le même jour que la requête introductive d'instance de l'Australie, la Cour a décidé que « la requête de Fidji présuppose, par sa nature même, que la Cour soit compétente pour connaître du différend entre l'Australie et la France et que la requête de l'Australie contre la France relative à ce différend soit recevable ». *Essais nucléaires (Australie c. France), requête* à *fin d'intervention, ordonnance du 12 juillet 1973, C.I.J. Recueil 1973,* p. 321.

principale si elles ont été prises avant l'examen des exceptions, comme l'enseigne l'affaire de l'*Application de la convention internationale sur l'élimination de toutes les formes de discrimination raciale* et celle de l'*Anglo-Iranian Oil Company.* Dans ces espèces, la Cour avait fait droit à une demande en indication de mesures conservatoires avant toute décision sur sa compétence quant au fond, en estimant qu'elle avait compétence *prima facie* pour connaître de la requête du demandeur[379]; dans une phase ultérieure, la Cour a toutefois jugé qu'elle n'avait pas compétence, ce qui a automatiquement entraîné l'annulation des mesures conservatoires[380]. Dans l'affaire des *Essais nucléaires,* elle a décidé de surseoir à statuer sur la demande à fin d'intervention des Iles Fidji en attendant l'examen des exceptions préliminaires, puis a rejeté l'affaire à titre préliminaire sans se prononcer sur l'intervention[381]. Dans l'affaire de *Demande d'examen de la situation au titre du paragraphe 63 de l'arrêt rendu par la Cour le 20 décembre 1974 dans l'affaire des Essais nucléaires (Nouvelle-Zélande c. France),* des demandes en indication des mesures conservatoires et des demandes à fin d'intervention avaient été déposées devant la Cour. Après avoir conclu dans le paragraphe 65 de son ordonnance du 22 septembre 1995 que la « Demande d'examen de la situation» présentée par la Nouvelle-Zélande devait être écartée, la Cour a précisé à propos des moyens incidents soulevés dans l'affaire :

> « qu'il découle des conclusions auxquelles la Cour est parvenue au paragraphe 65 ci-dessus qu'elle doit également écarter la « Nouvelle demande en indication de mesures conservatoires» présentée par la Nouvelle-

---

[379] *Application de la convention internationale sur l'élimination de toutes les formes de discrimination raciale (Géorgie c. Fédération de Russie), mesures conservatoires, ordonnance du 15 octobre 2008, C.I.J. Recueil 2008*, p. 117 ; *Anglo-Iranian Oil Co., ordonnance du 5 juillet 1951 : C. I. J. Recueil 1951,* pp. *92-93.*

[380] *Application de la convention internationale sur l'élimination de toutes les formes de discrimination raciale (Géorgie c. Fédération de Russie), arrêt, 1er avril 2011, C.I.J. Recueil 2011,* p. 186 ; *Anglo-Iranian Oil Co., arrêt du 22 juillet 1952, Recueil 1952*, p. 114.

[381] Voir *Essais nucléaires (Australie c. France), requête à fin d'intervention, ordonnance du 12 juillet 1973, C.I.J. Recueil 1973,* p. 321 ; *Essais nucléaires (Australie c. France), arrêt, C. 1. J. Recueil 1974, p.272.*

> Zélande, ainsi que la « requête à fin d'intervention» présentée par l'Australie, et les « requêtes à fin d'intervention » et « déclarations d'intervention » présentées par le Samoa, les Iles Salomon, les Iles Marshall et les Etats fédérés de Micronésie - qui, toutes, se rattachent à titre incident à la « Demande d'examen de la situation » présentée par la Nouvelle-Zélande[382] ».

S'agissant de la demande reconventionnelle, le fait qu'il doit exister une affaire au moment de son introduction ne prête pas à controverse. La Cour a souligné, dans l'ordonnance qu'elle a rendue dans l'affaire de la *Convention sur le génocide*, qu'il s'agit d'une demande formulée « à titre incident, c'est-à-dire, dans le cadre d'une instance déjà en cours »[383]. Il s'agit, en effet, d'une demande formée à la suite d'une demande antérieure dite «initiale » ou « principale » ou « originale »[384]. Il s'ensuit qu'elle ne peut être présentée tant que la Cour ne s'est pas déclarée compétente lorsque sa compétence est contestée par l'une des parties, ou lorsque la Cour la vérifie *proprio motu*[385]. C'est

---

[382] *Demande d'examen de la situation au titre du paragraphe 63 de l'arrêt rendu par la Cour le 20 décembre 1974 dans l'affaire des Essais nucléaires (Nouvelle-Zélande c. France), C.I. J. Recueil 1995,* p. 306-7, par. 67.

[383] *Application de la Convention pour la prévention et la répression du crime de génocide, C.I.J. Rec. 1997,* p. 30.

[384] H. Solus et R. Perrot, *Droit judiciaire privé*, Sirey, 1991, p. 866, n° 1016. Il est à noter que ces qualifications sont employées de manière interchangeable pour désigner la demande introductive d'instance. Ceci dit, en droit interne la qualification « principale » est attribuée à toute demande qui, pour la première fois, établit un lien juridique d'instance entre deux personnes. Ainsi, ce caractère appartient non seulement à la demande initiale mais aussi aux demandes en intervention. Voir S. Guinchard et F. Ferrand, *Procédure civile, droit interne et droit communautaire*, Paris, Dalloz, 2006, p. 193. Or, dire que la demande du requérant est une demande principale ne signifie nullement, contrairement à ce que laisse entendre le juge Kreca, dans sa Déclaration jointe à l'ordonnance du 17 décembre 1997, que la reconvention est considérée, par logique de *argumentum a contrario,* comme la demande non-principale ou une demande moindre (a non-principal claim, a lesser claim). *C.I.J., Recueil 1997*, p. 262.

[385] Aux termes de l'article 53 du Statut : 1. Lorsqu'une des parties ne se présente pas, ou s'abstient de faire valoir ses moyens, l'autre partie peut demander à la Cour de lui adjuger ses conclusions. 2. La Cour, avant d'y faire

pourquoi le Règlement exige qu'elle soit présentée dans le contre-mémoire de la partie dont elle émane (art. 80 alinéa 2), ce qui implique que le débat sur les questions préliminaires étant clos, les parties doivent s'exprimer sur le fond du litige.

Plus délicate est la question de déterminer ce que devient la demande reconventionnelle valablement introduite si la demande initiale vient à disparaître. La réponse varie selon que la cause de la disparition soit le désistement (1) ou l'acceptation par la Cour d'une exception préliminaire jointe au fond (2).

1. Le désistement

Aux termes de l'alinéa 1 de l'article 88 du Règlement :

> « Si, à un moment quelconque avant l'arrêt définitif sur le fond, les parties, conjointement ou séparément, notifient à la Cour par écrit qu'elles sont convenues de se désister de l'instance, la Cour rend une ordonnance prenant acte du désistement et prescrivant que l'affaire soit rayée du rôle ».

Et selon l'alinéa 2 de l'article 89 :

> « Si, à la date de la réception du désistement, le défendeur a déjà fait acte de procédure, la Cour fixe un délai dans lequel il peut déclarer s'il s'oppose au désistement. Si, dans le délai fixé, il n'est pas fait objection au désistement, celui-ci est réputé acquis et la Cour rend une ordonnance en prenant acte et prescrivant la radiation de l'affaire sur le rôle. S'il est fait objection, l'instance se poursuit ».

Ne pouvant pas mettre fin à une instance sans l'accord du défendeur ayant fait l'acte de procédure, la partie demanderesse ne pourra, à plus forte raison, le faire lorsqu'il appelle la Cour à se prononcer dans la même instance sur les prétentions qu'il a introduites dans les conclusions de son contre-mémoire. Désormais demandeur reconventionnel, il peut sans doute s'opposer à un désistement demandé par son adversaire, priant la

---

droit, doit s'assurer non seulement qu'elle a compétence aux termes des Articles 36 et 37, mais que les conclusions sont fondées en fait et en droit.

Cour de vider le litige une bonne fois pour toutes. Telle fut d'ailleurs la solution envisagée au cours de la révision générale du Règlement en 1936. Dans sa réponse à la question du juge Adatci relative au sort réservé à la demande reconventionnelle en cas de désistement pour l'affaire principale, le juge Fromageot, l'un des signataires du texte qui allait devenir l'article 63 du Règlement de 1936, rappela que « le désistement n'est valable que si l'autre partie y consent. Or, précisément, celui qui aura présenté une demande reconventionnelle ne donnera pas son consentement, et la Cour sera appelée à statuer sur les deux demandes [386]».

Toutefois, l'interrogation demeure sur le point de savoir ce qui se passerait si le défendeur ne s'opposait pas au désistement demandé. Un désistement accepté fera-t-il disparaître la demande initiale seulement ou la demande reconventionnelle également ?

Si la reconvention n'était qu'un moyen de défense à la demande principale, il serait normal qu'elle suive le sort de cette dernière et qu'elle s'éteigne avec elle, faute d'objet. Mais, elle constitue une demande nouvelle, jouissant d'une autonomie procédurale et pouvant poursuivre un objet distinct, selon la conception de la Cour. Il est admis que l'absence d'aspect défensif d'une demande reconventionnelle n'est pas en elle-même un obstacle à ce que celle-ci soit jointe à l'instance en cours. Elle se forme, certes, à l'occasion de la demande principale et doit présenter avec celle-ci un lien de connexité directe pour que la Cour puisse se prononcer à son sujet. Il n'en demeure pas moins que cette connexité constitue une condition de recevabilité et non un élément d'existence de la demande reconventionnelle. Or, rien ne s'oppose à ce que celle-ci, une fois régulièrement formée et admise par la Cour, continue à subsister après la disparition de la demande originaire[387]. Cette solution, également consacrée par la

[386] *CPIJ, Série D_02_3^e addem.* p. 111. La même solution a été retenue par le Tribunal irano-américain des réclamations. Aldrich écrit que « While a Claimant remains free to withdraw any and all of its claims for relief, such withdrawal cans have no effect on the Tribunal's jurisdiction over the counterclaims". G. H. Aldrich, "*The Jurisprudence of the Iran-United States* Claims *Tribunal*: *An Analysis of the Decisions of the Tribunal", Clarendon Press Oxford, 1996, p. 111.*

[387] Pour une opinion contraire voir C. Antonopoulos, *Counterclaims before the International Court of Justice*, T.M.C. Asser Press / 2011, p. 154.

jurisprudence de certains pays[388], a le mérite d'empêcher que la demande reconventionnelle soit livrée à la fantaisie du demandeur principal ;

> « Il ne peut appartenir au demandeur, soulignait l'arrêt de *Bastia* rendu par un tribunal français, de détruire par pure fantaisie et de sa propre volonté un droit dont on ne peut nier l'existence au moment où il s'est affirmé, et alors qu'il a été satisfait aux règles propres de la procédure [...][389]».

En outre, autoriser une partie au différend de détruire par sa volonté la demande qui appartient à son adversaire est difficilement compatible avec la logique juridique. Un désistement ne peut produire son effet qu'à l'égard de la partie qui le sollicite. Aux termes de l'article 89 du Règlement, une demande ne peut être retirée de l'instance que sur la demande de la partie qui l'a formulée, suivie de l'acceptation de celle contre laquelle elle est dirigée. C'est ainsi que la Cour, dans l'affaire de *la Convention sur le génocide,* a pris acte du retrait par la Yougoslavie de ses demandes reconventionnelles après que la Bosnie lui a fait savoir qu'elle ne voyait pas d'objection au désistement demandé[390].

Bref, en cas de retrait unilatéral de la demande initiale, la Cour restera saisie de la demande du défendeur formée à titre reconventionnel, et sera tenue de statuer sur les conclusions qui y

---

388 En droit français voir par ex. Civ. 12 mars 1971, *Bull. civ.* III, n° 188, p. 137. En droit belge, voir Ch. Van Reepinghen, *Rapport sur la réforme judiciaire*, Pasin, 1967, p. 318 ; Civ. Liège, 1er septembre 1967, J.T., 1977, p. 102. Pour une approche différente en la matière, voir Tribunal irano-américain des réclamations, Stanwick Corp. c. Iran, 24 IR-US CTR 1990 I p. 114.

389 Arrêt de Bastia, 9 mai 1949. Butelli, S. 1950, 2. 7 ; D. 1950, 351, note Lalou ; JCP. 1949, IV, Som. 1271, cité par J. Daspre, « De la demande reconventionnelle en matière de séparation de corps et de divorce », *thèse*, imprimerie Allier, Grenoble, 1954, p. 121.

390 *Application de la Convention pour la prévention et la répression du crime de génocide, ordonnance du 10 septembre 2001, C.I.J. Recueil 2001*, p. 573. Il est pourtant curieux que la Cour ait employé dans cette ordonnance le mot de « retrait » et non celui de « désistement », contrairement aux ordonnances portant la décision de la Cour sur le désistement du demandeur de l'instance principale.

figurent[391]. Le caractère nouveau de la demande reconventionnelle prend ici le pas sur son caractère incident et justifie l'autonomie procédurale qui lui est reconnue[392]. Il en va autrement lorsque les deux parties décident conjointement, en vertu de l'article 89 du Règlement, de mettre un terme à l'instance en cours. C'est seulement dans ce cas que la Cour sera dessaisie tant de la demande principale que de la demande reconventionnelle[393].

2. *La jonction de l'exception au fond*

La situation est plus délicate lorsque la disparition de l'instance résulte de l'acceptation par la Cour d'une exception jointe au fond. Rappelons que selon l'article 79, alinéa 9 du Règlement, face à une exception soulevée par l'une des parties, la Cour dispose de trois options : elle la retient et l'affaire s'arrête là ; elle la rejette et la procédure sur le fond reprend ; elle déclare que l'exception n'a pas dans les circonstances de l'espèce un caractère exclusivement préliminaire et la procédure reprend[394]. Dans ce dernier cas, il est arrivé à plusieurs reprises que la Cour, lors de l'examen du fond du litige, a retenu l'exception jointe au fond,

---

[391] La situation dans laquelle se trouve le demandeur reconventionnel après le désistement du demandeur principal est semblable à celle où, dans une affaire donnée, le défendeur s'abstient de comparaître devant la Cour, auquel cas l'autre partie peut demander à la Cour de lui adjuger ses conclusions (article 53 du Statut).

[392] M. Douchy-Oudot, *Procédure civile*, *op. cit.*, p. 122, n° 153.

[393] Le juge Guillaume semble s'être exprimé dans ce sens. Voir G. Guillaume, « Le désistement devant la C.I.J. », in *La cour internationale de justice à l'aube du XXIème siècle : le regard d'un juge*, Pedone, 2003, p. 149. Aussi, F. Salerno, « Demande reconventionnelle dans la procédure de la Cour internationale de justice », *RGDIP*, 1999, Tome 103, p. 370.

[394] Antérieurement à la révision du Règlement effectuée en 1972, la Cour avait la faculté de décider elle-même une jonction au fond. L'un des principaux amendements que la Cour apporta à son Règlement fut d'y renoncer sous cette forme. Désormais, la Cour se contente de constater, lorsque l'exception soulève « une question qui touche des points de substance relevant du fond » (*C.I.J. Recueil 1984*, p. 425, par. 76 ; *Recueil 1986*, p. 29, par. 37), que celle-ci n'a pas dans les circonstances de l'espèce un caractère exclusivement préliminaire. On notera quand même, comme l'a fait remarquer très justement R.J. Dupuy, que cette dernière option aboutirait à la même solution que la jonction au fond. Voir : R. J. Dupuy « La réforme du Règlement de la Cour internationale de justice », *A.F.D.I.*, 1972, p. 276.

mettant ainsi un terme au procès en cours[395]. Si le défendeur, après la jonction de son exception au fond, présente dans son contre-mémoire des conclusions reconventionnelles, il est possible que la Cour retienne l'exception lors de l'examen du fond. La question est alors de savoir si, dans ce cas aussi, la reconvention survivra à la disparition de la demande initiale, ou si elle suivra, comme l'a fait observer un auteur « le sort réservé à la demande principale [396]».

La reconvention subira le même sort que l'action principale si le défendeur subordonne lui-même l'acceptation de sa demande à celle de son adversaire. La jurisprudence de la Cour permanente en fournit deux exemples intéressants. Dans l'affaire du *Chemin de fer Panevezys-Saldutiskis*, opposant l'Estonie à la Lituanie, le défendeur souleva deux exceptions préliminaires qui furent jointes au fond par une ordonnance rendue par la CPJI le 30 juin 1938[397]. Dans son contre-mémoire, le gouvernement lituanien formula subsidiairement des conclusions reconventionnelles pour le cas où la Cour rejetterait ses exceptions[398]. Ayant retenu l'une des exceptions dans son arrêt de 28 février 1939, celle-ci déclara irrecevable la demande présentée par le gouvernement estonien sans se prononcer sur les conclusions reconventionnelles du gouvernement lituanien[399]. Dans l'affaire des *Prises d'eau à la Meuse*, la Belgique, partie défenderesse, opposa, de même, à la requête des Pays-Bas quatre conclusions subsidiaires à titre reconventionnel[400]. La Cour permanente rejeta les demandes de la partie demanderesse, et du même coup celles de la partie défenderesse, dans les termes suivants :

---

[395] Voir par exemple *l'affaire relative à Certains emprunts norvégiens, Arrêt du 6 juillet 1957 : C. I. J. Recueil 1957*, p. 27 ; *Sud-ouest africain, deuxième phase, arrêt, C.I.J. Recueil 1966*, p. 51; *Barcelona Traction, Light and Power Company, Limited, arrêt, C.I.J. Recueil 1970*, p.102; *Timor oriental (Portugal c. Australie), arrêt, C.I.J. Recueil 1995*, p. 105

[396] M. Dubuisson, *La Cour Internationale de Justice*, Paris, LGDJ, 1964, p.236.

[397] *Chemin de fer Panevezys-Saldutiskis, CPIJ, Série A/B, N° 75.*

[398] Ibid., N° 76, arrêt de 28 février 1939, pp. 7-9.

[399] Ibid. p. 22

[400] *Affaire des Prises d'eau à la Meuse (Pays-Bas c. Belgique), C.P.J.I., Série A/B, n°70, arrêt du 27 juin 1937*, p. 8.

« Les quatre conclusions des Pays-Bas, en tant que Partie demanderesse dans la demande principale, ayant été rejetées, la Cour estime qu'il n'y a pas lieu pour elle de se prononcer sur les quatre conclusions subsidiaires présentées par le Gouvernement belge dans sa Duplique. Ces conclusions n'ont été présentées qu' « au cas où sur certains points la Cour ne pourrait admettre les conclusions de la Partie défenderesse ». Après le rejet des conclusions néerlandaises, la Cour estime que ces conclusions subsidiaires sont devenues sans objet[401]».

Il ressort très clairement de ce prononcé que le rejet des prétentions du défendeur était dû non pas au *caractère incident* de la demande reconventionnelle mais au *caractère subsidiaire* que lui avait été attribué par son émetteur. La question reste de savoir quel sera le sort de la demande reconventionnelle lorsque son auteur ne subordonne pas explicitement l'acceptation de son action à celle de son adversaire. La reconvention disparaîtra-t-elle avec la demande originelle ? L'argument évoqué plus haut pour justifier son maintien en cas de désistement, fondé sur l'autonomie de la reconvention, ne semble pas pouvoir être appliqué à ce cas de figure. Cette situation diffère de celle dans laquelle l'on se trouve à la suite d'un désistement, et ce pour deux raisons. La première réside dans le fait que reporter son examen au stade du fond ne prive pas l'exception préliminaire de son objet, qui est « d'éviter non seulement une décision mais aussi toute discussion du fond »[402]. En d'autres termes, « une jonction au fond ne signifie nullement que l'exception ait été perdue de vue »[403]. L'exception jointe au fond demeure une exception, ce qui change est seulement le moment où elle est traitée par la Cour. C'est pourquoi celle-ci, dans les affaires donnant lieu à une telle jonction, s'occupe d'emblée de l'examen de l'exception et ne se penche sur le fond du litige que lorsqu'elle la rejette. Il est par conséquent difficile de concilier l'objet de l'exception – qui est d'empêcher la Cour de se prononcer sur le différend initial – avec

[401] *Ibid.*, p. 28.
[402] *Barcelona Traction, Light and Power Company, Limited, Exceptions préliminaires, arrêt, C.I.J. Recueil 1964,* p. 44.
[403] *Ibid.*

celui de la reconvention qui est de soumettre une question juridique directement liée à ce même différend.

La seconde raison tient au fait que certaines exceptions, même lorsqu'elles visent la demande initiale, peuvent mettre en cause l'ensemble des prétentions soumises à la Cour. Il en va ainsi s'agissant de l'exception de recevabilité soulevée par le défendeur faisant valoir, par exemple, que le différend n'existe pas, est devenu sans objet, porte sur un droit inexistant, n'est pas d'ordre juridique au sens du Statut ou que le demandeur n'a pas qualité pour agir. On voit mal comment le défendeur, qui prétend que le différend juridique porté devant le juge par la demande initiale est devenu sans objet ou qu'il porte sur un droit inexistant, pourrait inviter le juge à statuer sur une demande reconventionnelle qui est formulée dans le but de l'anéantir. En pareil cas, le lien de connexité entre les demandes opposées est tellement étroit que l'acceptation de l'objection mettrait inéluctablement en cause la recevabilité tant de la demande initiale que de la demande reconventionnelle. Il peut en aller autrement lorsque celle-ci se repose sur un fait complètement distinct.

La survie de la demande reconventionnelle à l'extinction de l'instance, à la suite de l'acceptation d'une exception jointe au fond, est donc une question d'espèce que la Cour doit trancher en tenant compte notamment de la nature de l'exception en cause, d'une part, et du degré du lien de connexité qui lie les demandes respectives des parties, de l'autre.

C. Distinction entre la demande reconventionnelle et les autres demandes réciproques (ou opposées)

Des situations comparables à celle où l'on se retrouve à la suite de l'introduction d'une demande reconventionnelle peuvent se présenter devant la Cour internationale. La première est celle où elle décide de joindre en une seule instance deux ou plusieurs affaires distinctes opposant les mêmes parties et ayant le même objet, comme ce fut le cas dans l'affaire du *Groenland oriental*. Cette affaire portait sur une contestation qui s'éleva entre la Norvège et le Danemark à propos d'un décret par lequel le Gouvernement norvégien affirmait avoir acquis par occupation une partie du territoire du Groenland. Le 18 juillet 1932, la

Norvège déposa une requête contre le Danemark priant la CPJI de lui reconnaître sa souveraineté sur le territoire en question. Le même jour, le Danemark déposa à son tour une requête contre la Norvège demandant à la Cour de constater le caractère illégal du décret royal en cause. La demande danoise fut jointe à l'instance engagée par la Norvège.

Pour certains auteurs l'action danoise constitue une demande reconventionnelle[404]. Ce serait nier, nous semble-t-il, le caractère incident de cette demande. Il est vrai que la situation s'apparente à celle qui aurait existé si le Danemark avait formulé sa demande à titre reconventionnel dans l'instance engagée par la Norvège. Mais, c'est moins la situation découlant de l'introduction d'une demande qui détermine la qualification de la demande présentée par le défendeur que le moyen par lequel cette introduction est effectuée. La reconvention se doit impérativement d'être formulée, sous peine d'irrecevabilité, dans les conclusions du contre-mémoire de la partie dont elle émane, et ce dans la même instance engagée par son adversaire, alors que, dans le cas de la jonction d'instance, la demande du défendeur, le Danemark en l'occurrence, est présentée par la voie d'une requête introductive d'instance[405]. Elle constitue dès lors une affaire nouvelle, et non une demande incidente. C'est la raison pour laquelle, dans son ordonnance du 18 avril 2013, rendue dans l'affaire relative *à Certaines activités menées par le Nicaragua dans la région frontalière (Costa Rica c. Nicaragua)* la Cour a déclaré qu'il n'y avait pas lieu de se prononcer sur la première demande reconventionnelle du Nicaragua parce qu'elle était devenue « sans objet » dès lors que celui-ci a intégré la même demande dans une requête introductive d'instance engageant ainsi une nouvelle

---

[404] G. Guyomar, *La Révision du règlement de la Cour internationale de justice*, Paris, A. Pédone, 1973, p. 372-373, ou 871 ; C. Antonopoulos, *Counterclaims before the International Court of Justice*, *op. cit.*, p. 122.

[405] La question de la jonction d'instance est régie par l'article 47 du Règlement qui se lit comme suit : « La Cour peut à tout moment ordonner que les instances dans deux ou plusieurs affaires soient jointes. Elle peut ordonner aussi que les procédures écrites ou orales, y compris la présentation de témoins, aient un caractère commun; ou elle peut, sans opérer de jonction formelle, ordonner une action commune au regard d'un ou plusieurs éléments de ces procédures ».

affaire contre le Costa-Rica[406]. Cette affaire a ceci d'intéressant qu'elle a été finalement jointe à celle qui avait été introduite par celui-ci contre le Nicaragua[407], mais cela n'a pas changé la nature de la demande du Nicaragua. Présentée dans un premier temps à titre reconventionnel, elle a pris la forme d'une demande principale. Bref, la situation est devenue la même : le Costa-Rica s'est à nouveau retrouvé devant la même demande nicaraguayenne, sauf qu'elle n'était plus reconventionnelle.

La Cour ne pouvait pas être plus claire sur ce point, lorsqu'elle affirme, s'agissant d'une demande d'interprétation, que :

> "A request for interpretation, inasmuch as it is submitted in an instrument instituting proceedings, does not fall within the category of incidental proceedings: it gives rise to a new case[408] ".

L'affirmation vaut sans doute *mutatis mutandis* pour d'autres procédures incidentes. C'est donc à tort, croyons-nous, que le Règlement a classé le renvoi spécial prévu à l'article 87 parmi les procédures incidentes[409]. Une demande à cet effet

---

[406] L'affaire relative à *Certaines activités menées par le Nicaragua dans la région frontalière (Costa Rica c. Nicaragua)*, demande reconventionnelle, ordonnance du 18 avril 201, para. 24.

[407] *Construction d'une route au Costa Rica le long du fleuve San Juan (Nicaragua c. Costa Rica)*, la jonction d'instances, 17 avril 2013, para. 20. Cette décision a été rendue après la soutenance de cette thèse. Pour un commentaire de cette décision voir Hadi AZARI, « La jonction d'instances devant la Cour internationale de Justice : A propos de l'ordonnance du 17 avril 2013 de la CIJ dans l'affaire de la *Construction d'une route au Costa Rica le long du fleuve San Juan (Nicaragua c. Costa Rica)* », *Annuaire français de droit international*, 2013, pp. 104-117.

[408] *Déclaration solennelle de MM. Bola Ajibola et Kéba Mbaye, juges* ad hoc *en l'affaire de la Demande en interprétation de l'arrêt du 11 juin 1998 en l'affaire de la Frontière terrestre et maritime entre le Cameroun et le Nigéria (Cameroun c. Nigéria), exceptions préliminaires, Audience publique tenue le mercredi 17 février 1999,* à *9 h 45, au Palais de la Paix, sous la présidence de M. Schwebel,* Compte Rendu, CR 3/1999 .

[409] Aux termes de l'article 87 : 1. Lorsque, conformément à un traité ou à une convention en vigueur, une affaire contentieuse est portée devant la Cour au sujet d'une question qui a fait l'objet d'une procédure devant un autre organe international, les dispositions du Statut et du présent Règlement en matière contentieuse s'appliquent. 2. La requête introductive d'instance indique la décision

s'opère, comme le précise très clairement l'alinéa 2 de l'article, par un acte introductif d'instance. Et signe du fait qu'il introduit une nouvelle affaire, le même alinéa indique, à l'instar de l'article 40 du Statut, que la requête formule en termes précis comme objet du différend devant la Cour les questions soulevées contre la décision ou l'acte de l'organe international intéressé.

Une autre situation semblable à celle où l'on se retrouve à la suite de l'introduction d'une demande reconventionnelle se présente lorsque la Cour est saisie par un compromis exprimant les demandes opposées des parties. Qu'une demande formulée dans le compromis ne puisse être considérée comme une reconvention apparaît comme une évidence, pour la raison évoquée ci-dessus à propos de la jonction ; il n'en demeure pas moins qu'il y a des cas où elle le fut. L'affaire du *Détroit de Corfou* en fournit un exemple fort intéressant[410]. Celle-ci, qui opposait le Royaume-Uni à l'Albanie, trouve son origine dans les explosions ayant touché, en 1946, des navires de guerre britanniques, qui avaient heurté des mines en passant par le détroit de Corfou. La Cour fut initialement saisie du différend par une requête introductive d'instance du Royaume-Uni, laquelle accusait l'Albanie d'avoir mouillé les mines ou d'avoir laissé un tiers les mouiller postérieurement aux opérations de déminage effectuées par les autorités navales alliées. L'Albanie présenta, dans le délai prévu pour le dépôt d'un contre-mémoire, une exception préliminaire de non-recevabilité de la requête. Par un arrêt du 25 mars 1948, la Cour a rejeté l'exception albanaise et décidé que la procédure sur le fond serait poursuivie. Le jour même du prononcé de l'arrêt, la Cour reçut notification d'un compromis intervenu entre les deux parties par lequel celles-ci étaient convenues de soumettre à la Cour les questions suivantes :

---

ou l'acte de l'organe international intéressé et copie de la décision ou de l'acte y est jointe; la requête formule en termes précis, comme objet du différend devant la Cour, les questions soulevées contre cette décision ou cet acte.

[410] D'autres exemples se sont produits devant la Cour permanente d'arbitrage. Dans deux affaires, *carthage* (1913) et *Manouba* (1913), qui opposaient l'Italie à la France, les conclusions formulées par celle-ci dans le compromis ont été considérées par certains auteurs comme des demandes reconventionnelles. Voir M. Whiteman, *Damages in international law*, vol. 1, US gov. printing office, Washington, 1937, p. 262; C. Antonopoulos, *Counterclaims before International Court of Justice*, *op. cit.*, p. 13.

« 1) L'Albanie est-elle responsable selon le droit international des explosions qui ont eu lieu le 22 octobre 1946 dans les eaux albanaises, et des dommages et pertes humaines qui s'en seraient suivis, et y a-t-il des réparations à donner ?

2) Le Royaume-Uni a-t-il violé, selon le droit international, la souveraineté de la République populaire d'Albanie par les actions de la marine de guerre britannique dans les eaux albanaises le 22 octobre 1946 et les 12 et 13 novembre 1946 et y a-t-il lieu à donner satisfaction ? »

Pour le Royaume-Uni, cette deuxième question constituait une demande reconventionnelle, dont elle demandait le rejet[411]. La Cour ne s'est pas prononcée sur la qualification de la demande anglaise et ne l'a pas traitée comme une demande reconventionnelle. On ne peut qu'approuver son attitude si elle signifie qu'elle ne partageait pas la manière de voir du Royaume-Uni. La demande de celui-ci avait été formulée dans un document intitulé « compromis », lequel se substituait à la requête unilatérale présentée auparavant par ce même pays, et définissait le champ d'activité de la Cour dans cette affaire. Celle-ci ne manqua pas de souligner cette « transformation » procédurale du procès. Dans une ordonnance rendue à la suite du dépôt du compromis, elle précisa que celui-ci « form[ait] désormais la base sur laquelle la Cour devra[it] connaître de ladite affaire [412]», et « énonc[ait] les questions que les Parties [étaient] convenu de soumettre à sa décision »[413]. Autrement dit, la Cour, dans cette affaire, fut *in fine* saisie de la demande albanaise de la même manière qu'elle le fut de la demande anglaise, à savoir par voie de compromis. Il n'y a donc pas en pareille hypothèse une demande reconventionnelle, mais des « demandes réciproques », pour

[411] Il demanda à la Cour, dans sa conclusion finale, de « dire et juger que l'Albanie n'a établi son droit sur aucun des chefs de la demande reconventionnelle [...] ». *Affaire du Détroit de Corfou, Arrêt du 9 avril 1949 : C.I.J. Recueil 1949*, p. 12.
[412] *Affaire du détroit de Corfou, ordonnance du 26 mars* 1948 : *C. I. J. Recueil* 1948, p. 55.
[413] *Ibid.*

reprendre l'expression du juge Anzilotti[414], ou des « prétentions concurrentes », pour emprunter les termes du président Tomka[415].

[414] *CPIJ, Série D_02_3e addem.* p.109.

[415] Discours de S. Exc. M. Peter Tomka, président de la Cour internationale de Justice, à l'occasion de la réunion de haut niveau sur l'état de droit, le 24 septembre 2012. Disponible sur le site de la CIJ à l'adresse suivante : *http://www.icj-cij.org/presscom/files/1/17101.pdf*

Conclusion du Titre II

Une demande reconventionnelle dont la Cour internationale "peut connaître" est, avant toute chose, une demande en justice, en ce sens que son émetteur cherche à obtenir « quelque chose de plus » que le simple rejet de la demande principale. Elle soumet à la décision de la Cour un différend juridique dont les éléments constitutifs sont distincts de ceux du différend présenté par l'acte introductif d'instance, et la solution que l'organe judiciaire lui apportera peut être, elle-aussi, différente de celle qui sera réservée à la demande principale. Ceci différencie la demande reconventionnelle d'une demande en compensation ou d'un moyen de défense. Ces deux institutions juridiques ne peuvent avoir pour conséquence, s'ils sont retenus, que le rejet - partiel ou total - de la prétention émise par le demandeur.

Elle est dans le même temps une défense au fond, en ce sens qu'elle vise à repousser les prétentions principales. Cela dit, la pratique ne cadre pas très bien avec le prononcé de la Cour dans l'ordonnance du 17 décembre 1997 qui, en conformité avec les travaux préparatoires du Règlement, met l'accent sur le caractère hybride (demande et défense) de l'acte juridique émanant du défendeur. Selon cette pratique, une reconvention dépourvue de fonction défensive peut être soumise à la décision du juge international. On constate ainsi une « évolution » dans la qualification de demande reconventionnelle par la Cour de La Haye.

La demande reconventionnelle ainsi définie peut être introduite par le « défendeur matériel » au procès. Ce qui révèle l'une des particularités de la juridiction de la Cour, et qui marque la différence entre celle-ci et d'autres juridictions en la matière. En effet, une telle demande peut être introduite dans les instances engagées par compromis, où il n'y a pas de « défendeur » au sens procédural du terme. Mais cela ne signifie pas que dans pareilles instances toutes les parties puissent se prévaloir du droit consacré par l'article 80 du Règlement afin de se mettre en position de demandeur (reconventionnel) vis-à-vis de l'adversaire. Cette faculté doit être logiquement accordée au seul « défendeur matériel », c'est-à-dire à la partie dont la condamnation à une prestation est sollicitée.

Le dernier élément d'identification d'une telle demande est son introduction dans l'instance en cours, d'où son inscription dans le Règlement parmi les « procédures incidentes ». S'il en découle qu'il doit exister lors de sa présentation une demande, appelée initiale ou principale, il n'en demeure pas moins que l'existence de celle-ci ne conditionne pas celle de la demande formée à titre incident. La demande reconventionnelle proprement introduite survivra à la disparition éventuelle de la demande initiale.

Conclusion de la première partie

En droit interne comme en arbitrage international, la consécration du droit pour le défendeur d'attaquer son adversaire fut l'aboutissement d'un processus plus ou moins long. Il a pourtant été acquis, parce qu'il présente des avantages pratiques, et assure la meilleure administration de la justice. Pour qu'il en soit ainsi, quelle que soit la juridiction concernée, la demande reconventionnelle doit satisfaire à une condition de forme et à une condition de fond. En ce qui concerne la condition de forme, elle doit être introduite dans les conclusions de la réponse du défendeur ; dans celles du contre-mémoire devant la Cour internationale. S'agissant de la condition de fond, elle doit entretenir un lien étroit de rattachement avec l'action opposée. Toutefois, le Règlement prévoit une condition supplémentaire : la compétence. Le caractère consensuel de la juridiction internationale l'exige.

L'article 31 du Statut a permis à la Cour permanente, non seulement de consacrer le pouvoir du défendeur de contre-attaquer, mais aussi de le modifier au fur et à mesure de l'évolution de la jurisprudence en la matière. La disposition relative à ce pouvoir étant adoptée par le premier Règlement en 1922, la condition de connexité n'y a été ajoutée que lors de la révision générale de cet instrument en 1936 suivant la jurisprudence issue de l'arrêt de l'*Usine de Chorzów*.

Le Règlement ne fait qu'ajuster la relation entre les parties d'une part, et entre les parties et la Cour, de l'autre. Il ne précise à aucun moment ce qu'il faut entendre par demande reconventionnelle, quels sont ses éléments constitutifs et comment elle se caractérise. Mais la jurisprudence a comblé les lacunes. Celle-ci indique que par cette demande, la partie dont elle émane cherche non seulement à anéantir ou à restreindre la demande principale, mais encore à obtenir un avantage distinct et indépendant, un jugement en sa faveur. Elle indique également que la demande reconventionnelle est formée par le défendeur, la partie visée par la demande initiale, qu'elle est une demande incidente car elle est introduite en cours d'instance. Cette conception de la demande reconventionnelle ressemble fortement à celle retenue dans les systèmes juridiques suivant la tradition continentale.

Deuxième partie

LA RECEVABILITE DE LA DEMANDE RECONVENTIONNELLE

La « recevabilité » est employée au sens large du terme. Elle concerne les conditions auxquelles une demande, reconventionnelle ou non, doit satisfaire pour que le juge puisse statuer à son sujet. Il s'agit donc du pouvoir dont jouit le juge pour examiner la demande et les caractères que celle-ci doit présenter pour que son examen soit possible. Deux conditions sont ainsi requises. La première est celle de compétence, car la juridiction de la Cour étant facultative, son intervention dans une affaire n'est possible que si les parties l'autorisent. Elle doit dès lors s'assurer que cette autorisation lui a été donnée par l'un des moyens prévus à cet effet par l'article 36 du Statut. Une fois cette condition remplie, la Cour doit s'assurer que la demande présente la qualité qui rend son examen possible.

Les conditions de la recevabilité changent selon qu'il s'agisse de la *demande reconventionnelle en tant que telle* (ou en tant qu'acte juridique) ou de la demande reconventionnelle en tant que *prétention nouvelle*. La première a été définie par la Cour comme un « acte juridique autonome ayant pour objet de soumettre une prétention nouvelle au juge » et la deuxième n'est autre que la prétention nouvelle elle-même. La distinction a été consacrée par la Cour dans l'affaire des *Plates-formes pétrolières* et celle des *Activités armées sur le territoire du Congo*. Dans la première espèce, les Etats-Unis contestèrent le droit de l'Iran de soulever, au stade du fond, des exceptions à la recevabilité de leurs demandes reconventionnelles. La Cour ne s'est pas rangée à cette manière de voir :

« La Cour estime qu'il est loisible à l'Iran, à ce stade de l'instance, de soulever des exceptions à la compétence de la Cour pour connaître de la demande reconventionnelle ou à la recevabilité de cette demande, autres que celles ayant fait l'objet de l'ordonnance du 10 mars 1998. Lorsque, par cette ordonnance, la Cour a statué sur la «recevabilité» de la demande reconventionnelle, il ne s'agissait pour elle, à ce stade, que de vérifier s'il avait été satisfait aux exigences de l'article 80 du Règlement de la Cour, à savoir s'il existait une connexité directe entre cette demande reconventionnelle et l'objet des demandes iraniennes et si [...] cette demande relevait de la compétence de la Cour. L'ordonnance du 10 mars 1998 ne traite donc, en ce qui concerne la compétence et la recevabilité, d'aucune question qui ne soit directement liée à l'article 80 du Règlement [416]».

La conclusion est claire : la recevabilité de la demande reconventionnelle au stade du fond (ou en tant que prétention nouvelle) est une chose, celle de la demande reconventionnelle au titre de l'article 80 du Règlement (ou en tant qu'acte juridique) en est une autre. Pour statuer sur la première, la Cour ne se départira pas de la pratique qui est la sienne dans l'examen des demandes qui lui sont soumises dans une affaire ordinaire, c'est-à-dire, de s'assurer, dans un premier temps, que les parties ont consenti au règlement de leur différend par l'organe judiciaire, et, dans un deuxième temps, que les conditions générales de recevabilité (existence d'un différend juridique, intérêt à agir etc.) sont dûment remplies. Ces questions ne se posent qu'au stade du fond, une fois que la demande reconventionnelle est admise et jointe à l'instance en cours (Titre II). En revanche, pour apprécier la recevabilité de *la demande reconventionnelle en tant que telle* [417] la Cour se contentera d'examiner sa conformité à la double exigence de compétence et de connexité posée à l'article 80 du Règlement. Elle le fera dans une phase préliminaire consacrée à l'examen de la demande au titre de l'article 80 du Règlement. (Titre I).

---

[416] *Plates-formes pétrolières (République islamique d'Iran c. Etats-Unis d'Amérique), arrêt, C.I.J. Recueil 2003*, p. 210, par.105 ; *Activités armées sur le territoire du Congo, (République démocratique du Congo c. Ouganda*), arrêt, C.I.J., *C.I.J. Recueil 2005,* p. 85, par. 270-274

[417] Chaque fois qu'elle est appelée à statuer sur la recevabilité d'une demande reconventionnelle au titre de l'article 80 du Règlement, la Cour précise que ces conditions sont les conditions de «recevabilité d'une demande reconventionnelle en tant que telle». *Plates-formes pétrolières, ordonnance du 10 mars 1998, C.I.J. Recueil 1998*, p. 203, par. 33 ; *Activités armées sur le territoire du Congo, ordonnance du 29 novembre 2001, C.I.J. Recueil 2001*, p. 678, par. 35 ; *Immunités juridictionnelles de l'Etat, ordonnance du 6 juillet 2010, C.I.J. Recueil 2010,* p. 6, par. 14.

Titre I

La recevabilité de la demande reconventionnelle en tant que telle

Avant de se prononcer sur le fond de la demande dont elle est saisie par voie reconventionnelle, le juge doit se prononcer en faveur de la jonction de celle-ci à l'instance en cours. Il doit à cet égard s'assurer que la demande relève de sa compétence (Chapitre I) et qu'elle présente une connexité directe avec l'objet de la demande de la partie adverse (Chapitre II).

Chapitre I.

Compétence incidente

Il convient de s'interroger sur la « compétence incidente » de la Cour en générale (Section 1), avant d'aborder la particularité de son exercice en matière reconventionnelle (Section 2).

Section 1. La compétence incidente en générale

Outre celui qui lui est accordé par les parties afin de trancher le différend qui les oppose, la Cour internationale dispose également du pouvoir de régler certaines questions, dont les procédures incidentes, qui sont susceptibles de surgir tout au long de la période durant laquelle l'affaire est pendante devant elle[418]. Son pouvoir de trancher ces questions découle de ce que l'on a

---

[418] En ce qui concerne les procédures incidentes, elles sont réglementées soit par le Statut soit par le Règlement. Le Statut confère à la Cour le pouvoir de statuer sur sa propre compétence (article 36, alinéa 6), de décider de la demande en indication de mesures conservatoires (article 41) et de la demande d'intervention (article 62 et 63). Le Règlement, quant à lui, autorise la Cour à décider sur le renvoi spécial (article 87), sur le désistement de l'instance (l'article 88), et sur la recevabilité des demandes reconventionnelles (l'article 80). Sur les questions autres que les procédures incidentes, la Cour dispose du pouvoir de décider de la validité formelle des requêtes (article 40, alinéa 1), le pouvoir de rendre des ordonnances pour la direction du procès, la détermination des formes et délais dans lesquels chaque partie doit finalement conclure; et de prendre toutes les mesures que comporte l'administration des preuves (article 48 du Statut); ainsi que sa compétence de fixer le montant de la réparation (affaire du *Détroit de Corfou, arrêt du 9 avril 1949, C. I. J. Recueil 1949,* pp. 23-26 et 36), et de reviser et d'interpréter un de ces arrêts (*Demande en révision et en interprétation de l'arrêt du 24 février 1982 en l'affaire du* Plateau continental (Tunisie/Jamahiriya arabe libyenne) *(Tunisie c. Jamahiriya arabe libyenne), arrêt, C.I.J. Recueil 1985,*p. 216, par. 43).

coutume d'appeler la « compétence incidente »[419]. La différence entre cette compétence et la compétence au fond (ou principale) tient au fait que, pour l'exercer, la Cour n'a pas à s'assurer que les parties au différend y ont consenti. En d'autres termes, l'organe judicaire principal des Nations Unies dispose, dès qu'il est saisi d'une affaire, d'un pouvoir lui permettant de statuer sur les procédures incidentes sans l'assentiment *ad hoc* des parties au litige. Dans un essai consacré à ce sujet, le professeur Briggs a souligné, à juste titre, que l'organe judicaire possède en la matière une véritable juridiction obligatoire[420]. Partant de l'idée que dans l'exercice par la Cour de sa juridiction obligatoire le consentement *ad hoc* des parties au litige est sans pertinence, Monsieur Briggs conclut son étude comme suit :

> « outre la compétence obligatoire fondée sur les déclarations effectuées en conformité de l'article 36§2 ou sur les traités stipulant cette compétence obligatoire conformément aux article 36§1 et 37, la compétence incidente conférée à la Cour par son Statut est une compétence obligatoire dans toutes les situations à l'égard desquelles, une fois qu'elle a été régulièrement saisie, 'la Cour doit exercer ses pouvoirs tels

[419] La notion de « compétence incidente » est un produit de la doctrine dans la mesure où les textes régissant le fonctionnement de la Cour, le Statut et le Règlement, n'y font aucune allusion. Les termes ont été pour la première fois utilisés dans le rapport d'un Comité d'experts institué par le Conseil de sécurité des Nations Unies pour déterminer les conditions dans lesquelles la Suisse pourrait devenir partie au Statut de la Cour internationale de justice. On lit dans ce rapport que « l'acceptation des dispositions du Statut implique l'acceptation de toute compétence incidente susceptible d'être exercée par la Cour d'après les dispositions du Statut », *Conseil de sécurité, Documents officiels, 1ère année, 2e série, Supplément n°8*, p. 160. Dans sa jurisprudence, la CIJ l'a employée pour la première fois dans son arrêt du 19 janvier 2009 dans l'affaire *Demande en interprétation de l'arrêt du 31 mars 2004 en l'affaire* Avena et autres ressortissants mexicains (Mexique c. Etats-Unis d'Amérique) *(Mexique c. Etats-Unis d'Amérique), arrêt, C.I.J. Recueil 2009*, p. 9, par. 51.

[420] H.W.Briggs, « La compétence incidente de la Cour Internationale de Justice en tant que compétence obligatoire », *R.G.D.I.P.*, vol. 64, 1960, p. 228.

qu'ils sont définis par le Statut', avec ou sans le consentement *ad hoc* des parties [421]».

La question centrale qui se pose est toutefois de savoir quel est le fondement de cette compétence. Pour certains auteurs, il y a là une exception à la règle générale de la juridiction consensuelle de la Cour internationale. Le Professeur Dubuisson semble s'être exprimé dans ce sens :

> « Si important que soit le principe du consentement des Etats comme fondement à la compétence de la Cour, il comporte quelques exceptions. La portée de ces exceptions est, à vrai dire, extrêmement limitée. Ces dernières ne concernent en effet que des cas où la Cour exerce une compétence incidente venant se greffer sur une compétence principale déjà établie [422]».

Cette idée ne trouve aucun appui dans les actes qui gouvernent les attributions de la Cour. Ni le Statut ni le Règlement ne contiennent des règles permettant de déroger au principe fondamental du consentement des Etats parties au litige. Et les termes dans lesquels la Cour affirme la nécessité de ce consentement ne laissent pas place à une telle interprétation. Dans l'arrêt qu'elle a rendu sur la requête à fin d'intervention de l'Italie

---

[421] *Ibid.,* p. 229. Il est pourtant à noter que, contrairement à ce que laisse entendre M. Briggs, il n'est pas besoin pour l'exercice de cette compétence que toutes les conditions requises d'une saisine valable ou régulière soient réunies. Dans l'affaire de la *Convention sur le génocide (Croatie c. Serbie),* la Cour a rejeté la thèse plaidée par la Serbie selon laquelle lorsqu'elle est saisie par un Etat qui ne remplit pas les conditions d'accès de l'article 35, ou à l'encontre d'un Etat qui ne remplit pas les mêmes conditions, la Cour serait même privée de la compétence de sa compétence, de la compétence pour décider si elle est compétente ou non. Ainsi, a-t-elle observé « [q]u'elle n'ait pas été «valablement saisie» ne signifie pas que la Cour ne possède pas la compétence nécessaire pour statuer sur sa compétence, c'est-à-dire pour décider si elle a été valablement saisie et si les conditions sont remplies pour qu'elle examine l'affaire au fond », *affaire relative à l'application de la Convention pour la prévention et la répression du crime du génocide, (exception préliminaire), Arrêt du 18 novembre 2008 : C. I. J. Recueil 2008,* p. 29 par. 84.

[422] Ch. Dubuisson, *la Cour internationale de justice*, LGDJ, 1964, p. 151. Voir aussi M. *Farag, L'intervention devant la Cour Permanente de Justice Internationale (articles 62 et 63 du statut de la Cour)*, L.G.D.J., 1927, p. 76

dans l'affaire du *Plateau continental (Jamahiriya arabe libyenne/Malte)*, la Cour n'a ainsi pas admis que :

> « la procédure de l'intervention [matière qui relève de la compétence incidente] fondée sur l'article 62 constitue une exception aux principes fondamentaux à la base de sa compétence : en premier lieu le principe du consentement [...]. Or la Cour considère qu'une exception de ce genre ne pourrait être admise que si elle était très clairement exprimée[423] ».

Elle s'est montrée encore plus claire à propos de la demande reconventionnelle, en observant dans son ordonnance portant sur la recevabilité de la demande reconventionnelle de la Yougoslavie dans l'affaire de la *Convention sur le génocide* que :

> « le défendeur ne saurait tirer parti de l'action reconventionnelle pour porter devant le juge international des demandes qui excéderaient les limites dans lesquelles les parties ont reconnu sa compétence[424] ».

L'idée généralement admise est que la compétence incidente de la Cour découle de *principes généraux de droit reconnus par les nations civilisées* au sens de l'article 38 du Statut de la Cour, qu'elle est l'attribut du caractère judiciaire de la Cour et relève d'un pouvoir inhérent à tout tribunal au sens du droit[425].Cette

---

[423] *Plateau continental (Jamahiriya arabe libyenne/ Malte), requête à fin d'intervention, arrêt, C. I.J. Recueil 1984,* p. 22, par. 35. Voir aussi *Différend frontalier terrestre, insulaire et maritime (El Salvador/Honduras), requête à fin d'intervention, arrêt, C.I.J. Recueil 1990,* p. 133-134, par. 99.

[424] *Application de la Convention pour la prévention et la répression du crime de génocide*, C.I.J. Rec. 1997, p. 257-258, par. 31.

[425] Voir Sh. Rosenne, *The law and practice of the International Court* 1920-2005, *op. cit.*, p. 582-3, p. 225, *G. Abi Saab, Les exceptions préliminaires dans la procédure de la Cour Internationale*, Paris, Pédone, 1967,p. 88-89; I, Shihata, *The power of the international court to determine its own jurisdiction: compétence de la compétence,* Nijhoff, The Hague,1965, p. 169 ; Ch. F. Amerasinghe, *Jurisdiction of international tribunals*, Kluwer law international, The Hague/ London/ New York, 2003, p. 312 ; *Cameroun septentrional (Cameroun c. Royaume-Uni), exceptions préliminaires, arrêt, C.I.J. Recueil 1963*, p. 123, opinion individuelle de M. le juge Gerald Fitzmaurice, p.103 ; *Plateau continental (Jamahiriya arabe libyenne/ Malte),*

interprétation repose sur le passage suivant de l'arrêt rendu par la Cour concernant sa compétence de compétence dans l'affaire de *Nottebohm* :

> « L'article 36, paragraphe 6, suffit à conférer à la Cour le pouvoir de statuer sur sa compétence dans le cas présent. Même si tel n'était pas le cas, la Cour, 'dont la mission est de régler conformément au droit international les différends qui lui sont soumis' (l'article *38*, paragraphe 1, du Statut), devrait suivre à cet égard ce que prescrit le droit international commun. Or le caractère judiciaire de la Cour et la règle de droit international commun [...] suffisent à établir que la Cour est compétente pour statuer sur sa propre compétence en la présente affaire [426]».

S'il faut néanmoins trouver un fondement consensuel à ce pouvoir, il est dans l'adhésion des Etats au Statut de la Cour. C'est dire qu'en devenant partie au Statut, un Etat accepte la juridiction incidente conférée à la Cour par cet instrument, toutes les fois où celle-ci est saisie d'un différend mettant en cause cet Etat[427]. S'exprimant sur le pouvoir de la Cour d'indiquer des mesures conservatoires (autre matière relevant de la compétence incidente de la Cour), H. Thirlway a fait observer que la juridiction de la Cour quant au fond de l'affaire qui lui est soumise, et sa compétence pour indiquer des mesures provisoires,

---

requête à fin d'intervention, arrêt, C. I.J. Recueil 1984, opinion dissidente du juge Ago, p. 120. Pour une analyse de fondement de la compétence de la Cour de décider de sa compétence, voir E. Wayler, « La détermination par la Cour de sa propre compétence », in Ch. Apostolidis (éd.), *Les arrêts de la Cour internationale de Justice*, Dijon, Edition universitaire de Dijon, 2005, p. 37 et s.

[426] *Affaire Nottebohm (exception préliminaire), Arrêt du 18 novembre 1953 : C. I. J. Recueil 1953*, p.120.

[427] H. W. Briggs, « La *compétence incidente* de la Cour Internationale de Justice en tant que *compétence* obligatoire », *op. cit.*, p. 228 ; I. Shihata, *The power of the international court to determine its own jurisdiction, op. cit.*, p. 160-170 ; S. Torres Bernadez, *L'intervention dans la procédure de la Cour internationale de Justice*, *op. cit.*, p. 333, Sh. Rosenne, *The law and practice of the International Court* 1920-2005, *op. cit.*, p. 580; (G.), *Fitzmaurice,* "The law and procedure of the International Court of Justice, 1951-4: questions of jurisdiction, competence and procedure", *B.Y.I.L.*, *1958*, p. 107, note de bas de page 3. M.O. Hudson, *The permanent court of international justice 1929-1942: A Treatise*, Macmillan, 1934, p. 408.

qui découle de l'article 41 du Statut, sont fondées l'une et l'autre sur le consentement des Etats ; à savoir le consentement à connaître de l'affaire (consent to case) et consentement au Statut (consent to Statut)[428]. Cette manière de voir a reçu la sanction solennelle de la CIJ. Dans l'affaire du *Différend frontalier terrestre, insulaire et maritime,* la Chambre instituée par la Cour après avoir rappelé que « seuls les Etats qui ont consenti pour que la Cour connaisse un différend particulier sont les parties à l'instance et ils seront liés par la décision que la Cour rendra en définitive »[429], a précisé que :

> « des procédures permettant à un Etat « tiers » d'intervenir dans un procès sont prévues aux articles 62 et 63 du Statut de la Cour. En matière d'intervention, la compétence de la Cour ne découle pas du consentement des parties à l'instance, à la différence de sa compétence pour connaître de l'affaire qui lui a été soumise, mais du fait qu'en devenant parties au Statut de la Cour, elles ont consenti à ce que celle-ci exerce les pouvoirs que lui confère le Statut. [...] l'acceptation du Statut implique acceptation de la compétence que l'article 62 confère à la Cour. La Cour est donc compétente pour admettre une demande d'intervention même si l'une des parties à l'instance, ou les deux, s'y oppose [430]».

Point n'est besoin de rappeler que l'intervention relève d'une compétence incidente. Or, la conclusion de la Chambre à son propos s'applique *mutatis mutandis* aux autres matières relevant d'une telle compétence. Cette conclusion implique, en premier lieu, que la Cour n'aura pas à se soucier de l'existence ou non du consentement des parties au différend pour statuer en ces matières, et en deuxième lieu, qu'il n'est pas besoin, pour exercer

---

[428] H. Thirlway, « Indication of provisional measures by the international court of justice", in *Interim measures indicated by international courts,* Rudolf *Bernhardt* (*ed.*) Springer-Verlag, Berlin, New York, 1994, p. 18

[429] *Différend frontalier terrestre, insulaire et maritime (El Salvador/Honduras), requête à fin d'intervention, arrêt, C.I.J. Recueil 1990,* p. 133, par. 95.

[430] *Ibid.*, p. 133, par. 96. Italiques ajoutés.

sa compétence incidente, que sa compétence quant au fond soit déjà établie[431]. Reste à savoir, en ce qui concerne la demande reconventionnelle, comment cela se traduit en pratique.

Section 2. La compétence incidente en matière reconventionnelle

Un bref rappel de la pratique de la Cour concernant la demande d'indication de mesures conservatoires est utile pour mieux comprendre celle qui est relative à la demande reconventionnelle. L'on sait que la Cour s'autorise à examiner la demande en indication de mesures conservatoires et à prescrire, le cas échéant, les mesures sollicitées avant même d'établir sa compétence quand au fond[432]. Il lui suffit d'effectuer un examen sommaire des arguments présentés par les parties afin d'établir qu'elle est compétente *prima facie*. Bien entendu, elle rejettera la demande si elle estime que les dispositions invoquées ne semblent pas constituer une base sur laquelle sa compétence pourrait être fondée[433]. Mais dans les deux cas, la Cour ne manque pas de rappeler que la conclusion à laquelle elle parvient quant à l'existence ou non de la compétence *prima facie*

---

[431] L'adjectif « incidente » utilisé pour ce type de compétence ne signifie nullement que son exercice dépend de la compétence principale de la Cour ; il signifie que la Cour est appelée à l'exercer alors que le procès est déjà en cours. Voir G. Fitzmaurice, "The law and procedure of the International Court of Justice, 1951-4: questions of jurisdiction, competence and procedure", *B.Y.I.L.*, *1958*, p. 107-108.

[432] La jurisprudence est abondante sur ce point. Voir à titre d'exemple l'affaire des *Activités armées sur le territoire du Congo (République démocratique du Congo c. Ouganda), mesures conservatoires, ordonnance du 1er juillet 2000, C. I. J. Recueil 2000,* p. 123 par. 34, p. 129 par. 47.

[433] Voir les ordonnances de la Cour rendues dans les affaires intentées par l'Ex-Yougoslavie contre les Etats membres de l'OTAN, où la Cour se déclarant incompétente prima facie rejeta les demandes en indication des mesures conservatoires. A titre d'exemple : *Licéité de l'emploi de la force (Yougoslavie c. Belgique), mesures conservatoires, ordonnance du 2 juin 1999, C.I. J. Recueil 1999,* p. 139, par 45-46. Pour le commentaire voir L. Boisson de Chazournes, « La Cour internationale de Justice aux prises avec la crise du Kosovo : à propos de la demande en mesures conservatoires de la République fédérale de Yougoslavie », *AFDI*, volume 45, 1999, p. 454 et s.

« … ne préjuge en rien [s]a compétence […] pour connaître au fond de l'affaire et laisse intact le droit du défendeur de faire valoir ses moyens à l'effet de la contester [434]».

Il en va de même en ce qui concerne la recevabilité de la demande reconventionnelle. Une fois saisie d'une demande de ce genre, la Cour vérifie s'il a été satisfait à la double exigence de « compétence » et de « connexité » posée à l'article 80 du Règlement. Il s'agit pour elle de s'assurer que les conditions de la jonction de la demande à l'instance en cours sont réunies, laissant à une phase ultérieure l'examen d'autres conditions de recevabilité requises pour une demande soumise à sa juridiction. D'où le soin qu'elle prend de souligner que ce sont les conditions de « recevabilité d'une demande reconventionnelle en tant que telle »[435]. C'est là un exercice de la compétence incidente : décider de la jonction sans se soucier de l'existence ou non du consentement *ad hoc* des parties à ce propos. Elle n'a pas, non plus, à établir sa compétence pour trancher le différend dont elle est saisie par voie reconventionnelle afin de se prononcer sur la jonction de la demande à l'instance en cours[436]. Son pouvoir de se

---

[434] Formule classique utilisée par la Cour dans toutes ses décisions sur l'admissibilité des demandes des mesures provisoires. Voir par ex. l'affaire *d'Administration du prince Von Pless, Ordonnance du 11 mai 1933 (Demande en indication de mesures conservatoires), C.P.J.I., Série A/B, n° 54*, p. 153, ou l'*Affaire de 1'Anglo-Iranian Oil Co., Ordonnance du 5 juillet 1951 : C. I. J. Recueil 1951*, p. 93 ; *Licéité de l'emploi de la force (Yougoslavie c. Belgique), mesures conservatoires, ordonnance du 2 juin 1999, C.I. J. Recueil 1999*, p., 139, par. 46.

[435] *Plates-formes pétrolières, ordonnance du 10 mars 1998, C.I.J. Recueil 1998*, p. 203, par. 33 ; *Activités armées sur le territoire du Congo, ordonnance du 29 novembre 2001, C.I.J. Recueil 2001*, p. 678, par. 35 ; *Immunités juridictionnelles de l'Etat, ordonnance du 6 juillet 2010, C.I.J. Recueil 2010*, p. 6, par. 14.

[436] L'opinion du juge Ago jointe à la décision de la Cour sur la demande en intervention de l'Italie dans l'affaire *Plateau continental* apparaît fort pertinente pour le besoin de cette argumentation. Il s'est exprimé comme suit : « pour connaître de l'intervention, la Cour n'a pas besoin qu'un titre spécial de compétence lui soit fourni […]. *Elle est simplement tenue d'observer les prescriptions qui gouvernent sa conduite* dans les hypothèses envisagées ; elle ne fait qu'agir sur la base de la compétence qui lui est conférée par rapport au procès principal et exercer dans ce cadre ses fonctions telles qu'elles sont prévues par le Statut. D'ailleurs cela est vrai aussi, et on l'a relevé, pour

prononcer sur la jonction découlant du consentement indirect des parties tel qu'il a été expliqué plus haut[437].

Comment expliquer alors la condition de « compétence » figurant à l'article 80 du Règlement ? N'y a-t-il pas une incohérence, sinon une contradiction, dans l'affirmation que pour se prononcer sur la jonction, la Cour n'a pas à examiner la compétence qui lui est conférée par les parties, se contentant de contrôler la conformité de la demande aux exigences de l'article 80, lequel prévoit que celle-ci doit « relever de la compétence de la Cour » ? L'incohérence serait manifeste si la Cour rendait, à ce stade de la procédure, un jugement définitif à propos de sa compétence pour connaître de la prétention formulée par le défendeur. Or, ce n'est pas le cas. Lorsque sa compétence pour connaître de la demande reconventionnelle est contestée par la partie contre laquelle celle-ci a été formulée, ou lorsqu'elle examine d'office le respect de cette condition, la Cour suit une démarche semblable à celle qu'elle adopte quant à la demande en indication de mesures conservatoires, telle qu'elle a été expliquée plus haut. Elle procède, dans un premier temps, à une *appréciation sommaire* de la base de compétence invoquée par le défendeur sans chercher à s'assurer de manière définitive qu'elle a compétence pour connaître de la demande. Le choix de l' « ordonnance » comme moyen de statuer sur ce point est hautement significatif, car il montre que, comme l'a fait remarquer un auteur, la décision est prise « pour la direction du procès »[438] et non pas dans le but de trancher les prétentions

---

d'autres exemples de procédures incidentes », *Plateau continental (Jamahiriya arabe libyenne/ Malte), requête à fin d'intervention, arrêt, C. I.J. Recueil 1984,* opinion dissidente du juge Ago, p. 120

437 Quoique l'argument, selon lequel en devenant parties au Statut de la Cour, les Etats ont consenti à ce que celle-ci exerce sa compétence incidente, se pose d'une autre manière à l'endroit de la reconvention car celle-ci est prévue au Règlement et non pas au Statut. Les Etats n'ont joué aucun rôle dans l'élaboration de cet instrument juridique qui reste l'œuvre de la Cour elle-même. Mais l'assentiment des Etats n'est cependant pas complètement sans pertinence dans l'adoption du Règlement dès lors que cette adoption a été réalisée selon le pouvoir conféré à la Cour par les Etats dans l'article 30 du Statut.

438 Aux termes de l'article 48 du Statut, « La Cour rend des ordonnances pour la direction du procès [...] ».

contradictoires des parties[439]. Bref, la Cour joint la demande à l'instance en cours si elle se considère *prima facie* compétente ; laissant à la phase ultérieure l'examen détaillé et complet de sa compétence pour trancher le différend qui lui a été soumis, comme elle l'a fait dans l'affaire des *Plates-formes pétrolières* (1). Inversement, elle ne joindra pas l'action du défendeur à l'instance en cours si elle se considère d'ores et déjà manifestement incompétente. Dans ce cas de figure, en concluant à l'irrecevabilité de *la demande reconventionnelle en tant que telle*, la Cour serait amenée à décliner du même coup et définitivement sa compétence pour connaître les *prétentions nouvelles* formulées dans l'acte juridique, comme cela fut le cas dans l'affaire des *Immunités juridictionnelles de l'Etat* (2).

§1. La Cour est prima facie compétente : l'affaire des Plates-formes pétrolières

Dans l'affaire de *Plates-formes pétrolières*, l'Iran a contesté que la reconvention de son adversaire satisfasse à la condition de «compétence» posée au paragraphe 1 du l'article 80 du Règlement. La Cour a rejeté cette objection, considérant que les faits invoqués dans la demande reconventionnelle présentée par les Etats-Unis « *sont susceptibles* [are capable of] d'entrer dans les prévisions du paragraphe 1 de l'article X du traité de 1955 tel qu'interprété par la Cour ; et que celle-ci est compétente pour connaître de la demande reconventionnelle des Etats-Unis dans la mesure où les faits allégués *ont pu porter atteinte*[may have prejudiced] aux libertés garanties par le paragraphe 1 de l'article X »[440]. Elle conclut enfin que « la demande reconventionnelle présentée par les Etats-Unis satisfait aux conditions posées au paragraphe 1 de l'article 80 du Règlement »[441] et qu'elle « est recevable *comme telle* et fait partie de l'instance en cours »[442].

---

[439] Y. Kerbrat « De quelques aspects des procédures incidentes devant la Cour internationale de Justice : les ordonnances des 29 novembre 2001 et 10 juillet 2002 dans les affaires des Activités armées sur le territoire du Congo », *AFDI*, volume 48, 2002. p. 351-2.

[440] *Ordonnance du 10 mars 1998, C.I. J. Recueil 1998,* p. 204, par. 36. Italiques ajoutés.

[441] *Ibid.*, p. 205, par. 40.

[442] *Ibid.,* p. 206, par. 46, alinéa a) de dispositif. Italiques ajoutés.

Elle prend toutefois soin d'ajouter, à l'instar de ce qu'elle fait au sujet de la demande en indication de mesures conservatoires, que

> « une décision rendue sur la recevabilité d'une demande reconventionnelle compte tenu des exigences formulées à l'article 80 du Règlement ne saurait préjuger aucune question dont la Cour aurait à connaître dans la suite de la procédure [443]».

Justement, dans la suite de la procédure, c'est-à-dire au stade du fond, l'Iran a maintenu ses objections à la compétence de la Cour. Les Etats-Unis ont affirmé en revanche que l'ordonnance du 10 mars 1998 avait définitivement réglé cette question. La Cour n'a pas accueilli cet argument. Elle précise que « [l]'ordonnance du 10 mars 1998 ne traite [...] en ce qui concerne la compétence et la recevabilité, d'aucune question qui ne soit directement liée à l'article 80 du Règlement »[444]. Elle procède ensuite à l'examen détaillé et complet des objections de l'Iran et les rejette dans son « arrêt » sur le fond[445], ce qui lui a permis de se prononcer sur les demandes respectives des parties[446]. Si la Cour était arrivée à la conclusion inverse, nul doute qu'elle en aurait tiré les conséquences.

Ce précédent met en exergue les caractéristiques de l'exercice par la Cour de sa compétence incidente lorsqu'elle est saisie d'une demande reconventionnelle. Elles peuvent être résumées comme suit : 1) au stade préliminaire de la procédure consacrée à la demande reconventionnelle, la Cour se contente de vérifier le respect des conditions prévues à l'article 80 du Règlement ; 2) s'agissant de la condition de compétence, elle juge, après un *examen sommaire* du titre de compétence invoqué, que les prétentions *pourraient* relever de sa compétence (autrement dit, qu'elle a compétence *prima facie*), en renvoyant à une phase ultérieure la décision finale sur ce point ; 3) elle ne s'est pas considérée, au stade du fond, liée par sa décision

---

[443] *Ibid.*, p. 205, par. 41.
[444]*Plates-formes pétrolières, arrêt, C.I.J. Recueil 2003*, p. 210, par. 105.
[445] *Ibid.*, pp. 211-214, par. 110-119.
[446]Voici sa conclusion : « S'étant prononcée sur toutes les exceptions à sa compétence pour connaître de la demande reconventionnelle et à la recevabilité de cette demande formulées par l'Iran, la Cour doit maintenant examiner la demande reconventionnelle au fond ». *Ibid.*, p. 214, par. 119.

précédente, prononcée dans l'ordonnance ; 4) ce qui signifie qu'elle pourrait décliner sa compétence pour connaître des demandes reconventionnelles pourtant déclarées recevables au stade préliminaire.

§2. La Cour est manifestement incompétente : l'affaire des Immunités juridictionnelles de l'Etat

Le 23 décembre 2008, le Gouvernement de la République fédérale d'Allemagne a déposé au Greffe de la Cour une requête introductive d'instance contre le Gouvernement de la République italienne, dans laquelle il déclarait que « par sa pratique judiciaire ... l'Italie a manqué et continue de manquer à ses obligations envers l'Allemagne en vertu du droit international». L'Allemagne invoquait comme base de compétence de la Cour l'article premier de la convention européenne pour le règlement pacifique des différends du 29 avril 1957[447]. Au terme de sa requête, l'Allemagne a prié la Cour de juger qu'en permettant que soient intentées à son encontre des actions civiles fondées sur des violations du droit international humanitaire commises par le Reich allemand au cours de la seconde guerre mondiale ; en prenant des mesures d'exécution forcée visant l'Etat allemand ; en déclarant exécutoires sur le sol italien des décisions judiciaires prises par les juridictions grecques à l'encontre de l'Etat allemand, la République italienne a commis des violations de ses obligations juridiques internationales en ne respectant pas

[447]Aux termes de l'article premier de la convention européenne : «Les hautes parties contractantes soumettront pour jugement à la Cour internationale de Justice tous les différends juridiques relevant du droit international qui s'élèveraient entre elles et notamment ceux ayant pour objet :
a) l'interprétation d'un traité ;
b) tout point de droit international ;
c) la réalité de tout fait qui, s'il était établi, constituerait la violation d'une obligation internationale ;
d) la nature ou l'étendue de la réparation due pour rupture d'une obligation internationale ».

l'immunité de juridiction reconnue à la République Fédérale d'Allemagne par le droit international[448].

Le 23 décembre 2009, l'Italie a déposé son contre-mémoire, lequel contenait dans son chapitre VII une demande reconventionnelle portant sur la question des réparations dues aux victimes italiennes des graves violations du droit international humanitaire commises par les forces du Reich allemand. A son tour, l'Italie a fondé la compétence de la Cour pour connaître de cette demande sur l'article premier de la convention européenne, invoqué conjointement avec le paragraphe 1 de l'article 36 du Statut de la Cour. Elle prie la Cour de dire et juger que, compte tenu de l'existence en droit international d'une obligation de réparation envers les victimes de crimes de guerre et de crimes contre l'humanité perpétrés par le IIIe Reich, l'Allemagne a violé cette obligation à l'égard de victimes italiennes de tels crimes en refusant de leur accorder une réparation effective, et que ce comportement engage la responsabilité internationale de l'Allemagne, et que celle-ci doit mettre fin à son comportement illicite et accorder une réparation appropriée et effective aux dites victimes, par les moyens de son choix et par la conclusion d'accords avec l'Italie[449].

Pour l'Allemagne, la demande de l'Italie n'était pas conforme aux dispositions du paragraphe 1 de l'article 80 du Règlement. Réservant sa position sur le point de savoir si la condition de connexité directe était remplie en l'espèce, celle-ci a soutenu que la demande reconventionnelle ne satisfaisait pas à la condition de compétence énoncée au paragraphe 1 de l'article 80 du Règlement. C'était sur cette dernière question que la Cour s'est penchée dans son ordonnance du 6 juillet 2010.

L'Allemagne a soutenu que le différend porté par l'Italie devant la Cour par voie reconventionnelle, concernait les «violations du droit international qui ont été commises par les forces armées et les autorités d'occupation de l'Allemagne nazie alors qu'elles exerçaient leur domination sur l'Italie et ses nationaux» entre septembre 1943 et mai 1945 et la violation de

[448]*Immunités juridictionnelles de l'Etat, ordonnance du 6 juillet 2010, C.I.J. Recueil 2010,* p. 2, par. 1.
[449]*Ibid.*, p. 3 par. 3.

son obligation d'en réparer les conséquences dommageables. Or, selon l'alinéa *a)* de l'article 27 de la convention européenne[450],

> «[l]es dispositions de la présente convention ne s'appliquent pas : *a)* aux différends concernant des faits ou situations antérieurs à l'entrée en vigueur de la présente convention entre les parties au différend».

Pour écarter cette limitation *ratione temporis,* l'Italie a soutenu que sa demande reconventionnelle trouvait son origine dans des « situations nouvelles» qui constituent la cause réelle du différend et n'entrent dès lors pas dans le champ d'application de l'article 27, à savoir le régime de la réparation établi par les accords de 1961 et des événements qui ont suivi la création de la Fondation «Mémoire, responsabilité et avenir»[451]. L'Allemagne affirmait au contraire que le régime de réparation due aux victimes italiennes restait celui instauré par le traité de paix de 1947, lequel contenait, dans le paragraphe 4 de son article 77, une renonciation de l'Italie à toutes réclamations contre l'Allemagne, en son nom et au nom de ses ressortissants. Selon l'Allemagne, la conclusion des deux accords était « un geste de bonne volonté destiné à mettre fin aux querelles juridiques relatives à l'indemnisation due dans des cas particuliers »[452].

La question était donc de déterminer si le différend entrait ou non dans le champ d'application de la limitation *ratione temporis* prévue par l'alinéa *a)* de l'article 27 de la convention européenne, comme le prétendait l'Etat défendeur à la reconvention. Pour répondre, la Cour se devait de rappeler d'emblée la règle qu'elle avait auparavant dégagée dans son arrêt du 10 février 2005 en l'affaire relative à *Certains biens,* à savoir que

---

[450]L'alinéa *a)* de l'article 27 de la convention européenne est ainsi libellé : «Les dispositions de la présente convention ne s'appliquent pas : *a)* aux différends concernant des faits ou situations antérieurs à l'entrée en vigueur de la présente convention entre les parties au différend». La convention européenne est entrée en vigueur entre les Parties le 18 avril 1961.

[451]*Immunités juridictionnelles de l'Etat, ordonnance du 6 juillet 2010,* p. 8, par. 23

[452]*Ibid.,* p. 8-9, par. 24

« l'élément décisif n'est pas la date à laquelle le différend a vu le jour, mais celle des faits ou situations concernant lesquels le différend s'est élevé[453]».

La tache de la Cour était donc double : définir l'objet du différend, et déterminer, ensuite, les faits ou situations relatives au différend en question. Elle constate que « c'est l'existence et la portée de [l']obligation de réparation qui constitue l'objet du différend que l'Italie entend soumettre à la Cour par voie de demande reconventionnelle [454]». Et elle rappelle que « conformément à sa jurisprudence, les faits et situations qu'elle doit prendre en considération sont [...] uniquement ceux qui doivent être regardés comme générateurs du différend, ceux qui en sont 'réellement la cause', et non ceux qui constituent la source des droits revendiqués [455]». En l'espèce, il lui appartient dès lors de « déterminer si le différend que l'Italie entend soumettre par voie de demande reconventionnelle, [...] concerne des faits ou situations qui se sont produits avant l'entrée en vigueur entre les Parties de la convention européenne le 18 avril 1961 – à savoir les événements survenus entre 1943 et 1945 et le traité de paix de 1947 entre les Puissances alliées et l'Italie –, ou s'il concerne des «situations nouvelles» résultant des accords de 1961 (entrés en vigueur en 1963) et de décisions prises par les autorités allemandes après l'entrée en vigueur de la convention européenne entre les Parties ».

L'enjeu est déterminant. Si le différend concerne les événements survenus entre 1943 et 1945 et le traité de paix de 1947, son incompétence est manifeste. C'est la conclusion à laquelle elle est parvenue au terme d'une analyse des traités en causes. Elle relève en effet que « [...] le différend dont l'Italie entend la saisir par voie de demande reconventionnelle concerne des faits et situations antérieurs à l'entrée en vigueur de la

[453]*Certains biens, exceptions préliminaires, arrêt, C.I.J. Recueil 2005*, p. 25, par. 48, cité dans *Immunités juridictionnelles de l'Etat, ordonnance du 6 juillet 2010*, p. 7, par. 18. Dans l'affaire relative à *Certains biens*, aussi, il s'agissait de l'application de la limitation *ratione temporis* prévue par ce même alinéa *a)* de l'article 27 de la convention européenne.

[454] *Ibid.*,p. 8 par. 22

[455] *Droit de passage en territoire indien (Portugal c. Inde), fond, arrêt, C.I.J. Recueil 1960*, p. 35, cité dans *Immunités juridictionnelles de l'Etat, ordonnance du 6 juillet 2010*, p. 7, par. 18

convention européenne entre les Parties ; et que ledit différend est donc exclu du champ d'application temporel de la convention »[456] ; et que par voie de conséquence, « [...] la demande reconventionnelle présentée par l'Italie ne relève pas de sa compétence *au titre du paragraphe 1 de l'article 80 de son Règlement* [457]».

La question fondamentale est de savoir pourquoi la Cour, dans cette espèce, a adopté une approche différente de celle qui fut la sienne dans l'affaire des *Plates-formes pétrolières*. La différence entre ces deux affaires tient, à nos yeux, à l'incompétence manifeste de la Cour dans l'affaire des *Immunités juridictionnelles de l'Etat* pour connaitre des prétentions nouvelles de l'Italie incluses dans son contre-mémoire. En fait, après l'examen de la base de compétence invoquée dans une affaire, le juge ne peut que se trouver dans l'une des trois situations suivantes : soit elle se considère manifestement incompétente, soit compétente, soit elle constate qu'il subsiste des doutes à ce propos. Dans ces deux derniers cas, la jonction de la demande à l'instance s'impose. Car s'il subsiste des doutes, si faibles soient-ils, cela signifie que la Cour pourrait être compétente[458]. Ce n'est donc que dans la première hypothèse, à savoir en cas de l'incompétence manifeste, que le rejet de la demande au stade préliminaire de la reconvention est justifié.

Cette approche, bien que nouvelle en matière reconventionnelle, est pourtant constante dans la procédure internationale relative à d'autres matières incidentes. La Cour a, en effet, eu l'occasion de rappeler qu'elle avait le pouvoir de rayer de son rôle, par une ordonnance et au stade préliminaire, une affaire sur laquelle il apparaît certain qu'elle ne pourra pas statuer au fond. Dans son ordonnance du 2 juin 1999, rendue dans l'affaire relative à la *licéité de l'emploi de la force* (Yougoslavie c. Espagne), ayant retenu les exceptions soulevées par

---

[456] *Ibid.*, p. 10, par. 30
[457] *Ibid.*, p. 10, pars 31
[458] Ch. Dominicé, « La compétence *prima facie* de la Cour internationale de Justice aux fins d'indication de mesures conservatoires », in *Liber amicorum Judge Shigeru Oda*, The Hague, Kluwer Law International, cop. 2002, vol. 1, p. 395.

l'Espagne[459], la Cour a rejeté la demande en indication de mesures conservatoires présentée par la République fédérale de Yougoslavie, et ordonna que l'affaire soit rayée du rôle. Elle a expliqué son attitude comme suit :

> « [...] dans un système de juridiction consensuelle, maintenir au rôle général une affaire sur laquelle il apparaît certain que la Cour ne pourra se prononcer au fond ne participerait assurément pas d'une bonne administration de la justice »[460].

Nul doute que cette conclusion s'applique *mutatis mutandis* à la demande reconventionnelle, surtout que le respect des principes tenant à la « bonne administration de la justice » a été considéré par la Cour comme une condition dont dépend la jonction de cette demande à l'instance[461]. « [L]'intérêt du demandeur à ce qu'il soit statué sur ses prétentions dans un délai raisonnable »[462] figure parmi ces principes, et il serait évidemment compromis si la Cour

---

[459] L'Etat demandeur fondait la compétence de la Cour, d'une part sur la clause de juridiction de l'article IX de la Convention sur le génocide et, d'autre part, sur les déclarations faites par les parties en vertu de l'article 36 (2) du Statut de la Cour afin de demander l'indication de certaines mesures conservatoires. Faisant valoir les réserves qu'il avait faites à l'une et l'autre des dispositions invoquées par son adversaire, l'Etat défendeur soutenait en revanche que la Cour était incompétente.

[460] *Licéité de l'emploi de la force (Yougoslavie c. Espagne), mesures conservatoires , ordonnance du 2 juin 1999, C.I.J. Recueil 1999,* p. 773, par. 35.

[461] Voici la conclusion de la Cour : « Considérant cependant qu'une demande doit normalement être portée devant le juge par la voie d'un acte introductif d'instance; que, s'il est admis que certains types de demandes soient formulées à titre incident, c'est-à-dire dans le cadre d'une instance déjà en cours, c'est aux seules fins d'assurer une meilleure administration de la justice compte tenu du caractère particulier des demandes en cause; qu'en ce qui concerne les demandes reconventionnelles il s'agit essentiellement de réaliser une économie de procès tout en permettant au juge d'avoir une vue d'ensemble des prétentions respectives des parties et de statuer de façon plus cohérente; et que la recevabilité des demandes reconventionnelles est nécessairement fonction des buts ainsi poursuivis et sujette à des conditions propres à prévenir les abus ». *Application de la convention pour la prévention et la répression du crime de génocide, demandes reconventionnelles, ordonnance du 17 décembre 1997, C.I.J. Recueil 1997,* p. 257 par. 30.

[462] *Ibid.*, p. 260 par. 40.

joignait au fond l'examen de la condition de compétence alors qu'il apparaît que son incompétence est manifeste.

De surcroît, ce serait vider la condition de compétence formulée à l'article 80 de sa raison d'être, et ignorer la distinction entre *la demande reconventionnelle en tant que telle* et la demande reconventionnelle en tant que *prétentions nouvelles*, si la Cour reportait, dans tous les cas, l'examen de la condition de cette compétence au stade de fond. Une fois saisie d'une demande reconventionnelle, elle doit s'assurer que les conditions posées à l'article 80 du Règlement sont satisfaites. Mais elle ne peut décider de ce point qu'après avoir examiné, ne serait-ce que brièvement, la base de compétence invoquée par le demandeur à la reconvention. S'il résulte de cet examen que les prétentions formulées par le défendeur ne relèvent manifestement pas des limites dans lesquelles les parties ont reconnu sa compétence, elle rejettera la demande. S'il en ressort, en revanche, qu'elle est compétente, ou qu'il subsiste des doutes à ce propos, elle procédera à l'examen de la deuxième condition requise par l'article 80 du Règlement, à savoir la connexité.

Chapitre II.

Recevabilité spéciale : la connexité

Contrairement à la condition de compétence qui n'est exigée que dans les juridictions facultatives comme celle de la Cour internationale, la connexité est requise dans toutes les juridictions internes ou internationales, judiciaires ou arbitrales. Aucune loi de procédure n'admet que le défendeur puisse riposter à son adversaire par une demande reconventionnelle sans exiger que celle-ci entretienne un certain lien de rattachement avec l'action menée à titre principal. En ce qui concerne la Cour internationale, le Règlement exige qu'il existe une « connexité directe » entres les deux demandes. Si sa notion est dans tous les cas la même, et que son appréciation se fait toujours selon les mêmes critères (Section 1), la conséquence qui peut en découler, à savoir la jonction de la demande à l'instance en cours, peut varier selon le cas (section 2).

Section 1. L'exigence de connexité

On l'a dit, c'est le Règlement qui exige que la demande présentée en vertu de son article 80 soit en « connexité directe » avec l'objet de la demande opposée (§ 1), mais c'est dans la jurisprudence qu'il faut chercher la réponse à la question de savoir ce qu'il faut entendre par cette expression (§ 2).

§1. La condition de connexité dans le Règlement de la Cour internationale

Le premier Règlement de la Cour permanente élaboré en 1922 ne faisait pas référence à la condition de connexité. Celle-ci n'y a été insérée que ultérieurement, lors de sa révision générale en 1936. Il n'est pas sans intérêt de s'attarder quelque peu sur l'historique de cette évolution (A) avant d'exposer les raisons de cette insertion (B).

A. L'historique de son insertion

L'article 33 de l'avant-projet de la disposition relative à la demande reconventionnelle dans le Règlement de 1922, ne faisait aucune allusion au lien de connexité devant exister entre la demande initiale et celle portée à titre reconventionnel. Portant sur le contenu des mémoires et contre-mémoires, il affirmait que ces derniers peuvent comprendre « les conclusions qui pourront comprendre des demandes reconventionnelles, fondées sur des faits avancés, et qui seront numérotées dans l'ordre »[463]. Le projet de Règlement élaboré par le comité de rédaction n'ajouta rien sur ce point à la disposition précitée de l'avant projet. Une discussion s'engagea toutefois entre les juges sur la différence entre « demandes reconventionnelles nécessaires pour la défense » et « demandes reconventionnelles indépendantes ». La distinction tient à l'existence d'un lien de rattachement entre les demandes opposées des parties au procès. Dans le premier cas, l'existence de ce lien relève de l'évidence, alors que dans le second il fait défaut. La discussion n'ayant pas abouti, la formule subsista, moyennant une légère correction :

> « Les contre-mémoires comprennent : ... 4) des conclusions fondées sur les faits énoncés ; ces conclusions peuvent comprendre des demandes reconventionnelles pour autant qu'elles rentrent dans la compétence de la Cour[464]».

L'expression « fondées sur des faits avancés », employée par cet article, a fait penser au professeur Genet qu'« était exprimée une exigence de connexité entre la demande reconventionnelle et la demande principale ». Il soutient qu'ainsi décrite, l'action reconventionnelle comportait nécessairement le lien de droit dès lors qu'elle devait être « fondée sur les faits avancés ». C'est une erreur. L'expression « fondées sur des faits

---

[463] *C.P.J.I., Série D. n°2,* pp.261-262.

[464] Article 40, §2, al. 4, ibid., p. 570, voici la version anglaise du texte : « counter-case shall contain : ... 4) conclusions based on the facts stated ; these conclusions may include counter-claims, in so far as the latter come within the jurisdiction of the Court ».

avancés », concernait « les conclusions » dont traitait la disposition et non pas les demandes reconventionnelles. Il est vrai qu'en dernière analyse, celles-ci font parties, selon la disposition ainsi rédigée, du contenu des « conclusions », mais, sous cet angle également, les termes « fondées sur des faits avancés » n'ont rien à voir avec la condition de « connexité ». Ils ne sont que l'expression de la règle suivant laquelle les conclusions d'une partie (demandeur ou défendeur) à l'instance doivent logiquement découler des éléments de faits présentés par cette même partie dans son mémoire ou contre-mémoire[465]. C'est d'ailleurs, semble-t-il, la raison pour laquelle, la Cour permanente a fini par modifier la disposition initiale de manière à ce que, dans la rédaction finale, la phrase « fondées sur des faits avancés » suive directement « les conclusions ».

Sous l'empire de l'article 40 du Règlement de 1922, une demande reconventionnelle a été présentée à la Cour permanente dans l'affaire *Usine de Chorzów*. La Cour, dans son arrêt de 1928 sur le fond, affirma que « [l]a demande reconventionnelle (…) se trouve en rapport de connexité juridique avec la demande principale »[466]. Elle ajouta, en renvoyant à l'article 40, alinéa 4 de son Règlement, que « la demande reconventionnelle ayant été formulée dans le contre-mémoire, les conditions de forme exigées par le règlement se trouvent réalisées en l'espèce aussi bien que les conditions de fond »[467]. Il est clair que par « les conditions de fond » la Cour permanente entendait celles qu'elle venait d'examiner, c'est-à-dire la compétence et la connexité. Et comme cette dernière n'était pas prévue à l'article 40 du Règlement de

---

[465] Cette règle est énoncée à l'Article 49 du Règlement actuel comme suit : 1. Le mémoire contient un exposé des faits sur lesquels la demande est fondée, un exposé de droit et les conclusions. 2. Le contre-mémoire contient : la reconnaissance ou la contestation des faits mentionnés dans le mémoire ; le cas échéant, un exposé additionnel des faits ; des observations relatives à l'exposé de droit contenu dans le mémoire ; un exposé de droit en réponse ; et les conclusions.

[466] *CPJI, Série A n° 17*, p. 38

[467] *Ibid.* Néanmoins en se tournant vers certains motifs à partir desquels la conclusion de la Pologne s'était fondée, la Cour finit par la considérer comme un moyen opposé à la demande de l'Allemagne. Les travaux préparatoires du règlement sur la demande reconventionnelle montrent, eux aussi, que cette affaire ne fut pas considérée comme une expérience en la matière. Voir : *Série D_02_ 3e add.* p. 768 et 821.

1922, les juges songèrent à l'y introduire expressément lors de la révision de 1936.

La question a été amplement discutée lors de la quatorzième séance tenue le 29 mai 1934[468]. M. Schucking se demanda si la notion de demande reconventionnelle comprend seulement les demandes présentant un lien avec les moyens de la défense ou si la partie défenderesse est toujours en droit d'introduire par le contre-mémoire une demande reconventionnelle dont le contenu est sans connexité avec la demande principale. Invité à se prononcer sur ce point, M. Anzilotti rappela que la question fut traitée par la Cour dans l'un de ses arrêts, celui de l'*Usine de Chorzów*, dans lequel la demande reconventionnelle avait été considérée comme admissible, parce qu'elle était en connexité juridique avec la demande principale[469]. La séance se poursuivit par une longue discussion sur les diverses questions, y compris celles de la différence entre la demande reconventionnelle considérée comme une défense au mémoire du demandeur et celle considérée comme une demande nouvelle, sans arriver à un résultat concret. En revanche, au cours de la treizième séance (29 mai 1934), les juges Negulesco, Wang, Schucking et Fromageot, proposèrent de substituer à la dernière phrase de l'alinéa 2 de l'article 40 du projet de la Commission de coordination un article spécial ainsi conçu :

> « peuvent seules être introduites dans le contre-mémoire comme demandes reconventionnelles, des demandes qui sont en connexité directe avec l'objet de la requête présentée par l'autre partie, pourvu qu'elles rentrent dans la compétence de la Cour[470] ».

Ainsi pour la première fois l'expression « connexité directe » apparut dans les travaux préparatoires de la disposition relative à la reconvention, disposition qui devint le texte final de l'article 63 du Règlement adopté à la date du 11 mars 1936, selon lequel :

> « Lorsque l'instance a été introduite par requête, une demande reconventionnelle peut être

[468] *Ibid.*, 104-117, et *Série D_02_4e add.*, p. 261-266.
[469] *Ibid.*, p.105.
[470] *Ibid.*, p.110.

présentée dans les conclusions du contre-mémoire, pourvu que cette demande soit en connexité directe avec l'objet de la requête et qu'elle rentre dans la compétence de la Cour. Toute demande qui n'est pas en connexité directe avec l'objet de la requête originaire, doit être présentée sous forme de requête séparée et peut rester l'objet d'une instance distincte ou être jointe par la Cour à l'instance primitive[471]».

Depuis 1936, le Règlement a fait l'objet de multiples modifications et l'article portant sur la demande reconventionnelle a été plusieurs fois remanié, mais la condition de recevabilité imposée par cet article n'a connu aucune modification : il s'agit toujours de la « connexité directe».

B. Raisons d'être de la condition de connexité

Il y en a deux : l'une est commune à toutes les procédures incidentes (1), l'autre propre à la reconvention (2).

1) La connexité : une condition tenant au caractère incident de la demande reconventionnelle

Les procédures incidentes sont par définition celles qui viennent s'immiscer dans une instance déjà engagée. Le caractère « incident » ne peut leur être attribué que si elles se rattachent à l'instance concernée. Ce point a été clairement mis en relief par la Cour dans l'arrêt *Haya de la Torre*, dans les termes suivants :

> « toute intervention est un incident de procédure ; par conséquent, une déclaration déposée à fins d'intervention ne revêt, en droit, ce

[471] *Ibid.*, p. 1015. Voici la version anglaise : "When proceeding have been instituted by means of an application, a counter-claim may be presented in the submissions of the Counter-Memorial, provided that such counter-claim is directly connected whit the subject of the application and that it comes within the jurisdiction of the Court. Any claim which is not directly connected with the subject of the original application must be put forward by means of a separate application and may form the subject of distinct proceedings or be joined by the Court to the original proceedings."

caractère que si elle a réellement trait à ce qui est l'objet de l'instance en cours[472]».

Les effets de ces procédures sont divers, mais ils ont en commun de se produire par rapport à l'objet de l'instance sur laquelle elles se greffent. L'objectif est de mettre un terme à la procédure déjà engagée, pour ce qui est des exceptions préliminaires et du désistement, d'élargir la sphère du débat primitif, s'agissant de l'intervention, de modifier le cadre et les éléments du litige initial dans le cas des demandes reconventionnelles ; il ne peut être atteint que si les demandes formulées à cet effet se rapportent à l'enjeu du procès en cours. C'est pour cela que la nécessité d'un lien de rattachement s'impose avec la force de l'évidence. Les exceptions préliminaires et la demande du désistement, ne sont-elles pas soulevées dans le dessein d'empêcher le juge de statuer sur ce dont il est saisi ? Peut-on concevoir une demande en indication des mesures conservatoires portant sur des faits ou circonstances autres que ceux sur lesquels le juge est invité à se prononcer au fond ? Un Etat peut-il intervenir dans l'instance si son intérêt n'est pas affecté par la décision que rendra la Cour sur l'objet du litige qui oppose les parties principales ? Et, enfin, une conclusion reconventionnelle étrangère à la demande introductive d'instance pourrait-elle avoir pour effet d'élargir l'objet du litige initial ? La réponse à toutes ces questions est assurément négative.

La modification de l'objet du différend initial n'est possible que par l'adjonction dans l'instance des prétentions qui y sont liées. Ceci est valable tant pour la demande reconventionnelle que pour la demande additionnelle ou encore, pour la demande d'intervention partie. Il s'agit d'une règle générale de procédure dont on voit une illustration expresse dans l'article 4 de NCPC français, selon lequel :

> « l'objet du litige peut être modifié par les demandes incidentes lorsque celles-ci se rattachent aux prétentions originaires par un lien suffisant ».

---

[472] *Affaire Haya de la Torre, Arrêt du 13 juin 1951 : C.I. J. Recueil 1951*, p. 76.

Il ne pourrait en aller autrement devant la Cour internationale. C'est pourquoi celle-ci a vérifié dans l'affaire de l'*Usine de Chorzów*, la connexité de la reconvention polonaise avec la requête allemande sans que cela soit exigé par le Règlement de l'époque. C'est toujours pour cette même raison qu'elle apprécie le rattachement de la demande additionnelle à l'objet de la requête alors qu'aucune règle dans les textes régissant ses attributions ne lui impose cette vérification[473]. Bref, le rattachement de la demande incidente à l'objet de la controverse pendante relève de l'évidence et sa consécration par les différentes juridictions permet d'affirmer l'existence d'un principe général de droit dont l'application dans le droit international ne porte point à doute.

Ce n'est pas qu'à ce titre que l'existence du lien de rattachement entre la procédure incidente et l'objet du procès en cours s'impose ; elle est expressément consacrée, du moins pour certaines d'entre elles par le Règlement ou par la jurisprudence de la Cour internationale. C'est notamment le cas de la demande en indication des mesures conservatoires[474], de la demande à fin d'intervention[475] et de la demande reconventionnelle. Quant à

---

[473] Selon une jurisprudence établie, pour être recevable, la demande additionnelle doit être matériellement incluse dans la demande originaire, c'est-à-dire qu'elle « soit implicitement contenue dans la requête » ou qu'elle découle « directement de la question qui fait l'objet de cette requête », *Différend territorial et maritime entre le Nicaragua et le Honduras dans la mer des Caraïbes (Nicaragua c. Honduras), arrêt, C.I.J. Recueil 2007,* par. 110.

[474] L'article 73 du Règlement énonce expressément, dans son alinéa 1, qu' « une partie peut présenter une demande en indication de mesures conservatoires par écrit à tout moment de la procédure engagée en l'affaire au sujet de laquelle la demande est introduite ». La jurisprudence est en la matière constante. Voir, par exemple, *Plateau continental de la mer Egée, mesures conservatoires, ordonnance du 11 septembre 1976, C.I.J. Recueil 1976, par.* 34, p 12 ; *Sentence arbitrale du 31 juillet 1989, mesures conservatoires, ordonnance du 2 mars 1990, C.I.J. Recueil 1990,* p. 70, par. 26 ; *Application de la Convention pour la prévention et la répression du crime de génocide, mesures conservatoires, ordonnance du 8 avril 1993, C.I.J. Recueil 1993,* p. 19 par. 34 ; *Demande d'examen de la situation au titre du paragraphe 63 de l'arrêt rendu par la Cour le 20 décembre 1974 dans l'affaire des Essais nucléaires (Nouvelle-Zélande c. France), C.I. J. Recueil 1995,* p. 306-7.

[475] Aux termes de l'article 81 du Règlement, une requête à fin d'intervention fondée sur l'article 62 du Statut doit préciser l'affaire qu'elle concerne (art. 81 alinéa 2) et spécifier l'objet précis de l'intervention (art. 82 alinéa 2 b). Selon l'article 82, un Etat qui désire se prévaloir du droit d'intervention que lui

celle-ci, le lien la rattachant à l'objet de la procédure principale est prévu à l'alinéa 1 de l'article 80 du Règlement dans les termes suivants :

> « La Cour ne peut connaître d'une demande reconventionnelle que si celle-ci [...] est en connexité directe avec l'objet de la demande de la partie adverse ».

Le Règlement ne se borne pas à exiger un lien de rattachement quelconque ; il en précise la nature : la connexité doit être « directe ». Le critère est visiblement plus exigeant que celui retenu pour les autres procédures incidentes. La fonction de la demande reconventionnelle l'explique.

---

confère l'article 63 du Statut dépose à cet effet une déclaration. Celle-ci doit préciser l'affaire et la convention qu'elle concerne (art. 82 alinéa 2), et contenir l'indication des dispositions de la convention dont il estime que l'interprétation est en cause (art. 82 alinéa 2 b). Une demande soumise à la Cour à fin d'intervention fondée sur l'article 62 ne sera admise que si l'Etat désireux d'intervenir démontre, aux termes de cet article, qu'« un intérêt d'ordre juridique est pour lui en cause ». L'intérêt en question doit être identifié par rapport à la solution que la Cour adoptera dans son arrêt à propos du différend qui lui a été porté par les parties principales. Voir notamment *Plateau continental (Jamahiriya arabe libyenne / Malte), requête à fin d'intervention, arrêt, C.I.J. Recueil 1984*, Opinion dissidente du juge Schwebel, pp. 138-139 ; *Différend frontalier terrestre, insulaire et maritime (El Salvador/ Honduras), Requête afin d'intervention, arrêt, C.I.J. Recueil 1990,* p. 121, par. 72 ; *Frontière terrestre et maritime entre le Cameroun et le Nigeria, requête à fin d'intervention, ordonnance du 21 octobre 1999, C.I. J. Recueil 1999,* p. 1034, par. 13. S'agissant de l'article 63, au contraire, l'intérêt de l'Etat tient précisément à l'interprétation que la Cour donnera des règles et principes de la convention invoquée par les parties, à laquelle le demandeur en intervention a adhéré. Une importante évolution jurisprudentielle a modifié cette distinction traditionnellement établie entre deux types de procédure incidente, évolution qui rapproche de plus en plus la première de la seconde. Dans l'arrêt de la *Souveraineté sur Pulau Ligitan et Pulau Sipadan (Indonésie/Malaisie)*, la Cour a conclu qu'un Etat peut intervenir même si l'intérêt d'ordre juridique qu'il invoque ne porte pas sur l'objet même de l'affaire, *C. I. J., Recueil 2001,* p. 597-8, par 55.

2) La connexité : une condition tenant à la fonction de la demande reconventionnelle

Si le Règlement exige que la demande reconventionnelle doit entretenir un rapport spécial et très étroit avec la demande initiale c'est parce que :

- cette demande tout en assurant la meilleure administration de la justice, en faisant l'économie de procédure, présente des inconvénients importants : elle rallonge la durée du procès en cours et, retarde, par conséquent, la solution du litige original. L'exigence de connexité vise à établir un équilibre entre ces caractéristiques contradictoires de la demande reconventionnelle. Celle-ci ne sera admise que pour autant qu'elle permette la réalisation des avantages escomptés.

- empêcher le défendeur de soumettre au juge ses propres prétentions alors qu'elles sont en étroite relation avec l'enjeu du procès est peu conforme à l'équité et à la justice dont tout tribunal doit assurer le respect. Mais, l'autoriser à formuler délibérément des demandes sans aucun lien avec la demande primitive pourrait compliquer le déroulement de l'instance et compromettre les exigences d'une bonne justice. Si la demande reconventionnelle est connexe à la demande principale, l'équité est assurée et ces exigences sont respectées.

- il est vrai qu'« il revient au demandeur, dans sa requête, de présenter à la Cour le différend dont il entend la saisir et d'exposer les demandes qu'il lui soumet »[476]. Mais, le défendeur dispose, lui aussi, du droit de soumettre des demandes reconventionnelles au jugement de la Cour, ce qui a pour conséquence d'élargir l'objet du litige tel qu'il a été défini par le demandeur[477]. En bonne logique, le droit conféré au défendeur ne peut pas avoir pour effet

---

[476] *Compétence en matière de pêcheries (Espagne c. Canada), compétence de la Cour, arrêt, C.I.J. Recueil 1998*, p. 447, par. 29.

[477] Comme l'a fait à juste titre observer le juge Bedjaoui « Dans le procès international, comme du reste dans un procès interne, l'Etat défendeur ne possède pas, de par sa qualité même de défendeur, un pouvoir d'intervention dans la définition de l'objet présentée par le demandeur. Il ne pourrait jouir de ce droit que *s'il change de qualité*, ce qui se produit (...) lorsque dans une instance introduite par voie de requête (...), l'Etat défendeur introduit *une demande reconventionnelle ». Ibid.*, Opinion dissidente du juge Bedjaoui, p. 522, par. 16. Italique dans l'original.

de vider la prérogative du demandeur de son contenu. L'extension de l'objet du litige par la reconvention ne peut dès lors être admise si cela risque de détourner l'objet du litige initialement défini. La connexité assurera l'observation de ce principe, et le respect de ses limites. Elle empêche l'extension démesurée de l'instance.

- l'introduction d'une demande en justice se fait, en principe, par les moyens ordinaires de la saisine prévus dans les actes régissant le fonctionnement du tribunal. En ce qui concerne la Cour internationale, ce sont le compromis et la requête (l'article 40 du Statut). La reconvention ne se substitue nullement à ces moyens ; elle est acceptée, on l'a dit, en tant que moyen exceptionnel de l'introduction d'une demande en justice. La connexité limite la faculté laissée au défendeur de saisir le juge des questions juridiques par d'autres voies qu'un acte introductif d'instance. Autrement dit, si le défendeur était autorisé à soumettre au juge n'importe quelle prétention par voie d'une reconvention, celle-ci ne sera plus une exception à la règle générale de la saisine du juge par acte introductif d'instance, mais un mode de saisine comme les autres. C'est ainsi que le juge Anzilotti a écrit que :

> « Une correcte interprétation du Statut porte à considérer que la demande reconventionnelle ne peut être admise qu'exceptionnellement dans le cas où cette demande se trouve en rapport spécial avec la demande principale. Il est en effet absurde que l'Etat qui introduit une demande puisse se trouver exposé à voir avancer contre lui, dans la même instance n'importe quelles prétentions, de telle sorte que toute requête unilatérale puisse ouvrir la voie à des contestations indéfinies et imprévisibles »[478].

Et dans le même ordre d'idée, Charles de Visscher souligne :

> « Il va de soi [...] que le demandeur principal ne peut se voir imposer par cette voie, qui n'est ni celle du compromis, ni celle de la requête,

[478] Anzilotti, « La demande reconventionnelle en procédure internationale », *op. cit.,* p. 870.

n'importe quelle demande. La demande reconventionnelle introduit, en effet, dans l'instance des éléments nouveaux. Autoriser le défendeur à profiter de sa position pour formuler, par simples conclusions et sans autre condition, une demande nouvelle dont la Cour serait seule à connaître irait à l'encontre des dispositions statutaires fondamentales qui régissent la juridiction de la Cour. De là, la double exigence [compétence et connexité], énoncée à l'article 63, qui tend à préserver, sous le contrôle de la Cour, l'équilibre entre les parties »[479].

Tant les travaux préparatoires que la jurisprudence internationale vont dans le même sens. Lors de l'adoption de l'article 63 du Règlement de 1936, certains juges renvoyant à l'article 40 du Statut, se montrèrent hostiles à l'adoption de la disposition autorisant la présentation des demandes reconventionnelles dans le contre-mémoire de la partie défenderesse. On l'a déjà signalé. L'article ne fut adopté qu'à partir du moment où il est devenu clair qu'il ne s'agissait pas de n'importe quelle demande, mais uniquement de celle « dépendant directement des faits de la demande principale »[480]. Ce faisant, les juges ont voulu « maintenir l'institution très pratique qu'est l'action reconventionnelle introduite dans le contre-mémoire, tout en établissant clairement que cette possibilité est restreinte »[481].

De même, la Cour actuelle a conclu dans l'ordonnance du 17 décembre 1997 portant sur la recevabilité de la demande reconventionnelle yougoslave dans l'affaire de la Convention sur le génocide, qu'« une demande doit normalement être portée devant le juge par la voie d'un acte introductif d'instance; [...] s'il est admis que certains types de demandes soient formulées à titre incident, c'est-à-dire dans le cadre d'une instance déjà en cours, c'est aux seules fins d'assurer une meilleure administration de la justice » ; « le défendeur ne saurait davantage imposer par cette voie au demandeur n'importe quelle demande, au risque de porter

---

479 Charles de Visscher, *Aspects récents du droit procédural de la Cour internationale de Justice*, *op. cit.*, p. 114-115.
480 *CPIJ, Série D_02_3e addem.* p. 112.
481 *Ibid.*

atteinte aux droits de celui-ci et de compromettre la bonne administration de la justice; et [...] que c'est pour ce motif qu'il est exigé, au paragraphe 1 de l'article 80 du Règlement, que la demande reconventionnelle soit en connexité directe avec l'objet de la demande de la partie adverse »[482].

Il ressort clairement de ce qui précède que l'exigence de connexité constitue la condition *sine qua non* de l'admissibilité de cette demande devant toutes les juridictions, et *a fortiori* devant la Cour internationale, pour les raisons expliquées ci-dessus. Mais que faut-il entendre par l'expression « connexité directe ».

§2. La connexité directe

Provenant du latin connexus (connectere) qui signifie « lier ensemble », la « connexité » n'a fait l'objet, ni en droit interne ni en droit international, d'aucune définition légale et précise. La raison en est le caractère vague, voire trop fluctuant, de l'expression. Son adjectif « directe » consacré par le Règlement n'éclaire guère[483] ; il n'est qu'une condition de qualification, a dit le juge *ad hoc* Kréca, un facteur qui définit la qualité de la « connexité », comme le principal élément de l'expression[484].

C'est pourquoi, en droit international, comme en droit interne, c'est au juge qu'est laissé le soin de vérifier dans chaque espèce si la demande formée à titre incident est suffisamment liée à l'action originale pour que le traitement simultané des demandes opposées soit justifié. Qu'en est-il de la position du juge de La Haye ? La réponse impose un bref rappel de la conception que les juges de la CPJI se sont fait de cette expression lors de l'élaboration du Règlement.

---

[482] *Application de la convention pour la prévention et la répression du crime de génocide, demandes reconventionnelles, ordonnance du 17 décembre 1997, C.I.J. Recueil 1997*, p. 257-8.

[483] Le même adjectif a été utilisé par le Règlement du Centre international de règlement des différends liés aux investissements (CIRDI) qui dispose dans le premier alinéa de son article 40, relatif aux demandes accessoires, qu'« (...), une partie peut présenter une demande incidente, additionnelle ou reconventionnelle, se rapportant directement à l'objet du différend (...) ».

[484] *Application de la convention pour la prévention et la répression du crime de génocide, demandes reconventionnelles, ordonnance du 17 décembre 1997, C.I.J. Recueil 1997,* Déclaration du Juge *ad hoc* Kreća, p. 68.

A. Travaux préparatoires

Dans la première affaire où une demande reconventionnelle a été soulevée, celle de l'*Usine de Chorzów*, la Cour permanente utilisa les termes de « connexité juridique » sans préciser ce qu'il fallait entendre par cette expression. Elle s'exprima comme suit :

> « La demande reconventionnelle est basée sur l'article 256 du Traité de Versailles qui constitue le fondement de l'exception soulevée par la partie défenderesse, et [...] partant, elle se trouve en rapport de connexité juridique avec la demande principale »[485].

Il n'a pas été indiqué de quelle « exception » il s'agissait. En fait, la Pologne demandait à la Cour d'exclure de l'indemnité réclamée par l'Allemagne les sommes correspondant à la valeur des droits et intérêts du Gouvernement allemand dans l'entreprise de Chorzów, qu'elle estimait transférée à l'Etat polonais du fait de l'article 256 du Traité de Versailles. Et elle était d'avis que cela ne pouvait être réalisé que sous une seule forme : la livraison par l'Etat allemand à la Pologne des actions de l'Oberschlesische. Elle formula dès lors dans son contre-mémoire, une conclusion, qualifiée de demande reconventionnelle, ainsi conçue :

> « en tout cas, dire et juger que le Gouvernement allemand doit, en premier lieu, livrer au Gouvernement polonais la totalité des actions de la Société anonyme Oberschlesische Stickstoffwerke de la valeur nominale de 110, 000, 000 de marks dont il dispose en vertu de contrat du 24 décembre 1910 »[486].

Il semble donc qu'en se référant à l'« exception » (objection dans la version anglaise du texte) fondée sur l'article 256 du Traité de Versailles, la Cour visait l'argument de la Pologne tendant à éliminer de l'indemnité éventuellement due à l'Oberschlesische les montants des actions en cause. S'il en va ainsi, la demande reconventionnelle polonaise se trouve effectivement en connexité

[485] *Affaire de l'Usine de Chorzów (Allemagne c. Pologne), C.P.J.I., Série A, n° 13,* p. 38

[486] *Ibid.*, p. 36

juridique avec la demande principale dans la mesure où elle découle de l'argument avancé par la Pologne comme le moyen de défense à la prétention allemande.

Cela dit, la solution adoptée dans l'arrêt de Chorzów n'inspira guère les juges de La Haye lorsqu'ils mirent au point la disposition du Règlement relative à la reconvention, lors de la révision de 1936, en vue d'y insérer l'exigence d'un lien rattachant les demandes opposées des parties. Le texte proposé par les quatre juges au cours de la treizième séance tenue le 29 mai 1934, qui devint l'article 63 dans le Règlement de 1936, visait la « connexité directe » et non la « connexité juridique ». Lors du débat qui procéda l'adoption de l'article, la question fut de savoir si l'expression « connexité directe » vise une connexion de fait ou une connexion de droit[487]. Les membres de la Cour furent divisés sur ce point. Le juge Fromageot fit valoir qu'« il ne peut s'agir que d'une connexité de fait, c'est le même fait d'où résultent les deux actions, l'action principale et l'action reconventionnelle. On peut bien imaginer un cas de pure connexité de droit, par exemple lorsque deux réclamations opposées, nées de faits entièrement différents, se fondent sur un même texte conventionnel. Mais cela, semble-t-il, ne devrait pas, du point de vue de la Cour, justifier la présentation de semblables demandes sous forme reconventionnelle »[488]. Le Juge Schinking soutint, au contraire qu'« en disant que les demandes reconventionnelles doivent présenter une connexité directe avec l'objet de la requête principale, les auteurs du texte ont voulu choisir une formule souple qui devra être interprétée par la jurisprudence de la Cour; en général, il s'agira d'une connexité de droit et de fait »[489]. Faute de parvenir à une conclusion unanime, ils ont laissé à la jurisprudence le soin d'apporter la réponse à la question de savoir que faut-il entendre par la « connexité directe »[490].

---

[487] Intervention du juge Adatci à la séance du 29 mai 1934, *CPIJ, Série D_02_3^e addem.* p. 105.
[488] *Ibid.,* p.112 ; dans le même sens, le juge WANG, *ibid.,* p.114.
[489] *Ibid.,* p. 112.
[490] *Ibid.,* p. 112 et 781.

B. L'apport de la jurisprudence

Jusqu'à une période relativement récente, plus précisément jusqu'à celle de l'ordonnance du 17 décembre 1997 rendue dans l'affaire de la *Convention sur le génocide*, la jurisprudence internationale en la matière apparaissait plus au moins flottante, pour ne pas dire inconstante.

1. La jurisprudence antérieure à l'ordonnance du 17 décembre 1997

Les deux affaires où la Cour permanente a eu à se prononcer sur la condition de connexité directe après l'adoption du Règlement en 1936 apportent très peu de renseignements sur le sens que les juges auraient attribué à cette condition. Dans l'affaire des *Prises d'eau à la Meuse*, la Belgique formula une demande reconventionnelle tendant à faire condamner le demandeur, les Pays-Bas, pour la violation du traité du 12 mai 1863 dont la violation lui avait été elle-même reprochée par la demande principale. La Cour permanente constata que cette demande était « en connexité directe avec la demande principale »[491]. Dans celle du *Chemin de fer Panevezys-Saldutiskis,* ayant retenu une exception jointe au fond de l'affaire, elle ne dit rien au sujet des demandes reconventionnelles du Gouvernement lituanien, qu'il s'agisse du fond ou de leur recevabilité[492].

En revanche, dans la première affaire où une demande reconventionnelle a été présentée à la Cour actuelle, à savoir l'affaire du *Droit d'asile,* la Cour s'attacha à expliquer pourquoi la condition de connexité était, selon elle, satisfaite, dans les termes suivants :

> « Il ressort clairement de l'argumentation des Parties que la deuxième conclusion du Gouvernement de la Colombie, relative à l'exigence d'un sauf-conduit, s'appuie largement sur la régularité prétendue de l'asile, régularité qui précisément est contestée par la demande reconventionnelle. La connexité est si directe que

[491] *C.P.J.I. série A /B n° 70, arrêt, 1937*, p. 28.
[492] *C.P.J.I. Série A/B n° 76, arrêt, 1939,* p. 4.

> certaines conditions requises pour l'exigence d'un sauf-conduit dépendent précisément de faits qui sont mis en jeu par la demande reconventionnelle »[493].

Dans l'affaire relative aux *Droits des ressortissants des Etats-Unis d'Amérique au Maroc,* aucune objection n'ayant été présentée par la France contre la demande reconventionnelle des Etats-Unis, la Cour traita les demandes respectives des parties au stade du fond de l'affaire sans avoir à se prononcer sur les conditions de la recevabilité des conclusions américaines.

Ensuite, dans une ordonnance du 15 décembre 1979 rendue dans l'affaire du *Personnel diplomatique et consulaire des Etats-Unis à Téhéran,* la Cour a repris les termes utilisés par sa devancière dans l'arrêt de Chorzów, précité, en déclarant que :

> « Si le Gouvernement de l'Iran estime que les activités alléguées des Etats-Unis d'Amérique en Iran sont en étroite *connexité juridique* avec l'objet de la requête des Etats-Unis d'Amérique, il lui est loisible, en vertu du Statut et du Règlement de la Cour, de développer à ce sujet sa propre argumentation devant la Cour, soit comme moyen de défense dans un contre-mémoire, soit par la voie d'une demande reconventionnelle présentée en vertu de l'article 80 du Règlement »[494].

L'Iran ayant refusé de comparaître devant la Cour, et la demande reconventionnelle n'ayant pas été présentée dans cette affaire, il n'y a pas lieu d'accorder la valeur d'un précédent à cette déclaration[495]. Il ne s'agissait nullement de préciser la nature de la condition de connexité prévue à l'article 68 du Règlement (alors en vigueur), mais seulement de rappeler quelles étaient les voies

[493] *C.I.J. Recueil 1950,* p. 280-28.

[494] *Personnel diplomatique et consulaire des Etats-Unis à Téhéran, mesures conservatoires, C.I.J. Recueil 1979,* p. 15, par. 24. Italiques ajoutés.

[495] Pour une opinion opposée voir G. Distefano, « La demande reconventionnelle au fil des textes régissant le fonctionnement de la Cour de La Haye et de sa jurisprudence », *Revue suisse de droit international et européen*, 2008, vol. 18, issue 1-2, p. 51 et s.

ouvertes à l'Iran si celui-ci, se présentant devant la Cour, estimait que ses prétentions étaient liées à celles formées contre lui par l'Etat requérant. L'emploi des termes « connexité juridique » au lieu de « connexité directe », termes consacrés par le Règlement depuis 1936, se comprend sans trop de peine car la conclusion est formulée de manière générale pour pouvoir englober les moyens de défense autre que la demande reconventionnelle.

Il a fallu dès lors attendre l'ordonnance de 1997 pour que certains éclairages soient apportés par la Cour à la notion de connexité directe.

2. La jurisprudence issue de l'ordonnance du 17 décembre 1997

Appelée à vérifier si la demande reconventionnelle de la Yougoslavie satisfaisait à l'exigence de connexité posée à l'article 80 du Règlement, la Cour souligna que :

> « [...] le Règlement ne définit pas la notion de « connexité directe » ; qu'il appartient à la Cour d'apprécier souverainement, compte tenu des particularités de chaque espèce, si le lien qui doit rattacher la demande reconventionnelle à la demande principale est suffisant; et que, en règle générale, le degré de connexité entre ces demandes doit être évalué aussi bien en fait qu'en droit »[496].

La conclusion est reprise mot pour mot dans les autres ordonnances rendues ultérieurement[497], ce qui laisse croire que la règle est enfin énoncée. Il s'agit donc d'un « lien suffisant » dont l'appréciation relève du pouvoir souverain de la Cour, qu'elle exercera en tenant compte des particularités de chaque espèce. Le

---

[496] *Application de la Convention pour la prévention et la répression du crime de génocide*, C.I.J. Rec. 1997, p. 258, par. 33.

[497] Il s'agit de l'ordonnance du 10 mars 1998 en l'affaire des *Plates-formes pétrolières*, p. 204-205, paragraphe 37 et celle du 29 novembre 2001 en l'affaire des *Activités armées*, p. 678, par. 36. Dans l'ordonnance du 30 juin 1999 en l'affaire de la *Frontière terrestre et maritime entre le Cameroun et le Nigéria,* et celle du 6 juillet 2010 en l'affaire des *Immunités juridictionnelles de l'Etat,* la Cour n'a pas eu à se référer à cette conclusion car la réalisation de la condition de connexité n'avait pas été contestée par les défendeurs.

fil conducteur est toutefois l'évaluation en fait et en droit du degré de connexité.

Pourquoi en « fait » et en « droit »[498] ? Parce que toute demande, reconventionnelle ou non, est un acte juridique par lequel la partie dont elle émane soumet un ou plusieurs différends au jugement de la Cour, acte dont la structure est constitué d'éléments de fait et de droit[499]. Par ailleurs, chaque différend est, par définition, « un désaccord sur un point de droit et de fait »[500]. C'est l'articulation entre ces éléments qui importe à la Cour dans son appréciation de l'existence de la connexité entre les demandes respectives des litigants. La solution ainsi adoptée peut être jugée analogue à celle qui est retenue par certaines dispositions du droit procédural régissant les litiges de droit privé. Ainsi, selon l'article 9, alinéa 1, du *Projet d'articles sur les immunités juridictionnelles des Etats et de leurs biens,* adopté par la CDI à sa quarante-troisième session, en 1991,

> « [u]n Etat qui intente une procédure devant un tribunal d'un autre Etat ne peut invoquer l'immunité de juridiction devant ledit tribunal en ce qui concerne une demande

---

[498] « Fait » (Fact en anglais) est ce qui s'est passé réellement et matériellement, ce qui doit être prouvé par la « preuve ». « Droit » (Law en anglais) prend corps de(s) règle(s) en vigueur. En droit interne, la distinction entre le « fait » et le « droit » sert à distinguer la fonction du tribunal de la première instance de celle de la Cour d'appel (ou de cassation). Cette dernière ne pouvant pas revenir sur la détermination de « fait » réalisée par la première. Elle ne peut que la désapprouver sur les points de « droit ». Pour davantage d'explications, voir R. B. Bilder, "The Fact/Law Distinction in International Adjudication" in Lillich (ed), *Fact-Finding Before International Tribunals*, Transnational Publishers, New York, 1991, p. 95-98.

[499] Selon l'article 49 du Règlement, « 1. Le mémoire contient un exposé des faits sur lesquels la demande est fondée, un exposé de droit et les conclusions ». « 2. Le contre-mémoire contient : la reconnaissance ou la contestation des faits mentionnés dans le mémoire ; le cas échéant, un exposé additionnel des faits ; des observations relatives à l'exposé de droit contenu dans le mémoire ; un exposé de droit en réponse ; et les conclusions ». Aussi, aux termes de l'article 79 alinéa 4, « l'acte introductif de l'exception contient l'exposé de fait et de droit sur lequel l'exception est fondée (…) ».

[500] *Concessions Mavrommatis en Palestine, arrêt n° 2, 1924, C.P.J.I. série A, n° 2*, p. 11.

reconventionnelle qui est fondée sur le même rapport de droit ou les mêmes faits que la demande principale »[501].

De même, aux termes de l'article 6, alinéa 3 des conventions de Bruxelles concernant la compétence judiciaire et l'exécution des décisions en matière civile et commerciale, le défendeur domicilié sur le territoire d'un État contractant peut être attrait dans un autre État contractant :

> « S'il s'agit d'une demande reconventionnelle qui dérive du contrat [connexité de droit] ou du fait [connexité de fait] sur lequel est fondée la demande originaire, devant le tribunal saisi de celle-ci ».

Pour les tribunaux français, la condition de connexité est remplie toutes les fois où les deux demandes procèdent d'« une même situation de fait litigieuse ou d'un même contrat »[502].

Comparée à ce qui est prévu dans ces dispositions, la solution proposée par la Cour apparaît plus sévère, d'un point de vue et moins exigeante, de l'autre. Plus sévère, car elle exige la réalisation cumulative des deux types de connexité tandis que les dispositions en question prévoient la connexité de fait *ou* de droit. Moins exigeante en ce sens que pour celles-ci la connexité de droit existe seulement lorsque les deux demandes dérivent d'un même contrat, alors que pour la Cour, comme on le verra, cette hypothèse ne constitue qu'une forme de la connexité juridique. Il y en a d'autres. Cette question sera étudiée (*a*) après l'examen de la connexité de fait (*b*).

a) Connexité de fait

Comme il a été dit, selon une définition restrictive de connexité de fait, retenue par certaines lois de procédure, « ne

---

[501] *Annuaire de la Commission du droit international,* 1991, vol. II, deuxième partie, p. 30.

[502] *Civ. 21 oct. 1980, Gaz. Pal. 1981.* 1 panorama jurisprudence p. 63 ; *Civ. 14 jan. 1987, Bull. civ. II,* n°12. Voir : H. Solus et R. Perrot, *Droit judiciaire privé,* tome 3, Sirey 1991, p. 880. De même, aux termes de l'article 563 du Code judiciaire belge « Le tribunal du travail, le tribunal de commerce et le juge de paix connaissent des demandes reconventionnelles qui, quel que soit leur montant, entrent dans leur compétence d'attribution ou dérivent soit du contrat, soit du fait qui sert de fondement à la demande originaire ».

peuvent être considérées comme connexes que les contestations qui procèdent de la même cause ou portent sur le même objet »[503]. La même conception semble avoir retenu l'attention de certains juges pendant les *travaux préparatoires* du Règlement en 1936, pour lesquels la reconvention était « une demande dépendant directement des faits de la demande principale »[504]. La Cour actuelle, ayant opté dans sa jurisprudence récente pour une conception relativement large de la connexité de fait, estime suffisant à cette fin que les demandes respectives des parties « reposent sur des faits de même nature » et qu'elles « s'inscrivent dans le cadre d'un même ensemble factuel complexe »[505]. Les demandes présentent ces caractères lorsque les faits invoqués sont réputés avoir tous lieu sur le même espace géographique et au cours de la même période. Autrement dit, la « nature », le « temps » et le « lieu » des faits et des circonstances génératrices de la situation litigieuse sont les facteurs qui entrent en ligne de compte dans l'appréciation de la connexité de fait.

Par application des lignes conductrices ainsi dégagées, il a été jugé que la connexité de fait existe entre la demande reconventionnelle de la Yougoslavie et la demande initiale de la Bosnie dans l'affaire de la *Convention sur le génocide* (*les faits de même nature* : des actes génocidaire ; *le même lieu* : le territoire de la Bosnie-Herzégovine ; *la même période* : durant le conflit des Balkans) ; entre la demande reconventionnelle des États-Unis et la demande initiale d'Iran dans l'affaire des *Plates-formes pétrolières* (*les faits de même nature* : l'emploi de la force ; *le même lieu* : le Golfe persique ; *la même période* : durant la guerre entre l'Iran et l'Irak) ; entre les demandes reconventionnelles du Nigéria et les demandes principales du Cameroun dans l'affaire de la *Frontière terrestre et maritime entre le Cameroun et le Nigéria* (*les faits de même nature* : les incursions et les incidents venant de part et d'autre ; *le même lieu* : le long de la frontière entre les

---

503 Le paragraphe 1 de l'article 4 de la Convention franco-belge du 8 juillet 1899 sur la compétence judiciaire, sur l'autorité et l'exécution des décisions judiciaires des sentences arbitrales et des actes authentiques contient une définition restrictive de la connexité.

504 *CPIJ, Série D_02_3e addem.* p. 112.

505 *Application de la Convention pour la prévention et la répression du crime de génocide*, C.I.J. Rec. 1997, p. 258, par. 34.

deux États)[506]. Dans l'affaire des *Activités armées sur le territoire du Congo*, la Cour, sur la première demande reconventionnelle de l'Ouganda portant sur les actes d'agression que le Congo aurait commis à l'encontre de l'Ouganda, a conclu que les demandes respectives des parties portaient sur *des faits de même nature*, à savoir l'emploi de la force, et qu'ayant trait à un conflit existant entre les deux États voisins sous des formes diverses et avec une intensité variable depuis 1994, elles s'inscrivaient dans le cadre d'un même ensemble factuel complexe[507] ». S'agissant de la deuxième demande reconventionnelle de l'Ouganda portant sur les attaques visant les locaux et le personnel diplomatique ougandais à Kinshasa ainsi que des ressortissants ougandais, dont le Congo se serait rendu responsable, la Cour a observé que chacune des Parties accuse l'autre d'être responsable de diverses exactions qui auraient accompagné un emploi illicite de la force et qu'il s'agit là *de faits de même nature* et que les demandes des Parties s'inscrivent dans le cadre du même ensemble factuel complexe »[508].

En revanche, elle a jugé qu'il n'y avait pas connexité de fait entre la troisième demande reconventionnelle de l'Ouganda et la requête du Congo, dans la mesure où les questions posées par l'Ouganda – qui concernaient des *modes de solution de conflit* – reposait sur des faits de nature différente de ceux dont se prévalaient les demandes congolaises – qui concernaient les actes dont l'Ouganda se serait rendu responsable *au cours de ce conflit* – ; et partant, conclut la Cour, « les demandes respectives des Parties ne s'inscrivent [...] pas dans le cadre d'un même ensemble factuel complexe »[509].

De même, dans l'affaire relative *à Certaines activités menées par le Nicaragua dans la région frontalière*, la Cour a déclaré irrecevables les deuxième et troisième demandes reconventionnelles du Nicaragua. En ce qui concerne la deuxième, elle a souligné que les questions que le Nicaragua a soulevé dans le cadre de sa deuxième demande

---

[506] *Frontière terrestre et maritime entre le Cameroun et le Nigéria, C.I.J. Recueil* 1999, p. 985.
[507] *Activités armées sur le territoire du Congo, C.I.J. Recueil* 2001, p. 678-679, par. 38.
[508] *Ibid.*, par. 40.
[509] *Ibid.*, p. 680, Par. 42.

reconventionnelle et les demandes principales du Costa Rica ne s'inscrivent pas dans le même ensemble factuel[510]. Et en ce qui concerne la troisième, elle a soutenu qu'« en raison de leur nature différente », il n'y a pas de « connexité directe entre les faits invoqués par le Costa Rica dans ses demandes principales et ceux que le Nicaragua fait valoir à l'appui de sa troisième demande reconventionnelle »[511].

. Il ressort de ces décisions que pour juger de la connexité de fait, la Cour examine les trois critères, « nature », « temps » et « lieu », des prétentions respectives des litigants. Il en ressort également que la Cour ne s'estime pas tenue de s'assurer que l'ensemble de ces critères sont remplis avant de conclure au rattachement factuel de la demande du défendeur à celle du demandeur. Dans l'affaire des *Activités armées sur le territoire du Congo*, la Cour, pour parvenir à cette conclusion, n'a pris en compte que la nature identique des demandes respectives des parties. Cela témoigne du libéralisme dont elle fait preuve dans l'appréciation de la connexité, ce qui confirme, comme l'a fait observer, dans un autre contexte, le professeur Verhoeven, sa volonté de mettre fin à un litige de la manière la plus complète plutôt que de conclure un procès[512]. L'affirmation vaut aussi pour la connexité de droit.

b) Connexité de droit

- *La diversité des critères retenus.* En droit comparé, la connexité juridique (ou de droit) est souvent tenue pour établie lorsque la prétention du défendeur repose sur le même fondement juridique que celui allégué par le demandeur à propos de la prétention originelle. L'identité du contrat dont dérivent les obligations respectives des parties au litige est expressément

[510] Ordonnance du 18 avril 2013, para. 34.
[511] *Ibid.*, para. 36.
[512] J. Verhoeven, «Jura novit curia et le juge international», in P.-M. Dupuy et al. (eds), *Common Values in International Law. Essays in Honour of Christian Tomuschat*, Kehl, Engel, 2006, p. 648. Cela dit, le juge *ad hoc* Guillaume pense que par sa décision du 18 avril 2013 dans l'affaire relative *à Certaines activités menées par le Nicaragua dans la région frontalière* où elle a déclaré irrecevables les deuxième et troisième demandes reconventionnelles du Nicaragua, la Cour « a voulu faire évoluer sa jurisprudence dans un sens restrictif ». Voir la Déclaration du juge *ad hoc* Guillaume jointe à l'ordonnance précitée, p. 4.

exigée par les instruments qui réglementent la matière au sein de certaines juridictions internes et arbitrales. On peut citer, comme exemple, la Convention de Bruxelles de 1968 relative à la compétence judiciaire et l'exécution des décisions en matière civile et commerciale, le Règlement facultatif de la Cour permanente d'arbitrage pour l'arbitrage des différends entre deux Etats et le Règlement du Tribunal irano-américain de réclamation.

Il en va différemment en procédure devant la Cour internationale. On peut dire, en ce qui concerne sa jurisprudence antérieure à l'affaire de la *Convention sur le génocide*, qu'elle n'exigeait pas l'identité du titre juridique pour la recevabilité de la demande reconventionnelle. Certes, dans l'affaire des *Prises d'eau à la Meuse*, la Cour permanente a jugé que la connexité directe existait entre deux demandes parce qu'elles partageaient le même fondement juridique[513]. Mais elle a connu aussi des demandes reconventionnelles fondées sur des titres juridiques différents. Dans l'affaire de *l'Usine de Chorzów*, la Pologne demanda reconventionnellement la livraison d'actions évoquant l'article 256 du traité de Versailles, alors que l'Allemagne avait formulé sa demande sur la base de l'article 23 de la convention de Genève. Dans l'affaire du *Droit d'asile*, alors que le Pérou n'allégua que la violation de l'article 1, paragraphe 1, et de l'article 2, paragraphe 2, premièrement (inciso primero), de la convention sur l'asile signée à La Havane en 1928, la Colombie s'appuya sur les obligations découlant en particulier de l'accord bolivarien sur l'extradition du 18 juillet 1911, de la Convention de La Havane sur l'asile du 20 février 1928 et, d'une façon générale, du droit international américain. Dans chacune de ces espèces la Cour a jugé que la connexité de droit existait entre les demandes opposées des parties. Dans l'affaire de *l'Usine de Chorzów*, la Cour a jugé que la connexité juridique existait dès lors que la demande reconventionnelle de la Pologne et le moyen de défense qui avait été soulevé par celle-ci s'appuyaient sur le même fondement. Dans l'affaire du *Droit d'asile,* elle s'est basée sur la fonction défensive de la reconvention pour parvenir à une conclusion analogue.

---

[513] *Affaire des Prises d'eau à la Meuse (Pays-Bas c. Belgique), C.P.J.I., Série A/B, n°70, arrêt du 27 juin 1937*, p. 28.

L'approche retenue par l'organe judiciaire dans sa jurisprudence récente développée à partir de l'affaire de la *Convention sur le génocide* est quelque peu nuancée. Une première lecture laisse supposer qu'elle a opté pour l'identité du titre juridique, en exigeant que pour être recevable, la demande formée par le défendeur doit poursuivre « le même but juridique » que celle présentée par le demandeur. Selon ce critère, la connexité juridique existe lorsque les parties veulent obtenir de la Cour une chose identique, telle que l'établissement d'une responsabilité juridique et/ou d'une réparation en raison de la violation de l'accord en vigueur entre les parties.

En application de ce critère, il a été jugé, dans l'affaire de la *Convention sur le génocide,* que la demande reconventionnelle de la Yougoslavie et la demande originelle de la Bosnie pouvaient être tenues pour connexes dès lors que « les deux Parties, par leurs demandes respectives, poursuivent le même but juridique, à savoir l'établissement d'une responsabilité juridique en raison de violations de la convention sur le génocide »[514]; il en va de même dans l'affaire des *Plates-formes pétrolières*, car « les deux Parties, par leurs demandes respectives, poursuivent le même but juridique, à savoir l'établissement d'une responsabilité juridique en raison de violations du traité de 1955 »[515]; dans l'affaire de la *Frontière terrestre et maritime*, opposant le Cameroun au Nigeria, dès lors que « les demandes considérées, formulées par chacune des Parties, poursuivent le même but juridique, à savoir l'établissement d'une responsabilité juridique et la détermination de la réparation due à ce titre »[516]; entre la première demande reconventionnelle présentée par l'Ouganda et l'objet des demandes du Congo dans l'affaire des *Activités armées sur le territoire du Congo*, puisque « chacune des Parties cherche à établir la responsabilité de l'autre en se fondant sur la violation du principe du non-recours à la force tel qu'il figure au paragraphe 4 de l'article 2 de la Charte des Nations Unies et se retrouve dans le droit international coutumier ainsi que du principe de non-

---

[514] *Application de la Convention pour la prévention et la répression du crime de génocide*, C.I.J. Rec. 1997, p. 258, par. 35.
[515] *Plates-formes pétrolières, C.I. J. Recueil 1998,* p. 205, par. 38.
[516] *Frontière terrestre et maritime entre le Cameroun et le Nigéria, C.I.J. Recueil* 1999, p. 985

intervention dans les affaires relevant de la compétence nationale des Etats; que les Parties poursuivent ainsi les mêmes buts juridiques »[517]; et enfin, entre la deuxième demande reconventionnelle de l'Ouganda et l'objet des demandes du Congo dans la mesure où « chacune des Parties cherche à établir la responsabilité de l'autre en invoquant, en relation avec l'emploi illicite de la force allégué, certaines règles de droit international conventionnel ou coutumier relatives à la protection des personnes et des biens »[518].

En revanche, il a été jugé que la connexité de droit n'existait pas entre la troisième demande reconventionnelle présentée par l'Ouganda et la demande initiale du Congo car « les Parties ne poursuivaient pas les mêmes buts juridiques » dès lors que le Congo « cherchait a établir la responsabilité de l'Ouganda en se fondant sur la violation des règles mentionnées au paragraphe 38 ci-dessus [le principe du non-recours à la force et celui de la non-intervention dans les affaires relevant de la compétence nationale des Etats], alors que l'Ouganda entendait établir la responsabilité du Congo en se fondant sur la violation de dispositions particulières de l'accord de Lusaka »[519].

De même, dans l'affaire relative *à Certaines activités menées par le Nicaragua dans la région frontalière*, la Cour a déclaré que la connexité juridique n'existait pas entre les deuxième et troisième demandes reconventionnelles du Nicaragua et la demande principale du Costa-Rica. En ce que concerne la deuxième, la Cour a argué que « les Parties ne poursuivent pas les mêmes buts juridiques » puisqu'elles ont invoqué des arguments différentes à l'appui de leurs conclusions[520]. Et en ce qui concerne la troisième demande reconventionnelle, elle soutient que les Parties ne poursuivent pas les mêmes buts juridiques dans la mesure où ils allèguent les manquements différents des obligations reliant les mêmes parties[521].

---

[517] *Activités armées sur le territoire du Congo, C.I.J. Recueil* 2001, p. 679, par. 38.
[518] *Ibid.,* par. 40.
[519] *Ibid.,* p. 680, par. 42.
[520] Ordonnance du 18 avril 2013, para. 35.
[521] *Ibid.,* para. 37.

Il ressort en toute clarté de cette conclusion – qui est d'ailleurs l'illustration de la pratique qui vient d'être décrite – que la demande reconventionnelle est irrecevable si elle est fondée sur un titre différent de celui dont découle la demande principale. La prise de position de la Cour dans son arrêt sur le fond rendu dans cette même affaire vient toutefois contredire cette conclusion. Le Congo soutient, en effet, que la deuxième demande reconventionnelle de l'Ouganda est partiellement irrecevable au motif que ce dernier a invoqué de nouveaux fondements juridiques dans sa duplique pour établir la responsabilité du Congo, en formulant des demandes fondées sur la violation de la convention de Vienne sur les relations diplomatiques. Selon lui, l'Ouganda rompait ainsi le lien de connexité avec la demande principale, qui fait référence à « la violation des dispositions de la Charte des Nations Unies sur l'emploi de la force ou sur la non-intervention [, ainsi que des] conventions de La Haye et de Genève sur la protection des personnes et des biens en cas d'occupation et de conflit armé ».

La Cour rappelle les termes de son ordonnance du 29 novembre 2001 qui contient, dit-elle, à propos de la deuxième demande reconventionnelle de l'Ouganda une « formulation [...] suffisamment générale pour inclure des demandes fondées sur la convention de Vienne sur les relations diplomatiques ». Elle rejeta l'objection congolaise et ajouta à la fin de son analyse une déclaration d'importance majeure, dans les termes suivants :

> « Ainsi que le reflète la jurisprudence de la Cour, les demandes reconventionnelles n'ont pas à être fondées sur des instruments identiques pour satisfaire au critère de 'connexité' requis par l'article 80 »[522].

La contradiction est totale. On est en présence d'une (troisième) demande reconventionnelle (de l'Ouganda) rejetée, faute de connexité de droit puisqu'elle ne partageait pas le même fondement juridique avec la demande principale (du Congo), et d'une déclaration de la Cour énonçant expressément que le

---

[522] *Activités armées sur le territoire du Congo (République démocratique du Congo c. Ouganda), arrêt du 19 décembre 2005, C.I.J. Recueil* 2005, p. 97, par. 326.

défendeur n'a pas à invoquer comme fondement de sa prétention le même instrument que son adversaire. Il est toutefois évident que l'on ne saurait retenir comme position définitive en la matière que celle, exprimée dans l'arrêt sur le fond, qui est en faveur de la possibilité pour le défendeur d'invoquer à l'appui de sa demande un instrument juridique autre que celui sur lequel repose la demande principale. Et ce, non pas seulement parce que la déclaration précitée intervient ultérieurement à la décision du 29 novembre 2001 ou qu'elle figure dans un arrêt sur le fond, mais plutôt parce qu'elle constitue une déclaration de principe dont l'autorité et la portée dépassent le cadre de l'affaire en cause.

Il est enfin à noter que la Cour peut prendre en considération des critères autres que le titre juridique ou le « même but juridique » pour conclure à l'existence d'une connexité de droit entre les demandes des parties. C'est pourquoi, dans l'affaire de la *Convention sur le génocide*, la Cour s'est référée aux ordonnances qu'elle avait rendues dans cette affaire à propos des mesures conservatoires sollicitées par l'une et l'autre des Parties afin d'étayer sa conclusion quant à l'existence de la connexité juridique entre leurs demandes respectives. Par son ordonnance du 13 septembre 1993, la Cour avait en effet observé que « la mesure que sollicite la Yougoslavie serait de nature à protéger des droits que confère la Convention sur le génocide et qui relèvent de ce fait de la compétence *prima facie* de la Cour »[523]. Etant donné qu'elle n'indiquerait pas des mesures qui ne soient pas portées sur des droits afférents à l'objet du différend en cause, en accueillant la demande des mesures sollicitées par la Yougoslavie, la Cour avait en vérité reconnu, du moins implicitement, le rattachement des réclamations de cet Etat à l'objet du différend initial[524]. Ceci montre l'importance des particularités de chaque espèce et la raison pour laquelle le juge ne doit pas s'enfermer dans un « cadre rigide »[525] lors de l'examen de la connexité directe.

---

[523] *Application de la convention pour la prévention et la répression du crime de génocide, mesures conservatoires, ordonnance du 13 septembre 1993, C.I.J. Recueil 1993,* p. 346-347, par. 45.
[524] Voir H. Thirlway, "Counterclaims Before the International Court of Justice: The Genocide Convention and Oil Platforms Decisions", *op. cit.*, p. 218.
[525] Ch. de Visscher, Aspects récents du droit procédural de la Cour internationale de justice, *op. cit.*, p. 114.

- *La pertinence de l'argument allégué par le défendeur pour réfuter la demande principale.* Sans se prononcer à son sujet, la Cour cite, dans chacune des ordonnances portant sur la recevabilité des demandes reconventionnelles, l'argumentation du défendeur selon laquelle son action aurait pour effet le rejet des allégations du demandeur originaire[526], ce qui démontrerait l'existence d'une connexité de droit entre sa demande et celle de son adversaire. Cette connexité doit, en effet, être tenue pour établie lorsque la demande reconventionnelle est de nature essentiellement défensive, c'est-à-dire lorsqu'elle est susceptible, si elle est admise, de modifier la décision à intervenir et de faire écarter, ne serait-ce que partiellement, la prétention de la partie demanderesse au procès. Ceci ressort assez clairement du prononcé de la Cour dans l'ordonnance du 17 décembre 1997, précitée, selon lequel « une demande reconventionnelle présente, au regard de la demande de la partie adverse, un double caractère; [...] elle s'y rattache, dans la mesure où, formulée à titre reconventionnel, elle riposte à la demande principale »[527]. Cette formule implique que la connexité entre les demandes serait assurée lorsque la reconvention constitue une riposte à la demande principale.

La jurisprudence internationale fournit des exemples intéressants d'une telle hypothèse. Le plus notable, comme il a été dit, est celui de l'arrêt du *Droit d'asile*. A la demande de la délivrance d'un sauf-conduit présentée par le Pérou, la Colombie opposa l'irrégularité même de l'asile accordée à M. Haya de la Torre. Si la Cour avait fait droit à la demande reconventionnelle du Pérou, la Colombie aurait été automatiquement déboutée dans sa demande initiale. C'est un bon exemple de la fonction défensive de la demande reconventionnelle, auquel cas l'existence de la connexité est incontestable. La conclusion de la Cour est claire :

> « Il ressort clairement de l'argumentation des Parties que la deuxième conclusion du

[526] Voir par exemple : *Application de la Convention pour la prévention et la répression du crime de génocide*, C.I.J. Rec. 1997, p. 255, par. 20 ; *Plates-formes pétrolières, C.I. J. Recueil 1998, p. 201* par. 24.

[527] *Application de la Convention pour la prévention et la répression du crime de génocide*, C.I.J. Rec. 1997, p. 256, par. 27. Italiques ajoutés.

> Gouvernement de la Colombie, relative à l'exigence d'un sauf-conduit, s'appuie largement sur la régularité prétendue de l'asile, régularité qui précisément est contestée par la demande reconventionnelle. La connexité est si directe que certaines conditions requises pour l'exigence d'un sauf-conduit dépendent précisément de faits qui sont mis en jeu par la demande reconventionnelle. La connexité étant ainsi clairement établie (...)[528].

Dans l'affaire de *la Convention sur le génocide*, la Yougoslavie soutint que certains des actes reprochés par la Bosnie-Herzégovine s'ils furent commis par les Serbes, l'avaient été pour se protéger de la menace dont ils étaient l'objet. Dans l'affaire des *Plates-formes pétrolières,* les Etats-Unis ont soutenu qu'en attaquant les plates-formes iraniennes, ils s'étaient prévalus de leur droit de légitime défense. De même, dans l'affaire des *Activités armées sur le territoire du Congo*, l'Ouganda a insisté sur son droit de légitime défense contre des actes d'agression que le Congo aurait commis à son encontre. Mais la Cour, comme il a été dit, ne s'est pas exprimée, dans les ordonnances qu'elle a rendues dans ces affaires, sur le mal ou le bien-fondé de ces argumentations. Bien au contraire, elle a affirmé, dans une ordonnance relative à la recevabilité de la demande reconventionnelle de l'Ouganda, que:

> « l'établissement d'un [...] lien de connexité n'est pas sujet, contrairement à ce que soutient le Congo, à la condition que les arguments avancés par le demandeur sur reconvention doivent à la fois fonder la demande reconventionnelle et être pertinents pour réfuter la demande principale »[529].

Pourquoi ? Parce que la question de savoir si un argument est pertinent pour réfuter la demande de l'adversaire est une question qui appartient au fond de l'affaire. Dans les espèces, dont celle du *Droit d'asile*, où la Cour a statué sur cette question, la

---

[528] *Droit d'asile, (Colombie/Pérou), arrêt du 20 novembre 1950, Recueil 1950*, p. 280-281.

[529] *Activités armées sur le territoire du Congo, C.I.J.* Recueil *2001,* p. 679, par. 38.

recevabilité de la demande reconventionnelle était examinée au stade du fond. Une étape préliminaire ayant été consacrée à l'examen de cette recevabilité depuis l'affaire de *la Convention sur le génocide*, la Cour ne pouvait traiter, à cette occasion, d'aucune question qui ne soit directement liée à l'article 80 du Règlement[530]. C'est un autre effet de la distinction qu'il y a lieu d'établir entre la demande reconventionnelle en tant que telle et la demande reconventionnelle en tant que prétention nouvelle. La pertinence des conclusions du défendeur pour le rejet des allégations du demandeur ne peut, en effet, être examinée qu'une fois la demande reconventionnelle déclarée recevable et jointe à l'instance en cours.

L'expérience acquise dans l'affaire des *Plates-formes pétrolières* atteste de la sagesse de la pratique récemment établie par la Cour, celle de ne pas se prononcer sur ce point dans l'ordonnance de recevabilité. Pour prouver que leurs conclusions reconventionnelles étaient liées à la requête de l'Iran, les Etats-Unis soutenaient dans cette affaire que la destruction des installations pétrolières d'Iran était justifiée par les attaques que ce dernier aurait menées contre les navires américains circulant dans le Golf persique. Ils affirmèrent que :

«Les faits et les circonstances qui les ont amenés à ouvrir le feu sur des plates-formes pétrolières de l'Iran - à savoir les attaques et les menaces de l'Iran contre des navires marchands, y compris des navires et des ressortissants des Etats-Unis - sont au cœur des moyens de défense qu'ils avancent à l'encontre des demandes iraniennes »[531].

Dans son ordonnance de 10 mars 1998, la Cour se contente de préciser dans un considérant que « *les Etats-Unis ont [...] indiqué qu'ils entendaient se prévaloir des mêmes faits et circonstances à la fois pour repousser les allégations de l'Iran et pour obtenir condamnation de celui-ci* (...) »[532]. Elle a en revanche consacré de long développement à l'examen de cet argument dans son arrêt sur le fond, lors de l'appréciation des moyens de défense des Etats-Unis, avant de le rejeter dès lors que

---

[530] *Plates-formes pétrolières, C.I. J. Recueil 1998*, p. 204, par. 36.
[531] *Ibid.*, p. 201, par. 24.
[532] *Ibid.*, p. 205, par. 38. Italiques ajoutés.

les conditions requises pour l'exercice du droit de la légitime défense n'étaient pas remplies[533].

- *Une priorité pour la connexité de droit ?* La Cour peut-elle accorder une certaine « priorité » à la connexité de droit par rapport à la connexité de fait ? La question a été posée par le juge *ad hoc* Kreća qui y répond lui-même par l'affirmative. A l'appui de son argumentation, il invoque la jurisprudence de la Cour qui, selon lui, étaye l'opinion suivant laquelle la connexité juridique peut toujours être considérée comme une connexité directe entre l'objet de la requête et celui de la demande reconventionnelle[534]. Il fait notamment référence aux affaires des *Prises d'eaux à la Meuse* (1937), de *l'Usine de Chorzów* (fond), du *Droit d'asile* et *des Personnel diplomatique et consulaire des Etats-Unis à Téhéran ;* où la Cour avait, selon lui, estimé que la demande reconventionnelle était directement liée à la demande originelle alors même qu'elle concernait des circonstances ou des faits différents. Il soutient en outre qu'une prépondérance de la « connexité en droit » sur «les faits de la cause» strictement interprétés est une conséquence normale de la relativité des faits de l'affaire. Il est donc justifié, dit-il, de se poser la question de savoir si elle concerne des « faits » ou des perceptions subjectives de faits[535].

Les arguments ne convainquent guère. Dans ses décisions récentes aussi, la Cour a conclu à l'existence de la connexité directe alors même que les demandes opposées des parties concernaient des circonstances et des faits distincts et différents. L'affaire des *Plates-formes pétrolières*, celle des *Activités armées sur le territoire du Congo*, et celle du *Différend frontalier* en sont des exemples patents. L'argument tenant à la distinction à opérer entre des « faits » et des perceptions subjectives de faits ne peut être retenu non plus. L'étude de ces décisions révèle que le défendeur peut se prévaloir du droit que lui accorde l'article 80 du Règlement afin d'introduire dans l'instance des faits et des circonstances objectivement différents de ceux invoqués par le demandeur. Il revient donc à l'organe judiciaire d'apprécier en

---

533 *Plates-formes pétrolières*, *C.I.J. Rec. 2003*, p. 199, par. 78.
534 *Application de la Convention pour la prévention et la répression du crime de génocide*, C.I.J. Rec. 1997, Déclaration du Juge *ad hoc* Kreća, p. 269.
535 *Ibid.*, p. 270.

pareil cas le rattachement de ces faits à ceux préalablement présentés par le demandeur au même titre qu'il examinera le lien juridique qui réunit l'une et l'autre des prétentions des parties. Du reste, rien n'indique que la Cour entend établir une certaine hiérarchie entre ces deux sortes de connexité. Bien au contraire, il se déduit des décisions récentes de la Cour que la connexité en fait et en droit sont des conditions cumulatives de la réalisation de la connexité directe.

C'est une autre question que déterminer quel est l'effet de la réalisation de ces conditions.

Section 2. L'effet de l'existence de la connexité : la jonction

L'affirmation que la connexité et la jonction sont deux notions juridiques distinctes, conduit à s'interroger d'abord sur ce que cette distinction implique (§ 1), ensuite sur ce dont la Cour tire son pouvoir en matière de jonction (§ 2), et enfin, sur la portée de ce pouvoir (§ 3).

§1. La connexité, la jonction et le pouvoir discrétionnaire de la Cour de décider de celle-ci

Si le lien rattachant la demande reconventionnelle à l'objet de l'instance principale est jugé suffisant, la Cour décidera s'il y a lieu ou non de joindre cette action à l'instance en cours. C'est dire qu'elle peut admettre ou refuser d'examiner en même temps les demandes opposées des parties, indépendamment de toute connexité de fait et de droit. Autrement dit, c'est une chose de constater que la reconvention entretient une connexité directe avec l'objet de la demande originelle ; et c'en est une autre de décider qu'elle peut faire partie de l'instance en cours. La jonction ne résulte pas automatiquement de la réalisation de la condition de connexité ; elle dépend du contexte singulier de l'affaire. Ce qui lui permet d'en décider est très différent de ce qui la conduit à conclure à l'existence d'une connexité directe. Alors que cette dernière question est tranchée en fonction de certains critères objectifs, à savoir la concordance de nature, de lieu, de temps et le but juridique des demandes, elle ne prend en considération qu'un élément subjectif pour décider de la jonction: la « bonne administration de la justice ». La différence est nette. L'appréciation de la connexité étant purement juridique, elle s'effectue à l'aune des dispositions pertinentes du Règlement, tandis que la jonction est appréciée eu égard aux circonstances de l'espèce et à la stratégie judiciaire des Etats parties au litige[536].

L'expression « bonne administration de la justice » apparaît par trois fois dans les ordonnances récentes de la Cour : une première fois à propos de la connexité directe[537] ; et deux autres fois, comme standard d'appréciation de l'opportunité de la jonction de la reconvention à l'instance en cours[538], comme le reflète clairement le prononcé suivant :

> « considérant cependant qu'une demande doit normalement être portée devant le juge par la voie d'un acte introductif d'instance; que, s'il est admis que certains types de demandes soient formulées à titre incident, c'est-à-dire dans le cadre d'une instance déjà en cours, c'est aux seules fins d'assurer une meilleure administration de la justice compte tenu du caractère particulier des demandes en cause; qu'en ce qui concerne les demandes reconventionnelles il s'agit essentiellement de réaliser une économie de procès tout en permettant au juge d'avoir une vue d'ensemble des prétentions respectives des parties et de statuer de façon plus cohérente ; et que la recevabilité des demandes reconventionnelles est nécessairement fonction des buts ainsi poursuivis et sujette à des conditions propres à prévenir les abus »[539].

---

[536] Voir dans ce sens H. Ruiz Fabri et J. M. Sorel, « Chronique de la jurisprudence de la Cour internationale de justice (1997) », *JDI*, 1998 (2), p. 801.

[537] Voir par ex. *Application de la Convention pour la prévention et la répression du crime de génocide*, C.I.J. Rec. 1997, p. 259, par. 40.

[538] *Ibid.*, p. 257, par. 30, et par. 31.

[539] *Application de la Convention pour la prévention et la répression du crime de génocide*, C.I.J. Rec. 1997, p. 257, par. 30.

Le pouvoir discrétionnaire de la Cour en matière de jonction ne doit pas être confondu avec son pouvoir souverain dans la détermination de la connexité directe. Celui-ci est précisé dans les termes suivants :

> « Considérant que le Règlement ne définit pas la notion de connexité directe; qu'il appartient à la Cour d'apprécier souverainement, compte tenu des particularités de chaque espèce, si le lien qui doit rattacher la demande reconventionnelle à la demande principale est suffisant »[540].

Ce deuxième pouvoir concerne, comme il se dégage clairement de ce considérant, la définition de la notion de connexité directe et l'appréciation, dans chaque espèce, du lien suffisant devant exister entre les demandes opposées. Le pouvoir discrétionnaire de la Cour en matière de jonction se pose après cette appréciation. Elle concerne l'opportunité du traitement simultané des deux demandes[541]. La jurisprudence récente en matière de demande reconventionnelle peut prêter ainsi à une interprétation suivant laquelle, d'une part, la haute juridiction consacre la dualité de la connexité et de la jonction, et d'autre part, l'existence pour elle d'une marge de manœuvre considérablement large dans l'appréciation de chacune de ces questions.

Cette interprétation a été davantage mise en exergue par certains juges dans leurs opinions jointes à l'ordonnance du 17 décembre 1997 rendue en l'affaire de *la Convention sur le génocide*. Le plus notable est celle de M. Lauterpacht, juge *ad hoc* désigné par la Bosnie, pour qui ce pouvoir trouve son fondement dans les textes régissant les attributions de la Cour. Selon lui,

> « [...] une décision par laquelle il est reconnu que la demande reconventionnelle yougoslave est en connexité directe avec l'objet de la demande de la Bosnie ne peut

---

[540] *Ibid.*, p. 257 par 30.

[541] Voir Y. Nouvel, « La recevabilité des demandes reconventionnelles devant la Cour internationale de Justice à la lumière de deux ordonnances récentes », *op. cit.*, p. 335; Y. Kerbrat, « De quelques aspects des procédures incidentes devant la Cour internationale de Justice : les ordonnances des 29 novembre 2001 et 10 juillet 2002 dans les affaires des Activités armées sur le territoire du Congo », *op. cit.*, p. 350.

régler définitivement la question. Chaque affaire doit être examinée à la lumière de ses propres faits particuliers. La Cour a un pouvoir et une obligation naturels d'assurer une administration de la justice régulière et efficace. Les affaires doivent être jugées avec toute la célérité voulue. A ces fins, la Cour jouit d'un très grand pouvoir discrétionnaire. Elle n'est pas tenue par la lettre de l'article 80 de son Règlement. Il convient de rappeler que, contrairement à de nombreuses dispositions du Règlement de la Cour, l'article 80 n'a pas sa source dans une disposition obligatoire quelconque du Statut de la Cour. A l'article 80, la Cour ne définit pas une procédure pour l'exercice de son obligation statutaire; elle ne fait simplement qu'exercer le pouvoir général qui lui est conféré par l'article 30 du Statut de «détermine[r] par un règlement le mode suivant lequel elle exerce ses attributions ». La Cour a considéré l'examen des demandes reconventionnelles comme un aspect possible de ses attributions et elle a ainsi, de sa propre initiative, déterminé un certain règlement. Mais elle n'est pas liée strictement ou perpétuellement par ce règlement. Elle a la faculté et, en fait, est tenue de les appliquer de manière raisonnable et d'adapter leur application aux circonstances de l'affaire dont elle est saisie »[542].

Dans le même ordre d'idée, le juge Weeramantry a fait valoir que :

> « Il existe des circonstances [...] qui, à mon avis, devraient porter la Cour, même si toutes les autres conditions préalables sont remplies, à user de son pouvoir discrétionnaire pour refuser de joindre la demande du défendeur à celle du demandeur »[543].

La question ne fait toutefois pas unanimité au sein de la doctrine. Pour un commentateur aussi accrédité que M.

---

[542] *Application de la Convention pour la prévention et la répression du crime de génocide*, C.I.J. Rec. 1997, Opinion individuelle du juge *ad hoc* Lauterpacht, par. 18-19, p. 284.
[543] *Ibid.*, Opinion dissidente du juge Weeramantry p. 294

Guillaume, l'ancien président de la haute juridiction, « la Cour a compétence liée pour admettre une demande reconventionnelle si les conditions [réglementaires] sont remplies »[544]. Cette opinion est loin d'être isolée[545]. Il faut aussi souligner que l'affirmation de ce que la Cour dispose d'un pouvoir discrétionnaire en matière de jonction a été vivement critiquée. H. Thirlway soutient que « if the text lays down certain conditions for the validity of a procedural step, states are entitled to act on the basis that those conditions are exhaustive and the Court does not preserve a residual discretion to 'adjust the application' of the Rule unless the Rules themselves say so »[546]. Y. Nouvel a fait observer à ce propos que placée au-dessus du respect des formes régulières, la bonne administration de la justice retire toute vertu de sécurité au Règlement et que l'article 80 s'impose à la Cour[547].

Ces critiques ne convainquent guère. Nous avons soutenu qu'il ressort tant des travaux préparatoires du Règlement que de l'ordonnance du 17 décembre 1997 de la Cour que la demande reconventionnelle constitue une voie exceptionnelle de la soumission d'une demande au juge international. L'exercice de cette exception demande à être justifié. Rappelons encore une fois les termes de l'ordonnance précitée : « une demande doit normalement être portée devant le juge par la voie d'un acte introductif d'instance; que, s'il est admis que certains types de demandes soient formulées à titre incident [...] c'est aux seules fins d'assurer une meilleure administration de la justice [...] qu'en ce qui concerne les demandes reconventionnelles il s'agit essentiellement de réaliser une économie de procès [...]; et que *la recevabilité des demandes reconventionnelles est nécessairement*

[544] *Les procédures incidentes devant la Cour internationale de Justice : exercice ou abus de droits* ?, J-M. Sorel et Fl. Poirat (eds), *op. cit.*, p. 158 (à vérifier).

[545] On peut aussi citer le juge Abraham qui partage cette manière de voir. Voir *ibid.*, p. 100.

[546] H. Thirlway, "Counterclaims Before the International Court of Justice: The Genocide Convention and Oil Platforms Decisions", *op. cit.*, p. 223.

[547] Y. Nouvel, « La recevabilité des demandes reconventionnelles devant la Cour internationale de Justice à la lumière de deux ordonnances récentes », *op. cit.*, p. 336.

fonction des buts ainsi poursuivis et sujette à des conditions propres à prévenir les abus »[548].

Chaque mot ici est soigneusement pesé. Le caractère exceptionnel de la demande reconventionnelle y est implicitement, mais clairement, souligné. Il est également précisé que cette demande ne sera admise que si elle permet la réalisation des buts qui constituent la raison d'être de son admission dans une affaire donnée. Cette interprétation téléologique de l'article 80 du Règlement implique qu'il revient au juge de veiller dans chaque espèce à ce que ces conditions soient observées. Il peut rejeter la demande pour prévenir les abus, et l'accepter pour assurer l'atteinte du but escompté, à savoir la réalisation de l'économie de procès.

De surcroît, en matière de demandes incidentes en générale, et s'agissant de la demande reconventionnelle en particulier, l'existence pour la Cour internationale d'un pouvoir discrétionnaire apparaît, du moins dans certaines circonstances, utile, voire nécessaire. En effet, la présentation de demandes de ce genre peut compliquer la marche du procès. Elle peut, par exemple, mettre en cause l'intérêt des Etats tiers et susciter, par conséquent, l'intervention de ces Etats dans l'affaire. Il a été expliqué que l'intervenant peut dans certaines circonstances intervenir en qualité de partie et soumettre ses propres conclusions à la Cour internationale. En pareil cas, comme celle-ci l'a laissé entendre dans l'affaire du *Plateau continental*[549], il s'expose à une demande reconventionnelle formulée par le défendeur s'il se range du côté du demandeur, et lui-même peut en formuler une contre le demandeur lorsqu'il se range du côté du défendeur. Chacune de ces demandes peut donner lieu à la présentation d'autres moyens incidents, tels que les exceptions, les demandes en indication des mesures conservatoires, les demandes additionnelles etc. Jusqu'où cette « mise en abîme » peut aller ? Aussi loin que possible, si on s'en tient au respect des conditions réglementaires requises pour l'introduction de chacune de ces demandes. Nul ne contesterait que cela irait à l'encontre de la bonne administration de la justice. Ce n'est que lorsqu'il est doté du pouvoir de décider de

---

[548] *Application de la Convention pour la prévention et la répression du crime de génocide*, C.I.J. Rec. 1997, p. 257, par. 30. Italiques ajoutés.
[549] *CIJ, Recueil 1981*, p. 20, par. 34.

l'opportunité de la jonction que le juge international peut éviter une telle situation.

§2. Le fondement du pouvoir discrétionnaire

La bonne administration de la justice, les principes généraux et le texte même du Règlement peuvent être invoqués comme fondement du pouvoir discrétionnaire de la Cour en matière de jonction.

A. La bonne administration de la justice

L'exigence est soulignée pour justifier l'assouplissement du formalisme procédural dont les contraintes peuvent constituer, dans certaines circonstances, une entrave à la marche rationnelle et équitable du procès. En fait, elle peut revêtir deux acceptions différentes. Au sens large, elle engloberait l'ensemble des critères et conditions que doit remplir toute justice pour être bien administrée (*notion-ambition)*[550]. Vue sous cet angle, elle « doit présider à tous les actes de l'administration judiciaire *stricto sensu* et au bon déroulement de l'instance »[551]. Au sens étroit, elle devrait être comprise comme un objectif à atteindre, comme une finalité que servirait l'emploi de moyens techniques appropriés *(notion-justification)*[552]. Ainsi comprise, elle renvoie traditionnellement à la notion de bonne justice entendue comme « celle qui doit guider le juge (critère directif de bon sens) dans la recherche des meilleures solutions à donner à des problèmes de procédure et de compétence, afin que soient jugées dans le temps raisonnable qui convient, les affaires ou les questions qui vont ensemble (ainsi en matière de connexité) »[553]. Dans ce dernier sens, qui est incontestablement celui visé dans les ordonnances rendues en matière reconventionnelle, la fin justifie le moyen. Autrement dit, il est permis au juge, en s'appuyant sur cette notion, de passer outre les règles ou les principes normalement applicables dans le but d'atteindre un objectif particulier.

L'arrêt de la Cour dans l'affaire *relative à l'application de la convention pour la prévention et la répression du crime de*

---

[550] J. Robert, « la bonne administration de la justice », *AJDA*, 1995 p. 117.
[551] *Vocabulaire juridique*, G. Cornu (dir.), *op. cit.*, pp. 112-113.
[552] J. Robert, « la bonne administration de la justice », *op. cit.*, p. 117.
[553] *Vocabulaire juridique*, G. Cornu (dir.), *op. cit.*, pp. 112-113.

génocide (*Croatie c. Serbie*), offre un exemple fort intéressant de l'application de ces considérations à un cas d'espèce. La question était de savoir si la Cour pouvait passer outre la « règle générale » suivant laquelle « la compétence de la Cour doit normalement s'apprécier à la date du dépôt de l'acte introductif d'instance »[554]. On sait que la Cour peut se déclarer incompétente, comme elle l'a fait dans l'affaire *Licéité de l'emploi de la force,* lorsqu'une des conditions de sa compétence (la capacité du demandeur d'accéder à la Cour en l'occurrence) n'est pas remplie à la date de l'introduction de l'instance[555]. Toutefois, elle s'autorise à mettre de côté cette « règle générale » et à faire application de ce que l'on a coutume d'appeler la « doctrine Mavrommatis ». Celle-ci lui permet de se déclarer compétente dans certaines hypothèses où les conditions requises n'étaient pas toutes remplies à la date de l'introduction de l'instance mais l'ont été postérieurement, avant qu'elle statue sur sa compétence[556]. Ce qui importe aux fins

---

[554] Voir en ce sens *Application de la convention pour la prévention et la répression du crime de génocide (Bosnie-Herzégovine c. Yougoslavie), exceptions préliminaires, arrêt, C.I.J. Recueil 1996 (II)*, p. 613, par. 26 ; cf. *Questions d'interprétation et d'application de la convention de Montréal de 1971 résultant de l'incident aérien de Lockerbie (Jamahiriya arabe libyenne c. Royaume-Uni), exceptions préliminaires, arrêt, C.I.J. Recueil 1998*, p. 26, par. 44. Ce sont des références citées par la Cour dans l'arrêt en question. Par. 79

[555] *Licéité de l'emploi de la force (Serbie-et-Monténégro c. Belgique), exceptions préliminaires, arrêt, C.I.J. Recueil 2004*, p. 327, par. 126.

[556] Ce principe jurisprudentiel trouve son fondement dans le passage suivant de l'arrêt rendu le 30 août 1924 par la Cour permanente sur l'exception d'incompétence soulevée par le défendeur dans l'affaire des *Concessions Mavrommatis en Palestine* : « il faut examiner la question de savoir si la validité de l'introduction d'instance peut être mise en doute parce qu'elle est antérieure à l'époque où le protocole XII [annexé au traité de Lausanne] est devenu applicable. Tel n'est pas le cas. Même si, avant cette époque, la juridiction de la Cour n'existait pas pour la raison que l'obligation internationale visée à l'article 11 [du mandat pour la Palestine] n'était pas encore en vigueur, il aurait été toujours possible, pour la partie demanderesse, de présenter à nouveau sa requête, dans les mêmes termes, après l'entrée en vigueur du traité de Lausanne ; et alors on n'aurait pu lui opposer le fait en question. Même si la base de l'introduction d'instance était défectueuse pour la raison mentionnée, ce ne serait pas une raison suffisante pour débouter le demandeur de sa requête. La Cour, exerçant une juridiction internationale, n'est pas tenue d'attacher à des considérations de forme la même importance qu'elles pourraient avoir dans le droit interne. Dans ces conditions, même si l'introduction avait été prématurée, parce que le traité de Lausanne n'était pas encore ratifié, ce fait aurait été couvert par le dépôt ultérieur des ratifications requises.» *Arrêt no 2, 1924, C.P.J.I. série A no 2*, p. 34. Voir aussi *Certains intérêts allemands en Haute-Silésie*

d'application de ce principe « c'est que au plus tard à la date à laquelle la Cour statue sur sa compétence, le demandeur soit en droit, s'il le souhaite, d'introduire une nouvelle instance, dans le cadre de laquelle la condition qui faisait initialement défaut serait remplie. En pareil cas, cela ne servirait pas l'intérêt d'une bonne administration de la justice d'obliger le demandeur à recommencer la procédure – ou à en commencer une nouvelle – et il est préférable, sauf circonstances spéciales, de constater que la condition est désormais remplie »[557]. En d'autres termes :

> « c'est le souci d'économie de procédure, qui est une composante des exigences de bonne administration de la justice, qui justifie, dans les cas appropriés, l'application de la jurisprudence issue de l'arrêt *Mavrommatis*. Cette jurisprudence vise à éviter la multiplication inutile des procédures »[558].

Cette conclusion est d'autant plus pertinente pour la demande reconventionnelle que le souci d'« éviter la multiplication des procédures » est également l'objectif énoncé de cette demande dans l'ordonnance de 17 décembre 1997 et celles qui l'ont suivie. Elle dit que la bonne administration de la justice peut conduire le juge, dans certaines circonstances particulières, à prendre une décision qui aurait été autre si ces circonstances n'existaient pas. Il ne s'ensuit pas qu'en décidant autrement le juge enfreindra une quelconque règle dc procédure. Notons que les juges qui ont vivement critiqué la décision de la Cour de joindre la demande reconventionnelle de la Yougoslavie à l'instance engagée par la Bosnie, n'ont nullement mis en cause la conformité de cette

---

polonaise, (Compétence), arrêt no 6, 1925, C.P.J.I. série A no 6, p. 14 ; l'affaire du *Cameroun septentrional (Cameroun c. Royaume-Uni) (exceptions préliminaires, arrêt, C.I.J. Recueil 1963*, p. 28 ; *Activités militaires et paramilitaires au Nicaragua et contre celui-ci (Nicaragua c. Etats-Unis d'Amérique) compétence et recevabilité, arrêt, C.I.J. Recueil 1984*, p. 428-429, par. 83 ; l'affaire relative à l'*Application de la convention pour la prévention et la répression du crime de génocide (Bosnie-Herzégovine c. Yougoslavie) exceptions préliminaires, arrêt, C.I.J. Recueil 1996 (II)*, p. 595.

[557] L'affaire *relative à l'application de la convention pour la prévention et la répression du crime de génocide* (*Croatie c. Serbie*), *exceptions préliminaires, arrêt, C.I.J. Recueil 2008*, p. 28, par. 85.

[558] *Ibid.*, p. 30, par. 89

décision aux textes régissant les attributions de l'organe judiciaire. Ainsi, le juge Koroma, tout en consacrant l'intégralité de son opinion à souligner l'incompatibilité de ladite décision avec les exigences d'une bonne et judicieuse administration de la justice, ne manque pas de noter que « cela ne veut pas dire que toutes les mesures adoptées jusqu'à présent, par les deux Parties et par la Cour, n'ont pas été conformes au Statut et au Règlement de la Cour »[559].

B. Les principes généraux

On remarquera qu'en se réservant une grande marge de manœuvre quant à la jonction, la Cour n'a fait autre chose que de s'inspirer d'un principe général de droit consacré dans d'autres systèmes juridiques. Dans les droits nationaux aussi, l'établissement d'un lien suffisant et la jonction sont deux institutions juridiques distinctes, les tribunaux jouissant d'un pouvoir discrétionnaire pour apprécier l'une et l'autre. En droit français, par exemple, où, aux termes de l'article 70 du NCPC, la recevabilité des demandes reconventionnelles et additionnelles est subordonnée à l'existence d'un « lien suffisant » ; il appartient au juge du fond, a dit la Cour de cassation, d'apprécier souverainement le caractère «suffisant» du lien devant exister entre les deux demandes[560]. La décision favorable à la jonction, elle, est prise, selon l'article 367 du même code, en fonction de l'existence « entre les litiges » d'un « lien tel qu'il soit de l'intérêt d'une bonne justice » de connaître ensemble des prétentions formulées par les parties. Sur ce point aussi, selon la jurisprudence de la Cour de cassation de France, le juge du fond apprécie souverainement les circonstances propres à justifier la jonction[561]. En droit belge, où, aux termes de l'article 30 du code judiciaire, la connexité existe lorsqu'il y a, entre deux demandes, un « rapport si étroit qu'il y a intérêt à les instruire et juger en même temps », il appartient au juge d'apprécier souverainement

[559] *Application de la Convention pour la prévention et la répression du crime de génocide*, C.I.J. Rec. 1997, Opinion individuelle du juge Koroma, p. 276.

[560] voir notamment Civ. Ire, 6 juin 1978, Bull. civ., 1, p. 171 ; Civ. 3, 21 mai 1979, D., 1979, IR 509; Civ. 2, 14 janvier 1987, Bull. civ., II, p. 7. Pour plus d'explication voir L. CADIET, « Connexité », *Repertoire de la Procédure Civile*, Dalloz, septembre 2006, p. 5.

[561] Cass 2e civ. 21 mai 1959. 453 ; Civ. Ire, 9 octobre 1974, *Bull. civ.*, 1, 223.

l'existence de ce rapport.[562]. L'autonomie du lien suffisant et de la jonction est également consacrée par les conventions de Bruxelles et de Lugano[563]. D'après l'article 6, alinéa 3 de la première et l'article 6 alinéa 2 de la seconde convention, une demande formée à titre reconventionnel est recevable si elle « dérive du contrat ou du fait sur lequel est fondée la demande originelle, devant le tribunal saisi de celle-ci ». En ce qui concerne la jonction, l'article 22, alinéa 3, de chacune des deux conventions dispose que : « Sont connexes, au sens du présent article, les demandes liées entre elles par un rapport si étroit qu'il y a intérêt à les instruire et à juger en même temps afin d'éviter des solutions qui pourraient être inconciliables si les causes étaient jugées séparément »[564].

C. Le texte du Règlement : le caractère permissif de l'article 80

En matière consultative, la Cour a, à de nombreuses reprises, déclaré que son pouvoir de donner un avis consultatif était discrétionnaire en ce sens qu'elle peut rendre un avis consultatif, mais qu'elle n'y est pas obligée. Pour justifier cette opinion, elle a invoqué le caractère «permissif» de l'article 65 du Statut[565]. Ainsi dans son avis le plus récent en date, elle déclare que

« [l]'article 65 du Statut indique clairement que la Cour a le pouvoir discrétionnaire de répondre ou non à une demande d'avis consultatif : 'La Cour peut donner un avis consultatif sur toute question juridique…'»[566].

---

[562] Cass., 6 juin 1961, *Pas.*, 1961, 1, 1082; 4 septembre 1987, *Pas.*, 1988, 1, 4, et note 3.

[563] Voir M. Weser, *Convention communautaire sur la compétence judiciaire et l'exécution des décisions*, A. Pedone, 1975, p. 265.

[564] La Convention de Bruxelles du 27 septembre 1968 a été remplacée depuis le 1er mars 2002 par le règlement CE n° 44-2001 du 22 déc. 2000 concernant la compétence judiciaire, la reconnaissance et l'exécution des décisions en matière civile et commerciale (JOCE n° L 12, 16 janv. 2001, p. 1).

[565] Avis 1950, p. 72

[566] *Jugement no 2867 du tribunal administratif de l'organisation internationale du travail sur requête contre le fonds international de développement agricole, Avis consultatif du 1er février 2012,* par. 33

L'argument vaut, par analogie, pour la question de jonction en matière reconventionnelle. Rappelons que la version ancienne de ce paragraphe, en vigueur jusqu'à 2001, se lisait comme suit :

> « Une demande reconventionnelle peut être présentée pourvu qu'elle soit en connexité directe avec l'objet de la demande de la partie adverse et qu'elle relève de la compétence de la Cour ».

A la suite de la réforme de l'article 80 en 2001, ce paragraphe a été modifié pour prendre la forme suivante :

> « La Cour ne peut connaître [« may entertain » dans sa version anglaise] d'une demande reconventionnelle que si celle-ci relève de sa compétence et est en connexité directe avec l'objet de la demande de la partie adverse ».

Ainsi, le « pouvoir [du défendeur] de présenter » d'une demande reconventionnelle a laissé place au « pouvoir [de la Cour] de connaître » d'une telle demande. L'article 80 du Règlement a un caractère permissif en ce qu'il ne requiert pas de la Cour d'accepter la demande qui lui a été présentée en vertu de cet article. La disposition ci-dessus mentionnée est clairement divisée en deux. La première partie tient au pouvoir de la Cour et la seconde aux conditions que doit remplir une demande reconventionnelle pour être recevable. Cela implique, selon une interprétation littérale, que, à supposer que les deux conditions indiquées soient remplies, la Cour « peut » connaître de la demande comme elle « peut » ne pas en connaître.

Mais la consécration de ce pouvoir est plus explicite dans la disposition de l'article 80 relative au procès auquel donne lieu la présentation d'une demande à titre reconventionnel. La seconde partie de l'article 63 du Règlement adopté en 1936 disposait déjà que :

> « toute demande qui n'est pas en connexité directe avec l'objet de la requête originaire, doit être présentée sous forme de requête séparée et

> peut rester l'objet d'une instance distincte ou être jointe par la Cour à l'instance primitive »[567].

D'après cet article, la demande reconventionnelle qui n'est pas directement liée à la demande initiale doit être présentée sous la forme d'une requête séparée. Il reviendra à la Cour de décider si cette demande peut être jointe à l'instance primitive ou si elle doit faire l'objet d'une instance distincte. La Cour s'était ainsi réservé une grande marge de manœuvre pour apprécier le degré de connexité entre les deux demandes et décider du sort de l'action menée par la partie défenderesse. L'article 63 du Règlement adopté en 1936 a été profondément réformé en 1946 pour prendre la forme suivante :

> « Si le rapport de connexité entre la demande présentée comme demande reconventionnelle et l'objet de la requête n'est pas apparent, la Cour, après examen, décide s'il y a lieu ou non de joindre cette demande à l'instance primitive».

Selon cette version du Règlement, en vigueur jusqu'à 2001, la Cour pouvait décider qu'il y a lieu de joindre la demande reconventionnelle à l'instance primitive alors même que le rapport de connexité entre la demande présentée comme reconventionnelle et l'objet de la requête n'est pas apparent. En fait, il découlait de cette formule deux sortes de jonction : la jonction facultative ou discrétionnaire et la jonction obligatoire ou automatique[568]. Si l'action du défendeur satisfait aux deux conditions de connexité et de compétence énoncées dans la disposition, elle doit être jointe à l'affaire ; si la condition de connexité n'est pas remplie, la reconvention ne serait pas automatiquement rejetée ; le juge de décidera s'il y a lieu ou non de joindre les deux demandes. La discrétion portait donc uniquement sur la faculté de la Cour de joindre à l'instance une demande reconventionnelle dont la connexité avec l'objet de la

---

567 Pour les travaux préparatoires de cette disposition voir *CPIJ, Série D_02_3ᵉ addem.* p. 440.

568 Voir *Application de la Convention pour la prévention et la répression du crime de génocide*, C.I.J. Rec. 1997, Déclaration du Juge *ad hoc* Kreća, p. 264 et s.; Y. Nouvel, « La recevabilité des demandes reconventionnelles devant la Cour internationale de Justice à la lumière de deux ordonnances récentes », *op. cit.*, p. 334.

requête n'était pas apparente, et non sur celle de refuser la jonction d'une demande remplissant la condition de connexité.

Cette rédaction demeura inchangée jusqu'en 2001. Depuis lors, le paragraphe 3 de l'article 80, ayant été modifié en cette année, dispose que :

> « en cas d'objection relative à l'application du paragraphe 1 ou à tout 0moment lorsque la Cour le considère nécessaire, la Cour prend sa décision à cet égard après avoir entendu les parties ».

La clause selon laquelle la Cour en cas de contestation de la connexité « décide s'il y a lieu ou non de joindre cette demande à l'instance initiale », employée par l'ancien Règlement, fut ainsi remplacée par une clause plus générale suivant laquelle la Cour « prend sa décision à cet égard »[569]. Pour certains auteurs ce remaniement a remis en cause l'existence même du pouvoir discrétionnaire du juge[570]. On ne peut qu'hésiter à partager ce commentaire. Il faut rappeler que la communiqué de presse du 12 janvier 2001 (2001/1), rendue par la Cour à l'occasion de cette réforme souligne que « le paragraphe 3 révisé a la même portée que l'ancienne version du paragraphe 3, mais est formulé différemment ». Les termes « décider à cet égard », employés par le Règlement actuel, peuvent dès lors être interprétés comme confirmant un pouvoir discrétionnaire tant de décider de la jonction en cas de défaut de connexité que de la refuser lorsque celle-ci se trouve réalisée[571].

---

[569] Il y a lieu de rappeler que le Règlement du TIDM qui était calqué sur celui de la Cour en ce qui concerne la disposition relative à la demande reconventionnelle, sauvegarde toujours la version ancienne de cette disposition. L'article 98 de ce Règlement dispose dans son alinéa 3 que « Si le rapport de connexité entre la demande présentée comme demande reconventionnelle et l'objet de la demande de la partie adverse n'est pas apparent, le Tribunal, après avoir entendu les parties, décide s'il y a lieu ou non de joindre cette demande à l'instance initiale ».

[570] Y. Kerbrat, « De quelques aspects des procédures incidentes devant la Cour internationale de Justice : les ordonnances des 29 novembre 2001 et 10 juillet 2002 dans les affaires des Activités armées sur le territoire du Congo », *op. cit.*, p. 351

[571] Dans ce dernier cas, la Cour peut ordonner l'inscription de la demande dans son Rôle général en tant qu'affaire nouvelle ou laisser au défendeur de décider sur le sort de son action.

Par ailleurs, rien dans les ordonnances rendues en vertu de la version remaniée de l'article 80 n'indique que la Cour a renoncé à son pouvoir discrétionnaire. Dans l'affaire des *Activités armées sur le territoire du Congo*, celui-ci avait évoqué les « considérations d'opportunité liées aux impératifs d'une bonne administration de la justice » pour soutenir qu'il n'y avait pas lieu d'opérer la jonction au fond de l'ensemble des prétentions ougandaises en application de l'article 80, paragraphe 3, du Règlement. Ce qui a conduit la Cour, dans l'ordonnance qu'elle a rendue sur la recevabilité de la demande de l'Ouganda, à préciser qu'

« [...] ayant estimé que les première et deuxième demandes reconventionnelles présentées par l'Ouganda étaient en connexité directe avec l'objet des demandes du Congo, [elle] est d'avis que, bien au contraire, une bonne administration de la justice et un souci d'économie de procès appellent un examen simultané de ces demandes reconventionnelles et des demandes au principal »[572].

Elle rappelle ensuite à l'accoutumée que :

> « lorsque, conformément aux dispositions de son Règlement, la Cour décide, dans l'intérêt d'une bonne administration de la justice, de se prononcer en une seule et même instance sur les demandes respectives des Parties, il importe qu'elle ne perde pas pour autant de vue l'intérêt du demandeur à ce qu'il soit statué sur ses prétentions dans un délai raisonnable »[573].

Le premier énoncé met en évidence la dichotomie de la recevabilité et la jonction[574], et le second indique que si la Cour décide de se prononcer en une seule et même instance sur les demandes respectives des Parties, c'est que l'intérêt d'une bonne administration de la justice le requiert.

---

[572] *Activités armées sur le territoire du Congo, C.I.J. Recueil* 2001, p. 680, par. 44.

[573] *Ibid.*, p. 681, par 48.

[574] La même conclusion a été tirée de ce prononcé de la Cour par d'autres auteurs. Voir par ex. H. Ruiz Fabri et J-M, Sorel, « Chronique de la jurisprudence de la CIJ pour l'année 1999 », *J.D.I.*, 2000 (3), p. 867.

§3. La portée du pouvoir discrétionnaire

Nous avons soutenu qu'il est laissé à la « prudence du juge » [575] de décider de la jonction. Cependant, « la justice ne doit rien avoir d'arbitraire »[576]. Elle le serait assurément si la Cour, sans justifier sa décision, acceptait une demande reconventionnelle ne présentant pas de connexité avec l'objet du litige, ou la rejetait alors même que l'existence de la connexité entre les deux demandes ne porte pas à doute. Il a été souligné plus haut qu'en matière consultative aussi, la Cour jouit d'un pouvoir discrétionnaire. Elle a déclaré à diverses occasions qu'elle ne se voyait pas obligée de rendre un avis consultatif. Cependant, chaque fois qu'elle rappelle ce pouvoir, elle prend soin de préciser qu'«il faudrait des raisons décisives pour déterminer la Cour à opposer un refus»[577], une manière de dire que pour elle le pouvoir discrétionnaire n'est pas synonyme de décision arbitraire.

Invoquer des raisons décisives dans l'exercice du pouvoir discrétionnaire en matière reconventionnelle est d'autant plus nécessaire que l'on est dans le cadre d'une procédure contentieuse, où le juge ne dispose que d'une juridiction volontaire. Autoriser ce juge à accepter ou refuser une demande en justice, sans se justifier, « incite[ra] les Etats, pour emprunter les termes du juge *ad hoc* Verhoeven, à se détourner d'un juge qui lui réserve trop de 'surprises' plutôt qu'à s'y soumettre »[578]. Mais comment peut-il se justifier ? La réponse se trouve dans l'énoncé précité de l'ordonnance de 17 décembre 1997. Il y est dit que si la demande reconventionnelle est admise « c'est aux seules fins d'assurer une meilleure administration de la justice », c'est-à-dire à « réaliser une économie de procès » et que « la recevabilité des demandes reconventionnelles est nécessairement fonction des buts ainsi poursuivis et sujette à des conditions propres à prévenir les abus ». Cette conclusion fait apparaître les limites de l'exercice du

[575] Les termes sont empruntés à Voltaire, *l'Affaire Calas, traité sur la tolérance*, Gallimard, p. 247.

[576] *Ibid.*

[577] *Jugement no 2867 du tribunal administratif de l'organisation internationale du travail sur requête contre le fonds international de développement agricole, Avis consultatif du 1er février 2012,* par. 33, citant *Avis consultatif de 1956, C.I.J. Recueil 1956,* p. 86.

[578] *Activités armées sur le territoire du Congo, C.I.J. Recueil 2001*, Déclaration du juge *ad hoc* Verhoeven, p. 685.

pourvoir discrétionnaire de la Cour : la jonction pour atteindre les buts poursuivis (1), la disjonction pour prévenir les abus (2).

A. Atteindre les buts

La jonction permet au juge d'avoir « une vue d'ensemble des prétentions respectives des parties et de statuer de façon plus cohérente », pour reprendre les termes de l'ordonnance du 17 décembre 1997, dans la mesure où, en réunissant les deux demandes, le juge sera mieux informé des données du problème et ne risquera pas de rendre des décisions contradictoires sur les faits identiques. La reconvention assure l'« économie de procès » dès lors qu'elle met le juge en mesure de vider en une fois l'ensemble des contentieux qui oppose les parties, lesquels, tout en étant intimement liés les uns ou autres, peuvent donner lieu, à défaut de jonction, à des affaires différentes. C'est ce qui justifie devant toute juridiction le droit accordé aux parties d'introduire dans l'instance des demandes incidentes[579]. Dans son commentaire, à l'article 19 du modèle de règles sur la procédure arbitrale relative aux « demandes accessoires », la CDI souligne que

« [l]e point essentiel est que les conflits entre les parties qui ont leur souci dans l'objet du litige doivent être définitivement liquidés »[580].

Il est vrai toutefois que l'affirmation que la reconvention assure l'« économie de procès » est sujette à controverse. Le juge Rezek a fait observer que le Reconvenant ne présenterait pas une requête devant la Cour si l'action principale – celle du demandeur – n'existait déjà. En ce sens, il n'y a pas d'économie de procès dans la mesure où la reconvention du défendeur est déclenchée par l'action du demandeur[581]. L'argumentation est loin d'être dénuée

---

[579] Voir la section consacrée à l'examen des travaux qui ont précédé l'adoption de la disposition du Règlement relative à la demande reconventionnelle. Voir *supra* p. 71 et s.

[580] *Annuaire de la Commission du droit international*, vol. II 1958, Commentaire relatif à certains articles du modèle de règles sur la procédure arbitrale, *Art. 19.* p. 89.

[581] *Les procédures incidentes devant la Cour internationale de Justice : exercice ou abus de droits* ?, J-M. Sorel et Fl. Poirat (eds), *op. cit.*, p. 100 (l'intervention du juge Rezek), p.102. Le professeur Quéneudec et le Professeur Sorel se sont ralliés à cette manière de voir, *ibid.*, p. 104-105. Voir aussi les professeurs Sorel et Ruiz Fabri qui commentant l'ordonnance du 30

de fondement. Dans l'affaire des *Activités armées sur le territoire du Congo*, le Gouvernement ougandais a ainsi déclaré que :

> « pendant plus de sept ans, la République de l'Ouganda a été victime des opérations militaires et d'autres activités de groupes armés qui lui sont hostiles visant à la déstabiliser, qui étaient soit parrainées, soit tolérées par les Gouvernements congolais successifs »; et il a ajouté que « *maintenant que la République démocratique du Congo a introduit une instance, l'Ouganda doit prendre les mesures qui garantiront que justice soit faite et que la responsabilité engendrée par les politiques congolaises soit reconnue* [582]».

Il ressort clairement de cette déclaration que l'action en justice du demandeur congolais sert de motif, sinon de cause, à la présentation par le défendeur ougandais de ses demandes reconventionnelles. Aussi exacte soit-elle, cette affirmation ne réfute pas l'argument qui consiste à dire que la reconvention réalise une économie de procès, fut-ce parce que le juge n'a pas à vérifier si le défendeur engagera ou non une nouvelle procédure en cas de rejet de sa demande reconventionnelle. Il lui suffit de constater que cette partie est en droit de le faire, en s'appuyant sur les faits invoqués dans les conclusions de son contre-mémoire, pour conclure à l'opportunité du traitement simultané des demandes opposées.

B. *Prévenir les abus*

Le sens des termes « conditions propres à prévenir les abus » n'est pas expressément précisé par la Cour. On peut cependant en bonne logique supposer qu'il s'agit d'éviter que le droit conféré

---

juin 1999 rendue en l'affaire de la *Frontière terrestre et maritime entre le Cameroun et le Nigeria,* font valoir qu'« il paraît en effet peu probable que le Nigéria aurait introduit une nouvelle requête sur les seules aspects touchant les incidents frontaliers si la Cour n'avait fait droit à sa demande reconventionnelle », H. Ruiz Fabri et J-M. Sorel, « Chronique de la jurisprudence de la CIJ pour l'année 1999 », *J.D.I.*, 2000 (3), p. 796.

[582] *Activités armées sur le territoire du Congo, C.I.J. Recueil* 2001, p. 664, par. 4. Italiques ajoutés.

au défendeur par l'article 80 du Règlement soit exercé à des fins abusives. Il peut notamment s'agir de l'« abus » visé par certains droits nationaux, à savoir le retard excessif que la jonction des deux demandes entraînerait pour le jugement de la demande principale. Cela explique le souci de la Cour d'empêcher le défendeur d'« imposer par [la] voie [de la demande reconventionnelle] au demandeur n'importe quelle demande, au risque de porter atteinte aux droits de celui-ci », en particulier à son droit « à ce qu'il soit statué sur ses prétentions dans un délai raisonnable »[583]. C'est pourquoi dans l'affaire de la *Convention sur le génocide*, certains juges estimèrent que la Cour aurait dû refuser la jonction de la reconvention de la Yougoslavie à l'instance intentée par la Bosnie. Selon le juge Lauterpacht,

> « la Cour aurait eu toute latitude pour exercer son pouvoir discrétionnaire dans la présente espèce en refusant de joindre des demandes reconventionnelles par ailleurs recevables aux demandes principales. Le facteur essentiel qui aurait pu être invoqué pour justifier un traitement distinct des demandes et des demandes reconventionnelles est la complexité supplémentaire considérable à laquelle va donner inévitablement lieu le traitement de demandes reconventionnelles en même temps que des demandes initiales [584]».

Pour le juge Weeramantry, il y a là une « question de principe », car

> « si cette demande devait être admise, elle pourrait créer la possibilité pour des parties cherchant à retarder des procédures intentées contre elles, d'introduire, lorsqu'une affaire est presque en état d'être jugée, ce qui, en réalité, constituerait une autre instance contre le demandeur, en vue de retarder la procédure engagée à leur encontre. Lorsqu'une telle demande est présentée des années après l'introduction de la demande initiale, cela pourrait avoir des effets

---

[583] *Application de la Convention pour la prévention et la répression du crime de génocide*, C.I.J. Rec. 1997, p. 259-260, par. 40.
[584] *Ibid.*, Opinion individuelle du juge *ad hoc* Lauterpacht, par. 19, p. 284.

préjudiciables à la bonne administration de la justice internationale [585]».

L'éminent juge souligne à cet égard l'accent qui est mis par l'*International Encyclopedia of' Comparative Law* (dans son volume sur « la procédure civile » qui analyse la « cross action »[586] dans de nombreuses juridictions) sur l'importance du principe selon lequel la décision sur l'action principale ne devrait pas être retardée par l'examen de « la cross action »[587]. Il précise que l'Encyclopedia évoque, en l'approuvant, une procédure existant en Allemagne « par laquelle il peut être statué sur une demande bien fondée et en état d'un requérant sans tenir compte de la 'cross action'». Ce qui montre, aux yeux du juge Weeramantry, « à quel point il est important de ne pas permettre que l'examen d'une demande principale, qui est en état d'être jugée, soit retardé par une cross action ou une demande reconventionnelle [588]».

Une remarque s'impose : le « retard naturel » doit être distingué du « retard excessif ou abusif ». Toute demande incidente a pour effet de retarder la solution du différend, fût-ce parce que des nouvelles conclusions sont soumises au juge et des nouveaux moyens sont invoqués à l'appui des thèses avancées. Cela rallonge le procès, sans pouvoir constituer un motif valable pour le rejet de la demande concernée. Ce n'est que le retard excessif ou abusif qui peut, sinon doit, être sanctionné par la juridiction. C'est ce qui explique que, en droit français, l'alinéa 2 de l'article 70 du NCPC dispose que le juge peut disjoindre la demande en compensation « si elle risque de *retarder à l'excès* le jugement sur le tout »[589], et qu'en droit belge, le code judiciaire énonce dans son article 810, que:

---

[585] *Ibid.,* Opinion dissidente du juge Weeramantry, p. 295.

[586] Cross-action ou cross-claim est une demande reconventionnelle contre une co-partie. Voir *Dahl's Law dictionary/ Dictionnaire Juridique Dahl, Français-Anglais / French-English*, Troisième éd., Dalloz, Paris, 2007, p. 443. Le droit international ignore ce genre de demande.

[587] *International encyclopedia of comparative law* vol. *XVI,* "Civil Procedure", M. Cappelletti (dir. publ.). p. 66-67, cité par le juge Weeramentry, *ibid.,* p. 294.

[588] *Ibid.,* p. 294

[589] Italiques ajoutés.

«Si la demande reconventionnelle est de nature à faire subir un *trop long retard* au jugement de la demande principale, les deux demandes sont jugées séparément [590]».

Sous réserve de cette remarque, on ne peut que suivre le juge Weeramantry lorsqu'il invoque le « retard » comme un motif du rejet de la reconvention, fût-elle recevable au titre de l'article 80 du Règlement. Il a voulu, à raison, transposer au droit international un principe général de procédure en matière de jonction. Car on ne voit pas pourquoi il doit en aller autrement devant la Cour de La Haye, sachant que des raisons semblables sont à l'origine de l'insertion de la demande reconventionnelle dans le Règlement de cette juridiction et que la recevabilité de cette demande y est soumise à une condition de fond identique à celle qui est prévue dans le droit interne, à savoir la connexité.

Il va sans dire qu'une décision de la Cour refusant la jonction ne mettra en cause que l'opportunité du règlement simultané des demandes respectives des Etats litigants ; elle ne peut être interprétée comme préjugeant de quelque façon des différents aspects (compétence, recevabilité et bien-fondé des allégations, etc.) de la demande du défendeur. Il va de soi, en outre, que la Cour ne pourrait pas exercer son pouvoir discrétionnaire afin de refuser l'action du défendeur lorsque la disjonction porterait atteinte à l'unité substantielle du litige. Lorsque les deux demandes s'appuient sur les mêmes faits litigieux de sorte que la constatation du droit d'une partie entraînera nécessairement le rejet de celui de l'autre, le principe de *res judicata* empêchera l'ouverture ultérieure d'un autre procès portant sur les faits en cause. Dès lors, l'examen simultané des deux demandes s'impose. Il en va ainsi lorsque la reconvention tend, par exemple, à faire déclarer la nullité de l'acte sur lequel est fondée la demande originelle (par ex. La reconvention consiste à prier la Cour de constater la nullité de la sentence arbitrale dont l'exécution est sollicitée par le demandeur dans sa demande initiale). En pareil cas, elle prend les caractères d'une reconvention obligatoire, ou compulsory, pour reprendre l'expression du droit américain.

---

[590] Italiques ajoutés.

Conclusion du Titre I

La demande reconventionnelle est avant toute chose une demande incidente. Des lors le juge doit vérifier si elle peut faire partie de l'instance en cours, avant de se pencher sur le bien-fondé de la prétention qu'elle porte. A cet égard il examinera les conditions énoncées à l'article 80 du Règlement, à savoir la compétence et la connexité. Ces deux conditions sont requises cumulativement. Autrement dit, le défaut de l'une et l'autre de ces conditions entrainera le rejet de la demande reconventionnelle. La vérification de la condition de compétence précède logiquement celle de la connexité. La Règlement a été modifié en 2001 afin de tenir, entre autre, compte de cette logique, mais ni cette logique ni le structure actuel du Règlement n'oblige le juge de suivre cet ordre.

La Cour est dotée d'un pouvoir discrétionnaire de joindre la demande reconventionnelle à l'instance en cours, indépendamment de toute décision quant à l'existence de la connexité directe. Pour décider sur ce point, elle peut s'appuyer sur le caractère permissif du texte du Règlement, le principe général de procédure et l'exigence de la bonne administration de la justice. C'est dire que la connexité et la jonction sont deux phénomènes juridiques distincts. La première est appréciée selon certains critères objectifs, à savoir la concordance de nature, de lieu, de temps et le but juridique des demandes respectives des parties. La seconde est appréciée selon les circonstances de l'espèce, l'élément déterminant étant à cet égard la bonne administration de la justice. Il est question de s'assurer que la jonction de la demande reconventionnelle participe à la réalisation de l'économie du procès. Si tel n'est pas le cas, la Cour peut rejeter la demande, même si elle est en connexité directe avec l'objet de la demande de la partie adverse. Elle peut également joindre à l'instance une demande reconventionnelle qui ne présente pas une connexité apparente avec la demande principale mais dont l'acceptation garantit l'économie du procès.

Titre II

La recevabilité de la demande reconventionnelle en tant que prétention nouvelle

Comme toute demande soumise à la CIJ, celle formulée par le défendeur dans son contre-mémoire doit relever de la compétence accordée à celle-ci par les parties au litige (Chapitre I) et présenter les caractères qui rendent son examen au fond possible (Chapitre II).

Chapitre I.

Compétence au fond

Il semble opportun de s'attarder brièvement sur la généralité de la compétence au fond de la Cour internationale (Section1) avant d'examiner la question de son application en matière reconventionnelle (Section 2).

Section 1. Compétence au fond en général

On le sait, « la Cour ne peut exercer sa juridiction à l'égard d'un Etat si ce n'est avec le consentement de ce dernier »[591]. Ce principe, maintes fois rappelé par la Cour mondiale, constitue la pierre angulaire de la juridiction internationale. Qu'il en soit ainsi tient d'une part, et essentiellement, à la souveraineté des Etat, et d'autre part, au fait que, sur le plan international, le règlement judiciaire des litiges interétatiques ne constitue qu'un des modes de règlement de différend parmi d'autres, ceux qui sont cités dans l'article 33 de la Charte des Nations Unies, et entre lesquels les Etats ont le choix[592]. C'est la raison pour laquelle la première question qui se pose, chaque fois que la Cour est saisie d'une affaire, est de savoir si elle est habilitée à trancher la question juridique qui lui a été soumise.

---

591 *Affaire de l'or monétaire pris à Rome en 1943, (question préliminaire), Arrêt du 15 juin 1954 : C. I. J. Recueil 1954,* p. 32.

592 Selon le paragraphe 1 de cet article : « Les parties à tout différend dont la prolongation est susceptible de menacer le maintien de la paix et de la sécurité internationales doivent en rechercher la solution, avant tout, par voie de négociation, d'enquête, de médiation, de conciliation, d'arbitrage, de règlement judiciaire, de recours aux organismes ou accords régionaux, ou par d'autres moyens pacifiques de leur choix ».

L'appréciation de cette habilitation s'effectue à deux niveaux : d'abord au niveau du pouvoir qui lui est accordé par le Statut ; ensuite au niveau du pouvoir qui lui est conféré par les parties dans une affaire donnée. Ce sont deux acceptions différentes du pouvoir dont le juge international est investi de se prononcer sur une question juridique, proposées par le juge Daxner dans son opinion dissidente dans l'affaire du *Détroit de Corfou* (exception préliminaire)[593], puis développées par la doctrine et ensuite entérinées par la Cour internationale de Justice. Il s'agit de distinguer entre la « juridiction » et la « compétence ». La première, visant la catégorie générale des matières dont la Cour peut connaître, est fondée sur la Charte, le Statut et certains instruments s'y rattachant[594]. La deuxième, visant le pouvoir de la Cour de trancher un litige particulier, est déterminée par l'étendue du consentement des parties[595]. Le passage suivant d'une ordonnance rendue dans l'affaire de la *Licéité de l'emploi de la force,* confirme cette manière de voir :

---

[593] Selon le juge *ad hoc* de l'Albanie, le mot juridiction sert « 1. A reconnaitre la Cour en tant qu'organe institué pour « dire le droit » afin d'acquérir la qualité pour ester devant elle ; 2. A déterminer la compétence de la Cour, c'est-à-dire à conférer à la Cour le droit de résoudre des cas concrets *», Détroit de Corfou, Arrêt sur l'exception préliminaire, C.I.J. Recueil 1948, opinion dissidente du juge Daxner,* p. 39.

[594] Dans l'affaire relative à l'*Application de la convention pour la prévention et la répression du crime de génocide* (*Croatie c. Serbie*), la contestation de la partie défenderesse portait sur la capacité de son adversaire d'accéder au prétoire du Palais de la paix. Dans sa réponse à cette objection, la Cour a souligné que la question de la capacité des Etats à se présenter devant la Cour relève de la compétence *ratione personae* au sens large (*C.I.J. Recueil 2008*, par 133), laquelle est prévue à l'article 35 du Statut compris à la lumière de l'article 93 de la Charte des l'ONU et de la résolution 9 (1946) du 15 octobre 1946 du Conseil de Sécurité (*Ibid.,* par. 58.), et se distingue, a-t-elle dit, de « la question de l'accès à la Cour, qui touche à la capacité d'une partie à prendre part à une procédure devant la Cour dans quelque affaire que ce soit », (*Ibid.,* par. 86.). La Cour a donc employé la « compétence au sens large » pour désigner ce que la doctrine entendait par la juridiction, par opposition à la compétence qui peut être lui accordée par les parties dans un cas d'espèce.

[595] Voir G. Fitzmaurice, "The Law and procedure of the International Court of Justice: International Organizations and Tribunals", 29 *BYIL* 1952, p. 40-42; -, *The Law and Procedure* of *the International Court of Justice*, vol. 2, Cambridge: Grotius, 1986, p. 434-435; *G. Abi Saab, Les exceptions préliminaires dans la procédure de la Cour Internationale*, *op. cit*., p. 61-63 et 67.

« la Cour ne peut donc exercer sa compétence à l'égard d'Etats parties à un différend que si ces derniers ont non seulement accès à la Cour, mais ont en outre accepté sa compétence, soit d'une manière générale, soit pour le différend particulier dont il s'agit [596]».

Tant la juridiction que la compétence sont limitées *ratione materiae*, *ratione personae* et *ratione temporis*. Autrement dit, pour que la Cour puisse trancher un litige, il ne suffit pas que celui-ci relève de sa juridiction *ratione materiae*, *ratione personae* et *ratione temporis*[597]; il faut encore que sa compétence *ratione materiae*, *ratione personae* et *ratione temporis*[598] à l'égard de ce même litige soit, elle aussi, établie. C'est, du reste, ce dernier point qui est fréquemment contesté dans la pratique, le premier étant logiquement présumé, même si l'hypothèse de sa contestation n'est nullement exclue[599].

Point n'est besoin d'insister sur l'applicabilité de ces règles à une demande formulée à titre reconventionnel. Celle-ci, comme la Cour l'a fait observer dans l'ordonnance qu'elle a rendue le 17 décembre 1997 dans l'affaire de la *Convention sur le génocide*, constitue une demande qui soumet une prétention nouvelle au juge. Elle a aussi souligné dans l'affaire du *Plateau continental (Jamahiriya arabe libyenne/Malte)* qu'une procédure incidente ne peut en aucun cas constituer une exception au principe du consentement, une exception de ce genre ne pouvant être admise

---

[596] *Licéité de l'emploi de la force (Yougoslavie c. Espagne), mesures conservatoire, ordonnance du 2 juin 1999, C.I. J. Recueil 1999*, p. 768.

[597] La compétence générale *ratione materiae* de la Cour est déterminée par l'article 36, et sa compétence *ratione personae* par les articles 34, 35 et 65 du Statut.

[598] La compétence spéciale est déterminée dans les affaires contentieuses par l'étendue du consentement des parties à se soumettre à la juridiction de la Cour. Celui-ci peut être accordé par les différentes manières : compromis, clauses compromissoires etc.

[599] Voir par exemple l'affaire relative à *l'Application de la convention pour la prévention et la répression du crime de génocide* (*Croatie c. Serbie*), *exceptions préliminaires, arrêt, C.I.J. Recueil 2008*, par. 86.

que si elle était très clairement exprimée[600], ce qui n'est évidemment pas le cas de la demande reconventionnelle.

Section 2. Compétence au fond en matière reconventionnelle

Si le Règlement prévoit expressément que la demande du défendeur doit relever de la compétence de la Cour (§1), il ne dit pas en revanche quelle est cette compétence, celle sur laquelle repose la demande initiale ou celle qui peut être établie conformément aux règles générales en la matière (§2).

§1. Insertion dans le Règlement de la condition de compétence

Il n'est pas sans intérêt de rappeler très brièvement l'historique de l'insertion de l'exigence de compétence dans le Règlement de la Cour (A). On expliquera ensuite la raison d'être de cette insertion (B).

A. Historique de son insertion

La condition de compétence ne figurait pas à l'article 41 du projet de Règlement relatif à la reconvention, élaboré en 1922. L'alinéa 4 de cet article, relatif au contenu des mémoires et des contre-mémoires, affirmait seulement que ces derniers comprennent « des conclusions fondées sur les faits énoncés et qui sont numérotées dans l'ordre ; ces conclusions peuvent comprendre des demandes reconventionnelles[601] ». Au cours des débats, le juge Anzilotti fit valoir qu'en cas de compromis, une demande reconventionnelle ne peut pas être présentée, et qu'en cas de requête, la présentation d'une demande de cet ordre peut être faite seulement lorsqu'elle n'excède pas les limites dans lesquelles toutes les parties ont accepté la juridiction de la Cour[602]. Le juge Beichmann, s'associant à la remarque de M. Anzilotti, proposa

---

[600] *Plateau continental (Jamahiriya arabe libyenne / Malte), requête à fin d'intervention, arrêt, C.I.J. Recueil 1984*, p. 22, par. 35. Voir aussi *Différend frontalier terrestre, insulaire et maritime (El Salvador/Honduras), requête à fin d'intervention, arrêt, C.I.J. Recueil 1990*, p. 133-134, par. 99.
[601] *CPIJ, Série D_02_3^e addem.* pp. 464-465.
[602] *Ibid.*

d'ajouter à la fin du paragraphe en question les mots suivants : « pour autant qu'elles rentrent dans la compétence de la Cour ». Cette proposition ayant été adoptée, elle prit finalement la forme de la disposition, adoptée le 24 mars 1922, qui devint le paragraphe 2, alinéa 4, de l'article 40 portant sur le contenu des mémoires et contre-mémoires :

> « Les contre-mémoires comprennent : ... 4) des conclusions fondées sur les faits énoncés ; ces conclusions peuvent comprendre des demandes reconventionnelles pour autant qu'elles rentrent dans la compétence de la Cour [603]».

Comme cela a été dit, le Règlement a connu une révision générale en 1936, au cours de laquelle la disposition relative à la reconvention a été profondément remaniée. Son article 63 dispose :

> « Lorsque l'instance a été introduite par requête, une demande reconventionnelle peut être présentée dans les conclusions du contre-mémoire, pourvu que cette demande soit en connexité directe avec l'objet de la requête et qu'elle rentre dans la compétence de la Cour. Toute demande qui n'est pas en connexité directe avec l'objet de la requête originaire, doit être présentée sous forme de requête séparée et peut rester l'objet d'une instance distincte ou être jointe par la Cour à l'instance primitive [604]».

Ainsi, la condition de connexité a été ajoutée, et a précédé formellement, celle de la compétence. Depuis lors, dans toutes les versions successives du Règlement – qui ont retenu la double condition de « connexité-compétence » - l'ordre établi entre ces deux conditions est demeuré inchangé jusqu'à la modification du Règlement en 2001. Dans une Journée d'étude consacrée aux procédures incidentes devant la C.I.J., le juge Rezek a suggéré que cet ordre soit changé ; dans les termes suivants :

---

[603] *Ibid.*, p. 570.

[604] Voir *PCIJ, Série D_01_4^e^ édition*, p. 52 ; *CPIJ, Série D_02_3^e^ addem.* p. 1015.

> « Je vous invite à une lecture politique de la première partie de l'article 80 : Une demande reconventionnelle peut être présentée pourvu qu'elle soit en connexité directe avec l'objet de la demande de la partie adverse et qu'elle relève de la compétence de la Cour. Considérez d'abord la topographie de cet article : si la Cour n'est pas compétente, elle ne l'est pas pour examiner la question de connexité. C'est une question d'ordre des deux éléments. Je pense que cela se lirait mieux si la référence première était à la compétence de la Cour, suivie de celle à la connexité. La compétence précède logiquement toute autre considération »[605].

La voix du juge Rezek a été suivie par ses collègues lors de la révision du Règlement en 2001. A la suite de cette révision, l'ordre dans lequel étaient énoncées ces conditions fut inversé, la condition de compétence étant placée devant celle de connexité. Ce changement reflète également la tendance manifestée par la Cour dans sa jurisprudence récente quant au traitement de conditions de recevabilité de la reconvention, où elle a cherché dans un premier temps à s'assurer que les demandes de la partie défenderesse relevaient de sa compétence avant de se pencher sur la connexité requise. Si on suivait la « logique » évoquée par le juge Rezek et la jurisprudence de la Cour, celle-ci devrait toujours examiner sa compétence avant de vérifier l'existence de la connexité. Dans sa décision la plus récente rendue dans l'affaire de *Certaines activités menées par le Nicaragua dans la région frontalière (Costa Rica c. Nicaragua) – Construction d'une route au Costa Rica le long du fleuve San Juan (Nicaragua c. Costa Rica),* elle n'en a pas moins déclaré que « les conditions de recevabilité énoncées à l'article 80 du Règlement sont cumulatives », et qu'« elle n'est pas tenue de suivre l'ordre adopté dans cette disposition »[606]. Elle a dès lors estimé qu'il

---

[605] *Les procédures incidentes devant la Cour internationale de Justice : exercice ou abus de droits ?*, J-M. Sorel et Fl. Poirat (eds), *op. cit.*, p. 100 (l'intervention du juge Rezek).

[606] *Certaines activités menées par le Nicaragua dans la région frontalière,* ordonnance du 18 avril 2013, § 27 ; *Violations alléguées de droits souverains et d'espaces maritimes dans la mer des Caraïbes (Nicaragua c. Colombie),* ordonnance du 17 novembre 2017, § 20.

convenait d'examiner tout d'abord la connexité entres les demandes opposées[607].

Il s'ensuit que, pour être recevable, la demande reconventionnelle doit satisfaire à la double condition citée dans l'article 80 du Règlement. Mais, pour être rejetée, il suffit que l'une d'elles fasse défaut. La jurisprudence s'est développée dans ce sens. Dans les affaires où les demandes reconventionnelles ont été acceptées et jointes à l'instance en cours, les deux conditions sont successivement examinées. En revanche, dans les affaires où elles n'ont pas été acceptées, la Cour a commencé par l'examen de celle qui faisait défaut. Dans l'affaire des *immunités juridictionnelles de l'Etat,* elle a rejeté la demande pour défaut de compétence sans avoir vérifié la connexité. Et dans l'affaire de *Certaines activités menées par le Nicaragua dans la région frontalière,* et celle des *Violations alléguées de droits souverains et d'espaces maritimes dans la mer des Caraïbes,* elle a rejeté la demande pour défaut de connexité sans avoir vérifié la compétence[608].

Il découle donc de cette pratique que la Cour n'examinera les deux conditions que pour conclure à la recevabilité de la demande. Inversement, pour repousser la demande, la Cour n'examinera qu'une seule condition : celle qui n'est pas remplie. Cela signifie que la logique évoquée par le juge Rezek n'a pas complètement perdu son sens. En effet, lorsqu'elle est amenée à vérifier les deux conditions, logiquement, la Cour commencera par l'examen de la compétence.

B. Raison d'être de son insertion

Il y a des juridictions nationales où le caractère incident de la demande reconventionnelle est en soi attributif de compétence, en

---

[607] *Ibid.* Elle a conclu que cette condition faisait défaut et que, par conséquent, les demandes reconventionnelles en questions étaient irrecevables comme telles au regard du paragraphe 1er de l'article 80 du règlement et qu' « il n'[était] pas nécessaire pour la Cour d'examiner la question de savoir si ces demandes reconventionnelles relèvent de sa compétence », *Ibid.*, § 38.

[608] *Violations alléguées de droits souverains et d'espaces maritimes dans la mer des Caraïbes (Nicaragua c. Colombie),* ordonnance du 17 novembre 2017, § 39, 55 et 56.

ce sens que certaines questions, qui ne relèveraient pas de la compétence de la juridiction saisie si elles lui étaient soumises au moyen d'une demande principale, peuvent être tranchées par elle par le biais d'une demande reconventionnelle[609]. En insérant la condition de compétence dans son Règlement, la Cour internationale a voulu exclure toute incertitude à ce sujet et établir que la nature reconventionnelle d'une demande ne suffit pas pour lui attribuer le pouvoir d'en connaître ; ce pouvoir doit lui être conféré par un titre valable, suivant les normes qui règlent sa compétence[610].

Cela dit, certains auteurs ont plaidé en faveur de la transposabilité au droit international de l'hypothèse, précitée, envisagée dans certaines législations nationales. Le juge Hudson s'emble s'être exprimé dans ce sens en observant que :

> « Lorsqu'une affaire est soumise à la Cour par requête, la compétence de la Cour, une fois établie, semblerait s'étendre à toute demande reconventionnelle directe ; le pouvoir, pour elle, de régler la question visée par la requête inclurait la faculté de statuer sur toutes conclusions de l'une ou l'autre des parties visant les faits ou transactions sur lesquels se fonde la revendication du demandeur [611]».

[609] L'article 51 du NCPC français dispose que le tribunal de grand instance connaît de toutes les demandes incidentes qui ne relèvent pas de la compétence exclusive d'une autre juridiction, alors même qu'il serait territorialement incompétent (alinéa 1). Aussi le tribunal d'instance est compétent pour statuer sur les demandes en dommages-intérêts fondées exclusivement sur la demande initiale, quel que soit leur montant (NCPC, article 38 in fine). En droit américain, nous l'avons dit, la doctrine de la juridiction auxiliaire (*ancillary juridiction*) autorise le défendeur à former des conclusions reconventionnelles ne relevant pas de la compétence matérielle de la cour fédérale, s'il s'agit d'une *Compulsory counterclaim* fondée sur la même transaction qui constitue l'objet de la demande initiale.

[610] Voir J-C. Wittenberg, *L'organisation judiciaire, la procédure et la sentence internationale*, *op. cit.*, p. 195 ; D. Anzilotti, « La demande reconventionnelle en procédure internationale », », *op. cit.*, p. 868.

[611] M. O. Hudson, *La Cour permanente de justice internationale*, *op. cit.*, p. 500.

L'idée du juge Hudson a été reprise par le professeur Hambro, dans son cours de l'Académie de La Haye où il fait valoir que "even if it were conceded – and this is probably the case – that only direct claims are likely to be admitted before the International Court of Justice, and even thought the Rules state clearly that counter-claims will only be admitted when they fall within the jurisdiction of the Court, it may still be possible for a counter-claim indirectly to enlarge the jurisdiction of the Court"[612].

Dans sa jurisprudence récente, la Cour semble vouloir trancher la question. Dans son ordonnance du 17 décembre 1997, elle souligne le « motif » pour lequel la condition de compétence est prévue à l'article 80 : il s'agit d'empêcher le défendeur d'« imposer par cette voie au demandeur n'importe quelle demande [...] »[613]. Le professeur Thirlway l'explique :

> "The purpose of the jurisdictional test was, primarily in relation to cases brought by application, to prevent a state in the position of respondent from taking advantage of the jurisdictional nexus established by the application, in conjunction with its underlying title of jurisdiction, in order to bring before the Court a matter to which that title would not have applied; the test would operate a fortiori in a case where jurisdiction was derived from a special agreement[614]".

Bref, la mention de la condition de compétence dans l'article 80 du Règlement vise à éviter que le défendeur fasse flèche de

---

612 E. Hambro, "Jurisdiction of the international court of justice", *RCADI*, 1950 (I), vol. 76, p. 152. Voir aussi P. F. Gonidec, "L'affaire du Droit d'asile", *R.G.D.I.P.*, 1951, pp.584-5 ; G. Guyomar, *Commentaire du Règlement de la Cour internationale de justice : interprétation et pratique*, Pedone, 1983, p. 521.

613 *Application de la convention pour la prévention et la répression du crime de génocide, C.I.J. Recueil 1997,* p. 257-258, par. 31 ; *Plates-formes pétrolières, C.I. J. Recueil 1998*, p. 203-204, par. 33 ; *Activités armées sur le territoire du Congo, C.I.J. Rec.* 2001, p. 678 par. 35.

614 H. Thirlway, "Counterclaims before the International Court of Justice: the Genocide Convention and Oil Platforms Decisions", 12 *LJIL* (1999), p. 202.

tout bois, comme disait un auteur[615]. Elle signifie tout simplement que le caractère incident de sa demande ne dispense pas de respecter le principe cardinal du consentement au respect duquel est subordonné le règlement des différends juridiques par l'organe judiciaire principal des Nations-Unies. L'intention fut d'exclure toute sorte de dérogation à ce principe, que ce soit par prorogation de compétence ou de toute autre manière.

Il a été également soutenu que cette condition est devenue superflue depuis que la Cour a expressément formulé dans le Règlement la « connexité directe » comme condition de l'admission des demandes reconventionnelles, car l'on ne voit pas comment, devant une demande reconventionnelle de cette nature, la Cour pourrait se déclarer incompétente[616]. Un argument semblable a été avancé par l'Iran dans ses Observations sur la recevabilité des demandes reconventionnelles américaines dans l'affaire des *Plates-formes pétrolières*, faisant valoir qu'« un défaut manifeste de compétence peut être lié à l'absence de connexité directe »[617]. Le juge Higgins semble partager cette manière de voir. Elle souligne que :

> « l'exigence même d'une connexité directe avec l'objet de la demande principale serait de nature à faire entrer l'auteur de la demande reconventionnelle dans le même domaine général de compétence, autrement dit le même traité peut bien servir de base pour fonder la compétence invoquée afin de présenter une demande reconventionnelle [618]».

Il est, en effet, difficile de concevoir deux demandes étroitement connexes, dont l'une pourrait relever de la

---

[615] Y. Nouvel « La recevabilité des demandes reconventionnelles devant la Cour internationale de Justice à la lumière de deux ordonnances récentes », *AFDI*, volume 44, 1998. p. 330.

[616] M.O. Hudson, *The permanent court of international justice 1929-1942: A Treatise*, *op. cit.*, p. 292-293, P. Boum, *Les demandes reconventionnelles dans la procédure de la cour internationale de La Haye*, *op. cit.*, p. 97.

[617] *Plates-formes pétrolières, C.I. J. Recueil 1998,* p. 199. Voir surtout Demande tendant à ce que les parties soient entendues, p. 16, par. 27.

[618] *Plates-formes pétrolières, C.I. J. Recueil 1998,* opinion dissidente du juge Higgins, p. 219.

compétence de la Cour et non pas l'autre. Cependant l'affirmation que là où il y a la connexité, il y a nécessairement compétence ne peut être vraie que si l'on donne une interprétation très restrictive de l'exigence de la connexité. Lorsque, par exemple, la Cour est compétente pour se prononcer sur la demande de dommages-intérêts de l'Etat A auquel appartenait le bateau entré en collision avec celui de l'Etat B, elle l'est aussi pour ce qui est de la demande reconventionnelle de ce dernier formulée à cet effet. Or, la pratique révèle que la Cour donne une interprétation large de cette exigence ; il y a connexité directe, d'après cette pratique, entre les demandes « s'inscrivant dans le cadre d'un même ensemble factuel complexe » et poursuivant le même but juridique. Donc, un large éventail de faits peut s'inscrire dans le « cadre d'un même ensemble factuel complexe » sans qu'ils relèvent tous de la compétence établie pour la demande principale. Lorsque cette compétence est fondée sur une clause facultative assortie d'une réserve limitant la juridiction de la Cour à certaines catégories de différends, ou visant à restreindre le champ d'application de l'engagement *ratione temporis,* cette réserve peut très bien exclure de la compétence de la Cour certains faits relevant du « cadre d'un même ensemble factuel complexe ».

De surcroît, dans certains cas la Cour compétente à l'égard de la demande initiale peut ne pas l'être à l'égard de la demande reconventionnelle. On sait que, d'une part, c'est à la date de la saisine que la Cour détermine sa compétence et apprécie la validité de la requête[619], et que, d'autre part, la demande reconventionnelle doit entrer dans le cadre de la compétence

[619] Le principe a été déclaré dans l'arrêt *Nottebohm* dans les termes suivants : « Lorsque la requête est déposée à un moment où le droit en vigueur entre les parties comporte la juridiction obligatoire de la Cour ... le dépôt de la requête n'est que la condition pour que la clause de juridiction obligatoire produise effet à l'égard de la demande qui fait l'objet de la requête. Cette condition remplie, la Cour doit connaître de la demande ; elle a compétence pour en examiner tous les aspects, qu'ils touchent à la compétence, à la recevabilité ou au fond. Un fait extérieur tel que la caducité ultérieure de la déclaration [ou, comme en la présente espèce, du traité renfermant une clause compromissoire] par échéance du terme ou par dénonciation ne saurait retirer à la Cour une compétence déjà établie ». *C.I.J. Recueil 1953,* p. 123. Concernant la validité de la requête, elle a exposé dans l'affaire de l'*Or monétaire* que « la requête, qui n'[est] pas entachée de nullité au moment de son introduction, n[e peut] ultérieurement deven[ir] nulle..», *C.I.J. Recueil 1954*, p. 30.

ratione materiae établie pour la demande principale et reposer sur le même titre de compétence que celui qui est invoqué à propos de celle-ci[620]. Or, un titre de compétence valable au moment du dépôt de la requête introductive de l'instance peut ne plus l'être au moment du dépôt du contre-mémoire contenant des conclusions reconventionnelles. Cela peut arriver lorsque le titre est dénoncé après l'introduction de l'instance, comme cela fut le cas dans l'affaire des *Activités militaires et paramilitaires au Nicaragua et contre celui-ci*. Rappelons brièvement que dans cette espèce, par son arrêt du 26 novembre 1984, la Cour a dit qu'elle avait compétence pour connaître de l'affaire portée devant elle par le Nicaragua, en premier lieu, sur la base de la déclaration d'acceptation de la juridiction déposée par les Etats-Unis le 26 août 1946, en vertu de la clause facultative de l'article 36, paragraphe 2, du Statut, et en second lieu, sur celle de l'article XXIV d'un traité d'amitié, de commerce et de navigation entre les Parties, signé à Managua le 21 janvier 1956. Toutefois, après l'introduction de l'instance, ces deux fondements de la compétence ont été dénoncés. Le 1er mai 1985, les Etats-Unis ont donné au Gouvernement du Nicaragua un préavis de leur intention de mettre fin au traité, conformément à son article XXV, paragraphe 3 ; le préavis est expiré et a donc mis fin à la relation conventionnelle entre les deux Etats le 1er mai 1986. Le 7 octobre 1985, les Etats-Unis ont donné au Secrétaire général de l'organisation des Nations Unies préavis de retrait de leur déclaration en vertu de la clause facultative, conformément aux termes de cette déclaration, et ce préavis a expiré le 7 avril 1986.

Dans son arrêt du 27 juin 1986, la Cour a déclaré qu'elle « n'[était] pas pour autant privée de sa compétence en vertu de l'article 36, paragraphe 2, du Statut, ni de celle que lui a conférée l'article XXIV, paragraphe 2, du traité, pour se prononcer sur 'tout différend qui pourrait s'élever entre les Parties quant à l'interprétation ou à l'application' de celui-ci »[621]. Pour parvenir à cette conclusion, elle a invoqué le passage suivant d'un arrêt rendu dans l'affaire *Nottebohm :*

---

620 Voir *infra* p. 284.

621 *Activités militaires et paramilitaires au Nicaragua et contre celui-ci, arrêt, fond, C.I.J. Recueil 1986*, p.28, par. 36.

« Lorsque la requête est déposée à un moment où le droit en vigueur entre les parties comporte la juridiction obligatoire de la Cour ... le dépôt de la requête n'est que la condition pour que la clause de juridiction obligatoire produise effet à l'égard de la demande qui fait l'objet de la requête. Cette condition remplie, la Cour doit connaître de la demande ; elle a compétence pour en examiner tous les aspects, qu'ils touchent à la compétence, à la recevabilité ou au fond. Un fait extérieur tel que la caducité ultérieure de la déclaration [ou, comme en la présente espèce, du traité renfermant une clause compromissoire] par échéance du terme ou par dénonciation ne saurait retirer à la Cour une compétence déjà établie [622]».

Il va de soi que dans une affaire comme celle du *Nicaragua*, le défendeur ayant dénoncé le fondement de la compétence de la Cour en l'affaire ne pourra pas présenter des conclusions reconventionnelles dans son contre-mémoire si au moment du dépôt de celui-ci sa décision de dénoncer le fondement de compétence a déjà produit ses effets. La Cour sera désormais sans compétence à son égard[623].

Cela dit, mieux vaut se garder de pousser plus loin l'interaction entre les conditions posées à l'article 80 du Règlement. D'abord parce que l'hypothèse demeure complètement conjecturale dans la mesure où la Cour ne se penchera, dans un cas donné, sur la question de connexité que si elle a préalablement conclu à sa

---

[622] *C.I.J. Recueil 1953*, p. 123.

[623] Il se trouve qu'un cas concret de cette hypothèse, imaginée dans notre thèse soutenue en 2012, s'est récemment présenté devant la Cour dans l'affaire des *Violations alléguées de droits souverains et d'espaces maritimes dans la mer des Caraïbes (Nicaragua c. Colombie),* où elle s'est déclaré compétente pour connaître des demandes reconventionnelles de la Colombie, soulevée après la dénonciation par celle-ci de la base de compétence sur laquelle reposait la demande principale du Nicaragua (ordonnance du 17 novembre 2017, §66-69). C'est donc avec raison, croyons-nous, que plusieurs juges ont vivement critiqué dans une Opinion commune la solution adoptée par la majorité. Voir *Opinion Commune De Mm. Les Juges Tomka et Gaja, Mme La Juge Sebutinde, M. Le Juge Gevorgian et M. Le Juge ad hoc Daudet, jointe à la même ordonnance*, § 15-23.

compétence. Affirmer qu'il y a compétence parce qu'il y a la connexité, c'est mettre, en quelque sorte, la charrue avant les bœufs, car, en toute logique, la Cour tranchera la question de sa compétence avant d'aborder celle de l'existence de la connexité.

D'autre part, l'expérience témoigne de l'utilité d'une mention expresse de la compétence et de la connexité comme deux conditions de recevabilité distinctes et séparées. La Cour a connu des cas où le défendeur à la reconvention, tout en acceptant sa compétence, a contesté la connexité de la demande reconventionnelle avec la demande initiale[624]. Elle a connu aussi des cas où il n'a contesté que sa compétence pour se prononcer sur la demande de son adversaire[625]. Et, enfin, des cas où tant la condition de connexité que celle de compétence ont été mises en cause par le défendeur[626]. L'approche retenue par la Cour quant au traitement des demandes reconventionnelles formulées dans ces espèces met en exergue la singularité de chacune de ces hypothèses et la nécessité d'examiner séparément chacune des conditions de recevabilité posées à l'article 80 du Règlement. Par conséquent, la partie dont émane la demande reconventionnelle doit prouver, à l'instar de celle qui engage la procédure, que la Cour est compétente pour adjuger sa demande[627].

§2. Quelle compétence ?

La question la plus fondamentale est de savoir si la compétence de la Cour pour statuer sur la demande reconventionnelle doit être

---

[624] *Activités armées sur le territoire du Congo (République démocratique du Congo c. Ouganda), ordonnance du 29 novembre 2 001, C.I.J. Recueil 2001,* p. 677 par. 30, p. 680 par. 42 ; *Application de la Convention pour la prévention et la répression du crime de génocide*, C.I.J. Rec. 1997, p. 252, par. 10, et p. 258 par. 32.

[625] *Immunités juridictionnelles de l'Etat, C.I. J. Recueil 2010.*

[626] *Plates-formes pétrolières, C.I. J. Recueil 1998.*

[627] La question de compétence ne se pose même pas pour la demande reconventionnelle en procédure de révision et d'interprétation. En effet, La Cour a maintes fois souligné que son pouvoir de connaître d'une demande en interprétation ou en révision découle de son statut et non du consentement des parties au litige. *Demande en interprétation de l'arrêt du 31 mars 2004 en l'affaire* Avena et autres ressortissants mexicains (Mexique c. Etats-Unis d'Amérique) *(Mexique c. Etats-Unis d'Amérique), arrêt, C.I.J. Recueil 2009,* p. 19, para 51. Voir aussi dans la même affaire : *ordonnance du 16 juillet 2008, C.I.J. Recueil 2008.*, p. 323, par. 44.

fondée sur le titre même servant de base à la compétence quant à la demande principale, ou si elle peut l'être sur un titre différent. L'article 80 du Règlement est muet sur ce point. Il dispose simplement que « [l]a Cour ne peut connaître d'une demande reconventionnelle que si celle-ci relève de sa compétence [...] ». Rédigée de manière générale, la disposition se prête à des interprétations divergentes. L'une évoque le caractère incident de la demande pour soutenir que l'action de la partie défenderesse doit se reposer sur le titre fondant celle du demandeur[628]. L'autre soutient que la solution la plus juste consiste en la possibilité pour le défendeur d'invoquer un titre différent du celui qui sert de base à la demande de la partie demanderesse[629]. Alors que la doctrine continue d'être partagée sur le point, la jurisprudence, après avoir connu une évolution, sinon un revirement, paraît retenir que les demandes opposées des parties doivent reposer sur un fondement de compétence identique.

Dans l'affaire de l'*Usine de Chorzów*, opposant l'Allemagne à la Pologne, la Cour permanente a jugé que sa compétence pouvait être basée sur un titre autre que celui en vertu duquel elle était compétente pour statuer sur la demande principale. En l'espèce, l'Allemagne, demandeur à l'instance, avait fondé la compétence de la Cour pour connaître de la demande d'indemnité sur l'article 23 de la Convention de Genève de 1922 relative à la Haute Silésie, signée par les deux parties. Mais la Pologne, défendeur, qui avait introduit une demande reconventionnelle en livraison des actions de l'une des sociétés détenues par le gouvernement allemand, n'invoqua aucune disposition sur laquelle pouvait être basée la compétence de la Cour pour statuer sur cette question.

L'Allemagne s'est demandé dans sa réplique sur quel accord s'appuyait la Pologne pour fonder la compétence de la Cour. Désireuse de voir vidée définitivement l'affaire de Chorzów, elle

---

[628] F. Salerno, « Demande reconventionnelle dans la procédure de la Cour internationale de justice », *op. cit.*, p. 367; S. Torres Bernardez, « La modification des articles du règlement de la Cour internationale de Justice relatifs aux exceptions préliminaires et aux demandes reconventionnelles », *op. cit.*, p. 232.

[629] A. Miaja de la Muela, « La reconvencion ante el Tribunal internacional de Justicia », *Estudios de derecho procesal en honor de Niceto Aiculci-Zumoru y Castillo, Boletin mejicano de derecho comparado,* No. *24, 1975,* p. 748.

s'est toutefois abstenue d'entreprendre un examen détaillé sur les exceptions d'incompétence, ajoutant que la condition de compétence formulée dans l'article 40, alinéa 2, chiffre 4 du Règlement était satisfaite pour toute question de droit litigieuse entre les deux parties.

Après avoir rappelé que la Pologne, n'ayant pas retiré sa demande, « désir[ait] que la Cour statue sur la conclusion en question », et que le gouvernement allemand, lui aussi, paraissait « désireux que la Cour statue sur cette conclusion au cours de la présente procédure », la CPJI a considéré qu'il y avait

> « accord entre les parties pour soumettre à la décision de la Cour la question soulevée par ladite conclusion. Comme la Cour l'a dit dans son Arrêt n°12 relatif à certains droits de minorités en Haute-Silésie, l'article 36 du Statut consacre le principe selon lequel la juridiction de la Cour dépend de la volonté des parties; la Cour est donc toujours compétente du moment où celles-ci acceptent sa juridiction, car il n'y a aucun différend que les Etats admis à ester devant la Cour ne puissent lui soumettre, sauf dans les cas exceptionnels où le différend serait de la compétence exclusive d'un autre organe. Or tel n'est pas le cas en ce qui concerne la conclusion en question [630] ».

Il ressort très clairement de cette déclaration que l'important pour la Cour permanente était le consentement lui-même plutôt que la manière dont il a été exprimé. Elle a accepté de connaître de la reconvention polonaise sur la base du *forum prorogatum,* alors que la demande initiale avait été soumise à la Cour sur la base d'une clause compromissoire. C'est surtout en s'appuyant sur ce précédent que le juge Anzilotti, a farouchement défendu l'idée que la compétence de la Cour peut être basée sur un titre autre que celui qui sert de base à la demande principale. La thèse contraire, à savoir l'unité du titre de compétence, ne trouve, selon lui, aucun appui dans les termes de la disposition pertinente du Règlement[631].

---

[630] *C.P.J.I., Série A, n° 17, Arrêt du 13 septembre 1928*, p. 37.

[631] D. Anzilotti, « La demande reconventionnelle en procédure internationale », *op. cit.*, p. 868-869.

La question ne s'est pas posée dans les autres affaires comportant des conclusions reconventionnelles portées devant la Cour permanente. En revanche, elle se posa dans la première affaire où de telles conclusions ont été soumises à la CIJ, celle du *Droit d'asile*. Dans cette espèce, le Pérou – qui avait formulé une conclusion reconventionnelle dans son contre-mémoire tendant à faire déclarer que « l'octroi de l'asile » au sieur Haya de la Torre avait été fait en violation de la Convention sur l'asile signée à la Havane en 1928 – chercha à modifier sa conclusion primitive, au cours de la plaidoirie, de manière à faire déclarer que « le maintien de l'asile » constituait une violation de ladite convention. La Colombie, pour qui cette addition constituait la « deuxième demande reconventionnelle du Pérou », contesta la compétence de la Cour pour en connaître. Elle fit valoir que l'octroi et le maintien étaient deux phénomènes juridiques distincts, et que le différend soumis à la Cour par requête sur la base de l'Acte de Lima intervenu entre les parties ne concernait que la première[632]. Autrement dit, pour la Colombie, le titre sur lequel il s'était basé pour connaître de l'affaire au fond ne pouvait servir pour « la nouvelle demande reconventionnelle » du Pérou.

La Cour ne s'est pas exprimée sur l'exception d'incompétence soulevée par la Colombie, car l'adjonction faite au cours de la procédure orale « était destinée, a-t-elle dit, à se substituer à la demande reconventionnelle en sa forme primitive si celle-ci était écartée : elle disparaît par le fait que cette demande a été admise »[633]. Ceci dit, l'on constatera que la Cour s'est prononcée, du moins implicitement, sur l'addition apportée par le Pérou à sa reconvention, dans la mesure où elle a rejeté la thèse colombienne suivant laquelle l'octroi et le maintien d'asile sont deux phénomènes juridiques distincts. Elle a dit ceci : « *octroyer asile n'est pas un acte instantané, qui prendrait fin avec l'accueil fait, à un moment donné, [...] l'asile est octroyé aussi longtemps que la présence continue du réfugié dans l'ambassade prolonge cette protection* »[634]. Est-ce à dire que la Cour, en assimilant les deux

---

[632] *Droit d'asile, C.I.J., Recueil 1950*, Mémoires et Plaidoiries, vol. II, p.153.
[633] *Droit d'asile (Colombie c. Pérou), arrêt du 20 novembre 1950, C.I. J. Recueil 1950,* p. 288. Pour un commentaire sur les conclusions de la Cour dans cette affaire, voir : M.P.F. Gonidec, « L'affaire du Droit d'asile », *RGDIP*, 1951, p. 582 et s.
[634] *Ibid.*

concepts, a statué sur la « nouvelle demande reconventionnelle » péruvienne en se basant sur le même titre que celui qui lui a permis de se prononcer sur la demande reconventionnelle primitive, ainsi que le laissent entendre certains auteurs[635] ? La réponse est certainement négative car la Cour n'a jamais qualifié de demande reconventionnelle la conclusion présentée par le Pérou au cours de la procédure orale. Elle a employé, à juste titre, les termes « addition » ou « adjonction », ce qui imposerait à ladite conclusion, si elle n'avait pas été présentée à titre subsidiaire, un traitement autre que celui qui doit être consacré à une demande formulée à titre reconventionnel ; elle serait alors soumise au régime juridique d'une « demande nouvelle » ou « additionnelle », tel qu'il est établi dans la jurisprudence de la Cour internationale.

Quoi qu'il en soit, cette affaire ne peut en aucun cas être considérée comme se situant dans la continuité de la tendance manifestée par la Cour permanente dans l'affaire de l'*Usine de Chorzów*, tendance qui allait être finalement renversée par la Cour actuelle lors du renouveau de la procédure de la demande reconventionnelle qui est apparu dans les années 90 à l'occasion de la demande formulée par l'ex-Yougoslavie contre la Bosnie, dans l'affaire opposant ces deux pays au sujet de l'application de la convention sur le génocide.

Il est vrai que, dans cette affaire, la compétence de la Cour pour statuer sur les demandes reconventionnelles yougoslaves ne fut pas contestée par la Bosnie-Herzégovine. Cette dernière ayant reconnu que ces demandes relevaient de la compétence établie en l'espèce sur la base de l'article IX de la Convention sur le génocide, la Cour n'eût qu'à en prendre acte et à constater dans son ordonnance du 17 décembre 1997 qu'elles satisfont à la condition de compétence posée au paragraphe 1 de l'article 80 du Règlement[636]. Cependant, dans un *obiter dictum* qui marquera sa nouvelle orientation en la matière, elle déclara ce qui suit :

[635] P. Boum, *Les demandes reconventionnelles dans la procédure de la cour internationale de La Haye*, *op. cit.*, pp. 103-104

[636] *Application de la Convention pour la prévention et la répression du crime de génocide*, C.I.J. Rec. 1997, p. 258, par. 32

« le défendeur ne saurait tirer parti de l'action reconventionnelle pour porter devant le juge international des demandes qui excéderaient *les limites dans lesquelles les parties ont reconnu sa compétence* [...] [637]».

Selon ce prononcé, pour être recevable, la demande présentée à titre reconventionnel doit relever de la compétence établie pour la demande initiale. La règle est donc dégagée. Elle ne tardera pas à recevoir sa pleine application dans un cas concret : celle des *Plates-formes pétrolières* engagée par l'Iran contre les Etats-Unis.

Dans sa requête, l'Iran soutenait qu'en détruisant les plates-formes pétrolières situées dans le Golfe persique, les Etats-Unis avaient enfreint leurs obligations envers la République islamique, notamment celles qui découlent de l'article premier, du paragraphe 1 de l'article IV et du paragraphe 1 de l'article X du traité d'amitié, de commerce et des droits consulaires entre les Etats-Unis et l'Iran de 1955, ainsi que du droit international[638]. L'Iran invoquait comme base de compétence le paragraphe 2 de l'article XXI du traité de 1955[639].

Se référant à l'article 79 du Règlement, les Etats-Unis ont soulevé une exception préliminaire à la compétence de la Cour, priant celle-ci « de se refuser à connaître de l'affaire », car, ont-ils soutenu, « le traité de 1955 ne saurait d'aucune manière fonder sa compétence ». Dans son arrêt du 12 décembre 1996, la Cour, rejetant l'exception, a affirmé qu'elle avait compétence, sur la base

[637] *Application de la convention pour la prévention et la répression du crime de génocide, ordonnance du 17 décembre 1997, C.I.J. Recueil 1997,* p. 257-258, par. 31 ; *Plates-formes pétrolières, C.I. J. Recueil 1998,* p. 203-204, par. 33 ; *Activités armées sur le territoire du Congo, C.I.J. Recueil* 2001, p. 678 par. 35. Italiques ajoutés.

[638] *Plates-formes pétrolières (République islamique d'Iran c. Etats-Unis d'Amérique), exception préliminaire, arrêt,* C. *I. J. Recueil 1996,* p. 809, par.13.

[639] Aux termes du paragraphe 2 de l'article XXI de ce traité : «Tout différend qui pourrait s'élever entre les Hautes Parties contractantes quant à l'interprétation ou à l'application du présent traité et qui ne pourrait pas être réglé d'une manière satisfaisante par la voie diplomatique sera porté devant la Cour internationale de Justice, à moins que les Hautes Parties contractantes ne conviennent de le régler par d'autres moyens pacifiques ».

du paragraphe 2 de l'article XXI du traité de 1955, pour connaître de la requête de l'Iran *au titre du paragraphe 1 de l'article X dudit traité*[640].

Les Etats-Unis ont déposé, dans le délai fixé, leur contre-mémoire, lequel contenait une demande reconventionnelle portant sur «les actions menées par l'Iran dans le Golfe [persique] en 1987 et 1988, qui comportaient des opérations de mouillage de mines et d'autres attaques contre des navires battant pavillon des Etats-Unis ou appartenant à ceux-ci ». Ils se fondaient à cet effet sur les paragraphes 2 à 5 de l'article X du traité de 1955, et invoquaient, eux aussi, comme base de compétence le paragraphe 2 de l'article XXI du traité de 1955[641].

L'Iran a contesté que la reconvention des Etats-Unis satisfasse à la condition de « compétence » énoncée au paragraphe 1 du l'article 80 du Règlement, faisant valoir notamment que les attaques évoquées dans la demande reconventionnelle n'entrent pas dans le champ d'application des dispositions du paragraphe 1 de l'article X du traité d'amitié retenue dans l'arrêt du 1996 comme seule disposition au titre de laquelle la Cour s'est déclaré compétente pour connaître de la requête iranienne[642].

La Cour n'a pas fait droit à l'objection de l'Iran en tant qu'elle visait le rejet total de la reconvention américaine, mais elle a approuvé la thèse iranienne selon laquelle cette dernière devait relever de la compétence *ratione materiae* telle qu'elle était fixée par l'arrêt du 1996 quant à la demande initiale. Elle déclare que

> « la demande reconventionnelle présentée par les Etats-Unis invoque des attaques contre le transport maritime, des mouillages de mines et d'autres activités militaires qui seraient « dangereuses et nuisibles pour le commerce maritime »; que de tels faits sont susceptibles d'entrer dans *les prévisions du paragraphe 1 de l'article X du traité de 1955 tel qu'interprété par la Cour*; et que celle-ci est

---

640 *Plates-formes pétrolières, C. I. J. Recueil* 1996, p. 821, par. 55, alinéa 2.

641 Contre-mémoire et demande reconventionnelle déposés par les Etats-Unis d'Amérique, le 23 juin 1997, p. 168.

642 *Plates-formes pétrolières, C.I. J. Recueil 1996,* p. 196, par. 12.

compétente pour connaître de la demande reconventionnelle des Etats-Unis [...][643]».

Cette manière de voir a été vivement critiquée par la juge Higgins dans son opinion dissidente jointe à l'ordonnance du 10 mars 1998. S'appuyant sur le silence du Règlement, de la pratique et des *travaux préparatoires* de ce qui est devenu l'article 80 du Règlement, elle a soutenu qu'« il n'est [...] pas essentiel que le fondement de la compétence soit le même pour la demande principale et la demande reconventionnelle. Il suffit que la compétence existe »[644]. Elle renvoie à cette fin à l'arrêt du 12 décembre 1996 rendu dans cette même affaire à propos des exceptions préliminaires, dans lequel la Cour a défini la méthode à suivre en cas de contestation sur la compétence établie par un traité. Le critère consiste à vérifier si les faits allégués par le demandeur peuvent s'appliquer à une violation d'une disposition déterminée. Rien n'explique, souligne-t-elle, que la Cour n'ait pas entrepris cette recherche à propos de la demande reconventionnelle des Etats-Unis fondée sur les paragraphes 2 à 5 de l'article X du traité de 1955[645]. En somme, pour le juge Higgins « ce qu'exige le paragraphe 1 de l'article 80 du Règlement, c'est qu'une demande reconventionnelle relève de la compétence de la Cour par rapport aux principes de juridiction normaux, plutôt que par rapport à la base de compétence déterminée que le demandeur initial se trouve avoir invoquée à l'égard des faits qu'il alléguait lui-même »[646]. L'éminente juge conclut que la conséquence de l'application de l'approche retenue par la majorité « n'est guère compatible avec le but déclaré des demandes reconventionnelles, c'est-à-dire la commodité de l'administration de la justice »[647].

L'argumentation est à première vue séduisante, mais à première vue seulement. Si lors des travaux préparatoires les rédacteurs de la disposition en question ne se sont pas arrêtés expressément sur le point de savoir ce qu'il faut entendre par la

---

[643] *Ibid.*, p. 204, par. 36. Italiques ajoutés.
[644] *Ibid.,* Opinion dissidente du juge Higgins, p. 218. Voir aussi, Peter H.F. Bekker, « New ICJ jurisprudence on Counterclaims », *A.J.I.L.*, 1998, p. 514.
[645] *Plates-formes pétrolières, C.I. J. Recueil 1998,* Opinion dissidente du juge Higgins, p. 219.
[646] *Ibid.,* p. 221.
[647] *Ibid.*

formule « qu'elle relève de la compétence de la Cour », il n'en demeure pas moins que l'intention était bien de limiter la sphère de la compétence de la Cour, lorsqu'elle est saisie des conclusions reconventionnelles, à celle qui est fixée pour la demande initiale. Lorsque se posa la question de savoir si l'adoption de la disposition relative à la demande reconventionnelle était conforme aux principes généralement admis en matière de procédure, il fut ainsi expliqué que

> « les inconvénients résultant de cette faculté [de soulever des demandes reconventionnelles] ne sauraient être considérables, étant donné qu'*elle était prévue seulement dans les limites de la compétence de la Cour telles qu'elles étaient établies pour les besoins de l'instance au cours de laquelle la demande serait faite* [648]».

D'autre part, il n'est pas certain qu'appliquer les principes de juridiction normaux à l'endroit des demandes reconventionnelles soit conforme, contrairement à ce que dit la juge Higgins, à l'exigence d'une meilleure administration de la justice ; d'après l'ordonnance du 17 décembre 1997, l'objectif d'assurer une meilleure administration de la justice serait en effet atteint si la demande reconventionnelle permettait de « réaliser une économie de procès »[649]. On voit donc mal comment permettre au défendeur de soumettre au juge des demandes qui excéderaient les limites du champ de la compétence établie dans l'instance, participera à la réalisation de cet objectif. Non seulement, cela ne permettra pas de réaliser l'économie de procès, mais ce serait aussi difficilement compatible avec les droits du demandeur, dont notamment celui sur lequel la Cour revient avec insistance, à savoir son l'intérêt « à ce qu'il soit statué sur ses prétentions dans un délai raisonnable »[650]. Peut-on douter qu'accorder au défendeur la faculté d'invoquer d'autres titres de compétence afin d'introduire dans l'instance des faits qui ne relèvent pas du champ de compétence fixé pour la demande initiale retardera la solution du différend soulevé par le demandeur et nuira par conséquent à son intérêt ?

---

[648] *CPIJ, Série D_02_3^e addem.* p. 871. Italiques ajoutés.
[649] *Application de la Convention pour la prévention et la répression du crime de génocide*, C.I.J. Rec. 1997, p. 257, par. 30.
[650] *Ibid.*, p. 260 par. 40.

C'est pour cela que nous croyons que la Cour a eu raison de continuer sur sa lancée, dans la suite de l'affaire des *Plates-formes pétrolières*, plutôt que de pencher vers la solution préconisée par son ancien président. Dans son arrêt sur le fond rendu le 26 novembre 2003, après avoir rappelé que sa compétence pour connaître des demandes respectives des parties découlait du paragraphe 2 de l'article XXI du traité de 1955[651], la Cour précise « [...] qu'il ne saurait être fait droit à la demande de l'Iran et à la demande reconventionnelle des Etats-Unis que pour autant qu'une ou plusieurs violations du paragraphe 1 de l'article X du traité de 1955 peuvent être établies, même si d'autres dispositions du traité peuvent être pertinentes pour interpréter ce paragraphe »[652]. C'est à la lumière de cette constatation qu'elle a traité de la troisième exception iranienne soulevée au stade du fond, soutenant que la demande reconventionnelle des Etats-Unis sortait du cadre du paragraphe 1 de l'article X du traité de 1955, seul texte à l'égard duquel la Cour était compétente, et que celle-ci ne pouvait donc faire droit à des conclusions n'entrant pas dans les prévisions de ce paragraphe. La Cour se référant aux modifications apportées par les Etats-Unis à leurs conclusions en vue de réduire le fondement de leur demande reconventionnelle, a précisé ce qui suit :

> « Ainsi, dans les conclusions finales qu'ils présentent sur leur demande reconventionnelle, les Etats-Unis n'invoquent plus l'article X du traité de 1955 dans son ensemble mais seulement le paragraphe 1 de cet article et, de plus, prennent acte de la limitation territoriale du paragraphe 1 de l'article X, en visant expressément les actions militaires qui auraient été « dangereuses et nuisibles pour le commerce et la navigation *entre les territoires des Etats- Unis et de la République islamique d'Iran* » (les italiques sont de la Cour) et non plus les « actions militaires dangereuses et nuisibles pour le commerce maritime».

651 *Plates-formes pétrolières*, *C.I.J. Rec. 2003*, p. 147, par. 21.
652 *Ibid.*, p. 147, par. 22

En limitant la portée de leur demande reconventionnelle dans leurs conclusions finales, les Etats-Unis ont privé la troisième exception de l'Iran de tout objet et la Cour ne saurait partant l'accueillir »[653].

Cela montre que la Cour a décidé de restreindre le choix par le défendeur de la base de compétence pouvant être invoquée quant à ses conclusions reconventionnelles. Il semble que les Etats, eux aussi, se sont adaptés à la tendance. Dans l'affaire des *Plateformes pétrolières*, on l'a vu, les Etats-Unis ont pris acte de la limitation établie quant à la base de compétence invoquée par le demandeur initial et réduit la portée de leurs demandes reconventionnelles. On a pu également constater dans l'affaire des *Immunités juridictionnelles de l'Etat*, que l'Italie, qui avait laissé entendre initialement dans son contre-mémoire que la Déclaration commune du 18 novembre 2008 pouvait être interprétée de manière à établir la compétence de la Cour pour connaitre de sa demande reconventionnelle[654], n'a finalement invoqué dans ses Observations écrites que l'article premier de la convention européenne pour le règlement pacifique des différends du 29 avril 1957, disposition avancée quant à la demande principale par l'Allemagne, Etat demandeur à l'instance[655].

Il est clair que la matière est loin de faire l'objet d'une jurisprudence bien établie. Force est néanmoins de constater qu'à l'avenir la Cour ne s'écartera probablement pas de ce précédent, « sauf si elle estime avoir pour cela des raisons très particulières »[656]. Elle peut, à nos yeux, s'écarter de cette pratique si les parties au litige conviennent expressément que la Cour se prononce dans la même affaire sur les conclusions de la partie défenderesse à l'instance. Dès lors que le demandeur au principal accepte que la demande de son adversaire soit jugée en même temps que la sienne, les inconvénients évoqués disparaissent.

---

[653] *Ibid.*, p. 211-212, par. 111.

[654] Observations écrites de la République fédérale d'Allemagne (article 80 du Règlement), exceptions préliminaires, 10 mars 2010, p. 5, par. 7

[655] Observations écrites de la République italienne (article 80 du Règlement), 18 mai 2010, p. 5, pars. 7-8.

[656] *L'affaire relative à l'application de la convention pour la prévention et la répression du crime de génocide* (*Croatie c. Serbie*), (*exceptions préliminaires, arrêt, C.I.J. Recueil 2008*, p. 17, par. 53, p. 23, par. 71, p. 35, par. 104.

Cette solution se rapproche curieusement de celle qui a été retenue par la Cour permanente dans l'affaire de l'*Usine de Chorzów*, telle qu'il a été expliqué plus haut, solution dont la CIJ s'est écartée dans sa jurisprudence récente. La différence entre ces deux approches réside toutefois dans le fait que la Cour permanente a admis qu'un titre de compétence autre que celui qui fonde la demande initiale peut en principe être invoqué à l'appui de la demande reconventionnelle et ce par *forum prorogatum* ou autrement. Nous croyons, au contraire, que l'admission de la demande reconventionnelle par l'accord exprès des parties doit être envisagée à titre exceptionnel, le principe étant toujours celui de l'unité de base de compétence des demandes respectives des parties.

Chapitre II.

Conditions générales de recevabilité

Dans sa jurisprudence récente, la Cour a été, à plusieurs reprises, appelée à vérifier la satisfaction des « conditions de recevabilité générales » dans les demandes reconventionnelles dont elle avait été saisie. Ces conditions ne changent pas selon que la demande est introduite par l'acte introductif d'instance (requête ou compromis) ou par voie reconventionnelle, sauf que, dans ce dernier cas, elles doivent s'adapter au caractère incident de la demande. C'est pourquoi, il apparaît opportun de s'attarder quelque peu sur ce point, sans être amené pour autant à présenter un exposé détaillé de ces conditions en procédure internationale (Section 1). On s'attachera ensuite à expliquer leur applicabilité à la demande reconventionnelle (Section 2).

Section 1. En général

Ce sont les conditions à la satisfaction desquelles est subordonné l'exercice par le juge de sa fonction juridictionnelle, à savoir le règlement du différend dont il est saisi. Elles tiennent à la qualité et aux caractères de la demande dont le juge est saisi et non au pouvoir de celui-ci de statuer à son sujet. Elles sont dès lors de «nature extra-processuelle »[657] en ce sens qu'elles concernent des « considérations extérieures à une clause juridictionnelle »[658]. La Cour, même compétente, doit s'assurer de l'observation de ces conditions avant de

[657] C. Colard-Fabregoule, A. Muxart et S. Parayre, « Le procès équitable devant la Cour internationale de Justice », in *Procès équitable et enchevêtrement des espaces normatifs*, H. Ruiz Fabri (ed), CNRS, vol. 4, 2003, p. 19.

[658] *Cameroun septentrional (Cameroun c. Royaume-Uni), exceptions préliminaires, arrêt, C.I.J. Recueil 1963,* Opinion individuelle de M. le juge Gerald Fitzmaurice, p. 102.

procéder à l'examen du fond de l'affaire[659]. La distinction entre « compétence » et « recevabilité », consacrée par le Règlement depuis 1978[660], fait l'objet d'une jurisprudence constante[661]. L'intérêt pratique de cette distinction tient au fait que la Cour, examinant les deux questions, séparément et successivement, ne procédera à l'examen de la recevabilité que si elle conclut à sa compétence[662].

Mais qu'est ce qui sépare les deux notions l'une de l'autre ? La jurisprudence n'ayant pas apporté des enseignements, c'est dans la doctrine que l'on peut trouver la réponse. La plus intéressante est, semble-t-il, celle du juge Fitzmaurice, pour qui les questions de compétence sont celles « qui fondamentalement ont trait au point de savoir si la Cour est habilitée à agir, alors que les questions d'admissibilité, de recevabilité ou d'examinabilité sont celles qui ont trait à la nature de la demande ou aux circonstances particulières la concernant »[663]. Une demande n'est donc « examinable », pour

---

659 *Plates-formes pétrolières, arrêt, C.I.J. Recueil 2003*, p. 177, par. 29, L'affaire *relative à l'application de la convention pour la prévention et la répression du crime de génocide* (*Croatie c. Serbie*), *exceptions préliminaires, arrêt, C.I.J. Recueil 2008*, p. 41 par. 120

660 Son article 79, alinéa 1, dispose que « Toute exception à la compétence de la Cour ou à la recevabilité de la requête ou toute autre exception sur laquelle le défendeur demande une décision avant que la procédure sur le fond se poursuive doit être présentée par écrit dès que possible [...] ».

661 L'affaire *relative à l'application de la convention pour la prévention et la répression du crime de génocide* (*Croatie c. Serbie*), *exceptions préliminaires, arrêt, C.I.J. Recueil 2008*, p. 41 par. 120. Voir aussi *Interhandel, Arrêt du 21 mars 1959 : C. I. J. Recueil 1959,* p. 23-24 ; *Affaire Ambatielos, Arrêt du 19 mai 1953: C. 1. J. Recueil 1953,* p.22-23 ; *Barcelona Traction, Light and Power Company, Limited, exceptions préliminaire, arrêt, C.I.J., Recueil 1964,* p. 12.

662 *Anglo-Iranian Oil Co., arrêt du 22 juillet 1952, Recueil 1952*, p. 114. Voir aussi, *Actions armées frontalières et transfrontalières (Nicaragua c. Honduras), compétence et recevabilité, arrêt, C.I.J. Recueil 1988,* p. 75 par. 15 ; *Activités armées sur le territoire du Congo (Nouvelle requête : 2002) (République démocratique du Congo c. Rwanda), compétence et recevabilité, arrêt, C.I.J. Recueil 2006,* p. 52, par 126.

663 *Cameroun septentrional (Cameroun c. Royaume-Uni), exceptions préliminaires, arrêt, C.I.J. Recueil 1963*, p. 123, opinion individuelle de M. le juge Gerald Fitzmaurice, p. 102. Ailleurs, et s'agissant de la différence entre les exceptions d'incompétence et celles d'irrecevabilité, l'éminent juriste écrit : « there is a clear jurisprudential distinction between an objection to the *juridiction of the tribunal*, and an objection to the *substantive admissibility of the claim*. The later is a plea that the tribunal should rule the claim to be inadmissible on some ground other than its ultimate merits: the former is a plea that the tribunal itself is incompetent to give

reprendre l'expression du juge Fitzmaurice, que si certaines conditions sont réunies.

Quelles sont ces conditions ? La jurisprudence internationale révèle l'infinie diversité des moyens dirigés contre la recevabilité d'une demande en justice. Ce qui reflète la diversité des conditions de recevabilité auxquelles celle-ci doit satisfaire[664]. Si la liste de ces conditions est difficile à dresser, il n'en demeure pas moins que la jurisprudence en indique celles qui sont les plus souvent mises en cause par les parties : telle l'existence d'un différend juridique, l'intérêt et la qualité pour agir, le préalable diplomatique lorsqu'il est prévu dans le titre de compétence invoqué, et l'épuisement des voies de recours internes pour le contentieux de la protection diplomatique. Toutefois, le respect de ces conditions ne suffit pas. Encore faut-il que l'exercice par le juge de sa fonction juridictionnelle ne se heurte pas à certains « obstacles au règlement judiciaire du différend ». Les termes sont employés pour désigner les « limitations inhérentes à l'exercice de sa fonction judiciaire » [665] et l'« exception de la partie

any ruling at all whether as to the merits or as to the admissibility of the claim". G. Fitzmaurice, "The law and procedure of the International Court of Justice, 1951-4: questions of jurisdiction, competence and procedure", *B.Y.I.L., 1958, p. 12-13.* Italiques ajoutés.

[664] Différentes classifications sont toutefois proposées par la doctrine. Voir G. Abi Saab, *Les exceptions préliminaires dans la procédure de la Cour Internationale, op. cit.*, p. 95-96 ; I. Brownlie, "International law at the fiftieth anniversary of the United Nations. General course on public international law", 255 *R.C.A.D.I.* (1995), p. 103; –, *The Rule of Law in International Affairs: International Law at the Fiftieth Anniversary of the United Nations,* The Hague, Martinus Nijhoff. Publishers, 1998, p. 94 ; C. Santulli, *Droit du contentieux international, op. cit.*, p. 188, et 203 et s. ; – , « Observations sur les exceptions de recevabilité dans l'affaire du Mandat d'arrêt du 11 avril 2000 (République démocratique du Congo c. Belgique) », *AFDI*, année 2002, volume 48, p. 265 et s. ; J. Salmon, *Dictionnaire du droit international, op. cit.*, p. 932.

[665] *Cameroun septentrional (Cameroun c. Royaume- Uni), Exceptions préliminaires, Arrêt du 2 décembre 1963 : C. I. J. Recueil 1963*, p. 29. Un certain nombre de critiques ont été émises à la solution adoptée par la Cour. Voir Leo Gross, "Limitations upon the Judicial Function", *A.J.I.L*, vol. 58, n°2, p. 415-431; H. Thierry, « L'arrêt de la Cour internationale de Justice dans l'affaire du Cameroun septentrional (Cameroun c. Royaume-Uni). Exceptions préliminaires, arrêt du 2 décembre 1963 », *A.F.D.I.*, volume 10, 1964, p. 327 ; B. Bollecker-Stern, « L'affaire des Essais nucléaires français devant la Cour internationale de justice », *A.F.D.I.*, volume 20, 1974, p. 314- ; S. Sur, « Les

indispensable »[666]. Ces conditions sont toutes vérifiées par la juridiction *proprio motu* ou à la demande des parties en cause.

Il est vrai que certaines de ces conditions sont censées être réunies au moment où une demande reconventionnelle est introduite dans l'instance. Tel est notamment le cas de la qualité pour agir au sens procédural du terme. En effet, selon l'article 34, alinéa 1 du Statut de la Cour « [s]euls les Etats ont qualité pour se présenter devant la Cour ». Or, la demande reconventionnelle pouvant être formulée par le défendeur, la condition énoncée par ledit article se trouve forcément déjà remplie au moment de la présentation de la demande. Il en va autrement pour la qualité pour agir au sens matériel du terme, ainsi que pour les autres conditions de recevabilité ci-dessus mentionnées.

Section 2. En matière reconventionnelle

Si certaines de ces conditions sont requises en tout état de cause (§1), d'autres ne le sont que si le titre de compétence invoqué les prévoit (§2). D'autres encore sont propres au contentieux de la protection diplomatique (§3).

§1. Les conditions requises pour toute demande

La première est celle de l'existence d'un « différend juridique »[667]. Cela va de soit, par sa demande, le défendeur doit

---

affaires des Essais nucléaires (Australie c. France, Nouvelle-Zélande c. France, C.I.J. – arrêts du 20 décembre 1974), *RGDIP*, 1975, p. 1006-.

[666] *Or monétaire pris à Rome en 1943, arrêt, C.I.J. Recueil 1954,* p. 34 *; Certaines terres à phosphates* à *Nauru (Nauru c. Australie), exceptions préliminaires, arrêt, C.I.J. Recueil 1992,* p. 261, Par. 55 ; *Timor oriental (Portugal c. Australie), C.I.J. Recueil* 1995, p. 105, par. 35. Voir E. Jouannet, « Le principe de l'*Or monétaire.* A propos de l'arrêt du 30 juin 1995 dans l'affaire du Timor oriental », *RGDIP*, 1996/3, pp. 674- ; S. Torres Bernárdez, "'The New Theory of 'Indispensable Parties' under the Statute of the International Court of Justice", in Wellens (ed.), *International law: theory and practice: essays in honor of Eric Suy*, M. Nijhoff, 1998, p. 737 et s. ; J-M Thouvenin, « l'arrêt de la CIJ du 30 juin 1995 rendu dans l'affaire du Timor oriental (Portugal c. Australie), *AFDI*, volume 41, 1995. pp.342-3.

[667] Un différend juridique a été défini par la Cour comme celui étant « susceptible d'être résolu par application des principes et des règles du droit international », *Actions armées frontalières et transfrontalières (Nicaragua c. Honduras), compétence et recevabilité, arrêt, C.I.J. Recueil 1988*, p. 91, par 52. Pour une autre

soumettre à la Cour une controverse qui l'oppose à la partie adverse. L'existence d'un différend juridique est selon la Cour elle-même «la condition première de l'exercice de sa fonction judiciaire »[668]. La définition de « différend », qui a fait jurisprudence apparaît pour la première fois dans l'arrêt de la *Concession Mavrommatis en Palestine :*

> « un différend est un désaccord sur un point de droit ou de fait, une contradiction, une opposition de thèses juridiques ou d'intérêts entre deux personnes ».[669]

Si l'applicabilité de la condition de l'existence d'un différend à l'endroit des demandes reconventionnelles ne fait pas de doute, il n'en demeure pas moins qu'elle présente certaines particularités. En premier lieu, la partie désirant formuler une telle demande,

---

définition voir S. R. Jennings, "Reflections on the Term "Dispute", in *Essays in honour of Wang Tieya,* R. St. J. Macdonald (ed), Martinus Nijhoff publishers, 1993, p. 403. Il convient d'ajouter que la jurisprudence de la Cour parait fixée en ce sens que l'existence du différend, relevant traditionnellement de la recevabilité, sera examinée au titre de la compétence lorsqu'elle constitue une des conditions de la compétence de la Cour exprimée dans une clause compromissoire. Dans un tel cas, la Cour s'attache non seulement à vérifier l'existence de différends entre les parties, mais aussi à identifier précisément les différends entrant dans les prévisions de l'engagement juridictionnel. Voir à titre d'exemple : *Questions concernant l'obligation de poursuivre ou d'extrader (Belgique c. Sénégal), 20 juillet 2012, arrêt,* par. 45 et s., Spécialement par. 48 *; Activités armées sur le territoire du Congo (nouvelle requête : 2002) (République démocratique du Congo c. Rwanda), compétence de la Cour et recevabilité de la requête, arrête du 3 février 2006, C.I.J., Recueil 2006,* p. 39, par. 88. Pour le commentaire de cette dernière décision voir F. Dopagne, « Les exceptions préliminaires dans l'affaire des Activités armées sur le territoire du Congo (nouvelle requête 2002), (République du Congo c. Rwanda), *AFDI,* 2007, p. 34. Voir aussi J. P. Quéneudec, « Observations sur le traitement des exceptions préliminaires par la C.I.J. dans les affaires de Lockerbie », *A.F.D.I.,* 1998, Volume 44, p. 314.

[668] *Essais nucléaires (Nouvelle-Zélande c. France), arrêt, C. I. J. Recueil 1974*, p. 467, par. 58.

[669] *C.P.J.I. série A, n° 2*, p. 11. Dans son arrêt du 1er avril 2011 rendu en l'affaire relative à *l'Application de la convention internationale sur l'élimination de toutes les formes de discrimination raciale (Géorgie c. Fédération de Russie)*, la Cour présente un résumé de sa « jurisprudence constante » sur la définition du « différend », *C.I.J. Recueil 2011,* p. 16, par. 30. Pour davantage d'explications voir C. Tomuschat, "Article 36", The Statute of the International Court of Justice: a commentary, Oxford University Press / cop. 2006, p. 598.

contrairement au demandeur originel, n'est pas entièrement libre dans le choix du différend qu'elle entend porter au jugement de la Cour. Comme celle-ci l'a précisé dans l'arrêt *Compétence en matière de pêcheries*, « il revient au demandeur, dans sa requête, de présenter à la Cour le différend dont il entend la saisir et d'exposer les demandes qu'il lui soumet »[670]. Mais le demandeur reconventionnel ne dispose pas de cette liberté. Il ne peut soumettre à la Cour qu'un différend qui est intimement rattaché à celui introduit par le demandeur.

En outre, dans le cas de la demande reconventionnelle, l'existence du différend doit être établie au moment du dépôt de contre-mémoire contenant des conclusions reconventionnelles et non pas au moment de dépôt de la requête, ce qui est le cas de la demande initiale. De l'avis de la Cour, exposé dans l'affaire du *Cameroun septentrional*, « il suffit de constater que (...) les positions opposées des Parties [...] révèlent l'existence entre [elles], à la date de la requête, d'un différend au sens admis par la jurisprudence de la Cour actuelle et de l'ancienne Cour »[671]. Le contre-mémoire tenant lieu de la requête pour la demande formée à titre reconventionnel, il va de soi que ce principe s'y applique *mutatis mutandis*.

Il en va de même pour la condition de l'«intérêt pour agir »[672]. Rappelons brièvement que cet intérêt existe quand la décision sollicitée par le demandeur peut « affecter les droits ou obligations juridiques existants des parties, dissipant ainsi toute

---

[670] *Compétence en matière de pêcheries (Espagne c. Canada), compétence de la Cour, arrêt, C.I.J. Recueil 1998*, p. 447, par. 29.

[671] *Affaire du Cameroun septentrional (Cameroun c. Royaume- Uni), Exceptions préliminaires, Arrêt du 2 décembre 1963 : C. I. J. Recueil 1963*, p. 27.

[672] Les auteurs demeurent très partagés sur le point de savoir quelle est la nature de cette condition et quels sont les caractères qu'elle doit présenter en procédure internationale. Voir G. *Salvioli*, « Problèmes de la procédure dans la jurisprudence internationale », *R.C.A.D.I.*, *1957*, t. *91*, p.560 ; *Licéité de l'emploi de la force, exceptions préliminaires, arrêt, C.I.J. Recueil 2004*, Opinion individuelle du Juge *ad hoc* Kreća, p. 704 ; K. Mbaye, « L'intérêt pour agir devant la Cour Internationale de Justice », *R.C.A.D.I.* 1988-II, t. 209, p. 261-262 ; I. Brownlie, *The Rule of Law in International Affairs: International Law at the Fiftieth Anniversary of the United Nations*, *op. cit.*, p. 94.

incertitude dans leurs relations juridiques »[673] ou lorsque le défendeur peut « établir qu'un de ses droits a été lésé et que les actes incriminés ont entraîné la violation d'une obligation internationale née d'un traité ou d'une règle générale de droit »[674]. Il doit s'agir, bien entendu, des droits que lui aient été conférés « par un texte, un instrument ou une règle de droit »[675]. De la jurisprudence de la Cour il ressort en outre que l'intérêt requis doit présenter certains caractéristiques, il doit être *a)* de nature juridique[676], *b)* concret (l'arrêt du *Cameroun septentrional*)[677], et

---

[673] Affaire du *Cameroun septentrional (Cameroun c. Royaume Uni, Exceptions préliminaires, Arrêt du 2 décembre 1963 : C. I. J. Recueil 1963,* p. 33-34. Pour une approche différente voir l'opinion du juge Morelli, Ibid., p. 132-133.

[674] *Barcelona Traction, Light and Power Company, Limited, arrêt, C.I.J. Recueil 1970*, p. 46, par. 86. En réalité, comme l'a fait remarquer M. Charpentier, la Cour ne fait que reprendre trait pour trait, mais en les dépouillant des nuances prudentes qui les accompagnent, les idées audacieuses de Ch. De Visscher (ibid., p. 71.) là où, après avoir accepté que l'idée d' « actio popularis est étrangère à l'état actuel de l'organisation judiciaire internationale », il argue qu' « il n'est absolument pas exclu que certains ordres d'intérêts nettement institutionnalisés par l'effet des conventions collectives, de celles surtout qui ont été conclues dans l'intérêt général de l'humanité et de la civilisation puissent faire l'objet d'une action individuelle en contrôle de légalité ». J. Charpentier, « L'affaire de la Barcelona Traction devant la Cour internationale de Justice (arrêt du 5 février 1970) », *AFDI*, volume 16, 1970. p. 312 ; F. Voeffray, *L'actio popularis ou la défense de l'intérêt collectif devant les juridictions internationales*, Paris, Presses universitaires de France, 2004, p. 93.

[675] *Sud-Ouest africain, deuxième phase, arrêt, C.I.J. Recueil 1966,* p. 32, par. 44. Voir O. De Frouville, « Une harmonie dissonante de la justice internationale : les arrêts de la Cour internationale de justice sur les exceptions préliminaires dans l'affaire relative à la Licéité de l'emploi de la force », *AFDI*, volume 50, 2004, p.352 ; L. Favoreu, « L'arrêt de la Cour internationale de Justice dans les affaires du Sud-Ouest africain », *AFDI*, volume 12, 1966. pp. 123 et 143. Voir aussi : K. Mbaye, "L'intérêt pour agir devant la Cour internationale de justice", *op. cit.*, p. 330-331.

[676] En fait, la question de savoir que faut-il entendre par l'intérêt juridique se pose surtout à l'endroit de la procédure de l'intervention fondée sur l'article 62 (par. 1) du Statut de la Cour, selon lequel « Lorsqu'un Etat estime que, dans un différend, un intérêt d'ordre juridique est pour lui en cause, il peut adresser à la Cour une requête, à fin d'intervention ». Voir *Plateau continental (Jamahiriya arabe libyenne/Malte), C.I.J. Recueil 1984*, Opinion dissidente du juge Ago, p. 124 ; *Ibid.*, Opinion dissidente du juge Sette-Camara, p. 83 ; S. Torres Bernadez, « L'intervention dans procédure de la Cour internationale de Justice », *RCADI,* 1995, vol. 256, p. 289 ; E. Doussis, « Intérêt juridique et intervention devant la Cour internationale de Justice », *R.G.D.I.P.*, 2001, n° 1,

c) direct et personnel (l'arrêt du *Sud-ouest africain*), sauf s'il s'agit des obligations *erga omnes* (l'arrêt de la *Questions concernant l'obligation de poursuivre ou d'extrader*[678]).

Mais cela ne suffit pas. La demande reconventionnelle sera déclarée irrecevable si le défendeur ne parvient pas à justifier qu'il est titulaire de la prétention émise. Il doit en effet justifier *le titre* qui l'habilite à agir en justice lorsqu'il tente à protéger l'intérêt d'un Etat ou d'une entité absent[679]. La condition à remplir est donc l'existence d'« un rapport juridique concret entre le demandeur et l'objet du différend »[680]. Cette question se pose lorsqu'il agit en justice pour faire valoir des réparations des dommages d'origine privée[681]. Elle se pose aussi lorsqu'il agit en représentation[682].

Par son action, l'Etat défendeur peut prendre fait et cause pour une personne ayant sa nationalité et reprocher à son adversaire d'avoir porté atteinte à ses droits. Il peut également défendre par

---

pp. 61-63 ; A. J. J. de Hough, «intervention under article 62 of the Statute and the quest for incidental jurisdiction without the consent of the principal parties », *L.J.I.L.*, vol. 6, n° 1(1993), pp. 23-25.

677 *Cameroun septentrional (Cameroun c. Royaume- Uni, Exceptions préliminaires, Arrêt du 2 décembre 1963 : C. I. J. Recueil 1963,* p. 33

678 *Questions concernant l'obligation de poursuivre ou d'extrader (Belgique c. Sénégal), 20 juillet 2012, arrêt,* par. 69.

679 Un Etat peut avoir un intérêt à défendre les prétentions d'une personne ou d'une Compagnie sur son territoire ou en relations d'affaires avec lui sans avoir la qualité de se présenter en justice en vertu de cet intérêt : l'individu n'étant pas, par exemple, son ressortissant, ni son protégé, et la Compagnie n'appartenant pas à sa nationalité. Voir M. Farag, *L'intervention devant la Cour Permanente de Justice Internationale (articles 62 et 63 du statut de la Cour), op. cit.*, p. 80.

680 *Licéité de l'emploi de la force, exceptions préliminaires, arrêt, C.I.J. Recueil 2004*, Opinion individuelle du Juge *ad hoc* Kreća, p. 705.

681 Il s'agit de l'exercice de la protection diplomatique d'une personne physique ou morale de sa nationalité. La jurisprudence est abondante sur ce sujet. L'arrêt qui a fait jurisprudence est celui rendu dans l'affaire Mavrommatis, *CPJI Série A, n° 2*, p.12. Voir aussi *Chemin de fer Panevezys-Saldutiskis, arrêt, 1939, C.P.J.I. Série A /B no 76,* p. 16 ; *Barcelona Traction, exceptions préliminaires, arrêt, C.I.J. Recueil 1964*, p. 45 ; *Barcelona Traction, arrêt, C.I.J. Recueil 1970*, p. 25- ; *Affaire Ahmadou Sadio Diallo (République de Guinée c. République démocratique du Congo), Exceptions préliminaires, C.I.J. Recueil, 2007,* p. 23, par. 64-65.

682 *Ressortissants des Etats-Unis au Maroc, C.I.J. Recueil 1951*, p. 110 ; *Timor oriental (Portugal c. Australie), arrêt, C.I.J. Recueil 1995,* p. 99 et 103

son action l'intérêt d'un tiers à l'instance, s'il établit le titre qui l'habilite d'agir de la sorte. C'est ainsi que, dans l'affaire de *Plates-formes pétrolières*, l'Iran contesta la recevabilité de la demande reconventionnelle américaine, faisant valoir que « les Etats-Unis présent[aient] en fait une demande au nom d'Etats tiers ou d'entités étrangères, et *ils n'ont aucun titre pour ce faire*. Des incidents concernant des navires battant pavillon des Bahamas, du Panama, du Royaume-Uni et du Libéria ont été évoqués par les Etats-Unis à l'appui de leur demande reconventionnelle, et l'Iran sout[enait] que les Etats-Unis prétendent ce faisant défendre les intérêts de ces Etats, qui ne sont pas parties à la présente instance »[683].

La Cour a toutefois jugé en l'espèce l'exception de l'Iran sans objet, dès lors que « les Etats-Unis pri[aient] simplement la Cour de dire et juger que, par les actions qui lui sont attribuées, l'Iran a violé ses obligations à leur égard, sans mentionner aucun Etat tiers ». En conséquence, elle s'est contenté d'« examiner si les actions attribuées à l'Iran ont [ou non] porté atteinte à des libertés que le paragraphe 1 de l'article X du traité de 1955 garantissait aux Etats-Unis »[684].

§2. Conditions prévues dans le titre de compétence

Il n'est pas rare que la clause compromissoire qui sert de fondement de la compétence de la Cour dans une affaire donnée subordonne la saisine de celle-ci à la satisfaction de certaines conditions. Il s'agit plus souvent de la condition du recours à l'arbitrage et/ou à la négociation. Il ne fait pas de doute que la demande reconventionnelle doit satisfaire à ces conditions si elle est présentée sur la base d'une telle clause compromissoire.

En ce qui concerne la condition d'arbitrage, le demandeur reconventionnel doit apporter la preuve de ses tentatives d'engager une procédure d'arbitrage, tentatives échouées suite au désaccord de la

---

[683] *Plates-formes pétrolières (République islamique d'Iran c. Etats- Unis d'Amérique), arrêt, C. I. J. Recueil 2003,* p. 211, par. 103 (b), 108 italiques ajoutés.
[684] *Ibid,* par. 109.

partie adverse[685]. Il doit démontrer, selon le cas, que sa proposition d'arbitrage est restée sans réponse de la part du défendeur ou est suivie de l'expression par celui-ci de son intention de ne pas l'accepter, ou qu'en cas de réponse favorable à la proposition, les parties ne se sont pas entendues sur l'organisation de la procédure arbitrale.

La condition du recours aux négociations[686] est un peu nuancée. La question de savoir si elle établit ou non une condition préalable à la saisine de la Cour, lorsqu'elle est énoncée dans des clauses compromissoires, est « une question d'espèce »[687]. Si, pris dans leur sens ordinaire, les termes de la clause établissent une condition

---

[685] *Question concernant l'obligation de poursuivre ou d'extrader (Belgique c. Sénégal), 20 juillet 2012, arrêt,* par. 61 ; *Activités armées sur le territoire du Congo (nouvelle requête : 2002) (République démocratique du Congo c. Rwanda), compétence et recevabilité, arrêt, C.I.J. Recueil 2006*, p. 41, par. 92 ; *Questions d'interprétation et d'application de la convention de Montréal de 1971résultant de l'incident aérien de Lockerbie (Jamahiriya arabe libyenne c. Royaume-Uni), exceptions préliminaires, arrêt, C.I.J. Recueil 1998*, p. 17, par. 21; *Questions d'interprétation et d'application de la convention de Montréal de 1971 résultant de l'incident aérien de Lockerbie (Jamahiriya arabe libyenne c. Etats-Unis d'Amérique), exceptions préliminaires, arrêt, C.I.J. Recueil 1998*, p. 122, par. 20).

[686] Selon la Cour, la notion de négociation « implique, à tout le moins, que l'une des parties tente vraiment d'ouvrir le débat avec l'autre partie en vue de régler le différend », *Application de la convention internationale sur l'élimination de toutes les formes de discrimination raciale (Géorgie c. Fédération de Russie), arrêt, 1er avril 2011, C.I.J. Recueil 2011,* p 58, par.. 157. Le Recours à des négociations remplit, toujours selon la Cour dans cette affaire, trois fonctions distinctes. En premier lieu, il permet de notifier à l'Etat défendeur l'existence d'un différend et d'en délimiter la portée et l'objet. En deuxième lieu, il incite les parties à tenter de régler leur différend à l'amiable, évitant ainsi de s'en remettre au jugement contraignant d'un tiers. En troisième lieu, il joue un rôle important en ce qu'il indique les limites du consentement donné par les Etats. *C.I.J. Recueil 2011,* p.51, par. 131.

[687] *Concessions Mavrommatis en Palestine, arrêt n° 2, 1924, C.P.J.I. série A, n° 2*, p. 13. La jurisprudence fait également apparaître la tendance de la Cour de relativiser, voire, de minimiser, dans certains cas, l'importance de cette condition. Voir par ex., outre l'arrêt du *Mavrommatis,* p. 15, celui de *Certains intérêts allemands en Haute-Silésie polonaise, C.P.J.I. série A, n° 6*, p. 22. Voir aussi Plaidoirie de Prosper Weil en l'affaire du *Différend frontalier terrestre, insulaire et maritime (El Salvador/Honduras; Nicaragua (intervenant)), C 4/CR 91/5,* p. 16.

préalable à sa saisine, il doit y être satisfait avant toute saisine de la Cour[688].

La question est de savoir si, dans ce dernier cas, la condition de négociations s'applique également à la demande formulée à titre reconventionnel. Certains auteurs ont répondu négativement. Wittenberg affirmait qu'exiger son respect équivaudrait à proscrire les demandes reconventionnelles, car « impartir le recours préalable aux démarches diplomatiques ou aux préliminaires de conciliation mettrait la Cour dans l'obligation de surseoir pour un temps indéfini à toute nouvelle diligence jusqu'à ce que ces formalités aient été remplies, ou permettrait à l'Etat demandeur d'écarter la reconvention en traînant en longueur les correspondances diplomatiques »[689]. L'éminent juriste écrivait à une époque où la pratique de la Cour sur la question de la condition de négociation était très peu développée. Il partait de ce postulat qu'en principe « une négociation suppose toujours et nécessairement une série plus ou moins longue de notes et dépêches »[690]. Mais depuis, la jurisprudence de la Cour sur ce point a évoluée autrement. La condition de négociation telle qu'elle est conçue aujourd'hui par la Cour est loin d'être considérée comme une démarche formelle pouvant permettre à l'Etat demandeur d'écarter la reconvention en traînant en longueur les correspondances diplomatiques. Il est même admis que des échanges moins formels puissent constituer des négociations[691].

Par ailleurs, l'autonomie de la reconvention implique que les conditions à la satisfaction desquelles est subordonnée la soumission d'un litige au juge, soient remplies avant la soumission, quel que soit le moyen utilisé à cette fin. L'existence de la connexité entre les deux demandes ne modifie pas cette exigence. Il n'y a donc aucune raison d'épargner le défendeur de

---

[688] *Application de la convention internationale sur l'élimination de toutes les formes de discrimination raciale, C.I.J. Recueil 2011,* p. 54, par. 141.

[689] J-C Wittenberg, *L'organisation judiciaire, la procédure et la sentence internationales, op. cit.*, p.196, n°126. Voir aussi P. Boum, *Les demandes reconventionnelles dans la procédure de la cour internationale de La Haye, op. cit.*, pp. 118-119

[690] *Concessions Mavrommatis en Palestine, arrêt n° 2, 1924, C.P.J.I. série A, n° 2*, p. 13.

[691] *Application de la convention internationale sur l'élimination de toutes les formes de discrimination raciale, C.I.J. Recueil 2011,* p. 59, par. 160.

l'obligation de procéder à des négociations, lorsque celles-ci sont prévues dans le titre de compétence qu'il invoque, avant de former sa demande reconventionnelle. C'est pourquoi dans l'affaire des *Plates-formes pétrolières,* par une lettre déposée en même temps que son contre-mémoire, le gouvernement des États-Unis a fait savoir à la Cour qu'il avait invité l'Iran à entamer des négociations, mais que les Parties ne sont pas finalement convenues d'engager des négociations sur les questions auxquelles se rapporte la demande reconventionnelle des États-Unis[692]. En effet, la condition était prévue au paragraphe 2 de l'article XXI du traité de 1955 sur lequel étaient fondées les demandes des deux parties[693]. L'Iran souleva une exception, soutenant que la demande reconventionnelle des Etats-Unis ne concernait pas un différend n'ayant pu être « réglé d'une manière satisfaisante par la voie diplomatique » au sens de l'article précité du traité de 1955[694]. La Cour n'a pas accueilli cette exception de l'Iran. Elle a fait observer que :

> « Il est établi qu'un différend est né entre l'Iran et les Etats-Unis sur les questions soulevées dans la demande reconventionnelle. La Cour doit prendre acte que le différend n'a pas été réglé d'une manière satisfaisante par la voie diplomatique. Peu importe aux fins de la présente question que l'absence de négociations diplomatiques soit attribuable au comportement de l'une ou de l'autre Partie, ou que ce soit le

---

692 *Plates-formes pétrolières, C.I. J. Recueil 1998*, p. 193, par. 5.

693 Cet article se lit comme suit : « Tout différend qui pourrait s'élever entre les Hautes Parties contractantes quant à l'interprétation ou à l'application du présent traité et qui ne pourrait pas être réglé d'une manière satisfaisante par la voie diplomatique sera porté devant la Cour internationale de Justice, à moins que les Hautes Parties contractantes ne conviennent de le régler par d'autres moyens pacifiques », cité dans *Plates-formes pétrolières*, *C.I.J. Rec. 2003*, par. 106.

694 Cet article se lit comme suit : « Tout différend qui pourrait s'élever entre les Hautes Parties contractantes quant à l'interprétation ou à l'application du présent traité et qui ne pourrait pas être réglé d'une manière satisfaisante par la voie diplomatique sera porté devant la Cour internationale de Justice, à moins que les Hautes Parties contractantes ne conviennent de le régler par d'autres moyens pacifiques », cité dans *Plates-formes pétrolières*, *C.I.J. Rec. 2003*, p. 210, par. 106.

demandeur ou le défendeur qui a pour ce motif opposé une fin de non-recevoir. Comme dans de précédentes affaires qui mettaient en cause des dispositions conventionnelles pratiquement identiques (voir *Personnel diplomatique et consulaire des Etats-Unis à Téhéran, C.I.J. Recueil 1980*, p. 26-28; *Activités militaires et paramilitaires au Nicaragua et contre celui-ci (Nicaragua c. Etats-Unis d'Amérique), C.I.J. Recueil 1984*, p. 427-429), il suffit à la Cour de constater que le différend n'a pas été réglé d'une manière satisfaisante par la voie diplomatique avant de lui être soumis [695]».

La solution est en accord avec la jurisprudence établie en la matière dans la mesure où elle indique que, d'une part, la clause prévue au paragraphe 2 de l'article XXI du traité de 1955 établit une condition préalable à la saisine de la Cour, et que, d'autre part, il est satisfait à cette condition dès lors que des négociations ont abouti à une impasse[696].

§3. Les conditions de recevabilité propres à la demande au titre de la protection diplomatique

Le droit international subordonne la recevabilité d'une demande au titre de la protection diplomatique[697] à la satisfaction de certaines conditions autres que la « recevabilité générale » examinée ci-dessus. Les plus importantes d'entre elles tiennent à

---

[695] *Ibid.*, p. 210, par.107.

[696] « Lorsqu'il y a tentative ou début de négociations, la jurisprudence de la présente Cour et celle de la Cour permanente de Justice internationale indiquent clairement qu'il n'est satisfait à la condition préalable de tenir des négociations que lorsque celles-ci ont échoué, sont devenues inutiles ou ont abouti à une impasse » *Application de la convention internationale sur l'élimination de toutes les formes de discrimination raciale, C.I.J. Recueil 2011*, p. 59, par. 159.

[697] La protection diplomatique est définie comme étant une démarche qui « permet à un Etat d'endosser les réclamations de ses nationaux afin d'obtenir réparation des dommages qui leur ont été causés par un Etat étranger». J. Verhoeven, *Droit international public*, *op. cit.*, p. 634

la nationalité et à l'épuisement de voies de recours internes[698]. Il va de soi que le demandeur reconventionnel doit satisfaire à ces conditions s'il entend agir en justice afin d'obtenir la réparation des « dommages médiats », c'est-à-dire ceux qui frappent un de ses ressortissants, personne physique ou morale, possédant sa nationalité[699]. Dans son arrêt du 19 décembre 2005 rendu en l'affaire *des activités armées sur le territoire du Congo,* la Cour applique à la lettre ces conditions aux demandes reconventionnelles formulées par l'Ouganda. En l'espèce, La RDC soutenait que la demande reconventionnelle ougandaise fondée sur le traitement inhumain de ressortissants ougandais n'était pas recevable, au motif que les conditions de recevabilité d'une demande au titre de la protection diplomatique, la nationalité des victimes et l'épuisement des voies de recours internes, n'étaient pas remplies[700].

Dans sa réponse à cette objection, la Cour souligne d'abord les fondements sur lesquels l'Ouganda se base pour alléguer le

---

[698] Pour la condition de la nationalité voir *Chemin de fer Panevezys-Saldutiskis, arrêt, 1939, C.P.J.I. Série A /B no 76,* p.16, et pour celle d'épuisement de voies de recours internes voir *Anglo-Iranian Oil Co., arrêt du 22 juillet 1952, C.I.J. Recueil 1952*, p. 93 ; *Affaire Ambatielos (compétence), Arrêt du Juillet 1952 : C. I. J. Recueil 1952,* p 10 ; *Interhandel, Arrêt du 21 mars 1959 : C. I. J. Recueil 1959,* p. 27. D'autres conditions comme celles de main propre, de violation du droit international et réparation sont citées par les auteurs. Voir J. Verhoeven, *ibid.,* pp.636-640 ; P-M. Dupuy, *Droit international public*, 9e édition, 2008, Dalloz, p. 526.

[699]L'hypothèse doit être soigneusement distinguée de celle où l'Etat agit en justice afin d'obtenir la réparation des préjudices subis par l'un de ces agents. En ce dernier cas, les dommages sont « immédiats » ; l'Etat est directement lésé et agit en son propre nom. Cela dit, il n'est pas rare qu'un Etat agisse en justice pour faire valoir à la fois son droit propre et celui de ses ressortissants. C'est en pareil cas que l'intérêt de la distinction entre ces deux catégories des actions se laisse entrevoir ; il tient aux procédures différentes qu'il y a à suivre pour la mise en œuvre de ces actions. Dans son arrêt du 31 mars 2004 rendu en l'affaire d'*Avena et autres ressortissants mexicains,* la Cour, après avoir souligné la différence entre ces deux types d'actions, a conclu que ce n'est que dans le cas de la deuxième action que l'épuisement de voie de recours internes est requis. *Avena et autres ressortissants mexicains (Mexique c. Etats- Unis d'Amérique), arrêt, C.I.J. Recueil 2004*, p. 35, par. 40. Voir aussi P-M. Dupuy, *Ibid.,* p. 522 et s.

[700] *Affaire des activités armées sur le territoire du Congo (République démocratique du Congo c. Ouganda), arrêt 19 décembre 2005, C.I. J. Recueil 2005,* p. 94, par 315.

mauvais traitement de ses nationaux. Elle dit que pour les diplomates, l'Ouganda s'appuie sur l'article 29 de la convention de Vienne sur les relations diplomatiques (dommages médiats). Pour les autres ressortissants ougandais ne jouissant pas d'un statut diplomatique, il fonde sa demande sur les règles générales du droit international relatives aux relations diplomatiques et sur le standard minimum de justice qui est reconnu aux ressortissants étrangers présents sur le territoire d'un Etat (dommages immédiats)[701]. Elle observe ensuite que « la deuxième demande reconventionnelle de l'Ouganda [celle concernant les diplomates] vise à obtenir réparation des dommages que celui-ci aurait, lui-même, subi du fait des prétendues violations par la RDC de l'article 29 de la convention de Vienne sur les relations diplomatiques. Dès lors, l'Ouganda n'exerce pas sa protection diplomatique au nom des victimes, mais fait valoir des droits propres que lui confère la convention de Vienne. La Cour conclut en conséquence que le non épuisement des voies de recours internes ne fait pas obstacle à la demande reconventionnelle que l'Ouganda a présentée au titre de l'article 29 de la convention de Vienne et que, par suite, ladite demande est recevable[702]. S'agissant de l'autre volet de la demande reconventionnelle de l'Ouganda [celle concernant les autres ressortissants ougandais ne jouissant pas d'un statut diplomatique], la Cour considère qu'« elle vise un dommage causé aux personnes concernées et non une violation par la RDC d'une obligation internationale ayant entraîné un dommage direct pour l'Ouganda. Elle estime qu'en présentant cette partie de sa demande reconventionnelle l'Ouganda cherche à exercer son droit de protection diplomatique à l'égard de ses ressortissants. Il s'ensuit que l'Ouganda devrait satisfaire aux conditions requises pour l'exercice de la protection diplomatique, telles qu'établies en droit international général, et devrait notamment satisfaire à l'exigence selon laquelle les demandeurs doivent être de nationalité ougandaise et à celle de l'épuisement préalable des voies de recours internes »[703].

---

[701] *Ibid,* p. 97, par. 329

[702] *Ibid.,* par. 330.

[703] *Ibid,* par. 333.

Conclusion du Titre II

En cas de jonction, au stade du fond, la Cour vérifiera sa compétence, ainsi que les conditions de recevabilité générales de la demande. Quant à la compétence, elle doit s'assurer que les parties au litige ont consenti à la résolution de leur différend par le juge international. En effet, alors que la juridiction (ou la compétence générale) de la Cour découle des instruments (le Statut et la Charte de l'ONU) qui déterminent la catégorie générale des matières dont elle peut connaître, sa compétence découle du consentement des parties au litige.

La compétence de la Cour quant à la demande reconventionnelle, n'est pas déterminée selon les principes de juridiction normaux, mais par rapport à la base de compétence invoquée pour la demande initiale. Ce qui est au demeurant conforme à la bonne administration de la justice dans la mesure où, en empêchant le défendeur de soumettre au juge des demandes qui excéderaient les limites du champ de la compétence établie dans l'instance, l'intérêt du demandeur à ce qu'il soit statué sur ses prétentions dans un délai raisonnable est pris en compte.

En tant que prétention nouvelle, la demande reconventionnelle doit également satisfaire aux conditions générales de recevabilité. Dès lors, la Cour s'assurera qu'un différend juridique lui a été soumis, que le défendeur a l'intérêt et la qualité pour agir, que le préalable diplomatique, si il est prévu dans le titre de compétence invoqué, a été respecté, que les voies de recours internes, s'il s'agit du contentieux de la protection diplomatique, ont été épuisées, et que, l'exercice de sa fonction juridictionnelle ne se heurte pas à certains obstacles au règlement judiciaire du différend.

Conclusion de la deuxième partie

Une distinction délicate doit être établie entre la demande reconventionnelle, en tant que telle, et la demande reconventionnelle en tant que prétention nouvelle. Celle-ci doit relever de la compétence attribuée au juge par les parties au litige. Cette condition n'est toutefois pas requise pour l'examen de la recevabilité de la demande reconventionnelle en tant que telle, c'est-à-dire en tant qu'acte juridique. À ce propos, le juge ne doit vérifier que la conformité de cet acte aux prescriptions de l'article 80 du Règlement, à savoir la connexité et la compétence. Pour ce faire, il est doté d'un pouvoir statutaire.

Le juge sera néanmoins amené à effectuer un examen sommaire de la base de compétence invoquée par le défendeur. S'il découle de cet examen qu'il a compétence, du moins *prima facie*, il prescrira la jonction de la demande à l'instance en cours, sinon il la rejettera. L'examen détaillé, définitif et complet de la compétence se fera, en cas de jonction, au stade du fond. A cette occasion, le juge s'assurera, à l'instar de ce qu'il fait quant à la demande principale, que celle présentée par le défendeur relève de sa juridiction *ratione materiae, ratione personae* et *ratione temporis* et de sa compétence *ratione materiae, ratione personae* et *ratione temporis*.

L'établissement de la compétence mettra le juge en mesure d'apprécier la recevabilité de la demande formée à titre reconventionnel. Si la compétence existe, du moins *prima facie*, il examinera la condition spéciale de recevabilité, à savoir la connexité. Cela se fait au stade préliminaire de la reconvention. Il doit alors vérifier l'existence d'un lien suffisant entre les deux demandes. L'appréciation de ce lien relève du pouvoir souverain de la Cour. Le fil conducteur est toutefois l'évaluation en fait et en droit du degré de connexité. La « nature », le « temps » et le

« lieu » des faits et des circonstances génératrices de la situation litigieuse sont les facteurs qui entrent en ligne de compte dans l'appréciation de la connexité de fait. Quant à la connexité de droit, il s'agit de tenir compte du « but juridique » de chacune des actions intentées par les deux parties. Selon ce critère, la connexité existe lorsque les parties veulent obtenir de la Cour une chose identique, l'établissement d'une responsabilité juridique par exemple.

Les deux types de connexité, en fait et en droit, sont requises cumulativement. S'il est satisfait à ces conditions, la Cour décidera s'il y a lieu ou non de joindre l'action du défendeur à l'instance en cours. Sur ce point, elle jouit d'un pouvoir discrétionnaire. Elle apprécie la jonction en tenant compte des circonstances de l'espèce, l'élément déterminant étant à cet égard la bonne administration de la justice. Il est question de s'assurer que la jonction de la demande reconventionnelle participe à la réalisation de l'économie du procès. Si tel n'est pas le cas, la Cour peut rejeter la demande, même si elle est en connexité directe avec l'objet de la demande de la partie adverse.

Troisième Partie

LA MISE EN ŒUVRE DE LA DEMANDE RECONVENTIONNELLE

Le défendeur doit faire valoir le droit dont il s'estime titulaire. Il doit exercer son droit d'action et solliciter le juge international en introduisant sa demande dans l'instance engagée par son adversaire. L'« introduction » de la demande reconventionnelle dans le contre-mémoire tient lieu de la « saisine » dans une affaire ordinaire. De même, le contre-mémoire tient lieu de l'acte introductif d'instance et de ce fait doit remplir certaines conditions de forme. Le demandeur reconventionnel doit notamment identifier le différend qu'il entend soumettre au juge et présenter les faits et moyens sur lesquels sa demande repose (Titre I).

Une demande valablement introduite entraînera des conséquences importantes : elle engage la partie dont elle émane d'abord, et le juge, ensuite ; celui-ci ayant le devoir de statuer sur la question juridique qu'elle contient. C'est pour cela qu'il doit s'assurer que les conditions requises pour l'instruction d'une « affaire » sont dûment réunies. Il doit veiller à ce que le droit de la partie visée par la demande de se défendre soit respecté et toutes les étapes d'une procédure au fond soient observées (Titre II).

Titre I

L'introduction de la demande reconventionnelle

L'acte par lequel la demande reconventionnelle est présentée au juge obéit au même régime que l'acte introductif de l'instance (requête et compromis) pour ce qui est sa fonction et son contenu (Chapitre I). Elle est soumise, en revanche, à des conditions de forme spécifiques pour ce qui concerne le moment et la forme de l'introduction (Chapitre II).

Chapitre I.

L'acte introductif de la demande reconventionnelle

La manière dont le défendeur peut soumettre ses prétentions à la décision de la Cour internationale est expressément précisée à l'article 80 du Règlement qui dispose dans son premier alinéa que :

> « La demande reconventionnelle est présentée dans le contre-mémoire et figure parmi les conclusions contenues dans celui-ci »

La demande reconventionnelle est une demande en justice et le dépôt du contre-mémoire contenant ces demandes opère la saisine du juge international. Le contre-mémoire est donc pour la reconvention ce qu'est la requête ou le compromis pour la demande principale ; il est l'acte de saisine. Il y a, dès lors, lieu de s'interroger sur la fonction (Section 1) et le contenu (Section 2) de cet acte.

Section 1. La fonction de l'acte introductif de la demande reconventionnelle

La fonction principale de l'acte introductif de la demande reconventionnelle est de porter la matière du litige devant le juge d'abord, et à la connaissance de la partie adverse, ensuite[704]. Cela permettra surtout à cette dernière de décider de la stratégie à suivre dans l'instance engagée contre elle. Ce faisant, l'acte introductif crée un lien juridique entre son auteur, c'est-à-dire le défendeur, désormais le demandeur reconventionnel, le juge et la

---

[704] V.S. Mani, *International Adjudication: Procedural Aspects*, The Hague, Boston : M. Nijhoff, 1980, p. 80.

partie adverse, lien qui constitue la situation d'instance[705] et entraîne certaines obligations qui incombent principalement à cet auteur mais aussi à la partie adverse et au juge[706].

En présentant ses demandes, le défendeur s'engage vis-à-vis du juge et de son adversaire, en ce sens que, postérieurement à la présentation de la demande, il ne pourra pas procéder à sa modification de manière à ce que l'objet du litige tel qu'il figure dans cette demande soit transformé ; et qu'il lui est interdit d'adopter des mesures unilatérales pouvant compromettre le règlement judiciaire du différend[707]. En d'autres termes, il est tenu, pour reprendre les termes de la Cour, de « s'abstenir de toute mesure susceptible d'avoir une répercussion préjudiciable à l'exécution de la décision à intervenir et, en général, ne laisser procéder à aucune acte, de quelque nature qu'il soit, susceptible d'aggraver ou d'étendre le différend »[708].

Il faut en outre souligner que, une fois que la demande est dûment soumise au juge et à la partie adverse, le demandeur n'est plus l'unique propriétaire de son action. Le retrait de la demande reconventionnelle est soumis aux mêmes règles que celles qui sont applicables au désistement d'instance. Le défendeur reconventionnel ayant fait acte de procédure peut s'opposer au retrait unilatéral de la demande formulée par le défendeur originaire. C'est pourquoi la Cour, dans l'affaire de *la Convention sur le génocide,* a pris acte du retrait par la Yougoslavie de ses demandes reconventionnelles après que la Bosnie eut fait savoir

---

[705] V. Coussiart-Coustere et P-M. Eisemann, « La procédure devant les juridictions internationales permanentes », in *La juridiction internationale permanente*, SFDI, Colloque de Lyon, Pedone, Paris, 1987, p. 131.

[706] Voir M. Forteau, « La saisine des juridictions internationales à vocation universelle (C.I.J. et T.I.D.M.) », in H. Ruiz Fabri et J.M. Sorel (éd), *La saisine des juridictions internationales*, Paris, Pedone, 2006, pp. 72-84.

[707] Aux termes de l'article 52 alinéa 3, « Des contre-mesures ne peuvent être prises et, si elles sont déjà prises, doivent être suspendues sans retard indû si : a)..., b) Le différend est en instance devant une cour ou un tribunal habilité à rendre des décisions obligatoires pour les parties ». Pour le professeur Forteau en adoptant cet article, la CDI a pris acte de la jurisprudence issue de la sentence arbitrale du 9 décembre 1978 rendue dans l'affaire concernant l'*Accord relatif aux services aériens du 27 mars 1946 entre les États-Unis et la France*. Voir M. Forteau, « La saisine des juridictions .... », ibid. p. 75.

[708] *LaGrand (Allemagne c. Etats-Unis d'Amérique), arrêt, C. I. J. Recueil 2001,* pp. 500-501, par. 96.

qu'elle ne voyait pas d'objection au retrait demandé[709]. L'acceptation de la Bosnie était en effet nécessaire car elle avait déposé sa réplique au contre-mémoire de la Yougoslavie dans le délai fixé[710]. Autrement dit, elle avait fait un acte de procédure qui rendait impossible le retrait unilatéral de la demande.

Mais l'action du défendeur engage aussi le juge en ce sens qu'elle met en action sa « compétence préliminaire », pour reprendre les termes du juge Fitzmaurice, qui est « réellement inhérente au fonctionnement de n'importe quel tribunal ». En effet, pour cet éminent juge « à la suite de la saisine [...] qui indique les motifs de la demande et les motifs sur lesquels on s'appuie pour prétendre que la Cour est compétente, la Cour possède immédiatement, et indépendamment de sa compétence quant aux éléments touchant irréductiblement au fond, une compétence préliminaire qui l'autorise à procéder à des actes divers à l'égard de l'affaire »[711]. C'est sur la base de cette compétence qu'elle peut décider de la recevabilité de la demande reconventionnelle formée par le défendeur avant même que soit tranchée la question de sa compétence pour se prononcer sur le fond du litige, de déterminer des formes et délais dans lesquels chaque partie doit présenter ses observations concernant cette recevabilité et de rendre finalement une ordonnance par laquelle elle décidera d'admettre ou de rejeter la demande formée par le défendeur. Cette compétence permet aussi au juge de décider sur les autres procédures incidentes, provoquées par la présentation des conclusions reconventionnelles, dont notamment le droit pour les États tiers d'intervenir dans l'instance. C'est pourquoi chaque fois qu'elle déclare recevable la demande formulée par le défendeur, la Cour donne instruction au Greffier de transmettre aux États admis à ester devant elle la copie de la décision prise.

---

709 *Application de la Convention pour la prévention et la répression du crime de génocide, ordonnance du 10 septembre 2001, C.I.J. Recueil 2001,* p. 573. Il est pourtant curieux que la Cour ait employé dans cette ordonnance le mot « retrait » au lieu du « désistement », contrairement aux ordonnances portant sur la décision de la Cour sur le désistement du demandeur de l'instance principale.

710 *Ibid.*, p. 572.

711 *Cameroun septentrional, C.I.J. Recueil 1963*, Opinion individuelle du juge Gerald Fitzmaurice, p. 104.

Enfin, l'introduction de la demande reconventionnelle entraîne pour le juge, lorsque celle-ci est déclarée recevable, le devoir de statuer, sous peine de déni de justice, sur le fond de la controverse qui lui est soumise par le défendeur. Le dictum de la Cour dans l'affaire du *droit d'asile,* selon lequel elle a «le devoir de répondre aux demandes des parties telles qu'elles s'expriment dans leurs conclusions finales mais aussi celui de s'abstenir de statuer sur des points non compris dans lesdites demandes ainsi exprimées»[712], s'applique à toutes les demandes quelle que soit la forme par laquelle elles sont portées devant la juridiction (requête, compromis ou conclusions du contre-mémoire). Il va sans dire, que cette interdiction de statuer *infra/ultra petita*, va de pair avec l'obligation du juge de motiver la décision qu'il prendra sur les nouvelles prétentions.

Section 2. Le contenu de l'acte introductif de la demande reconventionnelle

L'acte introductif de la demande reconventionnelle doit permettre au juge d'identifier l'objet et les parties du litige (§1). Se pose dès lors la question de la sanction du non-respect des règles qui requièrent ces indications (§2).

§1. L'identification des parties et de l'objet du litige

Il appartient à la partie qui formule une demande de préciser les éléments de fait et de droit de ses allégations, ainsi que les preuves évoquées à leur soutien. En règle générale, le demandeur, qu'il soit originaire ou reconventionnel, doit décrire dans son action ; 1) la nature juridique de sa relation avec le défendeur, ainsi que les devoirs et obligations qui en résultent ; 2) les conduites (comportements) du défendeur qu'il tient pour une violation des obligations en question ; 3) les conséquences qu'a entraînées la violation de ces obligations ; 4) la forme de la réparation qu'il cherche à obtenir[713]. En un mot, pour reprendre le

---

[712] *Demande d'interprétation de l'arrêt du 20 novembre 1950 en l'affaire du Droit d'asile, (Colombie/Pérou), arrêt du 27 novembre 1950 : C.I.J. Recueil 1950*, p. 402. Voir aussi *Mandat d'arrêt du 11 avril 2000 (République démocratique du Congo c. Belgique), arrêt, C.I.J. Recueil 2002*, p. 18-19, par. 43.

[713] J. Fleming, *Civil procedure*, Boston : Little, Brown, c 1992, p. 169

vocabulaire juridique français, une demande est composée d'un élément subjectif (les parties au différend), et d'un élément objectif (le sujet du différend). C'est au demandeur qu'il revient d'indiquer ce qu'il en est à ce propos de sa demande en justice.

Devant la Cour internationale, ce sont l'article 40 du Statut et l'article 38 du Règlement qui prévoient la réalisation de ces conditions dans l'acte introductif d'instance (la requête ou le compromis) et qui s'appliquent *mutatis mutandis* à l'acte qui introduit une demande formulée à titre reconventionnel, à savoir le contre-mémoire. Aux termes de l'article 40 du Statut, « l'objet du différend et les parties » doivent être indiqués. L'objet du litige, tel qu'il est indiqué dans la reconvention, peut être modifié par le défendeur en cours d'instance. Cela dit, la formulation du différend utilisée par cette partie ne lierait pas la Cour qui « détermine elle-même quel est le véritable différend porté devant elle »[714], lorsque des incertitudes ou des contestations surgissent quant à son objet réel. Sur ce point il n'y a pas de différence entre l'acte introductif de la demande principale et celui de la demande reconventionnelle.

C'est plutôt le deuxième point, c'est-à-dire l'indication des parties au litige dans l'acte de saisine qui différencie l'un et l'autre. A la différence de la demande principale, la désignation des parties par le demandeur reconventionnel n'est en effet plus nécessaire puisque c'est le défendeur à l'instance déjà engagée qui s'oppose à son adversaire. La condition est supposée remplie concernant la demande initiale et reste valable pour celle qui est formulée à titre incident. Toutefois, elle peut être requise en cas de la pluralité des parties, auquel cas la partie contre laquelle la demande est formulée doit être indiquée dans le contre-mémoire contenant des conclusions reconventionnelles.

L'article 38 du Règlement complète l'article 40 du Statut. Il requiert que, outre les parties et l'objet du différend (paragraphe 1), la demande précise « autant que possible les moyens de droit sur lesquels le demandeur prétend fonder la compétence de la Cour ; elle indique en outre la nature précise de la demande et contient un exposé succinct des faits et moyens sur lesquels cette

[714] *Compétence en matière de pêcheries (Espagne c. Canada), compétence de la Cour, arrêt, C.I.J. Recueil 1998,* p. par 31.

demande repose » (paragraphe 2). La mention de ces indications dans le contre-mémoire contenant des conclusions reconventionnelles est particulièrement importante, non seulement parce que celui-ci est l'acte introductif d'une demande en justice, et partant, desdits articles du Statut et du Règlement qui s'y appliquent, mais aussi parce que l'indication de ces éléments est nécessaire pour l'évaluation de l'admissibilité de la demande formée par le défendeur, à savoir la compétence et la connexité énoncées à l'article 80 du Règlement. En effet, c'est en se fondant sur « les moyens de droit sur lesquels le demandeur [reconventionnel] prétend fonder la compétence de la Cour » que celle-ci pourra établir sa compétence pour statuer sur les prétentions de cette partie ; et c'est en se basant sur « la nature précise de la demande » et l'« exposé succinct des faits et moyens sur lesquels cette demande repose » qu'elle pourra vérifier l'exigence du lien de connexité devant exister entre les actions opposées des parties.

§2. Sanction de l'inobservation

La pratique bien établie en matière de respect des conditions de forme témoigne de la souplesse et de la flexibilité de la Cour à l'égard des conditions de ce genre prévues par les textes qui régissent sa procédure. Cette pratique fait l'objet d'une jurisprudence constante dont l'arrêt du *Cameroun septentrional* est une parfaite illustration, les règles qui s'en dégagent étant valables pour le cas de la demande reconventionnelle comme pour la demande principale.

Dans cette affaire, le Royaume-Uni, défendeur, soutenait que le Cameroun, demandeur, ne s'était pas conformé aux prescriptions des articles 40 du Statut et article 32 paragraphe 2 du Règlement de l'époque (correspondant à l'article 38, paragraphe 2 du Règlement actuel) au motif qu'il avait cité dans les conclusions de ses observations en réplique au mémoire du Royaume-Uni, certains articles de l'accord de tutelle auxquels celui-ci ne s'était pas expressément référé dans sa requête introductive d'instance. La Cour a reconnu d'emblée qu'elle « ne saurait être indifférente à l'inobservation, par le demandeur ou par le défendeur, des dispositions du Règlement élaboré conformément à l'article 30 du Statut ». Mais en se basant sur la pratique de la CPJI, qui, pour ce qui concerne les questions de forme, avait tendance à « adopter une interprétation large »[715], et en citant son fameux dictum exprimée dans l'affaire des *Concessions Mavrommatis en Palestine*[716], elle a fait valoir que

> « si aucune autre raison ne l'empêchait, à son avis, d'examiner l'affaire au fond, elle ne refuserait pas de le faire en prenant comme motif l'absence de ce que la Cour permanente a appelé dans l'affaire de l'*Interprétation du statut du territoire de Memel,* la méthode opportune et appropriée pour soumettre la divergence d'opinions à la Cour »[717].

Mais le plus intéressant est l'interprétation que la Cour a donné, dans cette affaire, de l'article 38, paragraphe 2, du Règlement actuel (l'article 32, paragraphe 2, du Règlement alors en vigueur), selon lequel

> « [l]a requête indique autant que possible les moyens de droit sur lesquels le demandeur prétend fonder la compétence de la Cour ; elle indique en outre la nature précise de la demande et contient un exposé succinct des faits et moyens sur lesquels cette demande repose.»

Il est clair que selon ce texte l'expression « autant que possible » s'applique seulement à la mention de la disposition par laquelle le requérant prétend établir la compétence de la Cour. Celle-ci a toutefois jugé dans l'affaire *Cameroun septentrional,* qu'elle s'applique aussi à l'indication précise de l'objet de la demande et à l'exposé succinct des faits et des motifs sur lesquels la demande s'appuie[718]. En tout cas, la Cour, sur la base de cette analyse, a jugé la requête du demandeur conforme aux dispositions de l'article 32, paragraphe 2 du Règlement de

---

715 *Affaire de la Société commerciale de Belgique, C. P. J. I., série A/B no 78*, p. 173.

716 Selon ce dictum « La Cour, exerçant une juridiction internationale, n'est pas tenue d'attacher à des considérations de forme la même importance qu'elles pourraient avoir dans le droit interne », *C. P. J. I., série A no 2*, p. 34.

717 *Cameroun septentrional, C.I.J. Recueil 1963*, p. 28, citant *C. P. J. I., série A/B no 49*, p. 311.

718 *Cameroun septentrional, C. I. J. Recueil 1963,* p. 27-28

l'époque, et décidé que l'exception préliminaire fondée sur leur inobservation était par suite sans fondement[719].

La Cour n'a pas eu l'occasion de se prononcer sur la sanction de l'inobservation par le demandeur reconventionnel des règles relatives au contenu de l'acte introductif d'instance. Dans l'une de ses objections formulées contre la recevabilité de la demande reconventionnelle américaine dans l'affaire des *Plates-formes pétrolières*, l'Iran soutenait que cette demande « n'[était] pas recevable parce qu'elle n'[était] pas rédigée en termes clairs ou suffisamment précis ». Les États-Unis affirmaient au contraire que leur demande «a[vait] été énoncée en des termes suffisamment clairs pour que l'Iran la comprenne »[720]. La Cour ne s'est pas prononcée sur la question, ce qui signifie qu'elle n'entendait pas se départir de la pratique qui est la sienne en matière de respect des conditions prévues à l'article 40 du Statut et à l'article 38 du Règlement, telle qu'elle vient d'être expliquée.

---

[719] *Ibid.*
[720] *Plates-formes pétrolières, C.I. J. Recueil 1998*, par. 27.

Chapitre II.

Les conditions de forme de l'introduction

La formule du Règlement selon laquelle « la demande reconventionnelle est présentée dans le contre-mémoire et figure parmi les conclusions contenues dans celui-ci » prescrit à la fois le délai (Section 1) et la forme (Section 2) de l'introduction de cette demande.

Section 1. Exigence de « délai »

Le délai dans lequel le défendeur doit présenter ses conclusions reconventionnelles est indiqué avec précision à l'article 80 du Règlement : il est celui qui est fixé pour le dépôt du contre-mémoire (§1), ce qui conduit à s'interroger sur l'admissibilité ou non d'une demande reconventionnelle tardivement déposée (§2).

§1. Le moment de l'introduction de la demande reconventionnelle

A la différence du demandeur originaire auquel la procédure de la Cour internationale n'impose aucun délai pour le dépôt de son acte introductif d'instance, le défendeur doit impérativement, selon l'article 80 du Règlement, formuler ses prétentions à titre reconventionnel au plus tard dans le même délai que celui imparti pour la présentation de son contre-mémoire, sous peine d'irrecevabilité. Dans chaque affaire, ce délai est fixé dans l'ordonnance rendue par la Cour, conformément à l'article 44, alinéa 1, du Règlement, à propos des nombre et de l'ordre des pièces de procédure à fournir par les parties, ainsi que des délais pour leur présentation. A cet égard, elle tiendra compte de tout accord qui serait intervenu entre les parties (alinéa 2). La date d'expiration du délai pour le dépôt du contre-mémoire du défendeur, soit la date à laquelle cette même partie doit présenter ses conclusions reconventionnelles, y est précisément indiquée. Il importe peu à cet égard que l'instance soit engagée par requête ou par compromis. Dans le cas de la requête, le dépôt du contre-mémoire suit celui du mémoire. Il en va de même en cas du compromis, si celui-ci prévoit la présentation consécutive de ces pièces de procédure. Si ce n'est pas le cas, les deux parties doivent déposer simultanément leur contre-mémoire et c'est celui du défendeur matériel – la partie dont la condamnation est demandée à la Cour – qui contiendra des conclusions reconventionnelles.

S'agissant des délais pour le dépôt des pièces de la procédure écrite, la règle générale est celle de l'égalité du temps accordé aux parties[721]. Ce qui, dans une instance où sont présentées des demandes reconventionnelles, paraît peu conforme à l'équité et à l'égalité procédurale des parties dans la mesure où dans le même délai le demandeur présente uniquement son mémoire, tandis que le défendeur doit préparer non seulement sa défense aux revendications incluses dans celui-ci, mais aussi ses demandes reconventionnelles. Cela peut placer celui-ci dans une situation désavantageuse par rapport à son adversaire.

La question la plus fondamentale n'en est pas moins de savoir quel est l'intérêt de déterminer la date du dépôt de la demande reconventionnelle. Il tient au fait que, selon la pratique établie, c'est à la date de la saisine que la Cour détermine sa compétence et juge de la validité de la requête. Le principe a été énoncé dans l'arrêt *Nottebohm* dans les termes suivants :

> « Lorsque la requête est déposée à un moment où le droit en vigueur entre les parties comporte

[721] Il arrive toutefois que la Cour dans des circonstances très particulières déroge à cette règle générale. L'exemple le plus intéressant est l'affaire des Diplomates à Téhéran, où elle fixa un délai de deux mois pour le dépôt du mémoire du demandeur et un délai d'un mois pour le dépôt de contre-mémoire. Voir *Personnel diplomatique et consulaire des Etats-Unis à Téhéran, ordonnance du 24 décembre 1979, C.I.J. Recueil 1979*, p. 24. La décision s'explique par le caractère urgent de la situation litigieuse dont la Cour était saisie et la détermination du défendeur de s'abstenir de participer au procès.

la juridiction obligatoire de la Cour ... le dépôt de la requête n'est que la condition pour que la clause de juridiction obligatoire produise effet à l'égard de la demande qui fait l'objet de la requête. Cette condition remplie, la Cour doit connaître la demande ; elle a compétence pour en examiner tous les aspects, qui touchent à la compétence, à la recevabilité ou au fond. Un fait extérieur tel que la caducité ultérieure de la déclaration [ou, comme en la présente espèce, du traité renfermant une clause compromissoire] par échéance du terme ou par dénonciation ne saurait retirer à la Cour une compétence déjà établie [722]».

La demande du défendeur doit relever, en vertu du Règlement, de la compétence de la Cour et, entrer, selon la pratique, dans le champ de la compétence *ratione materiae* fixée pour la demande principale, en s'appuyant sur le même titre de compétence que celui qui est invoqué pour cette dernière. Comme cela a été dit, un titre de compétence valable au moment du dépôt de la requête introductive d'instance peut ne plus l'être au moment de l'introduction du contre-mémoire contenant des conclusions reconventionnelles. Il en va ainsi lorsque le titre en question est dénoncé après l'introduction de l'instance, comme cela fut le cas dans l'affaire des *Activités militaires et paramilitaires au Nicaragua et contre celui-ci*[723]. C'est dans une telle hypothèse que la date du dépôt du contre-mémoire est déterminante pour savoir si le défendeur peut, lui aussi, se prévaloir de ce titre pour la demande qu'il formule à titre reconventionnel.

C'est aussi à la date de la saisine que la Cour apprécie la recevabilité de la requête. De l'avis de la Cour dans l'affaire du *Cameroun septentrional*, il suffit de « constater que [...] les positions opposées des Parties [...] révèlent l'existence entre

---

[722] *C.I.J. Recueil 1953,* p. 123. Cité et appliqué par la Cour dans l'affaire *Activités militaires et paramilitaires au Nicaragua et contre celui-ci, C.I.J. Recueil 1986*, p.28, par. 36. Concernant la validité de la requête, elle a exposé dans l'affaire de l'*Or monétaire* que « la requête, qui n'[est] pas entachée de nullité au moment de son introduction, n[e peut] ultérieurement deven[ir] nulle.. ». *C.I.J. Recueil 1954*, p. 30.

[723] *C.I.J. Recueil 1986*, p.28, par. 36.

[elles], à la date de la requête, d'un différend au sens admis par la jurisprudence de la Cour actuelle et de l'ancienne Cour »[724]. Dans cette affaire, la Cour, pour vérifier l'existence d'un différend, a fait application du principe général qu'elle a ultérieurement explicité dans l'affaire des *Actions armées frontalières et transfrontalières,* à savoir que « la date critique à retenir pour déterminer la recevabilité d'une requête est celle de son dépôt »[725]. Le contre-mémoire étant considéré comme l'acte introductif de la demande reconventionnelle, il va de soi que ces règles s'y appliquent *mutatis mutandis.* La question de savoir si les conditions générales de recevabilité (existence d'un différend juridique international, épuisement des voies de recours internes, intérêt et qualité pour agir, etc.) sont remplies pour ce qui concerne la demande formulée par le défendeur, sera tranchée en prenant en considération la date de présentation de cette demande et non celle de la requête introductive de l'instance principale. Dans l'affaire des *Plates-formes,* par une lettre du 23 juin 1997, déposée en même temps que le contre-mémoire de son gouvernement, l'agent des États-Unis a ainsi fait savoir à la Cour que :

> «A propos de la demande reconventionnelle, les États-Unis avaient invité, le 26 mars, le Gouvernement de l'Iran à entamer des négociations en vue de leur payer une indemnité pour les dommages subis du fait des actes de l'Iran, au motif que ceux-ci étaient contraires à

---

[724] *Cameroun septentrional*, *C. I. J. Recueil 1963*, p. 27.

[725] *C.I.J, Recueil 1988,* p. 95, par. 66. Il en va de même pour la détermination de la compétence, voir par exemple *Mandat d'arrêt du 11 avril 2000, C.I.J. Recueil 2002,* par 26 ; *Questions d'interprétation et d'application de la convention de Montréal de 1971 résultant de l'incident aérien de Lockerbie, C.I.J. Recueil 1998,* p. 26, par. 44. Il se trouve toutefois qu'un revirement jurisprudentiel s'est produit dans l'affaire *Croatie / Serbie,* au sujet de la date critique requise pour l'appréciation de la condition de compétence. Dans cette affaire, la Cour estime que si la condition de sa compétence qui faisait défaut à la date de l'introduction d'instance, est remplie « au plus tard à la date à laquelle la Cour statue sur sa compétence », elle peut se prononcer sur le différend dont elle saisie. Croatie/ Serbie § 85. Pour plus d'explications voir A. L. Vaurs-Chaumette, « Si le fait l'accuse, le résultat l'excuse" : l'arrêt de la CIJ sur les exceptions préliminaires dans l'affaire Croatie/Serbie », *AFDI*, 2008, p. 284 et s.

l'article X du traité de 1955. Par lettre du 12 juin, l'Iran a répondu à cette demande en proposant que les Parties procèdent à des négociations sur une série de sujets plus étendus. La proposition de l'Iran à cet égard n'était pas acceptable pour les États-Unis. En conséquence, les Parties ne sont pas convenues d'engager des négociations sur les questions auxquelles se rapporte la demande reconventionnelle des États-Unis [726]».

Les États-Unis, avaient, en effet, cherché à satisfaire à la condition de la négociation diplomatique, exigée par la clause compromissoire invoquée comme base de compétence dans l'affaire, deux mois avant l'introduction de leur demande reconventionnelle, soit après le dépôt par l'Iran de sa requête introductive de l'instance. Elle a été jugée remplie par la Cour et l'objection tirée de l'absence de telles négociations soulevée par l'Iran a été rejetée dans l'arrêt sur le fond[727].

§2. La question du dépôt tardif

Il faut admettre que l'exigence imposée au défendeur dans le Règlement quant au moment de la présentation de ses conclusions reconventionnelles est très rigoureuse[728]. Mais cela se comprend sans peine. En effet, si la présentation de ces conclusions avant le dépôt du contre-mémoire ne peut être envisagée cela tient au fait que, c'est en fonction des revendications formulées dans le mémoire que le défendeur pourra préparer ses défenses et présenter sa demande à titre reconventionnel. Avant cette date, il ne dispose que d'une requête qui ne contient qu'une demande dont la nature n'a été indiquée qu'« autant que possible » et « un exposé succinct des faits et moyens sur lesquels cette demande

[726] *Plates-formes pétrolières, C.I.J. Recueil 1998*, p. 193, par. 5.
[727] *Plates-formes pétrolières*, *C.I.J. Recueil 2003*, par. 107.
[728] Comparée surtout au droit judiciaire civil français où aussi longtemps que dure l'instance principale, une demande incidente peut être formée en tout état de cause, c'est-à-dire jusqu'à la clôture des débats, sauf devant les tribunaux de grande instance où la demande incidente doit être formée en principe avant l'ordonnance de clôture. Voir H. Solus et R. Perrot, *Droit judiciaire privé*, tome 3, Sirey 1991, p. 873, n° 1025.

repose » (article 38 alinéa 2 du Règlement)[729]. Le mémoire permet, au contraire, au défendeur de prendre connaissance de la position précise de la partie demanderesse et des revendications qu'elle entend soumettre au juge.

Par ailleurs, c'est le contre-mémoire qui constitue la première pièce de procédure écrite émanant du défendeur, et qui le lie à l'instance ouverte par la partie adverse. Il convient de rappeler que, contrairement aux juridictions internes où une fois choisi par l'une des parties au litige, le procès s'impose à l'autre, c'est la présentation du contre-mémoire qui, devant la Cour internationale produit la « litis contestatio », c'est-à-dire la liaison de l'instance[730]. Avant cette date, le défendeur est en droit de s'opposer à l'action dirigée contre lui. Il peut formuler des exceptions préliminaires d'incompétence et d'irrecevabilité, voire s'abstenir de participer au procès. Par la présentation du contre-mémoire, en revanche, il s'engage dans l'instance, répond aux allégations du demandeur et permet, ce faisant, au juge de disposer de tous les éléments requis pour trancher le litige.

Si les conclusions reconventionnelles ne peuvent pas être présentées ultérieurement – c'est-à-dire après le dépôt du contre-mémoire –, c'est parce que l'introduction tardive de ces conclusions pourrait porter atteinte aux droits du défendeur reconventionnel, notamment celui de disposer d'un délai adéquat pour répondre aux prétentions formulées à son encontre[731]. Il en résulterait par ailleurs un retard considérable de l'instance, ce qui porterait préjudice aux intérêts de cette même partie. Est-ce à dire que la demande du défendeur sera automatiquement rejetée parce qu'elle n'a pas été introduite dans le délai fixé ? Ce n'est pas sûr.

---

[729] « La Cour note que, si, en vertu de l'article 40 du Statut, l'objet d'un différend porté devant la Cour doit être indiqué, l'article 32, paragraphe 2, du Règlement de la Cour impose au demandeur de se conformer « autant que possible » à certaines prescriptions. Cette expression s'applique non seulement à la mention de la disposition par laquelle le requérant prétend établir la compétence de la Cour mais aussi à l'indication précise de l'objet de la demande et à l'exposé succinct des faits et des motifs par lesquels la demande est prétendue justifiée » *Cameroun septentrional*, *C. I. J. Recueil 1963*, p. 28.

[730] P. Boum, *Les demandes reconventionnelles dans la procédure de la cour internationale de La Haye*, *op. cit.*, p. 125.

[731] S. Yee, "Article 40", in *The Statute of the International Court of Justice: A commentary*, *op. cit.*, p. 913.

On ne peut évidemment pas autoriser le défendeur à présenter ses conclusions reconventionnelles ultérieurement au dépôt de son contre-mémoire si son introduction dans cet acte est considérée comme une condition obligatoire. Autrement dit, une réponse favorable à la question que nous nous somme posée reviendra à accepter que de telles conclusions pourraient être introduites par un acte autre que le contre-mémoire. Il y a donc lieu de trancher d'abord la question de savoir s'il est loisible ou non au défendeur de présenter sa demande par un acte séparé.

Il est vrai que le paragraphe 2, de l'article 80 du Règlement est formulé de manière à ce qu'il laisse peu de place au doute quant à son caractère obligatoire. Il y est clairement affirmé que « la demande reconventionnelle est présentée dans le contre-mémoire [...] ». Ce qui peut être interprété de manière à bien signifier que si elle ne l'est pas, elle est irrecevable. Il est pourtant peu probable que la Cour adopte une telle solution, sa pratique consistant à ne pas voir dans les problèmes de forme des obstacles à la présentation d'une demande à sa juridiction. Tel fut par ailleurs la solution retenue par les juges de la CPJI durant les *travaux préparatoires* du Règlement, où certains d'entre eux se sont exprimés en faveur de l'introduction de la demande reconventionnelle par requête unilatérale[732]. Une idée semblable a été soutenue par le juge Anzilotti, pour lequel rien ne justifierait qu'il soit impossible d'introduire la demande reconventionnelle par un acte séparé. Il a souligné que l'acte par lequel elle serait dans ce cas introduite, aurait « les caractères d'une véritable requête unilatérale et les règles relatives y seraient applicables, sauf celles qui sont exclues du fait que la demande reconventionnelle se greffe sur un rapport de procédure déjà existant »[733].

On ne peut qu'adhérer à cette manière de voir, tout en soulignant que l'acte par lequel le défendeur présente sa demande ne doit en aucun cas être considéré comme une requête introductive d'instance, car cela reviendrait à ignorer la différence existant entre la demande reconventionnelle et d'autres demandes

---

[732] *CPJI, série D n°2 et 3 add.*, p.104 s. (Intervention du juge Negulesco).

[733] D. Anzilotti, « La demande reconventionnelle en procédure internationale », *op. cit.*, p. 875.

réciproques, différence sur laquelle nous avons insisté[734]. Il est donc exclu que la demande reconventionnelle puisse être introduite par requête unilatérale, mais il n'est pas exclu qu'elle soit présentée par acte séparé[735]. Si la Cour retient cette solution, alors la présentation tardive de la demande reconventionnelle peut être envisageable. Ainsi, sa pratique rapprochera de celle qui est retenue devant certaines juridictions internationales où le dépôt tardif d'une demande incidente est parfois toléré, alors même qu'une date précise est prévue dans leurs règlements. C'est notamment le cas du *Règlement facultatif de la Cour permanente d'arbitrage pour l'arbitrage des différends entre deux Etats*, entré en vigueur le 20 octobre 1992. Dans son article 19, alinéa 3, celui-ci précise :

> « Dans sa réponse, ou à un stade ultérieur de la procédure arbitrale, si le tribunal arbitral décide que ce délai est justifié par les circonstances, le défendeur peut former une demande reconventionnelle fondée sur le même traité ou accord ou invoquer un droit fondé sur le même traité ou accord comme moyen de compensation [736]».

On peut également citer à ce propos le Règlement du Tribunal irano-américain des réclamations qui autorise la présentation de demandes reconventionnelles après la réponse du défendeur si le tribunal décide que le retard est justifié[737], le Règlement CNUDCI

[734] Voir *supra* p. 180.
[735] Cet acte peut être appelé « l'acte introductif de la demande reconventionnelle », comme celui qui introduit des exceptions et qui s'intitule « acte introductif des exceptions préliminaires».
[736] Le même article se trouve dans le Règlement facultatif de la CPA pour l'arbitrage des différends entre deux parties dont l'une seulement est un Etat, celui pour l'arbitrage des différends entre les organisations internationales et les Etats et celui pour l'arbitrage des différends entre les organisations internationales et les parties privées.
[737] Selon l'article 19 alinéa 3 de ce Règlement "In the Statement of Defence, or at a later stage in the arbitral proceedings if the arbitral tribunal decides that the delay was justified under the circumstances, the respondent may make a counterclaim or rely on a claim for the purpose of a set-off, if such counter-claim or set-off is allowed under the Claims Settlement Declaration". Pour l'étude de la pratique du tribunal en la matière voir M. Pellonpää, D. Caron, *The UNCITRAL arbitration rules as interpreted and applied : selected problems in light of the practice of the Iran-United States Claims Tribunal*, Helsinki, Finnish Lawyers' Pub, 1994, p. 349.

dont l'article 19, § 3, stipule qu'une demande reconventionnelle peut être formée dans la réponse du défendeur ou « à un stade ultérieur de la procédure arbitrale si le tribunal arbitral décide que ce délai est justifié par les circonstances », ou le Règlement CIRDI dont l'art. 47, §2, permet au tribunal d'accepter « la présentation de la demande reconventionnelle à un stade ultérieur de la procédure, sur justification fournie par la partie présentant la demande accessoire et après avoir pris en considération toute objection de l'autre partie ». Un tribunal arbitral constitué selon ce dernier Règlement déclara recevable une demande reconventionnelle dont le caractère tardif était justifié par la situation exceptionnelle du Congo, partie défenderesse au procès[738].

On ne voit pas pourquoi il doit en aller différemment devant la Cour internationale. Il faut constater d'emblée que celle-ci n'a jamais eu l'occasion de s'exprimer expressément sur cette question et que ni les dispositions de son Règlement ni les *travaux préparatoires* de celui-ci ne fournissent d'indications sur l'admissibilité de demandes reconventionnelles tardivement introduites[739]. Toutefois, la jurisprudence apporte certains éléments de réponse. Il y a lieu de rappeler tout d'abord le principe affirmé dans l'arrêt *Nauru* où la Cour précise que si

> « le retard d'un État demandeur peut rendre une requête irrecevable » elle n'en doit pas moins « se demander à la lumière des circonstances de chaque espèce si l'écoulement du temps rend [cette] requête irrecevable [740]».

De la même jurisprudence se dégagent également les critères généraux à prendre en considération pour déterminer si

---

738 *CIRDI, 15 aout 1980, S.A.R.L. Benvenuti & Bonfant c. Congo, ARB/77/2, Sentence du 8 aout 1980.* Voir *I.L.R.*, vol. 67, pp. 380, § 4. 102.

739 Selon le juge Anzilotti « la non présentation de la demande reconventionnelle dans le contre-mémoire exclut la possibilité de l'introduire plus tard dans le même procès : elle pourra seulement faire l'objet d'une instance propre », « La demande reconventionnelle en procédure internationale », *op. cit.*, p. 875. R. Genet s'est exprimé dans le même sens, voir « Les demandes reconventionnelles et la procédure de la Cour permanente de justice internationale », *op. cit.*, p. 170. Voir aussi P. H.F. Bekker, « New ICJ jurisprudence on Counterclaims », *A.J.I.L.*, 1998, p. 514.

740 *Certaines terres à phosphates à Nauru, C.I.J. Recueil 1992,* p. 253-4, par 32.

l'écoulement du temps entraîne ou non cette irrecevabilité. Le plus important est, semble-t-il, le respect de droits procéduraux de la partie adverse. La pratique de la Cour en matière d'exceptions préliminaires fournit un exemple fort intéressant de prise en considération de cet élément. Jusqu'à la dernière modification du Règlement effectuée en décembre 2000, l'article 79 fixait, en effet, dans son premier alinéa, un délai pour la présentation de ces exceptions, semblable à celui que l'article 80 impose pour l'introduction des demandes reconventionnelles. Selon cette disposition, adoptée le 14 avril 1978, ces exceptions devaient être déposées « dans le délai fixé pour le dépôt du contre-mémoire»[741]. Dans l'affaire *Losinger*, la Suisse, demandeur à l'instance, avait soutenu que l'exception du défendeur yougoslave ne pouvait être prise en considération, au motif qu'elle n'avait pas été présentée dans le délai imparti pour le dépôt du contre-mémoire. La Cour permanente a rejeté le moyen, jugeant que

> « les questions soulevées par le Gouvernement suisse concernent moins les droits des parties que l'organisation interne ; qu'en tous cas, la Cour aurait le pouvoir, conformément à l'article 37, alinéa 3, du Règlement [alors en vigueur et correspondant à l'article 44 alinéa 4 du Règlement actuel[742]], de décider dans certaines conditions qu'un acte de procédure fait après l'expiration du délai fixé est considéré comme valable [743]».

Dans le seul cas où l'inobservation du délai prévu dans le Règlement pour le dépôt de l'acte introductif d'une exception fut soulevée, la Cour permanente a ainsi cru pouvoir tenir pour valable l'acte de procédure tardivement déposé. L'article 37, alinéa 3 du Règlement de l'époque lui conférait cette faculté. La

---

[741] Ces termes ont été remplacés par les termes « dès que possible, et au plus tard trois mois après le dépôt du mémoire » dans la version amendée de l'article en 2000.

[742] Selon cette disposition : « La Cour peut, à la demande de la partie intéressée, proroger un délai ou décider de considérer comme valable un acte de procédure fait après l'expiration du délai fixé, si elle estime la demande suffisamment justifiée. Dans l'un et l'autre cas, la possibilité est offerte à la partie adverse de faire connaître ses vues ».

[743] *C.P.J.I. série A/B* n°67 (1936), p. 22.

question relevait de son organisation interne et ne portait dès lors pas atteinte aux droits des parties au litige[744].

Un autre élément important à prendre en considération pour décider du sort d'un acte introductif d'une procédure incidente tardivement déposé est le degré d'avancement de la procédure sur laquelle la demande incidente vient se greffer. Dans l'affaire de la *Souveraineté sur Puluu Ligitun et Pulau Sipadun,* la Cour a été saisie d'une objection soulevée par les parties principales (Indonésie et Malaisie) à la recevabilité de la requête en intervention des Philippines, tirée du dépôt tardif de celle-ci. Le délai imposé pour le dépôt d'une telle requête est énoncée à l'article 81 paragraphe 1 du Règlement, aux termes duquel : « une requête à fin d'intervention fondée sur l'article 62 du Statut, [...] est déposée le plus tôt possible avant la clôture de la procédure écrite. Toutefois, dans des circonstances exceptionnelles, la Cour peut reconnaître une requête présentée ultérieurement ».

Les parties principales à l'instance soutenaient que la requête des Philippines devait être rejetée faute d'avoir été déposée en temps voulu. Et elles estimaient que les Philippines n'avaient pas établi l'existence de « circonstances exceptionnelles » qui auraient pu justifier un dépôt tardif[745]. La Cour n'a pas accueilli l'exception. Elle a relevé que « bien que la requête ait été déposée à un stade tardif de la procédure, ce qui n'est pas conforme à la

---

[744] L'hypothèse inverse s'est posée devant la Cour actuelle en l'affaire de l'*Incident aérien du 3 juillet 1988 (République islamique d'Iran c. États-Unis d'Amérique).* La question était de savoir si les États-Unis d'Amérique, défendeur, pouvaient soulever, avant le dépôt d'un mémoire par l'Iran, demandeur, des exceptions préliminaires d'incompétence et d'irrecevabilité. La Cour jugea que « le délai dans lequel une exception préliminaire doit être déposé est prévu à l'article 79 du Règlement de la Cour, qui dispose qu'une telle exception doit être présentée « dans le délai fixé pour le dépôt du contre-mémoire »; et que « conformément au paragraphe 1 de l'article 79 du Règlement de la Cour, si un défendeur désireux de présenter une exception préliminaire est en droit d'être renseigné auparavant sur la nature de la demande, grâce à la présentation par le demandeur d'un mémoire, *il peut néanmoins déposer son exception plus tôt* », *C.I.J. Recueil 1989,* p. 133-4. Italiques ajoutés. Pour un commentaire voir B. Stern, *20 ans de jurisprudence de la Cour internationale de justice, 1975-1995*, M. Nijhoff, The Hague/Boston/London, 1998, p.565 et s.

[745] *Souveraineté sur Puluu Ligitun et Pulau Sipadun (Indonésie/ Malaisie), requête à fin d'intervention, arrêt, C. I. J. Recueil 2001,* p. 583, par. 19.

prescription de caractère général énoncée au paragraphe 1 de l'article 81 du Règlement [...], les Philippines n'ont pas contrevenu à la condition énoncée dans le même article, qui établit un délai préfixé pour le dépôt d'une requête à fin d'intervention, à savoir 'avant la clôture de la procédure écrite' »[746]. Le plus intéressant en l'espèce demeure toutefois le lien établi entre le respect du délai fixé par le Règlement et le caractère incident de la procédure d'intervention, l'arrêt précisant que :

> « Eu égard au caractère incident de la procédure d'intervention, [le paragraphe 1 de l'article 81 du Règlement] souligne la nécessité d'intervenir avant que la procédure principale ait atteint un stade trop avancé [747]».

Il en ressort que si l'acte introductif d'une procédure incidente est soulevé « à un stade trop avancé » de la procédure principale, son irrecevabilité doit être tenue pour établie.

Il faut enfin relever que, dans la décision qu'elle est appelée à prendre concernant un acte juridique tardivement déposé, la Cour ne sera pas indifférente à l'attitude de la partie concernée durant le procès. Dans l'affaire du *Détroit de Corfou* (réparation), l'Albanie, qui s'était abstenue de comparaître à l'audience, demanda à la Cour de prolonger le délai fixé pour la présentation de ses observations écrites à propos des dépositions des experts. La Cour s'est refusée, justifiant sa décision comme suit :

> « La Cour constate qu'elle a donné toute latitude au Gouvernement albanais pour défendre sa cause ; que, au lieu de s'en prévaloir, ce Gouvernement a par deux fois contesté la compétence de la Cour dans la présente instance, qu'il n'a pas déposé de conclusions et qu'il a décliné de comparaître à l'audience publique du 17 novembre. Dans ces circonstances, la Cour ne

[746] *Ibid.*, p. 586, par. 23.
[747] *Ibid.*, p. 585, par. 21.

peut donner suite à la demande du Gouvernement albanais [748]».

On peut donc retenir en conclusion que la Cour est en droit de se baser sur l'article 44 alinéa 4 du Règlement pour déclarer valable l'acte contenant des conclusions reconventionnelles tardivement déposé, ainsi que l'a fait la CPJI dans l'affaire *Losinger* s'agissant des exceptions préliminaires. Mais elle peut, sinon doit, s'y refuser lorsque les droits des parties, principalement ceux du demandeur originaire, pourraient être mis en cause (affaire *Losinger*), si la procédure principale a atteint un stade trop avancé (affaire de la *Souveraineté sur Puluu Ligitun et Pulau Sipadun)* ou encore si le dépôt tardif relève d'une stratégie dilatoire, comme dans l'affaire du *Détroit de Corfou* (réparation).

Section 2. Exigence de « forme »

Selon l'alinéa 2 de l'article 80 du Règlement,

« La demande reconventionnelle est présentée dans le contre-mémoire et figure parmi les conclusions contenues dans celui-ci ».

La formule paraît rigide : les prétentions du défendeur doivent figurer parmi les conclusions contenues dans le contre-mémoire (§1), mais cette rigidité peut être tempérée par la faculté conférée au demandeur (reconventionnel) de revenir ultérieurement sur ses conclusions primitives pour en modifier les éléments (§2).

§1. La conclusion

La formule employée dans l'article 80 du Règlement, selon laquelle la demande reconventionnelle doit figurer parmi les conclusions contenues dans le contre-mémoire, soulève deux questions : que faut-il entendre par « conclusion » (A), et quelle est la conséquence de l'inobservation de cette condition (B) ?

A. Exposé de la condition

La « conclusion » est l'énoncé de ce qu'une partie prie la Cour de dire et juger, autrement dit « l'énoncé précis et direct d'une

---

[748] *C.I.J. Recueil 1949,* p. 244. Voir aussi l'affaire de la *Compagne d'électricité de Sofia et de Bulgarie (ordonnance du 26 février 1940), C.P.J.I. Série A/B n° 80*, p. 8.

demande », pour reprendre les termes de la Cour[749]. Présentées à la fin des mémoires et des audiences, les conclusions exposent de manière synthétique, généralement sous forme d'alinéas identifiés et hiérarchisés, les prétentions que la juridiction doit adjuger dans le dispositif[750]. Elles facilitent la tâche du juge[751], en déterminant ce sur quoi celui-ci doit statuer et en limitant le cadre de son action, sachant que le juge a « le devoir de répondre aux demandes des parties telles qu'elles s'expriment dans leurs conclusions finales »[752].

Dans la procédure devant la Cour, les conclusions peuvent être classées, et résumées de la manière suivante :

- *les conclusions en demande et en défense*. Les premières sont celles qui expriment la réclamation. Les secondes sont celles qui contestent le droit revendiqué par la réclamation, et en demandent le rejet[753]. Dans une instance où le défendeur introduit des demandes reconventionnelles, ces types de conclusions proviennent de l'une et l'autre des parties ;

- *les conclusions initiales et incidentes*. Les premières sont les conclusions en demande présentées par la partie demanderesse. Les secondes viennent se greffer sur l'instance engagée par celle-ci[754] ;

---

[749] *Affaire des pêcheries, C. I. J. Recueil 1951*, p. 126. Voir aussi *Minquiers et Ecréhous,C.I.J. Recueil* . 1953, p. 52 *; Nottebohm, (2e phase), C.I.J. Recueil 1955,* p. 16 ; *Temple* de *Préah Vihéar fond), C.I.J. Recueil 1962*, p. 36.
[750] C. Santulli, *Droit du contentieux international, op. cit.*, p. 314, n° 541.
[751] J. Basdevant, "Quelques mots sur les 'conclusions' en procédure internationale", *Scritti di diritto internazionale in onore di Tomaso Perassi,* Vol. 1, 1957, p. 176
[752] *Demande d'interprétation de l'arrêt du 20 novembre 1950 dans l'affaire du droit d'asile, (Colombie/Pérou), arrêt du 27 novembre 1950, C.I.J. Recueil 1950*, p. 402.
[753] C. Santulli, *ibid.,* p. 315-316, n° 543-545.
[754] Les conclusions incidentes sont généralement formulées par le défendeur (les exceptions, les demandes reconventionnelles etc.) mais elles peuvent aussi être présentées par le demandeur (la demande en indications des mesures conservatoires, voire les exceptions). Dans l'affaire de l'*Or monétaire pris à Rome en 1943*, l'Italie, le demandeur a soulevé une exception à la compétence de la Cour concernant l'affaire qu'elle avait elle-même porté par requête unilatérale à la décision de la Cour. Celle-ci releva le caractère insolite de la situation mais exposa que « Règlement est rédigé dans des termes qui ne

- *les conclusions principales et conditionnelles*. Elles sont introduites à titre initial ou reconventionnel. Les premières sont celles sur lesquelles la juridiction est invitée à statuer en tout état de cause. Les secondes sont celles dont l'examen est subordonné à une certaine réponse (favorable ou défavorable) aux conclusions posées à titre principal[755] ;

- *les conclusions primitives et finales*. Les premières figurent dans la première pièce de la procédure écrite de la partie dont elle émane, demandeur ou défendeur. Les secondes sont présentées à la fin de la procédure orale.

La « conclusion » doit être distinguée de l'« argumentation ». Celle-ci tient dans les éléments de fait et de droit sur lesquels la partie entend se fonder. Elle pourrait fournir, le cas échéant, les motifs de l'arrêt, tandis que les conclusions constituent l'objet de ce dernier. On sait que « la Cour doit statuer sur l'objet du litige », alors même qu'elle « reste libre des motifs sur lesquels elle fondera son arrêt »[756]. L'importance de la distinction explique que l'article 49 alinéa 4 du Règlement précise expressément que :

> « [t]oute pièce de procédure énonce les conclusions de la partie qui la dépose, au stade de la procédure dont il s'agit, en les distinguant de l'argumentation [...] [757]».

---

limitent pas au défendeur le droit de présenter des exceptions préliminaires », *arrêt du 15 juin 1954, C.I.J., Recueil 1954*, p. 29.

[755] A leur tour, les conclusions conditionnelles se subdivisent en conclusions additionnelles (celles sur laquelle la Cour est appelée à statuer en cas de réponse favorable aux conclusions principales) et conclusions subsidiaires (ou alternatives, la juridiction étant invitée à les adjuger le cas où les principales sont rejetées). Voir C. Santulli, *Droit du contentieux international*, *op. cit.*, p. 325, n° 560-562.

[756] *Application de la convention de 1902 pour régler la tutelle des mineurs, arrêt du 28 novembre 1958, C.I.J., Recueil 1958*, p. 62. Voir aussi *Affaire des pêcheries, C. I. J. Recueil 1951*, p. 125-126.

[757] Mais la tâche étant difficile à accomplir, l'organe judiciaire est parfois amené à faire le tri dans les éléments dont elle est saisie de part et d'autres des parties au litige. Voici ce qu'elle en dit elle-même : « (...) la Cour établit une distinction entre le différend lui-même et les arguments utilisés par les parties à l'appui de leurs conclusions respectives sur ce différend », *Compétence en matière de pêcheries C.I.J. Recueil 1998*, p. 449, par. 32. Citant *Essais nucléaires (Australie c. France), arrêt, C.I.J. Recueil 1974*, p. 262, par. 29 ;

Les conclusions du contre-mémoire sont en règle générale des « conclusions en défense ». Elles sont celles qui contestent le droit revendiqué par le requérant, et en demandent le rejet. En cas de présentation de la demande reconventionnelle, les « conclusions en demande » s'y ajoutent. Celles-ci peuvent être introduites à titre principal ou à titre subsidiaire. Autrement dit, tout comme pour la demande initiale, rien n'empêche de présenter en première ligne une conclusion reconventionnelle et en anticipant son rejet, une demande subsidiaire[758]. Rien n'empêche non plus que le défendeur subordonne la recevabilité de l'une ou l'autre de ces conclusions à celle des conclusions formulées par le demandeur[759]. La Cour permanente a eu l'occasion de connaître des conclusions reconventionnelles semblables[760].

Dans tous les cas, les conclusions reconventionnelles s'accompagnent nécessairement de l'exposé des faits et du droit, des argumentations, et des documents pertinents produits à l'appui des thèses formulées. Ces moyens figurent dans le contre-mémoire mais, pas « parmi les conclusions contenues dans celui-ci ». En fait, l'attention doit être portée, une fois de plus, sur la distinction à établir entre la demande reconventionnelle en tant que telle (ou en tant qu'acte juridique) et la demande reconventionnelle en tant que prétention nouvelle. L'article 80 du Règlement en énonçant que « la demande reconventionnelle est présentée dans le contre-mémoire et figure parmi les conclusions contenues dans celui-ci » fixe, en réalité, une condition de forme pour la demande reconventionnelle en tant qu'acte juridique : elle doit être « présentée dans le contre-mémoire » ; et une condition de forme pour la demande reconventionnelle en tant que prétention nouvelle : elle doit figurer « parmi les conclusions contenues dans celui-ci ».

---

voir aussi *Affaire des Pêcheries, C.I J. Recueil 1951,* p. 126 ; *Minquiers et des Écréhous, C. I. J. Recueil 1953,* p. 52 ; et *Nottebohm, deuxième phase, C.I.J. Recueil 1955,* p. 16.

758 S. Guinchard, *Méga nouveau code de procédure civile*, Paris, Dalloz, 2001, p.158.

759 Voir J-C. Wittenberg, *L'organisation judiciaire, la procédure et la sentence internationales, op. cit.*, p. 194, *Cyclopedia of federal procedure, op. cit.*, p. 13.

760 *CPIJ, Série A/B,* N° 76, *arrêt de 28 février 1939*, p. 7.

B. Sanction de son inobservation

Dans l'affaire du *Différend relatif à des droits de navigation et des droits connexes (Costa Rica c. Nicaragua),* le Nicaragua, défendeur à l'instance, après avoir demandé le rejet de l'ensemble des demandes du Costa Rica, présenta une conclusion supplémentaire, dans laquelle il était demandé à la Cour de « faire une déclaration formelle sur les questions qu'il a soulevées à la section II du chapitre VII de son contre-mémoire et à la section I du chapitre VI de sa duplique»[761]. Il souligna au cours des audiences qu'il se satisferait de trouver une telle «déclaration» dans n'importe quelle partie de l'arrêt, motifs ou dispositif. La Cour a rejeté la demande, jugeant « douteux que l'on se trouve encore, désormais, en présence de conclusions formelles »[762], et ce malgré le fait que « l'agent du Nicaragua [avait] réitéré, dans l'énoncé de ses conclusions finales, la demande du défendeur sur ce point »[763]. Pourquoi la Cour n'a-t-elle pas considéré comme « formelles » les « conclusions finales » du Nicaragua ? Parce que, croyons-nous, elle n'avait pas été formellement invitée à statuer sur une demande. En laissant à la Cour le choix de statuer sur sa demande dans « n'importe quelle partie de l'arrêt », le Nicaragua s'était en quelque sorte volontairement placé en dehors du champ que recouvre « le devoir [de la Cour] de répondre aux demandes des parties ». Ce qui implique qu'il ne suffit pas d'une déclaration de l'agent à la fin du procès pour attribuer à une « conclusion » le caractère de « finale ». Autrement dit, une « conclusion finale » n'est pas celle qui est qualifiée comme telle par la partie dont elle émane, mais celle qui invite la Cour à en juger le bien-fondé dans le dispositif de son arrêt. La règle est la même, que soit en cause le demandeur ou le défendeur, à cette différence près que si la conclusion émane du défendeur, elle pourrait être qualifiée de demande reconventionnelle, auquel cas le juge devra s'assurer que les conditions imposées par l'article 80 du Règlement sont remplies. Bref, la Cour a refusé de faire droit à la demande du Nicaragua parce que celui-ci – défendeur – devait se conformer à la procédure prévue dans le Règlement pour

---

[761] *Différend relatif à des droits de navigation et des droits connexes (Costa Rica c. Nicaragua), arrêt, C.I.J. Recueil 2009*, par. 153, p. 268.
[762] *Ibid.*
[763] *Ibid.*

l'inviter à statuer sur une question juridique, à savoir présenter sa demande dans les conclusions de son contre-mémoire et se conformer aux conditions de forme et de fond figurant à l'article 80. Ce qui n'était pas le cas en l'espèce. C'est la raison pour laquelle avant de rejeter la demande du Nicaragua, la Cour précise, dans son arrêt du 13 juillet 2009, que :

> « Quant au cinquième des points devant faire l'objet de la «déclaration» sollicitée, en admettant qu'il ait la nature d'une demande reconventionnelle, le Costa Rica a mis en doute la recevabilité de celle-ci, au motif qu'elle ne serait pas «en connexion directe» avec l'objet de sa propre demande au sens de l'article 80 du Règlement de la Cour. La même question pourrait être posée en ce qui concerne le troisième point [764]».

La Cour veille-t-elle avec la même rigueur à ce que la conclusion soit présentée en termes clairs de sorte qu'elle soit considérée comme l'énoncé précis de la demande ? Elle semble avoir fait preuve d'un grand libéralisme dans l'affaire des *Activités armées sur le territoire du Congo*, première espèce où elle avait à se prononcer sur la question. Dans le délai fixé par l'ordonnance du 21 octobre 1999, l'Ouganda avait déposé son contre-mémoire qui contenait dans son chapitre XVIII une section intitulée « C. la demande reconventionnelle », dans laquelle il avait détaillé les moyens de droit et de fait de sa demande. Dans les conclusions de son contre-mémoire où était censé se trouver, en application de l'article 80 du Règlement, l'énoncé précis de la demande, l'Ouganda s'était contenté, en revanche, d'énoncer que :

> « Tout en se réservant le droit de compléter ou de modifier ses demandes, la République de l'Ouganda prie la Cour :
>
> 1) De dire et juger, conformément au droit international,
>
> (...)

[764] *Ibid.*, par. 155.

C) que les demandes reconventionnelles présentées au chapitre XVIII du présent contre-mémoire doivent être retenues. »[765]

On ne peut que douter de la conformité de cette manière de procéder à l'article 80 du Règlement. Le Congo, demandeur, n'a donc pas eu tort d'en faire sa première et principale objection à la recevabilité de la demande formulée par l'Ouganda[766]. En s'y attardant longuement et avec insistance dans ses Observations écrites, il a souligné que « le caractère sommaire et lacunaire des prétentions ougandaises est incompatible avec les prescriptions formelles [de] l'article 80, paragraphe 2, du Règlement de la Cour »[767]. Et il en déduit qu'

« [o]n ne peut pas considérer que les prétentions présentées comme des demandes reconventionnelles par l'Ouganda figurent dans les conclusions du contre-mémoire [et] qu'on ne peut déterminer, à partir du contre-mémoire, ni ce que la Cour est invitée à dire et juger ... ». Autrement dit « [u]ne première difficulté consiste tout simplement à identifier, même grossièrement, quelles sont les « demandes » dont il est question [768]».

Signe du fait qu'elle ne saurait être indifférente à l'inobservation par le défendeur reconventionnel des dispositions du Règlement, la Cour s'est donné la peine de déclarer que « les demandes reconventionnelles de l'Ouganda auraient pu être présentées de manière plus claire »[769]. Soucieuse, comme toujours, de ne pas attacher trop d'importance à des considérations de

---

[765] Contre-mémoire de l'Ouganda, p. 219 et s. Reproduit par la Cour dans l'ordonnance du 29 novembre 2001. Voir *C.I.J. Recueil 2001*, p. 664-665, par 4.

[766] Le défaut de la connexité avait été soulevé par le Congo à titre subsidiaire. Voir *Observations écrites de la République démocratique du Congo sur les demandes présentées comme demandes reconventionnelles par la République de l'Ouganda dans son contre-mémoire du 21 avril 2001*, p. 23, point 23. L'ordonnance du 29 novembre 2001, *ibid.*, p. 678, par 34.

[767] *Observations écrites*..., p. 6, reproduit par la Cour dans l'ordonnance du 29 novembre 2001, *ibid.*, p. 665, par. 7.

[768] *Observation écrites*... p. 11, point 9, 18, reproduit par la Cour dans l'ordonnance du 29 novembre 2001, *ibid.*, p. 665, par. 7

[769] *Activités armées sur le territoire du Congo, C.I.J. Recueil* 2001, p. 677, par. 33.

forme, la Cour n'en a pas moins rejeté l'objection congolaise, considérant que la présentation de la demande reconventionnelle ougandaise « ne s'écarte pas à ce point des prescriptions du paragraphe 2 de l'article 80 du Règlement que lesdites demandes devraient être jugées irrecevables à ce titre »[770]. Si cela se comprend sans trop de peine, il reste qu'une telle approche peut avoir pour effet, dès lors qu'elle implique qu'un État puisse formuler une conclusion générale dans sa pièce écrite en se contentant de renvoyer à l'exposé de ses moyens, de vider, comme l'a fait à juste titre observer le Congo, l'article 80, paragraphe 2, du Règlement de sa substance[771].

§2. Sa modification

La faculté reconnue au défendeur de modifier sa demande reconventionnelle initiale tempère considérablement la rigidité des prescriptions de forme prévues par le Règlement en ce qui concerne l'introduction de cette demande. En effet, la présentation d'une demande, initiale ou reconventionnelle, est soumise à des conditions de forme, mais lorsqu'elle fait l'objet d'une modification substantielle en cours d'instance, ces conditions s'en trouvent en quelque sorte esquivées[772]. Il n'est donc pas étonnant que, dans l'affaire du *Droit d'asile,* la Colombie ait contesté la modification par le Pérou de sa demande reconventionnelle, faisant valoir que la condition de forme applicable à l'introduction d'une telle demande n'avait pas été respectée. On rappellera que, dans cette affaire, le Pérou – qui avait formulé une conclusion reconventionnelle dans son contre-mémoire tendant à faire déclarer que « l'octroi de l'asile » au sieur Haya de la Torre avait été fait en violation de la Convention sur l'asile signée à la Havane en 1928 – a cherché à modifier sa conclusion primitive au cours de la plaidoirie, de manière à faire déclarer que « le maintien de l'asile » constituait une violation de ladite convention. Pour la Colombie cette addition constituait la « deuxième demande reconventionnelle du Pérou » et elle en contesta la recevabilité au

[770] *Ibid.,*
[771] *Observations écrites…*, p. 22, point 22.
[772] O. Aslaoui, *Les conclusions et leurs modifications en procédure judiciaire internationale*, thèse, Genève, 1963, p. 50.

motif qu'elle ne respectait pas les prescriptions de forme prévues par le Règlement[773]. La Cour ne s'est pas prononcée sur ce point. Elle a jugé que l'adjonction faite au cours de la procédure orale « était destinée à se substituer à la demande reconventionnelle en sa forme primitive si celle-ci était écartée : elle disparaît par le fait que cette demande a été admise »[774]. Dans son opinion dissidente jointe à la décision de la Cour dans cette affaire, le juge Read, se rangeant à la manière de voir de la Colombie, a, lui aussi, qualifié l'adjonction péruvienne de « nouvelle demande reconventionnelle » et conclut à son rejet au motif, notamment, que « [...] cette demande avait été formulée pendant la procédure orale contrairement aux prescriptions du Règlement[775].

Cette manière de voir ne peut être retenue que si l'on défend une observation très rigoureuse du formalisme procédural. Ce n'est pas la position de la Cour internationale, on l'a maintes fois souligné. Celle-ci se conforme fidèlement au fameux *dictum* de la Cour permanente énoncé dans l'arrêt de *Mavrommatis,* selon lequel « [l]a Cour, exerçant une juridiction internationale, n'est pas tenue d'attacher à des considérations de forme la même importance qu'elles pourraient avoir dans le droit interne »[776]. Rien ne montre qu'elle entend s'écarter de cette approche en matière de modification des conclusions ou de demande additionnelle[777]. Bien au contraire, elle a même précisé, dans l'affaire du *Différend territorial et maritime entre le Nicaragua et le Honduras dans la mer des Caraïbes* que « la nouveauté d'une demande n'est pas décisive en soi pour la question de la recevabilité»[778]. En tout cas, quant à la nouvelle conclusion présentée par le Pérou au cours de la procédure orale, la Cour a employé, à juste titre, les termes « addition » ou « adjonction », ce qui imposerait à ladite conclusion, si elle n'avait pas été présentée

[773] *Droit d'asile,* Mémoires et Plaidoiries, vol. II, p.152.
[774]*L'arrêt du 20 novembre 1950, C.I.J. Recueil 1950*, p. 288, Pour un commentaire sur les conclusions de la Cour dans cette affaire, voir : M.P.F. Gonidec, "L'affaire du Droit d'asile", *RGDIP*, 1951, p. 582 et s.
[775] *C.I.J. Recueil 1950*, pp. 329 -330.
[776] *Arrêt no 2, 1924, C.P.J.I. série A no 2*, p. 34.
[777] *Certaines terres à phosphates à Nauru, C.I.J. Recueil 1992*, p. 265, par. 65.
[778] *Différend territorial et maritime entre le Nicaragua et le Honduras dans la mer des Caraïbes (Nicaragua c. Honduras), arrêt, C.I.J. Recueil 2007 (II)*, p. 695, par. 110.

à titre subsidiaire, un traitement autre que celui qui doit être consacré à une demande formulée à titre reconventionnel ; elle serait soumise au régime juridique de la modification des conclusions, tel qu'il est établi dans la jurisprudence de la Cour internationale et dont un bref exposé mérite d'être présenté.

A. Le droit du demandeur (principal ou reconventionnel) de modifier ses conclusions primitives

La raison pour laquelle la question de la modification de la conclusion se pose devant toute juridiction tient au fait que la connaissance de tous les points litigieux se fait au fur et à mesure du développement de l'instance. La possibilité laissée aux parties de modifier leurs conclusions en cours d'instance tient compte de ce « dynamisme du procès »[779], inhérent à toutes les juridictions, et s'explique par la nécessité pour l'une de se positionner en fonction de l'attitude adoptée par l'autre durant la procédure[780]. « Il serait bien rigoureux, déclara le juge Fromageot pendant les *travaux préparatoires* du Règlement en 1931, d'empêcher les parties de [...] modifier [leurs conclusions] après une date déterminée, car, après la procédure écrite, une Partie peut être amenée à déposer des conclusions nouvelles ou subsidiaires »[781]. L'argument est pertinent, à ne pas en douter, tant pour la demande soumise au juge par voie d'un acte introductif d'instance que pour celle qui est introduite à titre incident. L'égalité des parties commande que le demandeur reconventionnel puisse, lui aussi, bénéficier des droits procéduraux accordés à son adversaire, dont la faculté de modifier, aux mêmes conditions, ses conclusions originelle.

---

[779] H. Solus, R. Perrot, *Droit judiciaire privé*, Tome 3, Sirey 1991, p. 865.

[780] L'affaire relative à des *Questions concernant l'obligation de poursuivre ou d'extrader (Belgique c. Sénégal)* présente un exemple récent et fort intéressant d'une telle situation. Dans cette espèce une argumentation développée par le Sénégal à l'audience a conduit la Belgique à modifier considérablement le contenu et la signification de sa demande en indication des mesures conservatoires. Le juge *ad hoc* Sur a laissé entendre dans son Opinion jointe à la décision de la Cour que la demande initiale de la Belgique aurait été irrecevable si elle n'avait pas été modifiée de la sorte. La Cour ne s'est prononcée sur ce changement. Pour plus d'explications voir Opinion individuelle du juge *ad hoc* Sur jointe à l'ordonnance du 28 mai 2009, p. 2.

[781] *CPIJ, Série D_02_3^{e} addem.* p. 171.

Le fondement de cette faculté est identique, que soit en cause la demande principale ou reconventionnelle. Il tient à la distinction qu'il y a lieu d'établir entre conclusions primitives et conclusions finales, sachant que le Statut et le Règlement ne requièrent la mention des conclusions que dans la première pièce de la procédure écrite des parties à l'instance (article 49, alinéas 1 et 2, du Règlement), qu'ils autorisent la Cour à déterminer les formes et délais dans lesquels chaque partie doit conclure (article 48). C'est donc le Statut lui-même qui indique que les conclusions de la procédure écrite ne sont requises qu'à titre provisoire[782].

L'adoption par la Cour de l'article 60, alinéa 2, du Règlement confirme cette interprétation. Cet article impose aux parties de soumettre leurs conclusions finales à l'issue du dernier exposé présenté par l'agent de chacune des parties au cours de la procédure orale. Cela signifie que les conclusions qui formeront l'objet de son arrêt ne sont pas celles qui ont été indiquées dans le mémoire du demandeur, mais celles que celui-ci aura formulées à l'issue de la procédure orale. Cela implique que, pendant la période s'écoulant entre le dépôt du mémoire et la présentation des conclusions finales, le demandeur est en droit de modifier les conclusions figurant dans son mémoire[783]. Il en va de même pour la demande reconventionnelle dès lors que le contre-mémoire de la partie qui l'a introduite tient lieu de mémoire du demandeur originel eu égard à la mention des éléments requis par les dispositions pertinentes du Statut et du Règlement.

---

[782] O. Aslaoui, *Les conclusions et leurs modifications en procédure judiciaire internationale*, *op. cit.*, p. 101.

[783] La jurisprudence de la Cour est en la matière constante, depuis l'arrêt n°13 rendu par la Cour permanente de la Justice internationale dans l'affaire de l'*Usine de Chorzów :* « La Cour ne s'étant pas prévalue, dans la présente espèce, du droit à elle conféré par l'article 48 du Statut, de déterminer par voie d'ordonnance les « formes et délais dans lesquels chaque Partie doit finalement conclure », elle admet, aux fins de cette instance, la faculté pour les Parties de modifier, conformément aux précédents établis, leurs conclusions primitives, non seulement dans les mémoire et contre-mémoire (article 40 du Règlement) [de l'époque], mais aussi tant dans les de la procédure écrite que dans les déclarations qu'elles peuvent faire au cours des débats oraux (article 55 du Règlement) [de l'époque] sous réserve, seulement, que l'autre Partie soit toujours en mesure de se prononcer sur les conclusions amendées », *C.P.J.I., Série A, n° 13,* p. 7.

Cela dit, le droit de modification reconnu aux parties est depuis toujours assorti d'une limitation substantielle : ne peuvent être admises des demandes nouvelles formulées en cours d'instance qui auraient pour effet, si elles étaient prises en considération, de modifier « l'objet du différend initialement porté devant [la Cour] selon les termes de la requête »[784]. Ce point, constamment rappelé par les deux Cours chaque fois qu'elles avaient à se prononcer sur l'admissibilité de demandes de ce genre, trouve son origine dans le passage suivant d'un arrêt rendu par la Cour permanente dans l'affaire de la *Société commerciale de Belgique* :

> « Il y a lieu d'observer que la faculté laissée aux parties de modifier leurs conclusions jusqu'à la fin de la procédure orale doit être comprise d'une manière raisonnable et sans porter atteinte à l'article 40 du Statut et à l'article 32, alinéa 2, du Règlement, qui disposent que la requête doit indiquer l'objet du différend [...] Il est évident que la Cour ne saurait admettre, en principe, qu'un différend porté devant elle par requête puisse être transformé, par voie de modifications apportées aux conclusions, en un autre différend dont le caractère ne serait pas le même. Une semblable pratique serait de nature à porter préjudice aux États tiers qui, conformément à l'article 40, alinéa 2, du Statut, doivent recevoir communication de toute requête afin qu'ils puissent se prévaloir du droit d'intervention prévu par les articles 62 et 63 du Statut[785] ».

« Il en va à fortiori de même des demandes reconventionnelles, a jugé la Cour actuelle dans l'affaire des *Plates-formes pétrolières*, eu égard aux dispositions de l'article 80 du Règlement

---

[784] *Ahmadou Sadio Diallo, (République de Guinée c. République démocratique du Congo), arrêt, fond, C.I.J. Recueil, 2010,* par. 39. Citant *Différend territorial et maritime entre le Nicaragua et le Honduras dans la mer des Caraïbes, C.I.J. Recueil 2007 (II)*, p. 695, par. 108.

[785] *C.P.J.J. série A/B no* 78, p. 173. Voir aussi *Activités militaires* et *paramilitaires au Nicaragua et contre celui-ci, C.I.J. Recueil* 1984, p. 427, par. 80. *Certaines terres à phosphates à Nauru, C.I.J. Recueil 1992*, p. 267, par. 69.

de la Cour, et en particulier au fait que c'est sur la base de la demande reconventionnelle telle qu'elle a été initialement présentée, que la Cour détermine si celle-ci est 'en connexité directe avec l'objet de la demande', et recevable comme telle au regard de cet article »[786]. Autrement dit, la règle de l'interdiction de transformer l'objet du litige s'applique à fortiori à la demande reconventionnelle parce que la transformation en cours d'instance de cette demande équivaudra à contourner le contrôle de recevabilité que la Cour a effectué selon l'article 80 du Règlement.

Dans l'affaire en question, la dernière objection de l'Iran à la recevabilité de la demande reconventionnelle des États-Unis consistait à soutenir que « les États-Unis ont élargi l'objet de leur demande au-delà des conclusions qui figuraient dans la demande reconventionnelle en ajoutant tardivement à leurs griefs concernant la liberté de commerce des griefs concernant la liberté de navigation, et en donnant, dans leur duplique, de nouveaux exemples de violation de la liberté de commerce maritime qui viennent s'ajouter aux incidents déjà invoqués dans la demande reconventionnelle présentée avec le contre-mémoire »[787].

Saisie de l'objection, la Cour a dû dans un premier temps vérifier la nature de la demande prétendument nouvelle présentée par les États-Unis. Il fallait déterminer ce qu'est « une demande nouvelle » et ce qui constitue seulement des « éléments de preuve additionnels relatifs à la demande originelle ». Ce n'est que lorsque ce dont la Cour est saisie constitue une demande nouvelle qu'il y a lieu d'en vérifier la recevabilité. Cela ne fut pas le cas en l'espèce. Après avoir rappelé l'objet de la demande reconventionnelle originelle des Etats-Unis, tel que défini par l'ordonnance du 10 mars 1998 rendue sur sa recevabilité, la Cour a conclu que :

> « Postérieurement à leur contre-mémoire et à leur demande reconventionnelle, ainsi qu'à cette ordonnance de la Cour, les États-Unis ont fourni des descriptions détaillées d'autres incidents étayant, selon eux, leurs demandes originelles. De

[786] *Plates-formes pétrolières*, *C.I.J. Rec. 2003*, p. 213-214, par. 117.
[787] *Ibid.*, p. 213, par. 116.

l'avis de la Cour, les États-Unis n'ont pas, ce faisant, transformé l'objet du différend initialement porté devant la Cour, ni modifié la substance de leur demande reconventionnelle, qui demeure la même, à savoir que l'Iran se serait livré à des attaques contre le transport maritime, au mouillage de mines et à d'autres activités militaires qui seraient 'dangereuses et nuisibles pour le commerce maritime' violant ainsi ses obligations vis-à-vis des États-Unis au regard du paragraphe 1 de l'article X du traité de 1955 »[788].

En constatant que les États-Unis n'ont pas « transformé l'objet du différend initialement porté devant la Cour, ni modifié la substance de leur demande reconventionnelle », la Cour rappelle la limité imposée au droit des parties de modifier leurs conclusions initiales.

B. *L'interdiction de transformer l'objet du différend initial*

Que soit en cause la demande reconventionnelle ou la demande principale, l'interdiction de transformer l'objet du différend initialement porté par le demandeur est l'application du principe – bien connu en droit interne – de l'immutabilité de l'objet du litige, qui interdit de modifier les éléments du celui-ci après que l'instance a été liée[789]. L'expression n'a certes jamais été employée par la Cour, mais celle-ci n'a pas manqué de souligner maintes fois l'importance toute particulière des dispositions du Statut et du Règlement relatives à la mention de l'objet du différend dans l'acte introductif de l'instance, qu'elle tient pour « essentielles au regard de la sécurité juridique et de la bonne administration de la justice »[790], à savoir[791] l'article 40,

---

[788] *Ibid.*

[789] Voir *supra*, p. 47.

[790] *Certaines terres à phosphates à Nauru, C.I.J. Recueil 1992,* p. 267, par. 69.

[791] Ici on ne fait que reproduire les passages pertinents de la Cour dans l'arrêt *Ahmadou Sadio Diallo, C.I.J. Recueil, 2010,* p. 17, par. 36. Les italiques sont de la Cour.

paragraphe 1, du Statut[792], l'article 38, paragraphe 2[793], et l'article 49, paragraphe 1 du Règlement[794].

Dans son ordonnance du 4 février 1933, rendue en l'affaire relative à *l'Administration du prince Von Pless (exception préliminaire),* la Cour permanente a affirmé :

> « qu'aux termes de l'article 40 du Statut, c'est la requête qui indique l'objet du différend ... [et] que le mémoire, tout en pouvant éclaircir les termes de la requête, ne peut pas dépasser les limites de la demande qu'elle contient [...][795]».

Se référant à ce précédent, la Cour actuelle a déclaré dans son arrêt d'*Ahmadou Sadio Diallo,* que pour déterminer si la nouvelle demande a pour effet de transformer l'objet du litige, « c'est la requête qui est pertinente ». Et elle ajoute que « *[a] fortiori*, une demande formulée postérieurement au mémoire [...] ne saurait modifier l'objet du différend tel qu'il est délimité par les termes de la requête »[796]. Nul besoin d'insister sur le fait qu'en matière reconventionnelle, c'est le contre-mémoire qui est pertinent et qu'une demande formulée par le défendeur postérieurement au contre-mémoire contenant des conclusions reconventionnelles ne saurait modifier l'objet du différend introduit dans cet acte juridique.

---

[792] Selon lequel «1. Les affaires sont portées devant la Cour, selon le cas, soit par notification du compromis, soit par une requête, adressées au greffier ; dans les deux cas, *l'objet du différend et les parties doivent être indiqués.*»

[793] Qui dispose que «2. La requête indique autant que possible les moyens de droit sur lesquels le demandeur prétend fonder la compétence de la Cour ; *elle indique en outre la nature précise de la demande et contient un exposé succinct des faits et moyens sur lesquels cette demande repose.*»

[794] Aux termes duquel « Le mémoire contient un exposé des faits sur lesquels la demande est fondée, un exposé de droit *et les conclusions.*»

[795] *C.P.J.I. série A/B no 52,* p. 14. La jurisprudence sur ce point est abondante ; voir notamment *C.P.J.I., Société commerciale de Belgique, Série A/B, no 78,* p. 173 ; *Certains emprunts norvégiens, C.I.J. Recueil 1957,* p. 25 ; *Temple de Preah Vihear, fond, C.I.J. Recueil, 1962,* p. 36 ; *Certaines terres phosphates, exceptions préliminaires, C.I.J. Recueil 1992,* pp. 266-267, pars. 67-70 ; *Frontière terrestre et maritime entre le Cameroun et le Nigeria, exceptions préliminaires, C.I.J. Recueil 1998,* p. 321, par. 107.

[796] *Ahmadou Sadio Diallo, C.I.J. Recueil, 2010,* p. 18, par. 39.

Comment s'assurer que la modification apportée en cours d'instance n'a pas eu pour effet de transformer de l'objet de litige ? C'est la nature du lien rattachant cette demande à l'objet de la requête qui entre en ligne de compte. Il faut vérifier « si, bien que formellement nouvelle, la demande en question ne peut être considérée comme étant matériellement incluse dans la demande originelle »[797]. Dans l'affaire *Ahmadou Sadio Diallo,* la Cour revient longuement sur cette condition et précise ce qui doit être tenu pour une demande nouvelle matériellement incluse dans la demande originelle. « Il ne suffit pas, dit-elle, qu'existent entre elles des liens de nature générale »[798]. Il faut, soit que la demande additionnelle soit implicitement contenue dans la requête, comme c'était le cas de l'une des conclusions finales du demandeur dans l'affaire du *Temple de Préah Vihéar* [799], soit que cette demande découle directement de la question qui fait l'objet de la requête, comme ce fut le cas d'une des conclusions finales du Nicaragua dans l'affaire du *Différend territorial et maritime entre le Nicaragua et le Honduras dans la mer des Caraïbes*[800].

Nul doute que la Cour appliquera *mutatis mutandis* les mêmes critères à la question de la modification des conclusions reconventionnelles. Sur la base de cette jurisprudence « à présent bien établie », on peut supposer que si, dans l'affaire des *Plates-formes pétrolières*, les moyens présentés par les États-Unis avait constitué « une demande nouvelle» et non pas seulement des «éléments de preuve additionnels relatifs à la demande originelle », elle aurait été déclarée recevable si elle était

---

797 *Ibid.* Voir aussi, *Différend territorial et maritime entre le Nicaragua et le Honduras dans la mer des Caraïbes, C.I.J. Recueil 2007 (II)*, p. 695, par. 110, citant partiellement *Certaines terres à phosphates à Nauru, C.I.J. Recueil 1992,* p. 265-266, par. 65.

798 *Ahmadou Sadio Diallo, C.I.J. Recueil, 2010,* p. 18, par. 41, citant *Différend territorial et maritime entre le Nicaragua et le Honduras dans la mer des Caraïbes, C.I.J. Recueil 2007 (II)*, p. 695, par. 110.

799 *Temple de Préah Vihéar, C.I.J. Recueil 1962*, p. 36.

800 *Différend territorial et maritime entre le Nicaragua et le Honduras dans la mer des Caraïbes, C.I.J. Recueil 2007 (II)*, Par. 114

matériellement incluse dans leurs demandes reconventionnelles originelles, et elle aurait été considérée comme matériellement incluse si elle avait pu être considérée comme implicitement contenue dans les conclusions reconventionnelles figurant dans leur contre-mémoire ou comme découlant directement de la question qui faisait l'objet desdites conclusions.

Conclusion du Titre I

Si la demande reconventionnelle échappe au formalisme procédural souvent rigide exigé pour l'introduction d'une affaire nouvelle, il n'en obéit pas moins à certaines conditions de forme et de délai qui lui sont propres. Ces conditions sont fixées au paragraphe 3 de l'article 80 du Règlement ; il y est précisé que « la demande reconventionnelle est présentée dans le contre-mémoire et figure parmi les conclusions contenues dans celui-ci ». Cette formule prescrit à la fois le moment et la forme de l'introduction de la demande. Celle-ci doit être présentée dans les conclusions du contre-mémoire, et ce dans le délai imparti pour la remise de celui-ci. Les termes du paragraphe ne laissent pas place au doute quant au caractère obligatoire de ces conditions. La pratique témoigne néanmoins d'une tendance de la Cour à appliquer à leur sujet son approche générale dans les conditions de forme. Selon cette approche, si aucune autre raison ne l'empêchait d'examiner l'affaire au fond, la Cour ne refuserait pas de le faire en prenant comme motif l'inobservation des exigences de forme pour la soumission d'une divergence d'opinions à la Cour.

Tout comme pour une requête introductive d'instance, une nouvelle conclusion présentée par le demandeur reconventionnel ne peut être admise si elle a pour effet de transformer l'objet du différend tel qu'il est délimité par les termes du contre-mémoire qui tient lieu de requête pour la demande reconventionnelle. Une demande additionnelle ne peut dès lors être admise que si elle est matériellement incluse dans la demande reconventionnelle originelle.

Titre II

La procédure de la demande reconventionnelle

L'introduction de la demande reconventionnelle met en marche deux procédures distinctes : une procédure incidente (Chapitre I) et une procédure contentieuse (Chapitre II).

Chapitre I.

La procédure incidente : l'alinéa 3 de l'article 80 du Règlement

La procédure suivie par la Cour pour décider de l'admissibilité d'une demande reconventionnelle, appelée procédure incidente, diffère d'une procédure contentieuse ordinaire tant du point de vue de son déroulement (Section 1) que du point de vue de son objet (Section 2).

Section 1. Le déroulement de la procédure incidente

La procédure à suivre après le dépôt par le défendeur d'un contre-mémoire contenant des conclusions reconventionnelles est énoncée au paragraphe 3 de l'article 80 du Règlement. La première version de ce dernier, adoptée en 1946, stipulait en son article 63 que :

> « Si le rapport de connexité entre la demande présentée comme demande reconventionnelle et l'objet de la requête n'est pas apparent, la Cour, après examen, décide s'il y a lieu ou non de joindre cette demande à l'instance primitive ».

L'expression « après examen » aurait pu être interprétée comme imposant de vérifier la recevabilité de la demande formulée par le défendeur avant l'examen au fond de l'affaire. Cela ne fut toutefois pas le cas dans les deux affaires (celle du *Droit d'asile* et celle des *Droits des ressortissants des Etats-Unis d'Amérique au Maroc*) où de telles demandes ont été portées devant la Cour sous le régime du Règlement de 1946, celle-ci ne s'étant penchée sur la question que dans son arrêt final rendu sur le fond du litige. A la suite de la modification du Règlement en 1978, l'article 80, qui remplaça l'article 63, disposait en son paragraphe 3 que :

« [s]i le rapport de connexité entre la demande présentée comme demande reconventionnelle et l'objet de la demande de la partie adverse n'est pas apparent, la Cour, après avoir entendu les parties, décide s'il y a lieu ou non de joindre cette demande à l'instance initiale ».

Ce remaniement a modifié la pratique de la Cour dans le traitement de la demande reconventionnelle. A la réception d'une demande formulée dans le contre-mémoire, à commencer par celle de la Yougoslavie dans l'affaire de la *Convention sur le génocide*, un « semi-procès » est consacré à l'examen de la conformité de cette demande aux conditions de fond et de forme prévues par l'article 80 du Règlement. Des ordonnances rendues par la Cour sur l'acceptation des demandes reconventionnelles dont elle a été saisie, il ressort que la procédure incidente à laquelle donne lieu l'introduction de ces demandes se déroule comme suit : après le dépôt du contre-mémoire contenant des conclusions reconventionnelles dans le délai fixé par l'ordonnance de la Cour, et sa communication par le greffier à l'Etat requérant, le président de la Cour tient une réunion avec les agents des deux parties, en application de l'article 31 du Règlement, aux fins de se renseigner auprès d'eux sur la suite de la procédure en l'affaire[801]. Les agents des parties sont invités à exposer leurs vues, d'abord sur la manière dont leurs gouvernements respectifs entendent s'exprimer sur la recevabilité de la demande reconventionnelle lorsque cette recevabilité est contestée par le demandeur originaire, et ensuite sur l'échange des nouvelles pièces de la procédure écrite sur le fond après l'acceptation de la demande, ainsi que sur les délais qu'il conviendrait de fixer pour le dépôt de ces nouvelles pièces au cas où la Cour jugerait leur présentation nécessaire.

Si le défendeur reconventionnel envisage de soulever des objections à la recevabilité de la demande présentée par le défendeur originaire, il sera invité par le greffier, agissant sur les instructions de la Cour, à spécifier par écrit, dans le délai fixé par celui-ci, les motifs juridiques sur lesquels il s'appuie pour soutenir que ladite demande ne satisfait pas aux exigences

[801] *Application de la Convention pour la prévention et la répression du crime de génocide*, C.I.J. Rec. 1997, par 6.

formulées dans l'article 80 du Règlement. Après avoir reçu les observations écrites de cette partie, le greffier en transmet copie au Gouvernement de l'Etat demandeur reconventionnel et l'invite à son tour à présenter ses vues sur la question à la date fixée à cet effet. Ce n'est qu'une fois saisie de l'ensemble des observations écrites de l'une et l'autre des parties que la Cour statuera, sous forme d'ordonnance, sur la recevabilité de la demande reconventionnelle portée devant elle. Cela signifie que l'article 80 du Règlement oblige la Cour à entendre les parties sur la question de la recevabilité lorsque le défendeur y fait objection[802].

Cette procédure, déjà très sommaire, peut l'être encore davantage si le demandeur ne conteste pas la recevabilité de la demande formulée à son encontre, ou lorsque la Cour, décidant d'examiner cette recevabilité *proprio motu*, ne considère pas nécessaire d'entendre les parties à cet égard. En pareil cas, la procédure incidente engagée à la suite de la présentation d'une demande à titre reconventionnel est réduite à la tenue de la réunion ci-dessus mentionnée[803], suivie d'une ordonnance rendue par la Cour dans laquelle celle-ci se prononce sur la jonction de ladite demande à l'instance en cours, comme cela fut le cas dans l'affaire de la *Frontière terrestre et maritime entre le Cameroun et le Nigeria*.

Est-ce à dire que l'article 80 aujourd'hui en vigueur impose à la Cour d'ouvrir une procédure incidente et de traiter de la demande reconventionnelle *in limine litis*[804] en tout état de cause. Le professeur Torres Bernadez a répondu par l'affirmative disant qu'il « n'est pas exclu que sous le régime de la nouvelle règle la Cour puisse continuer encore à traiter certaines demandes présentées par voie reconventionnelle dans une espèce donnée sans l'ouverture d'une procédure incidente sur la question préalable de sa recevabilité comme demande reconventionnelle.

---

[802] Dans ce sens voir aussi Sh. Rosenne, « The International Court of Justice: Revision of Articles 79 and 80 of the Rules of Court » 4 *Leiden J.I.L*, (2001), p. 86.

[803] Au cours de cette réunion les parties seront invitées à exprimer leurs vues sur l'échange des nouvelles pièces de procédure sur le fond et les délais à fixer pour le dépôt de ces pièces au cas où l'organe judiciaire jugerait leur présentation nécessaire.

[804] *In limine litis* dans le contexte de la demande reconventionnelle, autrement dit avant tout débat sur le fond de cette demande.

Dans ces hypothèses, les questions de recevabilité et de fond de la demande reconventionnelle soulevées par l'autre partie seront considérées et décidées par la Cour dans le contexte de la procédure principale sur le fond de l'affaire »[805].

La pratique lui a donné raison. En effet, dans l'affaire de l'*Application de la convention pour la prévention et la répression du crime de génocide (Croatie c. Serbie),* le contre-mémoire de la Serbie contenait des demandes reconventionnelles ; pourtant, la Croatie, n'ayant pas soulevé d'objections à la recevabilité de ces demandes, la Cour, dans une ordonnance portant sur le délai du dépôt des pièces écrites, a fait la déclaration suivante :

> « Considérant qu'en l'espèce, et compte tenu de l'absence d'objections de la Croatie à la recevabilité des demandes reconventionnelles susvisées, la Cour n'estime pas devoir à ce stade se prononcer définitivement sur la question de savoir si lesdites demandes satisfont aux conditions énoncées au paragraphe 1 de l'article 80 du Règlement »[806].

Elle est revenue sur la recevabilité des demandes de la Serbie dans son arrêt sur le fond, et a déclaré, après la vérification, qu'elles satisfaisaient aux conditions énoncées à l'article 80 du Règlement[807].

Cette approche renoue avec la pratique antérieure à l'affaire de la *Convention sur le génocide* où la Cour prononçait sur la recevabilité de la demande reconventionnelle au stade du fond. Cette affaire mise à part, la pratique récente établie à partir de l'affaire de la *Convention sur le génocide* consiste, comme il a été dit, à engager une procédure incidente afin de se prononcer sur la recevabilité de la demande reconventionnelle. Elle a été vivement critiquée par le juge Oda dans son opinion individuelle jointe à

---

[805] S. Torres Bernadez, « La modification des articles du règlement de la Cour internationale de Justice relatifs aux exceptions préliminaires et aux demandes reconventionnelles », *op. cit.*, p. 245, point. 143.

[806] *Application de la convention pour la prévention et la répression du crime de génocide (Croatie c. Serbie), ordonnance du 4 février 2010, C.I.J. Recueil 2010*, p. 6, para. 7

[807] *Application de la convention pour la prévention et la répression du crime de génocide (Croatie c. Serbie), arrêt du 3 avril 2015, C.I.J. Recueil 2015*, p. 53, para. 123.

l'ordonnance du 10 mars 1998 rendue dans l'affaire des *Plates-formes pétrolières*. Il se dit frappé par le « caractère irrégulier »[808] de cette pratique qu'il la juge contraire à celle que la Cour a suivie avant l'affaire de la *Convention sur le génocide* et celle de la Cour permanente[809]. A l'appui de son opinion, le juge Oda invoque un argument qui ne semble pas, à première vue, dénué de mérite :

> « Les précédents [le *Droit d'asile* et les *Droits des ressortissants des Etats-Unis d'Amérique au Maroc*] semblent indiquer, de façon générale, que la question présentée par le défendeur à titre de demande reconventionnelle et l'objet poursuivi par le demandeur étaient tellement liés que leur connexité directe ne pouvait être déterminée sans un examen attentif du fond des questions soulevées dans leurs demandes [...] respectives »[810].

A y réfléchir de près, l'argument n'est guère convaincant. D'une part, la décision de la Cour concernant la recevabilité intervient à un moment où elle est déjà saisie du mémoire du demandeur et du contre-mémoire du défendeur, ce qui lui permet de se faire une opinion suffisamment claire sur les questions qui divisent les parties. D'autre part, soutenir que la pratique actuelle est en contradiction avec ce qu'étaient celles de la Cour permanente et de la Cour actuelle avant l'affaire de la *Convention sur le génocide* revient à ignorer le changement qu'a subi l'institution de la demande reconventionnelle par suite de la modification de 1978 où elle a été pour la première fois classée parmi « les procédures incidentes ». Nul besoin d'insister sur ce qu'implique cette classification. Une procédure incidente, on l'a déjà dit, est par définition celle qui appelle la Cour à rendre une décision sur autre chose que le fond du litige[811]. La pratique de la Cour en matière reconventionnelle est, de ce point de vue, en

---

[808] *Plates-formes pétrolières, C.I. J. Recueil 1998*, p. 211, par. 5.

[809] Rappelons pour mémoire que cette pratique consistait à examiner la recevabilité de la demande en même temps que la demande principale au fond.

[810] *Plates-formes pétrolières, C.I. J. Recueil 1998*, Opinion dissidente du juge Oda, p. 215, par.9.

[811] L'approche retenue par la Cour dans l'affaire de l'*Application de la convention pour la prévention et la répression du crime de génocide (Croatie c. Serbie),* bien que conforme à l'idée du juge Oda, est donc, à notre avis, en contradiction avec le Règlement de la Cour et la pratique établie à partir de l'affaire de la *Convention sur le génocide.*

parfaite harmonie avec les autres procédures mentionnées dans la Section D du Règlement. Toutes ces procédures conduisent la Cour à décider sur leur sort avant d'aborder le fond de l'affaire.

Section 2. L'objet de la procédure incidente

Le paragraphe 3 de l'article 80 du Règlement, tel qu'il a été interprété et appliqué depuis l'affaire de la *Convention sur le génocide,* montre que la procédure incidente engagée à la suite de l'introduction par le défendeur d'une demande à titre reconventionnel a pour objet de permettre à la partie adverse de contester la recevabilité de cette action (§1), à la Cour de se renseigner auprès des parties à propos de cette recevabilité (§2), et de décider à cet égard (§3).

§1. Contestation de la recevabilité de la reconvention

L'alinéa 3 de l'article 80 du Règlement tel qu'adopté le 14 avril 1978 limitait la présentation de l'objection relative à la recevabilité de la demande reconventionnelle au seul cas où le lien de connexité entre cette demande et celle qui est présentée par le demandeur ne serait pas apparent. Il se lisait comme suit :

> « Si le *rapport de connexité* entre la demande présentée comme demande reconventionnelle et l'objet de la demande de la partie adverse n'est pas apparent, la Cour, après avoir entendu les parties, décide s'il y a lieu ou non de joindre cette demande à l'instance initiale »[812].

Dans l'affaire des *Plates-formes pétrolières*, l'Iran, soutenant que la demande reconventionnelle des Etats-Unis ne satisfaisait pas à la condition de compétence, avait prié la Cour d'entendre les parties à ce propos, conformément au paragraphe 3 de l'article 80 du Règlement, non sans admettre que «les termes dans lesquels [était] rédigé [ce] paragraphe [...] n'indiqu[aient] pas clairement si l'audience prévue par ce paragraphe [pouvait] aussi avoir trait à une objection [...] tirée d'un défaut de compétence»[813]. Elle

---

[812] Italiques ajoutés.
[813] *Plates-formes pétrolières, C.I. J. Recueil 1998*, p. 198, par. 19.

alléguait néanmoins qu'« en dépit de l'ambiguïté des termes de l'article [...], cette disposition doit être interprétée dans le contexte de l'article 80 en général, et surtout à la lumière de son premier paragraphe qui dit clairement que la double condition de la connexité directe et de la compétence doit être remplie pour que la demande reconventionnelle puisse être recevable »[814]. Les Etats-Unis affirmaient au contraire que la demande de l'Iran tendant à ce que les Parties soient entendues en l'espèce a été formulée en application du paragraphe 3 de l'article 80 du Règlement et que «aux termes du Règlement de la Cour, la seule question juridique pertinente pour l'instant est celle de savoir si 'le rapport de connexité' entre la demande reconventionnelle des Etats-Unis et l'objet de la demande de l'Iran 'n'est pas apparent'. En l'occurrence, l'existence de ce rapport n'est pas douteuse »[815].

La Cour ne s'est pas prononcée explicitement sur cette question. Elle a examiné la demande formulée par les Etats-Unis au regard tant de la connexité que de la compétence, énoncées au premier alinéa de l'article 80 du Règlement. En revanche, elle a remanié la disposition en question au cours de la révision du Règlement effectuée en 2001 pour mettre fin à l'ambiguïté entourant la dernière version du paragraphe 3 de l'article 80. Depuis lors, cette disposition se lit comme suit :

> « En cas d'objection relative à l'application du paragraphe 1 ou à tout moment lorsque la Cour le considère nécessaire, la Cour prend sa décision à cet égard après avoir entendu les parties ».

Il semble que l'objectif ne soit pas tout à fait atteint. Cette rédaction a enlevé, il est vrai, une ambiguïté importante, mais elle en a ajouté d'autres. La première tient à la formule « en cas d'objection relative à l'application du paragraphe 1 ». On peut se demander si, ainsi rédigée, la disposition n'exclut pas expressément l'ouverture de la procédure incidente en cas d'objection à l'application du paragraphe 2 relative à la condition de forme. Rien ne permet de conclure que la Cour entend établir une telle distinction entre conditions de fond et condition de

---

[814] Demande d'Iran tendant à ce que..., *op. cit.*, p. 14, par. 24. Traduction libre.
[815] *Plates-formes pétrolières, C.I. J. Recueil 1998*, p. 200, par 22.

forme. Bien au contraire, dans toutes ses décisions concernant la recevabilité de la demande reconventionnelle, elle s'assure tant d'office qu'à la demande du défendeur reconventionnel de la conformité de cette demande avec la condition de forme posée au paragraphe 2. La seconde ambiguïté tient au fait que la rédaction actuelle établit, si on s'en tient au texte de la disposition, une distinction nette entre la Cour et les parties quant aux objections qu'elles sont habilitées à soulever. Notons pour mémoire que sous le régime de l'ancien Règlement, le droit de la Cour de mettre en cause la recevabilité de la demande formée par le défendeur n'était pas expressément reconnu. Formulé en termes généraux, le paragraphe 3 de l'article 80 du Règlement adopté en 1978 disposait tout simplement que *« si le rapport de connexité...n'est pas apparent, la Cour, après avoir entendu les parties, décide... »*.

En revanche, la Cour se réserve expressément, par la rédaction actuelle, le droit de mettre en cause la recevabilité de cette demande, et d'entendre, le cas échéant, les parties à cet égard avant de décider. Alors que le droit du demandeur originaire de soulever une objection est clairement limité à celle « relative à l'application du paragraphe 1 », c'est-à-dire à la connexité et à la compétence, la Cour peut se saisir de toute question posée par l'action du défendeur. La différence a été soulignée dans le communiqué de presse 2001/1 du 12 janvier 2001. Ce communiqué indique que le paragraphe 3 révisé « est formulé différemment de façon à englober deux éléments : i) toute objection relative à l'application du paragraphe 1 du même article et ii) toute question relative à une demande reconventionnelle qui peut être soulevée sur l'initiative de la Cour ».

Est-ce à dire qu'elle a voulu par cette rédaction se reconnaître un pouvoir de contestation plus étendu que celui des parties ? Nous ne le pensons pas. D'une part, le même communiqué de presse souligne que « le paragraphe 3 révisé a la même portée que l'ancienne version du paragraphe 3, mais est formulé différemment ». Et, d'autre part, il ressort des décisions de la Cour que les motifs juridiques sur lesquels cette dernière peut s'appuyer pour contester la recevabilité d'une demande présentée à titre reconventionnel sont les mêmes que ceux qui peuvent être invoqués par le demandeur. S'agissant de la recevabilité, la Cour vérifie la qualification de la demande, la connexité et la compétence, le respect de la forme et enfin l'opportunité de sa jonction à l'instance en cours. On voit donc mal quelle peut être la « question » qui pourrait être soulevée à l'initiative de la Cour seule et non de l'une des parties.

§2. « Entendre les parties » au sujet de la recevabilité

Il est de coutume que les parties acceptent, au cours de la réunion tenue par le président, de déposer des observations écrites sur la question de la recevabilité de la demande reconventionnelle lorsque celle-ci est contestée par la partie adverse. Dans les affaires de la *Convention sur le génocide* et des *Plates-formes pétrolières,* la tenue d'audiences orales a toutefois été sollicitée par les parties, ce qui leur a été refusé et qui a conduit à s'interroger sur le sens et la portée de l'expression « après avoir entendu les parties » figurant dans l'alinéa 3 de l'article 80 du Règlement. On croyait, en effet, que l'expression impliquerait pratiquement ce qu'elle signifiait littérairement, à savoir l'audition des parties. Rosenne a pu écrire, d'un ton qui témoignait de sa conviction sur ce point, que « in the future there will always be some oral proceedings »[816]. Mais cette interprétation n'est manifestement pas celle de la Cour, car dans aucune des affaires dans lesquelles elle a été saisie des demandes présentées comme reconventionnelles depuis l'adoption du Règlement de 1978, la possibilité du débat oral n'a été offerte aux parties, et ce nonobstant la demande expresse parfois formulée par celles-ci[817] ou l'une d'entre elles[818]. La question a fait l'objet d'une divergence de vue entre les parties dans l'affaire des *Plates-formes pétrolières.* L'Iran, demandeur originaire, estimait que les débats oraux étaient nécessaires, et présenta à cette fin à la Cour un document intitulé « Demande tendant à ce que les Parties

---

[816] Sh. Rosenne, *Procedure in international Court; A commentary on the 1978 Rules of international court of justice*, Boston: Nijhoff, 1983, p. 171;--, *The law and practice of the International Court 1920-2005*, vol. III, *op. cit.*, p. 123.

[817] *Application de la Convention pour la prévention et la répression du crime de génocide*, C.I.J. Rec. 1997, p. 251, par. 7.

[818] *Plates-formes pétrolières, C.I. J. Recueil 1998*, p. 194, par. 7, p. 196, par. 13.

soient entendues au sujet de la demande reconventionnelle des Etats-Unis en application du paragraphe 3 de l'article 80 du Règlement de la Cour»[819]. Les Etats-Unis étaient au contraire d'avis qu'aucune audience n'était requise en l'espèce, l'expression « après avoir entendu les parties » n'entrant en jeu que si la Cour estime que «le rapport de connexité entre la demande présentée comme demande reconventionnelle et l'objet de la demande de la partie adverse n'est pas apparent»[820], ce qui, à leurs yeux, n'était pas le cas.

Comme cela a été dit, la Cour n'a pas donné suite à la demande de l'Iran. Sa pratique ultérieure a démontré qu'elle n'était pas non plus de l'avis des Etats-Unis, car le lien de connexité n'était pas apparent dans l'affaire des *Activités armées sur le territoire du Congo* en ce qui concerne la troisième demande reconventionnelle de l'Ouganda, cela n'a pourtant pas entraîné l'ouverture de la procédure orale. Il ressort de la jurisprudence que, quelles que soient les caractéristiques de l'affaire en cause, et la position des parties quant à la recevabilité de la demande formulée à titre reconventionnel, la réponse de la Cour est la même. Formulée dans un considérant qui est reproduit mot à mot dans toutes les ordonnances qui ont, à ce jour, été rendues sur cette recevabilité, elle se lit comme suit :

> « eu égard au paragraphe 3 de l'article 80 du Règlement, et saisie d'observations écrites détaillées de chacune des Parties, la Cour est suffisamment informée des positions qu'elles défendent quant à la recevabilité des demandes présentées à titre reconventionnel par [le

---

[819] Dans le paragraphe 1 de l'introduction de ce document déposé le 18 novembre 1997, on lit ceci « This statement (...) confirms the Applicant's request for an oral hearing, as contemplated in Article 80, paragraphe 3, of the Rules, to enable the Parties to address the issues raised by the written exchange".

[820] *Plates-formes pétrolières, C.I. J. Recueil 1998*, p. 202-203, par 29, p. 200, par. 22. Cette idée trouve des appuis dans la doctrine. Par exemple, le professeur Salerno a fait observer que « l'article 80, paragraphe 3, du Règlement n'impose le débat oral que dans le cas où le lien de connexité n'est pas apparent. Dans le contraire la phase des débats oraux est superflue », voir F. Salerno, « Demande reconventionnelle dans la procédure de la Cour internationale de justice », *op. cit.*, p. 372.

défendeur]; et qu'il n'apparaît en conséquence pas nécessaire d'entendre plus avant les Parties à ce sujet »[821].

Cette attitude a suscité de vives critiques. Pour Sh. Rosenne, la Cour refuse délibérément d'appliquer en pratique ce que le Règlement lui impose expressément[822]. Les juges *ad hoc* désignés par les deux parties dans l'affaire de la *Convention sur le génocide* ont également souligné l'incompatibilité de cette pratique avec la disposition pertinente du Règlement, allant jusqu'à suggérer, l'un et l'autre mais chacun à sa façon, la modification de ladite disposition. Pour le juge Kréca, désigné par la Yougoslavie, il ne fait pas de doute que l'expression « entendre les parties » implique leur « audition » qui désigne, au sens de l'article 43, paragraphe 5, et de l'article 51 du Statut, une procédure orale devant la Cour. Rappelant « les termes impératifs » dans lesquels est formulée ladite expression, il juge la décision de la Cour de ne pas tenir de procédure orale en contradiction avec la « règle rigide de procédure » exprimée au paragraphe 3 de l'article 80 du Règlement[823]. Le juge *ad hoc* Lauterpacht rappelle qu'« une exigence similaire d'entendre les parties est énoncée également au paragraphe 7 de l'article 79 relatif aux exceptions préliminaires et a régulièrement été satisfaite par la tenue d'une procédure orale » et il estime que cela aurait dû également être le cas dans l'affaire de la *Convention sur le génocide* s'agissant de la procédure incidente engagée par la présentation de la demande reconventionnelle par le défendeur[824].

Il y a là deux interprétations différentes de l'expression « après avoir entendu les parties ». Il semble que la Cour ne déduit pas de cette expression ce que déduisent ces commentateurs. Pour la Cour, *entendre* les parties peut s'effectuer par écrit. Dire « qu'il n'apparaît en conséquence pas nécessaire d'entendre plus avant les Parties » ne signifie-t-il pas qu'elle les a déjà entendues ? La juge

[821] *Plates-formes pétrolières, C.I. J. Recueil 1998*, p. 203, par. 31.
[822] Sh. Rosenne, « The international Court of Justice: Revision of Articles 79 and 80 of the Rules of Court », *op. cit.*, p. 86.
[823] *Application de la convention pour la prévention et la répression du crime de génocide, C.I.J. Recueil 1997,* Déclaration du Juge *ad hoc* Kreća, p. 267, par. 2.
[824] *Ibid.*, Opinion individuelle du juge *ad hoc* Lauterpacht, p. 279, par. 5-7.

Higgins à écrit dans son opinion dissidente jointe à l'ordonnance du 10 mars 1998, ce qui semble être le sens que la Cour entend donner à la clause en question : « l'inclusion de la formule 'après avoir entendu les parties' peut s'entendre, dans une affaire déterminée, du dépôt de conclusions écrites »[825]. Le fait que la formule n'a pas été modifiée lors de la révision de l'article 80 du Règlement effectuée en 2001 montre que la Cour ne tient pas sa pratique pour contraire à la disposition de son Règlement.

Il est important aussi de souligner que la position adoptée par la Cour en matière reconventionnelle est conforme à celle qu'elle a développée à propos de certaines questions procédurales au sujet desquelles une exigence similaire à celle prévue à l'article 80 est imposée, et où la pratique de la Cour a consisté simplement à conférer aux parties la possibilité d'exposer leurs vues par écrit. C'est notamment le cas du paragraphe 4 de l'article 35 relatif à la nomination du juge *ad hoc*, selon lequel : « [e]n cas de contestation ou de doute, la Cour décide, après avoir entendu les parties s'il y a lieu » ; de même le paragraphe 2 de l'article 36, toujours à propos du juge *ad hoc*, prévoit que «la Cour décide, après avoir entendu les parties s'il y a lieu ». Et, le paragraphe 2 de l'article 56, qui a trait à l'autorisation de produire des documents après la clôture de la procédure écrite, contient une formule similaire tout comme l'article 67.

N'est-il pas néanmoins souhaitable que les parties soient autorisées à débattre oralement de la question ? Il n'est pas douteux que l'oralité est l'un des traits principaux de la marche du procès devant la Cour internationale. Il figure parmi les trois principes fondamentaux du droit formel de la Cour tels qu'ils ont été précisés par le Professeur Scerni dans son cours à l'Académie de droit international[826]. Il est constant également que dans des procédures incidentes voisines, telles les exceptions préliminaires ou l'intervention, une clause similaire donne lieu à l'ouverture des

---

[825] *Plates-formes pétrolières, C.I. J. Recueil 1998,* Opinion dissidente du juge Higgins, p. 223.

[826] M. Scerni, "La procédure de la Cour permanente de justice internationale », *RCADI*, 1938, tom. 3, p.595 et 597. Sur l'importance de la procédure orale voir aussi Sh. Rosenne, "Controlling interlocutory aspects of proceedings in the international court of justice", 94 *Am. J. Int'l L.* 2000, p. 312.

débats oraux[827], même s'il n'est pas rare que dans ces cas aussi la Cour prenne sa décision sans entendre oralement les parties[828]. S'agissant des exceptions préliminaires, ce pouvoir lui est expressément reconnu par l'alinéa 6 de l'article 79 du Règlement qui dispose que « (s)auf décision contraire de la Cour, la suite de la procédure sur l'exception est orale ».

Il n'en demeure pas moins que la demande reconventionnelle se distingue nettement des autres procédures incidentes, en ce que le juge se réserve le pouvoir d'apprécier « souverainement » le respect des conditions de sa recevabilité, d'une part, et de joindre « discrétionnairement » cette demande à l'instance en cours, de l'autre. On veut dire par là que c'est à lui qu'il revient en dernière analyse d'admettre ou de refuser la demande formulée par le défendeur. Cela ne signifie pas que les parties n'ont aucun rôle à jouer à cet égard, mais tout simplement que dans une approche où, pour apprécier la recevabilité de la demande, les « circonstances de l'espèce » sont les facteurs les plus déterminants, l'échange des écritures à lui seul peut suffire aux parties pour remplir la tâche qui leur est réservée, à savoir « informer la Cour de leurs positions».

D'autre part, la pratique de la Cour de ne pas tenir la procédure orale peut s'expliquer par sa tendance générale à accélérer l'instruction des affaires, en réduisant autant que faire se peut la durée des procédures engagées[829]. Cette politique est d'autant plus

---

[827]E. Grisel, *Les exceptions d'incompétence et d'irrecevabilité dans la procédure de la Cour internationale de justice*, Editions Herbert Lang & Cie SA, Berne 1968, p. 16.

[828] Dans l'affaire *LaGrand* (Allemagne c. Etats-Unis d'Amérique), la Cour a accepté d'indiquer les mesures conservatoires sollicitées sans tenir la procédure orale contrairement à sa pratique établie. *I.C.J. Recueil 1999*, p. 9. Dans l'affaire *Frontière terrestre et maritime entre le Cameroun et le Nigéria*, elle s'est fondée uniquement sur les pièces écrites des parties pour faire droit à la demande à fin d'intervention de la Guinée. *C.I. J. Recueil 1999*, p. 1029.

[829] Cette tendance a été expliquée et présentée par le juge Schewbel, l'ancien président de la Cour, à la 36e séance de la cinquante-deuxième session de l'Assemblé générale de l'ONU, tenue le 27 octobre 1997, et à la Sixième Commission de l'Assemblé générale, le 30 octobre 1997. UN Doc. A/52/PV.36, 1-5, 27 octobre 1997. Reproduit dans *C.I.J. Annuaire 1997-1998*, n° 52 et dans *92 A.J.I.L.* 612-617 (1998). Dans sa déclaration le juge Schewbel fait état d'« une série de modifications [que la Cour avait adoptée] dans ses

compatible avec la procédure de la demande reconventionnelle que son effet dilatoire sur la marche du procès en cours est souvent évident.

Enfin, il ne faut pas oublier que la Cour n'exclut pas la possibilité « d'entendre plus avant [autrement dit oralement] les parties », mais seulement si c'est « nécessaire ». Il n'empêche que la question de savoir dans quelles circonstances cette nécessité se manifestera reste entière.

§3. Décision de la Cour sur la recevabilité

La décision par laquelle la Cour statue sur la recevabilité de la demande du défendeur pose d'abord la question de la forme adoptée à cet effet (A) et ensuite le contenu de la décision arrêtée (B).

A. La forme de la décision

Le Règlement ne déterminant pas la forme que doit prendre cette décision, la Cour a choisi la voie de l'ordonnance (1), ce qui conduit à s'interroger sur la portée de celle-ci (2).

1. Le choix de l'ordonnance comme forme de la décision

Une fois la présentation de la procédure incidente terminée, la Cour se retire pour délibérer, et se prononce sur l'admissibilité de la demande présentée par le défendeur dans son contre-mémoire. Elle le fait par une "ordonnance" adoptée en vertu de l'article 48 du Statut. Sur ce point aussi, le juge Oda critique l'attitude de la Cour, dans les termes suivants :

> « je pense que cette question, celle de savoir si la demande (reconventionnelle) est ou non recevable, ne doit pas faire l'objet d'une décision de la Cour sous la forme d'une ordonnance, mais

---

méthodes de travail [...] afin d'accélérer le rythme et la productivité de la Cour », *Annuaire*, *ibid.*, p. 313 et 320.

plutôt doit être tranchée par l'arrêt au stade du fond »[830].

Abstraction faite du paragraphe 9 de l'article 79 relatif aux exceptions préliminaires qui exige de la Cour qu'elle prenne sa décision sous la forme d'un arrêt, il n'y dans les textes régissant ses attributions aucune disposition imposant une forme particulière lorsqu'elle statue sur les moyens incidents introduits dans le procès. La décision de la Cour sur la demande en indication des mesures conservatoires et sur la demande de désistement est toujours prise en forme d'une ordonnance. La position de la Cour quant à la demande en intervention est plus nuancée ; jusqu'à la révision du Règlement en 1987, elle devait s'exprimer par un arrêt sur la recevabilité de la demande de l'Etat tiers (paragraphe 5 de l'article 64 du Règlement de 1946, et paragraphe 5 de l'article 69 du Règlement de 1972) ; depuis cette révision ce n'est plus le cas. Le Règlement actuellement en vigueur ne requiert pas une forme particulière pour la décision à prendre concernant l'admissibilité de la demande en intervention, qu'elle soit présentée au titre de l'article 62 ou aux termes de l'article 63 du Statut. Cependant, il ressort de la jurisprudence établie en la matière qu'en règle générale la Cour rend un arrêt lorsque les parties principales s'opposent à la demande de l'Etat tiers faite sur la base de l'article 62 du Statut[831]. Dans le cas contraire, elle peut se prononcer par une ordonnance, comme elle l'a fait récemment en l'affaire des *Immunités juridictionnelles de*

---

[830] Opinion dissidente du juge Oda, *Plates-formes pétrolières, C.I. J. Recueil 1998*, p. 216.

[831] Comme cela fut le cas dans l'affaire *Plateau continental (Tunisie/Jamahiriya arabe libyenne), C.I.J. Recueil 1981,* à propos de la demande en intervention de Malte, dans l'affaire de *Plateau continental (Jamahiriya arabe libyenne/ Malte), C. I.J. Recueil 1984,* à propos de la demande en intervention d'Italie, dans l'affaire *Différend frontalier terrestre, insulaire et maritime (El Salvador/Honduras), C.I.J. Recueil 1990,* à propos de la demande en intervention du Nicaragua, dans l'affaire *Souveraineté sur Puluu Ligitun et Pulau Sipadun (Indonésie / Malaisie), C. I. J. Recueil2001,* à propos de la demande en intervention des Philippines, et dans l'affaire du *Différend territorial et maritime (Nicaragua c. Colombie), C. I. J. Recueil 2011,* à propos de la demande en intervention du Costa Rica et celle du Honduras.

l'Etat à propos de la demande d'intervention de la Grèce[832]. Il en va de même lorsque l'intervention est fondée sur l'article 63 du Statut[833]. C'est dire que la Cour dispose d'une large marge de manœuvre dans le choix de la forme de sa décision relative aux procédures incidentes, la demande reconventionnelle inclue.

Cela dit, une autre raison milite en faveur du choix de l'ordonnance. Selon l'article 48 du Statut, « [l]a Cour rend des ordonnances pour la direction du procès [...] ». Or, il a été dit qu'il découle de la jurisprudence récente en matière reconventionnelle que la Cour dispose d'un pouvoir discrétionnaire dans l'appréciation de l'admissibilité (la jonction à l'instance) de la demande dont elle a été saisie par voie de conclusion contenue dans le contre-mémoire de l'Etat défendeur, et que les considérations liées à la « bonne administration de la justice » sont les éléments les plus déterminants dans l'appréciation de cette recevabilité. Comme l'a souligné un commentateur[834], l'appréciation de la recevabilité de cette demande et la décision arrêtée à son sujet relèvent de la fonction administrative plutôt que de la fonction juridictionnelle de la Cour. Il s'agit, en d'autres termes, d'une « mesure » prise dans le cadre de la direction du procès. La nature de la décision à prendre est dès lors tout à fait compatible avec la forme adoptée par la Cour à cet effet.

2. *La portée de l'ordonnance*

Une importance toute particulière s'attache à l'ordonnance de 17 décembre 1993, rendue dans l'affaire de la *Convention sur le génocide*, car elle constitue la première application du troisième alinéa de l'article 80 du Règlement relatif à la procédure incidente

---

[832] *Immunités juridictionnelles de l'Etat, requête de la République hellénique à fin d'intervention, ordonnance du 4 juillet 2011*, par. 32 et 34. Voir aussi *Frontière terrestre et maritime entre le Cameroun et le Nigéria, requête à fin d'intervention, ordonnance du 21 octobre 1999, C.I. J. Recueil 1999*, p. 1029.

[833] Voir par exemple *Activités militaires et paramilitaires au Nicaragua et contre celui-ci (Nicaragua c. Etats-Unis d'Amérique), déclaration d'intervention, ordonnance du 4 octobre 1984, C. I.J. Recueil 1984*, p. 2 15.

[834] Y. Kerbrat « De quelques aspects des procédures incidentes devant la Cour internationale de Justice : les ordonnances des 29 novembre 2001 et 10 juillet 2002 dans les affaires des Activités armées sur le territoire du Congo », *op. cit.*, p. pp. 351-2.

engagée à la suite de l'introduction par le défendeur de conclusions reconventionnelles dans l'instance. Elle explique l'organisation de cette procédure et détermine le sens et la portée du texte de la disposition. Elle établit un précédent et constitue une « décision-mère »[835], un « grand arrêt » ou plutôt un « arrêt de principe »[836] en ce sens qu'« elle fixe pour la première fois des principes jurisprudentiels avec une autorité particulière »[837]. En donnant les attributs de la constance aux énoncés de sa décision, en appréhendant les destinataires abstraitement selon leur seule qualité procédurale de défendeur et de demandeur, la Cour cherche dans l'ordonnance à s'extraire des circonstances de l'espèce et à conférer un degré de généralité à sa décision. Les ordonnances ultérieures en la matière reproduisent terme à terme ou par citation les considérant-clés de celle qui fut rendue dans l'affaire de la *Convention sur le génocide*[838]. Il est très peu probable que l'organe judiciaire s'écarte désormais de cette jurisprudence « sauf si elle estime avoir pour cela des raisons très particulières »[839].

Il faut enfin rappeler qu'il n'y a pas de différence entre l' « ordonnance » et l' « arrêt » en ce qui concerne la portée de la décision. Les décisions exprimées dans les ordonnances n'ont certes pas d'effet *res judicata*[840], mais il est établi, depuis l'affaire *La Grand*, qu'elles peuvent avoir les mêmes effets obligatoires que celles rendues sous la forme de l'arrêt. Nul doute que les ordonnances contenant la décision de la Cour sur la recevabilité

---

[835] L. Savadogo, « La renaissance de la procédure des demandes reconventionnelles », *RBDI*, 1999/1, p. 247.

[836] Pour signification de ces termes et leur application en droit international voir E. Jouannet, « existe-t-il de grands arrêts de la Cour internationale de Justice ? », in Ch. Apostolidis (éd.), *Les arrêts de la Cour internationale de Justice*, Dijon, Edition universitaire de Dijon, 2005, p. 180.

[837] *Ibid.*

[838] Voir Y. Nouvel « La recevabilité des demandes reconventionnelles devant la Cour internationale de Justice à la lumière de deux ordonnances récentes », *op. cit.*, p. 325.

[839] L'affaire *relative à l'application de la convention pour la prévention et la répression du crime de génocide* (*Croatie c. Serbie*), *exceptions préliminaires, arrêt, C.I.J. Recueil 2008*, p. 17, par. 53, p. 23, par. 71, p. 35, par. 104.

[840] S. Torres Bernardez, « Article 48 », in A. Zimmermann, Ch. Tomuschat, K. Oellers-Frahm (eds) *The Statute of the International Court of Justice : A commentary* ; Oxford University Press, 2006, p. 1083, n° 6.

de la demande présentée par le défendeur entrent dans cette catégorie.

B. *Le contenu de la décision*

Les ordonnances de la Cour rendues en matière reconventionnelle montrent que la décision porte sur trois questions : l'admissibilité de la demande, sa qualification et sa jonction à l'instance. Il s'agit de l'examen de l'admissibilité de la demande reconventionnelle en tant que telle, autrement dit en tant qu'acte juridique. La Cour vérifie donc les conditions de recevabilité de fond, c'est-à-dire la connexité et la compétence (le paragraphe 1 de l'article 80) et la condition de forme, à savoir l'introduction de la demande dans les conclusions du contre-mémoire (le paragraphe 2 de même article). La Cour n'étant pas tenue de suivre l'ordre adopté dans cette disposition quant aux conditions de recevabilité de fond[841], l'examen de la deuxième condition devient superflu si elle parvient à la conclusion que la première n'est pas remplie, comme cela fut le cas dans l'affaire des *Immunités juridictionnelles de l'État*[842] et celle des *Certaines activités menées par le Nicaragua dans la région frontalière*[843].

L'appréciation des conditions de fond et de forme de la demande incidente du défendeur s'effectue à la demande de l'adversaire ou à l'initiative de la Cour elle-même. Dans l'affaire de la *Frontière terrestre et maritime entre le Cameroun et le Nigeria,* la Cour a rendu une ordonnance relative à la recevabilité de la demande reconventionnelle du Nigeria alors que cette recevabilité n'avait pas été mise en cause par le Cameroun. Elle a également vérifié la recevabilité de la demande reconventionnelle de la Serbie alors que sa recevabilité n'avait pas été contestée par

---

841 *Certaines activités menées par le Nicaragua dans la région frontalière, ordonnance du 18 avril 2013,* § 27.

842 *Immunités juridictionnelles de l'État (Allemagne c. Italie), demande reconventionnelle, ordonnance du 6 juillet 2010, C.I.J. Recueil 2010*, p. 321, p. 32.

843 *Certaines activités menées par le Nicaragua dans la région frontalière, Ibid.* Elle a en effet conclu que la condition de connexité faisait défaut et que, par conséquent, les demandes reconventionnelles en question étaient irrecevables comme telles au regard du paragraphe 1er de l'article 80 du règlement et qu' « il n'[était] pas nécessaire pour la Cour d'examiner la question de savoir si ces demandes reconventionnelles relèvent de sa compétence », *Ibid.*, § 38.

la Croatie dans l'affaire de l'*Application de la convention pour la prévention et la répression du crime de génocide (Croatie c. Serbie)*[844].

Quant à l'examen de la qualification, la Cour s'interroge sur les caractéristiques de la demande, celles qu'elle a dégagées dans l'ordonnance de 17 septembre 1997 en l'affaire de la *Convention sur le génocide*. Elle cherche à savoir si l'action du défendeur « présente, au regard de la demande de la partie adverse, un double caractère » ; est-elle indépendante, et constitue-t-elle une « demande » distincte. Elle entend savoir aussi si, formulée à titre « reconventionnel », elle riposte à la demande principale. Ces points sont également examinés à la demande du défendeur reconventionnel ou par la Cour *proprio motu*.

La qualification de demande reconventionnelle par le défendeur ne lie pas la Cour. Celle-ci peut déclarer que la conclusion présentée dans le contre-mémoire ne constitue pas une demande reconventionnelle à proprement parler. Il convient de rappeler que dans l'affaire de l'*Usine de Chorzów*, après avoir admis que « la demande reconventionnelle [polonaise] ayant été formulée dans le contre-mémoire, les conditions de forme exigées par le règlement se trouvent réalisées en l'espèce aussi bien que les conditions de fond »[845], la Cour permanente a disqualifié cette demande, dès lors que la conclusion de l'Etat demandeur s'apparentait à un moyen de défense plutôt qu'à une demande reconventionnelle, déclarant :

> « Bien qu'étant formellement une demande reconventionnelle, car elle tend à condamner la Partie demanderesse à une prestation envers la défenderesse – en réalité, si l'on tient compte des motifs sur lesquels elle se fonde, la conclusion contient un moyen opposé à la demande de l'Allemagne [...] [846]».

---

[844] *Application de la convention pour la prévention et la répression du crime de génocide (Croatie c. Serbie), arrêt, 3 février 2015, C.I.J. Recueil 2015*, p. 53, para. 121-123.

[845] *Affaire de l'Usine de Chorzów, C.P.J.I., Série A, n° 13,* p. 38.

[846] *Ibid.* La version anglaise du texte est plus claire : « (...) -in reality, having regard to the arguments on which it is based, the submission constitutes an objection to the German claim (...) ». Il est à noter que les *travaux*

L'inverse est également vrai. La Cour peut considérer la conclusion contenue dans le contre-mémoire comme une demande reconventionnelle, même si celle-ci n'a pas été ainsi qualifiée par la partie dont elle émane. L'existence de tel pouvoir ne fait pas de doute[847] ; il semble toutefois que l'organe judiciaire soit peu enclin à l'exercer si les parties ne le lui demandent pas. L'affaire du *Différend relatif à des droits de navigation et des droits connexes* et celle du *Temple de Préah Vihéar* constituent des bons exemples de cette approche. Dans la première espèce, on l'a dit plus haut, la Cour a laissé entendre que si elle a refusé de faire droit aux allégations du Nicaragua, défendeur à l'instance, c'est parce que, étant de nature reconventionnelle, elles n'avaient été formées selon la procédure prévue à cet effet[848]. Elle a exercé son pouvoir de qualification dès lors que la partie adverse contestait la recevabilité de la demande formée par le Nicaragua. En revanche, dans la deuxième affaire, la conclusion principale de l'Etat défendeur, la Thaïlande, elle aussi de nature reconventionnelle, n'a pas été qualifiée de demande reconventionnelle parce que, croyons nous, les parties au procès ne se sont pas exprimées au sujet de sa recevabilité. Rappelons très brièvement que dans cette espèce, le Cambodge, demandeur, avait soutenu que « la souveraineté territoriale sur le temple de Préah Vihéar appartient au Royaume du Cambodge »[849]. Le Gouvernement thaïlandais, défendeur, après avoir demandé le rejet des prétentions du Gouvernement cambodgien, a, lui aussi, conclut que « Préah Vihéar est en territoire thaïlandais et [que] la Cour est respectueusement invitée à le dire et à le juger »[850]. La conclusion thaïlandaise aurait pu être qualifiée de demande reconventionnelle, car non seulement elle invitait la Cour à reconnaître une situation juridique, à savoir l'appartenance du

---

préparatoires du Règlement sur la demande reconventionnelle montrent, eux aussi, que cette affaire ne fut pas considérée comme un précédent en la matière. Voir *CPIJ, Série D_02_3e addem.* p. 821.

[847] En droit américain un tel pouvoir est expressément conféré au juge : "when a party has mistakenly designated a defense as a counterclaim or a counterclaim as a defense, the court on terms, if justice so requires, shall treat the pleading as if there had been a proper designation" (Rule 8 (c) of *United States Federal Rules of Civil Procedure).*

[848] *C.I.J. Recueil 2009*, par. 153-155.

[849] C.I.J. Recueil 2009, p. 9 et 10, la conclusion n° 2.

[850] *Ibid.*, p. 10, la conclusion n° 2.

temple à la Thaïlande, mais aussi son acceptation aurait entraîné l'échec de l'action de l'adversaire[851]. Il a été dit que dans les cas complexes où la distinction entre demande reconventionnelle et moyen de défense s'avèrera difficile, le test à appliquer pour déterminer la nature de l'action est de se demander si la conclusion du défendeur peut faire l'objet d'une requête introductive d'instance, et conséquemment d'une affaire nouvelle et séparée. Dans l'affirmative, il s'agirait d'une demande reconventionnelle. C'est le cas de la conclusion thaïlandaise dans l'affaire du Temple.

Enfin, la dernière question à trancher dans l'ordonnance sur la recevabilité est celle de la jonction de la demande formée par le défendeur à l'instance en cours. Cette question, on l'a dit, est appréciée indépendamment de la connexité, le facteur le plus déterminant étant l'« économie de procès ». Une demande remplissant cette condition est jointe à l'instance en cours, et la procédure sur le fond reprend.

---

[851] Il en va de même de la demande colombienne dans l'affaire du *Différend territorial et maritime (Nicaragua c. Colombie)*. Comme nous l'avons déjà souligné, dans son arrêt du 19 novembre 2012, rendu postérieurement à la soutenance de cette thèse, la Cour a fait droit à la demande de la Colombie, défendeur à l'instance, formulée dans son contre-mémoire. Cette conclusion aurait pu (ou dû) être qualifiée de reconventionnelle.

Chapitre II.

La procédure principale après la jonction

La procédure principale, engagée par le demandeur et suspendue suite à la présentation de la demande reconventionnelle par le défendeur, reprend sa marche après la jonction de celle-ci à l'instance (Section 1), et ne s'éteint que par le désistement ou par le prononcé de l'arrêt sur le fond (Section 2).

Section 1. Le déroulement de la procédure principale après la jonction

L'indépendance et l'autonomie de la demande présentée à titre incident et admise par la Cour font que les dispositions du Statut et du Règlement de la Cour applicables à une affaire ordinaire s'y appliquent pour autant qu'elles s'adaptent au caractère incident de la demande. Des moyens incidents peuvent être soulevés (§1) et le respect du droit de la partie adverse de répondre aux réclamations formulées à son encontre doit être assuré (§2). Elle peut aussi poser des questions concernant la composition de l'organe judiciaire (§3).

§1. Les moyens incidents susceptibles d'être soulevés suite à la jonction

Peuvent survenir à l'occasion et en raison de l'admission de la demande reconventionnelle des moyens incidents, c'est-à-dire des demandes ou contestations qui viennent se greffer sur le procès et qui en retarde l'instruction et la marche. Il a été dit qu'ils sont de trois types[852] : les incidents relatifs aux preuves, les incidents de procédure et les incidents de fond.

Le régime des procédures incidentes soulevées à propos de la demande formée par le défendeur diffère de celui relatif aux mêmes procédures survenues dans le cadre d'une affaire ordinaire. La différence la plus importante tient à l'effet de leur introduction : en matière reconventionnelle elles n'ont pas pour effet la suspension de la procédure contentieuse[853]. D'autres différences varient selon le type d'incident introduit.

A. Incidents du fond

Ils touchent l'objet du litige introduit par le défendeur. Ce sont des demandes incidentes, car elles rejoignent la demande et pose au juge des questions de même ordre que cette dernière. Elles sont formées entre les parties originaires ou par un tiers. Participent à cette catégorie d'incidents, la demande reconventionnelle, la demande en intervention-partie et la demande additionnelle.

Nous avons soutenu qu'une demande reconventionnelle ne peut être formulée par le demandeur initial en réponse à celle qui a été introduite à son encontre. Le texte du Règlement ne le permet pas, et la logique juridique s'y oppose. Il peut, le cas échéant, modifier ses conclusions primitives pour tenir compte de l'évolution du procès et s'adapter à la position prise par son adversaire au cours de celui-ci. Tel n'est toutefois pas le cas de l'intervention-partie. La demande formée par le défendeur à titre incident peut mettre en cause l'intérêt juridique d'un Etat tiers. Celui-ci peut, si les conditions sont réunies, s'immiscer dans l'instance en qualité de partie au différend, en invitant le juge à se prononcer sur sa question juridique.

La demande reconventionnelle peut faire l'objet de modification. Son auteur est, en effet, en droit de développer l'objet de sa demande primitive et introduire dans l'instance des demandes additionnelles conformément aux règles admises dans

---

852 Voir *supra* p. 164.

853 Cette pratique est établie à propos des exceptions présentées contre l'admissibilité au fond des réclamations introduites par le défendeur. Il doit, sous réserve de la confirmation ultérieure de la jurisprudence, en aller de même quant à d'autres incidents de procédure. Elle s'explique par le souci d'éviter le retard excessif dans le règlement du différend initial.

la jurisprudence internationale. Cette faculté lui a été reconnue par la Cour dans l'affaire des *Plates-formes pétrolières*. Pour l'Iran, les États-Unis ont élargi l'objet de leur demande au-delà des conclusions qui figuraient dans la demande reconventionnelle en ajoutant des nouveaux griefs à ceux qui avait été auparavant formulés et en rappelant de nouveaux cas de violation, qui s'ajoutent aux incidents déjà mentionnés dans la demande reconventionnelle présentée avec le contre-mémoire. La Cour a rejeté l'argument avancé par l'Iran, en affirmant que ce dont elle a été saisie par les États-Unis ne constituait pas « une demande nouvelle » mais seulement des « éléments de preuve additionnels relatifs à la demande originelle ». Elle a surtout laissé entendre que, s'il s'agissait de demande nouvelle, celle-ci aurait dû répondre aux conditions de recevabilité dégagées par la jurisprudence à propos de la demande additionnelle.

B. *Les incidents liés à l'administration de la preuve*

Il ne suffit pas que le défendeur à l'instance, désormais demandeur reconventionnel, se prétende titulaire d'un droit ; il doit être en mesure de le justifier. La question a fait l'objet de discussions pendant les *travaux préparatoires* du Règlement et il fut affirmé que la demande reconventionnelle devrait être accompagnée de toutes les preuves qui l'appuient[854]. Le défendeur doit solliciter, par exemple, des visites de lieux, des expertises ou des témoignages, et tous autres moyens qui peuvent conférer à la Cour une « certitude raisonnable »[855] quant aux faits sur lesquels s'appuie le différend. En cas de contestation d'un moyen de preuve, il appartient à la partie qui l'a invoquée d'apporter la preuve de son authenticité. Ce n'est, du reste, que dans cette hypothèse que l'administration de la preuve se pose comme un incident d'instance. Autrement dit, c'est la vérification de la preuve dont l'authenticité est contestée qui constitue un incident au sens propre du terme, car c'est au cours d'une instance principale qu'est apparue incidemment la nécessité de démontrer

---

[854] *CPIJ, Série D_02_3e addem.* p. 112.

[855] G. Guillaume, commentaire à l'exposé de M. Rivier dans *La preuve devant les juridictions internationales*, H. Ruiz Fabri et J-M. Sorel (eds), *op. cit.*, p. 55.

l'authenticité de la preuve[856]. Dans l'affaire *Délimitation maritime et questions territoriales*, la contestation par Bahreïn de l'authenticité des documents produit par le Qatar a conduit la Cour à organiser une procédure spécifique afin de trancher la question[857].

La matière de preuve est marquée, en droit international comme en droit interne, par la distinction à établir entre les faits et le droit. La distinction détermine les rôles respectifs des parties et du juge dans le procès. S'il appartient aux parties d'établir les faits, il revient au juge d'appliquer le droit[858]. C'est ce que confirme l'adage *da mihi factum, dabo tibi jus*[859]. En cas de désaccord entre les parties sur les faits, c'est sur le demandeur que pèse la charge de prouver les faits sur lesquels repose sa thèse. C'est ce que rappelle la Cour dans l'affaire des *Activités militaires et paramilitaires au Nicaragua et contre celui-ci* dans les termes suivants :

> « [C]'est en définitive au plaideur qui cherche à établir un fait qu'incombe la charge de la preuve [860]».

---

[856] Voir P. Julien, N. Fricero, *Procédure civile*, 4e édition, Paris L.G.D.J., 2011, p. 279

[857] La procédure en question consistait à présenter par le Qatar un « rapport provisoire » sur l'authenticité matérielle de ses documents suivie par une réplique par chacune des parties permettant à celles-ci de s'exprimer sur ce point. Voir *Délimitation maritime et questions territoriales entre Qatar et Bahreïn, ordonnance du 17 février 1999, C.I. J. Recueil 1999,* p. 3-4, et *celle du 30 mars 1998*, p. 245 et s.

[858] Toutefois, il faut, selon le juge Guillaume, distinguer entre l'existence de la règle de droit et son contenu. La première étant une question de fait, il revient à la partie qui l'invoque d'apporter la preuve de son existence. *Ibid.,* P. 56.

[859] « Donne moi le fait, je te donnerai le droit » dit le magistrat au plaideur. Il donne écho à un autre adage nettement plus connu qui est *Jura novit curia* et qui siginifie « le juge sait le droit ». Pour l'application de cet adage en droit international Voir J. Verhoeven, «Jura novit curia et le juge international», *op. cit.*, p. 636-653.

[860] *Activités militaires et paramilitaires au Nicaragua et contre celui-ci, C.I. J. Recueil 1984,* p. 437, par. 101. Elle a rappelé aussi dans son arrêt du 19 juin 2012 qu'« en règle générale, c'est à la partie qui allègue un fait à l'appui de ses prétentions qu'il appartient d'en démontrer l'existence », *Aahmadou Sadio Diallo (République de guinée c. République démocratique du Congo), arrêt du 19 juin 2012, indemnisation due par la République démocratique du Congo à*

En utilisant le terme « plaideur » la Cour a entendu désigner ce que la doctrine appelle « le demandeur au sens de la preuve »[861], c'est-à-dire la partie qui, quelque soit sa position dans le procès, invite le juge à se prononcer sur une question juridique, à statuer sur une réclamation ou à trancher un litige. Il peut être le demandeur au sens procédural du terme, c'est-à-dire la partie qui engage le procès par une requête unilatérale ; il peut être le défendeur – c'est-à-dire la partie contre laquelle l'instance est ouverte – lorsqu'il entend se prévaloir d'une exception ; il peut être aussi le demandeur matériel, c'est-à-dire la partie qui cherche à faire condamner son adversaire à une prestation dans une affaire engagée par compromis ; et enfin, il peut être le demandeur reconventionnel.

Le défendeur à l'instance peut ainsi se trouver en position du « demandeur au sens de la preuve » soit parce qu'il cherche à se prévaloir d'une exception dans sa réponse au mémoire du demandeur, soit parce qu'il a introduit des conclusions reconventionnelles à l'encontre de celui-ci. Dans l'affaire des *Plates-formes pétrolières*, où les Etats-Unis se voyaient reprochés d'avoir eu recours à la force en violation de l'article 2 alinéa 4 de la Charte, ils se sont appuyés dans un premier temps sur l'exception de la légitime défense (article 51 de la Charte) afin de justifier leur action. Il leur appartenait dès lors de prouver que les conditions de l'exercice de cette exception étaient remplies. La Cour rappelle la règle :

> « La Cour doit en l'espèce simplement déterminer si les Etats-Unis ont démontré qu'ils avaient été victimes de la part de l'Iran d'une «agression armée » de nature à justifier l'emploi qu'ils ont fait de la force armée au titre de la

la République de Guinée, par, 15. Voir aussi l'affaire de la *Frontière terrestre et maritime entre le Cameroun et le Nigéria, exceptions préliminaires, arrêt, C.I. J. Recueil 1998*, p. 319, par. 101.

[861] R. Rivier, « La preuve devant les juridictions interétatiques à vocation universelle (CIJ et TIDM) », *op. cit.*, p. 19 ; Sh. Rosenne, *The law and practice of the International Court* 1920-2005, vol.III p. 1040; C. Santulli, *Droit du contentieux international*, *op. cit.*, p. 502.

légitime défense; or, c'est à eux qu'il revient de prouver l'existence d'une telle agression [862]».

On sait qu'ils ont également introduit des demandes reconventionnelles dans cette affaire. A ce titre aussi, la charge de la preuve leur incombait. Là encore, la Cour ne manque pas de souligner la règle :

> « La charge de prouver que les navires qui ont été attaqués se livraient au commerce ou à la navigation entre les territoires des Etats-Unis et de l'Iran incombe aux Etats-Unis [863]».

Dans une affaire où le défendeur présente des conclusions reconventionnelles, les deux parties se trouvent dans la même situation au point de vue de la charge de la preuve. Dans l'affaire de la *Frontière terrestre et maritime entre le Cameroun et le Nigéria,* le Cameroun a demandé, dans ses conclusions finales, à la Cour de juger qu'«en procédant à des incursions répétées tout le long de la frontière entre les deux pays, la République fédérale du Nigéria a violé et viole ses obligations en vertu du droit international » et que dès lors sa responsabilité est engagée, notamment du fait des décès constatés ou des blessures infligées. Le Nigéria a demandé à la Cour de rejeter ces conclusions, tout en formulant des demandes reconventionnelles relatives à de nombreux incidents survenus le long de la frontière qui, selon lui, engageraient la responsabilité internationale du Cameroun[864]. La Cour constate qu'

« aucune des Parties n'apporte de preuves suffisantes des faits qu'elle avance ou de leur imputabilité à l'autre Partie. Elle ne saurait par suite accueillir ni les conclusions du Cameroun ni les demandes reconventionnelles du Nigéria fondées sur les incidents invoqués »[865].

La demande reconventionnelle est soumise à la même procédure d'administration des preuves que celle qui est introduite

---

[862]*Plates-formes pétrolières, C.I.J. Recueil 2003*, p. 189, par. 57
[863] *Ibid.*, par. 119, p. 215.
[864]*Frontière terrestre et maritime entre le Cameroun et le Nigéria (Cameroun c. Nigéria ; Guinée équatoriale (intervenant)), arrêt, C. J. J. Recueil 2002,* p. 453, par. 323.
[865] *Ibid.*, par. 324

à titre principal. Caractérisée par une grande liberté, cette procédure est essentiellement écrite (déclarations, résolutions, décisions, correspondances diplomatiques, cartes, photographie, images, lettres, film, minutes, etc.[866]). Les preuves sont fournies par les pièces de la procédure écrite, à savoir « des mémoires, des contre-mémoires et, éventuellement, des répliques » (art. 43 §2 du Statut). Le recours à la preuve orale (expertise et témoignage) n'est pas exclu par le Règlement[867], mais son usage demeure très rare[868]. Le Règlement de la Cour prévoit également la possibilité pour la Cour d'intervenir *proprio motu* par la voie d'une visite sur les lieux, de demande d'informations, documents, expertises et témoignages, ou en faisant procéder à une enquête (art 62 § 1 et 2, art 66 Règlement).

Ces moyens sont présentés distinctement par les parties au litige. Dès lors que les demandes formées par l'une et l'autre sont traitées dans une seule instance et que les faits invoqués par chacune concernent, en principe, la même situation litigieuse, il est néanmoins possible non seulement de réunir la présentation des moyens de preuve mais aussi de se prévaloir des preuves présentées dans l'action principale pour les besoins de la demande reconventionnelle[869].

---

[866] Voir S. Talmon « Article 43», in A. Zimmermann, Ch. Tomuschat, K. Oellers-Frahm (eds), *The Statute of the International Court of Justice : A commentary*, *op. cit.*, p. 998, n° 57.

[867] Article 57 du Règlement.

[868] *Détroit de Corfou, arrêt du 9 avril 1949, C.I.J. Recueil 1949*, p. 17 ; *Plateau continental (Libye/Malte,) arrêt 3 juin 1985, C.I.J. Recueil 1985*, pp. 14 -17. Pour le témoignage voir *Activités militaires et paramilitaires au Nicaragua et contre celui-ci (Nicaragua c. Etats-Unis d'Amérique), fond, arrêt, C. I.J. Recueil 1986*, p. 41, par. 66 et s, p. 58, par. 99, p. 74, par. 134 ; *Application de la convention pour la prévention et la répression du crime de génocide (Bosnie-Herzégovine c. Serbie-et-Monténégro), fond, arrêt du 26 février 2007, C.I.J. Recueil* 2007, p. 15, par. 58.

[869] D. Anzilotti, « La demande reconventionnelle en procédure internationale », *op. cit.*, p. 876.

C. *Incidents de procédure*

Ils ne touchent pas le fond de l'affaire. Ils prennent la forme de mesures conservatoires (1), d'exceptions (2) et d'une intervention (3)[870].

1. *Mesures conservatoires*

Si la demande reconventionnelle est accepté, la Cour peut indiquer à la demande des parties ou *proprio motu* des mesures conservatoires afin d'éviter l'aggravation ou l'extension du différend[871] ou de sauvegarder leurs droits en attendant la décision sur le fond[872]. Cette compétence lui a été conférée par l'article 41, paragraphe 1 du Statut selon lequel « [l]a Cour a le pouvoir d'indiquer, si elle estime que les circonstances l'exigent, quelles mesures conservatoires du droit de chacun doivent être prises à titre provisoire ». Elle peut aussi indiquer des mesures conservatoires totalement ou partiellement différentes de celles qui sont sollicitées (article 75, paragraphe 2 du Règlement).

Lorsqu'une demande en indication des mesures conservatoires est soulevée dans une affaire ordinaire, c'est-à-dire à l'occasion de l'introduction d'une demande par l'acte introductif d'instance, la Cour entreprend un examen sommaire de la base de compétence invoquée par le demandeur pour juger de sa compétence *prima facie*. Elle rejettera la demande si elle se considère manifestement incompétente[873]. Il en va autrement lorsqu'elle est soulevée à propos de la demande reconventionnelle. La recevabilité de celle-ci étant subordonnée à la satisfaction de la double condition de connexité et de compétence (article 80, alinéa 1 du Règlement), la

---

[870] Rappelons que la catégorie d'incidents de procédure comprend certains moyens qui ne sont pas examinés ici (voir *supra* p. 164 et s.). Nous nous contentons d'étudier ceux qui sont mentionnés à la Section D du Règlement. Le désistement est examiné avec l'arrêt sur le fond comme un événement qui met un terme à la procédure. Voir *infra* p. 406.

[871] *Différend frontalier, mesures conservatoires, ordonnance du 10 janvier 1986, C.I.J. Recueil 1986,* p. 9, par. 18.

[872] *Anglo-Iranian Oil Co., Ordonnance du 5 juillet 1951 : C. I. J. Recueil 1951*, p. 93 ; *Frontière terrestre et maritime entre le Cameroun et le Nigéria, mesures conservatoires, ordonnance du 15 mars 1996, C.I. J. Recueil 1996,* p. 22, par. 35.

[873] *Compétence en matière de pêcheries (République fédérale d'Allemagne c. Islande), mesures conservatoires ordonnance du 17 août 1972. C.I.J. Recueil 1972*, p. 15 et 33.

jonction suppose que ladite condition est d'ores et déjà remplie. En d'autres termes, il n'est pas besoin pour la Cour de s'assurer de sa compétence *prima facie* afin d'indiquer de telles mesures lorsqu'elles sont sollicitées à propos de la demande reconventionnelle.

Il reste que d'autres conditions sont requises : l'urgence pour conserver les droits ou intérêts en cause[874], le risque d'un dommage irréparable en cas de refus d'indiquer des mesures[875] et l'existence d'un certain lien de rattachement entre les mesures sollicitées et la demande formée par le défendeur[876].

La Cour statuera par la voie d'une ordonnance, après s'être renseignée auprès des parties, sans être amenée à tenir des audiences sur la question de savoir s'il y a lieu ou non d'indiquer des mesures demandées. Il va sans dire que la décision ainsi prise est obligatoire pour les parties, qui sont tenues de s'y conformer[877].

À ce jour, les demandes reconventionnelles présentées à la Cour n'ont jamais donné lieu à l'indication des mesures conservatoires.

---

[874] Il y a urgence lorsqu' « il existe un risque réel et imminent qu'un préjudice irréparable soit causé aux droits en litige avant que la Cour n'ait rendu sa décision définitive ». *Demande en interprétation de l'arrêt du 15 juin 1962 en l'affaire du Temple de Préah Vihéar (Cambodge c. Thaïlande), mesures conservatoires, ordonnance du 18 juillet* 2011, p. 12 par. 47. Voir, aussi *Certaines activités menées par le Nicaragua dans la région frontalière (Costa Rica c. Nicaragua), mesures conservatoires, ordonnance du 8 mars 2011*, par. 64 ; *Frontière terrestre et maritime entre le Cameroun et le Nigéria, C.I. J. Recueil 1996*, p. 22, par. 35.

[875] *Demande en interprétation de l'arrêt du 15 juin 1962 en l'affaire du Temple de Préah Vihéar, ibid*, p. 12, par. 46. Voir aussi *Demande en interprétation de l'arrêt du 31 mars 2004 en* l'affaire *Avena et autres ressortissants mexicains (Mexique c. Etats-Unis d'Amérique), mesures conservatoires, ordonnance du 16 juillet 2008, C.I.J. Recueil 2008*, p. 328, par. 65 ; *Certaines activités menées par le Nicaragua dans la région frontalière (Costa Rica c. Nicaragua), mesures conservatoires, ordonnance du 8 mars 2011*, par. 63.

[876] La condition est posée à l'article 73 (alinéa 1) du Règlement selon lequel : « une partie peut présenter une demande en indication de mesures conservatoires par écrit à tout moment de la procédure engagée en l'affaire au sujet de laquelle la demande est introduite ».

[877] *LaCrand (Allemagne c. Etats-Unis d'Amérique), arrêt, C. I. J. Recueil 2001*, par. 109.

2. Intervention

Rappelons que deux types d'intervention sont prévus aux articles 62 et 63 du Statut. Selon le premier :

> « 1. Lorsqu'un Etat estime que, dans un différend, un intérêt d'ordre juridique est pour lui en cause, il peut adresser à la Cour une requête, à fin d'intervention.
>
> 2. La Cour décide ».

Et d'après le second :

> « 1. Lorsqu'il s'agit de l'interprétation d'une convention à laquelle ont participé d'autres Etats que les parties en litige, le Greffier les avertit sans délai. »

Il n'est pas douteux que les prétentions du défendeur peuvent mettre en cause l'intérêt d'ordre juridique d'un Etat tiers. Il peut aussi tenir à l'interprétation d'une convention à laquelle ont participé d'autres Etats que les parties en litige. La raison d'être de la faculté reconnue aux Etats tiers par le Statut[878] ne disparaît pas du seul fait de caractère incident de la demande contenue dans le contre-mémoire du défendeur. Dès lors, la nécessité de mettre les Etats intéressés en éveil s'impose et le principe de la notification (ou de la communication) de la demande trouve ici sa pleine application.

Cette nécessité s'impose avec une force toute particulière si le défendeur présente une demande reconventionnelle qui s'appuie sur une convention internationale autre que celle sur laquelle se repose la demande initiale, comme ce fut le cas dans l'affaire de l'*Usine de Chorzów*[879]ou encore dans celle de l'*Activités armées*

---

[878] Cette « raison d'être » a été expliqué par M. Torres Bernardez comme suit : « la prise de conscience de ce que le principe de l'autorité de la chose jugée ne procure pas une protection suffisante des intérêts légitimes éventuels de tiers qui pourraient se trouver en cause dans le procès entre les parties ». S. Torres Bernadez, « L'intervention dans procédure de la Cour internationale de Justice », *RCADI*, 1995, vol. 256, p. 225-226.

[879] La demande reconventionnelle du gouvernement polonais mettait en jeu l'interprétation de l'article 256 du traité de Paix de Versailles, tandis que la demande principale du gouvernement allemand concernait l'interprétation de la convention de Genève conclue entre l'Allemagne et la Pologne.

sur le territoire du Congo, où la deuxième demande reconventionnelle de l'Ouganda était fondée sur la violation de la convention de Vienne sur les relations diplomatiques, alors que la demande principale faisait référence, entre outre, à la violation de certaines dispositions de la Charte des Nations Unies. Pour le reste, la notification peut toujours être utile, fût-ce parce que la nouvelle demande soumet un nouveau différend à la décision du juge. Ce différend, qui est autonome et dont l'objet peut être distinct de celui de la requête, risque d'affecter d'autres intérêts que ceux mis en cause par le différend originel, ou de mettre en cause d'autres Etats que ceux qui sont affectés par celui-ci. La nouvelle notification peut, en outre, être utile si elle permet à l'Etat, qui ne s'est pas, pour une raison ou une autre, prévalu jusqu'alors du droit qui lui est accordé par les articles 62 et 63 du Statut, d'intervenir dans l'instance.

Reste à savoir quel est le fondement juridique de la notification exigée pour la demande reconventionnelle. Dans une affaire ordinaire, ce fondement varie selon le type de l'intervention sollicitée. S'agissant de l'intervention prévue à l'article 63, l'alinéa 1 de cet article dispose que « [l]orsqu'il s'agit de l'interprétation d'une convention à laquelle ont participé d'autres Etats que les parties en litige, le Greffier les avertit sans délai ». L'alinéa 1 de l'article 43 du Règlement y apporte la précision suivante : « lorsque l'interprétation d'une convention à laquelle ont participé d'autres Etats que les parties en litige peut être en cause au sens de l'article 63, paragraphe 1, du Statut, la Cour examine quelles instructions donner au Greffier en la matière ».

La communication aux fins de l'intervention prévue à l'article 62 a pour fondement l'article 40 du Statut, selon lequel « [l]e Greffier donne immédiatement communication de la requête à tous intéressés » (alinéa 2), et « [...] en informe également les Membres des Nations Unies par l'entremise du Secrétaire général, ainsi que les autres Etats admis à ester en justice devant la Cour » (alinéa 3). L'article 42 du Règlement précise à ce propos que « [l]e Greffier transmet copie de toute requête ou notification de compromis introduisant une instance devant la Cour : *a)* au Secrétaire général de l'Organisation des Nations Unies ; *b)* aux

Membres des Nations Unies; *c)* aux autres Etats admis à ester devant la Cour ».

Il semble évident que ces dispositions ne s'appliquent pas automatiquement à la notification de la demande présentée à titre reconventionnel. L'article 40 n'est valable que pour les cas portés devant la juridiction par requête unilatérale. Et la notification prévue au paragraphe 1 de l'article 63 ne peut être adressée aux Etats intéressés que sous les instructions données par la Cour au Greffier. C'est la raison pour laquelle la déclaration suivante est intégrée aux décisions d'admission des demandes introduites à titre reconventionnel :

> « aux fins de protéger les droits que les Etats tiers admis à ester devant la Cour tirent du Statut, la Cour donne instruction au Greffier de leur transmettre copie de la présente ordonnance [880]».

3. Exceptions

Il résulte du principe de l'autonomie de la demande reconventionnelle que la partie contre laquelle une telle demande a été présentée et jointe à l'instance, puisse contester la recevabilité générale de la demande, ainsi que la compétence de l'organe judiciaire pour en connaître. Il va sans dire que les objections qui peuvent être soulevées à ce stade de la procédure s'adressent à la demande reconventionnelle en tant que *prétention nouvelle*. Elles sont présentées au stade du fond et sont, à ce titre, distinctes de celles qui peuvent être soulevées contre la demande reconventionnelle en tant qu'acte juridique. Il n'y a donc pas de différence à cet égard entre la demande introduite à titre incident et celle qui est présentée à titre principal. S'il s'agit d'une exception d'incompétence, le juge s'assurera que les parties lui ont conféré le pouvoir de régler le différend qui les divise. S'il s'agit d'une (ou des) exception(s) d'irrecevabilité, mettant en cause par exemple le caractère juridique du différend porté devant la juridiction par la voie du contre-mémoire, il procédera à l'examen de cette exception avant d'entrer dans la discussion des mérites de la demande. Là aussi, l'exception d'incompétence, si elle est posée, sera examinée avant celle(s) qui est (sont)

---

[880] *Application de la Convention pour la prévention et la répression du crime de génocide*, C.I.J. Rec. 1997, p. 259, par. 39.

soulevée(s) à la recevabilité générale de la demande, et il n'entreprendra l'examen de cette deuxième catégorie d'exceptions que si elle conclut à sa compétence pour connaître de la demande au fond.

Le principe selon lequel le défendeur reconventionnel peut soulever de telles exceptions a été à deux reprises consacré par la Cour internationale dans sa jurisprudence récente, d'abord dans l'affaire des *Plateformes pétrolières* et ensuite dans celle des *Activités armées sur le territoire du Congo*. Dans la première espèce, les Etats-Unis contestèrent le droit de l'Iran de soulever, au stade du fond, des exceptions à la recevabilité de leurs demandes reconventionnelles. La Cour rejeta l'objection américaine dans les termes suivants :

> « La Cour estime qu'il est loisible à l'Iran, à ce stade de l'instance, de soulever des exceptions à la compétence de la Cour pour connaître de la demande reconventionnelle ou à la recevabilité de cette demande, autres que celles ayant fait l'objet de l'ordonnance du 10 mars 1998. Lorsque, par cette ordonnance, la Cour a statué sur la «recevabilité» de la demande reconventionnelle, il ne s'agissait pour elle, à ce stade, que de vérifier s'il avait été satisfait aux exigences de l'article 80 du Règlement de la Cour, à savoir s'il existait une connexité directe entre cette demande reconventionnelle et l'objet des demandes iraniennes et si [...] cette demande relevait de la compétence de la Cour. L'ordonnance du 10 mars 1998 ne traite donc, en ce qui concerne la compétence et la recevabilité, d'aucune question qui ne soit directement liée à l'article 80 du Règlement[881] ».

Une question comparable s'est posée dans l'affaire des *Activités armées sur le territoire du Congo*. L'Ouganda, demandeur reconventionnel, prétendait que le Congo n'était plus en droit, au stade du fond de la procédure, de plaider

[881] *Plates-formes pétrolières (République islamique d'Iran c. Etats-Unis d'Amérique), arrêt, C.I.J. Recueil 2003*, p. 210, par.105.

l'irrecevabilité des demandes reconventionnelles, au motif que l'ordonnance rendue par la Cour le 29 novembre 2001, portant sur la recevabilité des demandes reconventionnelles ougandaises, valait décision définitive sur ces demandes en vertu de l'article 80 du Règlement de la Cour et interdisait tout débat sur leur recevabilité[882]. Se référant à son prononcé dans l'arrêt des *Plates-formes pétrolières*, la Cour observe que « [r]ien dans les faits de la présente affaire n'impose une conclusion différente »[883]. « L'examen de la question de la recevabilité d'une demande reconventionnelle au regard de l'article 80 porte uniquement sur la question de savoir si cette demande est en connexité directe avec l'objet de la demande principale ; il ne constitue pas un examen global de sa recevabilité »[884] conclut-elle. A l'appui de cette conclusion, la Cour invoque les termes de l'ordonnance du 29 novembre 2001 où, après avoir jugé les première et deuxième demandes reconventionnelles recevables au regard du critère de connexité requis par l'article 80, elle a souligné «qu'une décision rendue sur la recevabilité d'une demande reconventionnelle compte tenu des exigences formulées à l'article 80 du Règlement ne saurait préjuger d'aucune question dont la Cour aurait à connaître dans la suite de la procédure»[885].

Une exception soulevée à une demande reconventionnelle jointe à l'instance originelle diffère néanmoins des exceptions qui font l'objet de l'article 79 du Règlement. Ces dernières sont soulevées par le défendeur principal contre la requête introductive d'instance et ont pour effet la suspension du procès en cours[886]. Elles donnent lieu à l'ouverture d'une procédure incidente au cours de laquelle les parties débattront de la question litigieuse, et

---

[882] *Activités armées sur le territoire du Congo, (République démocratique du Congo c. Ouganda*), arrêt, *C.I.J. Recueil 2005,* P. 85, par. 269.
[883] *Ibid.,* par. 272.
[884] *Ibid.,* par. 273.
[885] *Ibid.,* citant *Activités armées sur le territoire du Congo (République démocratique du Congo c. Ouganda), demandes reconventionnelles, ordonnance du 29 novembre 2001, C.I.J. Recueil 2001*, p. 681, par. 46.
[886] Selon le paragraphe 5 de l'article 79, « Dès réception par le Greffe de l'acte introductif de l'exception, la procédure sur le fond est suspendue et la Cour ou, si elle ne siège pas, le Président fixe le délai dans lequel la partie contre laquelle l'exception est introduite peut présenter un exposé écrit contenant ses observations et conclusions ; les documents à l'appui y sont annexés et les moyens éventuels de preuve sont indiqués ».

à la suite de laquelle la Cour se prononcera par un arrêt sur les objections soulevées. Une exception à des demandes reconventionnelles est présentée en même temps que les défenses au fond et dans la même pièce : la réplique. Une procédure préliminaire n'y étant pas consacrée, la Cour statuera à son sujet dans son arrêt sur le fond[887].

§2. La procédure écrite : le principe du contradictoire

Les versions anciennes du Règlement étaient muettes sur la manière dont le demandeur originaire pouvait exprimer ses vues sur les prétentions formulées à son encontre. Mais la Cour a comblé cette lacune en faisant usage du pouvoir que lui confère le paragraphe 2 de l'article 45 du Règlement, selon lequel :

> « La Cour peut autoriser ou prescrire la présentation d'une réplique du demandeur et d'une duplique du défendeur si les parties sont d'accord à cet égard ou si la Cour décide, d'office ou à la demande d'une partie, que ces pièces sont nécessaires ».

Cette disposition ne réglait pas pour autant tous les problèmes liés au droit de la défense du défendeur reconventionnel. D'une part, elle confère à la Cour un pouvoir discrétionnaire. Celle-ci « peut autoriser ou prescrire » la présentation de nouvelles pièces de procédure. Il ne s'agit donc pas du « droit » du défendeur reconventionnel mais d'une « possibilité » que l'organe judiciaire peut offrir à cette partie s'il le considère « nécessaire ». D'autre part, dans le cas de la présentation d'une réplique par le demandeur originaire et d'une duplique par le défendeur, se pose la question du respect du principe de l'égalité[888] entre les parties

---

[887] *Ibid.*, par. 273. « (…) la Cour fait observer que l'article 79 vise le cas d'une «exception à la compétence de la Cour ou à la recevabilité de la requête ou toute autre exception sur laquelle le défendeur demande une décision avant que la procédure sur le fond se poursuive». Cette disposition ne s'applique pas à une exception à des demandes reconventionnelles qui ont été jointes à l'instance originelle ».

[888] Le principe d'égalité vise à assurer une neutralité dans le traitement des parties au litige et à placer tous les éléments du litige dans des conditions objectivement équivalentes.

dans la mesure où le défendeur à l'action reconventionnelle se trouve «dans une situation nettement désavantageuse », comme le soutint à juste titre l'Iran dans l'affaire des *Plates-formes pétrolières*, car il «doit apparemment se limiter à un seul exposé écrit, tandis que l'auteur de la demande reconventionnelle a, sur cette question, à la fois le premier et le dernier mot »[889].

Ce problème avait attiré l'attention du juge Negulesco pendant les travaux préparatoires du Règlement de 1936 :

> "In a normal case before the Court, each party could file two written documents and could address the Court twice orally. On the contrary, in the case of counter-claims, the existing system, according to which the respondent raised a counter-claim in the Counter-Case only, allowed the applicant to file a single written document – the Reply – in regard to the claim, whereas the respondent could refer to the matter a second time, in his Rejoinder. M. Negulesco raised the question whether this inequality between the parties in the written proceedings in regard to a counter-claim was not inconsistent with the spirit of the Statute.[890]"

C'est le respect de principes aussi fondamentaux que celui du contradictoire[891] et celui de l'égalité des parties qui est en cause. La Cour a toujours assuré, en pratique, le plein respect de ces principes en autorisant les demandeurs originels à s'exprimer une seconde fois par écrit, sur les prétentions introduites par le défendeur, dans une pièce additionnelle, et ce indépendamment de la présentation d'une réplique et d'une duplique par les deux parties, estimées toujours nécessaires par la Cour dans lesdites instances[892]. Il y a là une règle de procédure dont la Cour a

---

[889] *Plates-formes pétrolières, C.I. J. Recueil 1998*, para 20

[890] *P.C.I.J., Series D, No. 2, Add. 4*, p. 262.

[891] Selon ce principe « nulle partie ne peut être jugée sans avoir été entendue ou appelée », Article 14 du NCPC de France.

[892] Voir l'affaire de l'*Application de la convention pour la prévention et la répression du crime de génocide, demandes reconventionnelles, ordonnance du 17 décembre 1997,* par. 42 ; L'affaire des *Plates-formes pétrolières, demande reconventionnelle, ordonnance du 10 mars 1998*, par. 45 ; l'affaire de la *Frontière*

toujours assuré l'application alors même qu'elle n'était pas imposée par le Règlement. Participant des droits fondamentaux de la partie défenderesse du procès, la règle devait trouver une place dans la disposition relative à la demande reconventionnelle. C'est pourquoi elle a été ajoutée dans le paragraphe 2 de l'article 80, lors de la révision du Règlement en 2001. La nouvelle disposition se lit comme suit :

> « Le droit qu'a l'autre partie d'exprimer ses vues par écrit sur la demande reconventionnelle dans une pièce de procédure additionnelle est préservé, indépendamment de toute décision prise par la Cour, conformément au paragraphe 2 de l'article 45 du présent Règlement, quant au dépôt de nouvelles pièces de procédure. »[893]

Le texte a donc été rédigé de façon à ce que le pouvoir discrétionnaire, ci-dessus souligné, de la Cour d'ordonner le dépôt d'une réplique et d'une duplique prévu à l'article 45 soit préservé. Il s'ensuit que si elle n'estime pas nécessaire le dépôt de ces pièces, l'échange des écrits se limitera à la présentation de la pièce additionnelle prévue par la nouvelle version de l'article 80.

§3. La composition de la Cour

La demande reconventionnelle venant s'immiscer dans l'affaire déjà en cours, son introduction n'a pas pour effet de modifier la composition de la Cour telle qu'elle existait au moment de l'introduction. Cela dit, deux questions, soulevées déjà dans le cadre d'autres procédures incidentes, sont susceptibles de se poser en matière reconventionnelle. Il s'agit du rapport entre la

---

terrestre et maritime entre le Cameroun et le Nigéria, ordonnance du 30 juin 1999, p. 985 ; l'affaire des *Activités armées sur le territoire du Congo, ordonnance du 29 novembre 2001*, par. 50. La Cour ordonne le dépôt de nouvelles pièces de procédure même si l'une des parties s'y oppose. Voir *Application de la Convention pour la prévention et la répression du crime de génocide*, *ibid.*, p. 260, par. 41.

[893] On ne peut que saluer l'initiative de la Cour, mais celle-ci aurait bien pu accorder une place distincte au principe ainsi consacré. Associer une disposition tenant au principe du contradictoire à celle relative à la condition de forme et les réunir en un même alinéa apparaît quelque peu dissonant. La séparation de ces deux dispositions l'une de l'autre est dès lors vivement souhaitable.

Cour plénière et une chambre chargée de connaître de l'affaire (A) et de la désignation du juge *ad hoc* (B).

A. La chambre

Trois types de chambre peuvent être constitués au sein de la Cour : la chambre spécialisée, composée de trois juges au moins selon ce qu'elle décidera, pour connaître de catégories déterminées d'affaires (article 26, paragraphe 1, du Statut et article 16 du Règlement), la chambre *ad hoc* pour connaître d'une affaire déterminée, le nombre des juges de cette chambre étant fixé par la Cour avec l'assentiment des parties (article 26, paragraphe 2, et article 17, du Règlement) et la chambre composée annuellement de cinq juges, appelés à statuer en « procédure sommaire » lorsque les parties le demandent (article 29, du Statut et article 15 du Règlement).

Aucune chambre ainsi composée n'a été à ce jour saisie d'une demande reconventionnelle. Cela n'interdit pas de se poser la question de savoir si le défendeur peut présenter ses prétentions à la Cour plénière lorsque le traitement de la demande principale a été confié à une chambre. Dans l'affaire du *Différend frontalier terrestre, insulaire et maritime (El Salvador/Honduras)*, une chambre de 5 juges avait été constituée à la demande des parties au litige conformément à l'article 26 paragraphe 2 du Statut et à l'article 17 du Règlement par l'ordonnance du 8 mai 1987 de la Cour[894]. La République du Nicaragua déposa le 17 novembre 1989 au Greffe de la Cour une requête à fin d'intervention dans l'affaire, indiquant que cette requête lui était soumise en vertu des articles 36, paragraphe 1, et 62 du Statut de la Cour. Le Gouvernement du Nicaragua soutint que sa requête à fin d'intervention relevait exclusivement de la compétence de la Cour plénière en matière de procédure, et ce «non seulement parce qu'il s'agit d'une procédure incidente, mais aussi pour [des] raisons d'élémentaire équité ». Après s'être renseignée auprès des Etats intéressés, la Cour décida qu' « il appartient à la Chambre constituée pour connaître de la présente affaire de décider de l'admission de la

[894] *Différend frontalier terrestre, insulaire et maritime (El Salvador/Honduras), constitution de chambre, ordonnance du 8 mai 1987, C.I.J. Recueil 1987,* p. 10.

requête à fin d'intervention en vertu de l'article 62 du Statut, introduite par la République du Nicaragua le 17 novembre 1989 »[895].

C'est moins ce prononcé que les raisonnements invoqués à son appui qui font l'intérêt de ce précédent. Si certains d'entre eux ne sont valables que pour la procédure d'intervention, d'autres, tenant au caractère incident de cette procédure, peuvent être pertinents dans d'autres procédures de ce genre, dont la demande reconventionnelle. On mentionnera à cet égard les affirmations suivantes :

> - « le juge du principal [étant] le juge de l'accessoire ; [...] une chambre constituée pour connaître d'une affaire déterminée connaît dès lors non seulement du fond de l'affaire, mais aussi des procédures incidentes introduites dans cette affaire ;
>
> - [...] la règle de droit d'après laquelle «toute intervention est un incident de procédure » (Haya de la Torre, C.I.J. Recueil 1951, p. 76) s'applique, que l'intervention ait été formée en vertu de l'article 62 ou de l'article 63 du Statut » [896].

La Cour a tranché par cette décision une question fondamentale, celle de savoir à qui il revient de traiter des questions ou matières incidentes lorsque les organes habilités à en connaître sont multiples. La réponse donnée par la Cour, qui traduit d'ailleurs un principe général de procédure consacré par toutes les juridictions, est que cela appartient à l'organe saisi du litige initial[897]. Si, dans une hypothèse comme celle du *Différend*

---

[895]*Différend frontalier terrestre, insulaire et maritime (El Salvador/Honduras), requête à fin d'intervention, ordonnance du 28 février 1990, C.I.J. Recueil 1990*, p. 7.

[896] Renvoyant aux affaires suivantes : *Différend frontalier, mesures conservatoires, ordonnance du IO janvier 1986, C.I.J. Recueil 1986*, p. 3 ; *Elettronica Sicula S.P.A. (ELSI), C.I.J. Recueil 1989*, p. 42, par. 49

[897]A cet égard le Règlement contient une disposition expresse relative à la demande d'interprétation ou de la révision. Selon l'alinéa 1 de son article 100 « Si l'arrêt à interpréter ou à réviser a été rendu par la Cour, celle-ci connaît de la demande en interprétation ou en révision. Si l'arrêt a été rendu par une chambre, celle-ci connaît de la demande en interprétation ou en révision ».

frontalier terrestre, insulaire et maritime, le défendeur désire présenter une demande reconventionnelle, il n'a d'autre choix que de le faire devant la chambre chargée de connaître de la demande principale. De même, des moyens ou des incidents (une demande en indication de mesures conservatoires, ou d'intervention par exemple), susceptibles d'être soulevés à propos de cette demande ne peuvent l'être que devant la chambre.

B. *Juge ad hoc*

Aux termes de l'article 31 du Statut, « [s]i la Cour compte sur le siège un juge de la nationalité d'une des parties, toute autre partie peut désigner une personne de son choix pour siéger en qualité de juge » (paragraphe 2) et « [s]i la Cour ne compte sur le siège aucun juge de la nationalité des parties, chacune de ces parties peut procéder à la désignation d'un juge de la même manière qu'au paragraphe précédent » (paragraphe 3). La désignation du juge *ad hoc* dans une affaire où des demandes reconventionnelles sont formulées ne pose pas de problème particulier. A ce stade de la procédure, c'est-à-dire au moment de la présentation du contre-mémoire par le défendeur, la ou les parties sont censées avoir déjà procédé à la désignation de la personne de leur choix pour siéger en qualité de juge. Si le choix n'a pas été effectué, il faut considérer que la partie intéressée s'est abstenue d'exercer la faculté que lui confère l'article 31 du Statut.

La question qui se pose est de savoir si la partie qui a renoncé, pour la demande initiale, au juge *ad hoc*, peut en nommer un pour la demande reconventionnelle. M. Wittenberg répond négativement. Il soutient que « si l'Etat demandeur dès qu'assigné reconventionnellement pouvait exiger le juge ad hoc auquel il avait jusque-là renoncé, un membre de la Cour se trouverait n'avoir pas suivi tous les débats relatifs à l'affaire »[898]. Le débat n'est pas que théorique. Il n'y a pas certes de précédent en la matière, mais la pratique de la Cour concernant d'autres procédures incidentes fournit des enseignements fort intéressants.

L'extension de l'article aux demandes incidentes est vivement souhaitable, sachant qu'une demande en révision ou en interprétation n'est pas une demande incidente.

[898] J-C. Wittenberg, *L'organisation judiciaire, la procédure et la sentence internationales*, *op. cit.*, p. 196. Voir aussi S. Glichitch, *La juridiction obligatoire de la CPIJ*, Paris, Jouvel&cie, Editeurs, 1940, p. 167.

Dans l'affaire du *Plateau continental (Tunisie/Jamahiriya arabe libyenne),* Malte, désireux d'intervenir dans l'instance, avait avisé la Cour par une lettre que, s'appuyant sur l'article 31, paragraphe 3, du Statut, il désignait un juge *ad hoc* « aux fins de la procédure sur l'intervention ». La Cour a décidé que la question traitée dans cette lettre

« n'entrai[t] manifestement pas à ce stade dans le cadre de l'article 31 du Statut de la Cour ; qu'un Etat désireux d'intervenir en vertu de l'article 62 du Statut n'a d'autre droit que celui de demander l'autorisation de le faire, et que son statut par rapport à l'instance reste à établir ; que, tant que la requête à fin d'intervention n'a pas fait l'objet d'un examen et d'une décision, les conditions dans lesquelles l'article 31 peut éventuellement devenir applicable n'existent pas »[899].

Cette conclusion est valable pour la demande reconventionnelle si le défendeur cherche à désigner un juge *ad hoc* « aux fin de la procédure incidente », c'est-à-dire celle qui est engagée conformément au paragraphe 3 de l'article 80 pour l'examen de la recevabilité de la demande. Il peut en aller autrement lorsque celle-ci est admise et jointe à l'instance en cours. Il se déduit par un argument *a contrario* du prononcé de la Cour dans l'affaire du *Plateau continental* que l'article 31 peut éventuellement devenir applicable lorsque la requête à fin d'intervention fait l'objet d'une décision favorable. Dans son commentaire à l'article 31 du Statut, M. Kooijmans, ancien juge à la CIJ, s'est exprimé dans ce sens :

> "If permission had been granted, then the appointment of a judge *ad hoc* would have become related to the case, and the judges *ad hoc* would have been entitled to participate in deliberation on the issue. For a decision in this respect it presumably is relevant whether the intervention granted will be on terms according to which the intervening State becomes a party to the case or on a non-party basis. The choice of a judge *ad hoc* would at any rate only seem appropriate in the former case since in the latter

---

[899] *Plateau continental (Tunisie/Jamahiriya arabe libyenne), requête à fin d'intervention, arrêt, C.I.J. Recueil 1981,* p. 6, par. 8.

"the intervening State does not become party to the proceedings"[900].

Si cette interprétation est conforme à la logique juridique, c'est parce que, en cas d'acceptation d'une demande en intervention-partie, une nouvelle prétention est formulée dans l'instance, et qu'un nouveau rapport juridique est dès lors créé entre les Etats impliqués dans l'affaire. Telle est sans doute la situation lorsque le défendeur devient demandeur (reconventionnel).

Par ailleurs, l'autonomie de la demande reconventionnelle implique que les dispositions du Statut et du Règlement y soient applicables de la même manière qu'elles s'appliquent à la demande principale, sauf si leur application est incompatible avec le caractère incident de la demande en cause, ce qui n'est pas le cas de l'article 31 du Statut. Rien ne s'oppose donc à ce que la partie ayant renoncé à la désignation du juge *ad hoc* dans la phase de la procédure consacrée à la demande initiale, procède à cette désignation à la suite de la jonction à l'affaire de la demande nouvelle formulée par le défendeur. Bien entendu, le juge ainsi choisi n'interviendra dans l'affaire que pour autant qu'est en cause la demande en question.

Section 2. La fin de la procédure

La procédure contentieuse ne prend fin devant la Cour internationale que du fait d'un désistement (§1) ou d'un arrêt sur le fond (§2).

§1. Désistement

Dans une procédure devant la Cour, le désistement intervient du fait soit d'un accord entre les parties (article 88, alinéa 1), soit d'une initiative du demandeur dans une affaire introduite par requête (article 89, alinéas 1 et 2, du Règlement). Dans le premier cas, les parties, conjointement ou séparément, notifient à la Cour par écrit qu'elles sont convenues de se désister. Dans le deuxième

---

[900] P.H. Kooijmans, « Article 31 », in A. Zimmermann, Ch. Tomuschat, K. Oellers-Frahm (eds), *The Statute of the International Court of Justice : A commentary ;* Oxford University Press, 2006, p. 505, n° 41.

cas, le demandeur lui fait savoir par écrit qu'il renonce à poursuivre la procédure. Si à la date de la réception par le Greffe de ce désistement, le défendeur n'a pas encore fait acte de procédure, la Cour prend acte par une ordonnance de ce désistement et prescrit la radiation de l'affaire sur le rôle (article 89, alinéa 1) ; en revanche, si à la date de la réception du désistement, le défendeur a fait acte de procédure, la Cour fixe le délai dans lequel il peut déclarer qu'il s'oppose au désistement ; en l'absence d'objection, ce désistement est réputé acquis et la Cour rend une ordonnance en prenant acte et prescrivant la radiation de l'affaire sur le rôle ; s'il est fait objection, l'instance se poursuit (article 89 alinéa 2).

Ces règles s'appliquent *mutatis mutandis* à la demande reconventionnelle. Le défendeur peut renoncer unilatéralement à poursuivre la procédure en ce qui concerne les prétentions qu'il a introduites dans son contre-mémoire. Si à la date de la communication de sa décision au greffe, la partie adverse n'a pas fait acte de procédure, la Cour en prend acte. Dans le cas contraire, la demande reconventionnelle ne peut être retirée de l'instance que si la partie adverse l'accepte. C'est ainsi que, dans l'affaire de *la Convention sur le génocide,* la Cour a pris acte du retrait par la Yougoslavie de ses demandes reconventionnelles après que la Bosnie lui a fait savoir qu'elle n'y voyait pas d'objection[901]. En l'espèce, la Bosnie avait, en effet, fait acte de procédure ; elle avait déposé sa réplique, en réponse à la reconvention de la Yougoslavie, dans la date indiquée à l'ordonnance du 17 décembre 1997 par laquelle la Cour a dit que la demande de la Yougoslavie était recevable comme telle et qu'elle faisait partie de l'instance en cours[902].

---

[901] *Application de la Convention pour la prévention et la répression du crime de génocide, ordonnance du 10 septembre 2001, C.I.J. Recueil 2001,* p. 573. Il est pourtant curieux que la Cour ait employé dans cette ordonnance le mot de « retrait » et non celui de « désistement », contrairement aux ordonnances portant la décision de la Cour sur le désistement du demandeur de l'instance principale.
[902] *Ibid.,* p. 572-3.

§2. Arrêt sur le fond

Pour l'un, la raison d'être de la demande reconventionnelle[903] et pour l'autre c'est son trait essentiel[904], c'est qu'il n'est pas statué sur les prétentions du demandeur sans qu'il ne soit statué en même temps sur ce que le défendeur prétend à devoir obtenir. Toutes les demandes soumises au juge international à titre reconventionnel ont été tranchées par le même arrêt et en même temps que celles introduites par l'acte introductif d'instance. La question est toutefois de savoir si la Cour peut disjoindre les deux actions pour les juger séparément. L'affirmative n'est admise que dans des cas très exceptionnels, justifiés par les circonstances de l'affaire[905]. Si c'est le cas, la disjonction n'aura pas pour effet de dessaisir la juridiction, mais simplement de renvoyer l'examen de la demande à une date ultérieure.

L'arrêt sera donc unique, mais en la forme[906]. Au fond, les deux demandes sont distinctes l'une de l'autre, eu égard tant au sort qui leur sera réservé par le juge qu'en ce qui concerne la place que celui-ci consacre à l'examen de chacune d'elles dans l'arrêt sur le fond. Dès lors que les deux demandes sont indépendantes, la Cour

---

[903] D. Anzilotti, « La demande reconventionnelle en procédure internationale », », *op. cit.*, p.876.

[904] M. Ladislas Sierdlecki, « Les demandes reconventionnelles, étude critique et comparative », *op. cit.*, p. 789

[905] En droit français, nous l'avons dit, le tribunal saisi dispose du pouvoir d'ordonner la disjonction des demandes et de statuer séparément sur chacune d'elles lorsque l'une des demandes et non pas l'autre est en état d'être jugée, ou lorsque la demande reconventionnelle est de nature à faire subir un trop long retard au jugement de la demande principale.

[906] Et la procédure de son adoption ne change pas non plus du fait de l'acceptation par la Cour d'une demande formée à titre reconventionnel. Cette procédure se déroule de la manière suivante : quand les agents, conseils et avocats ont fait valoir, sous le contrôle de la Cour, tous les moyens qu'ils jugent utiles, le Président prononce la clôture des débats (l'article 54, paragraphe 1 du Statut) et la Cour se retire en Chambre du conseil pour délibérer (paragraphe 2). L'arrêt de la Cour est adopté à la majorité des juges présents (l'article 55 paragraphe 1 du Statut). En cas de partage des voix, la voix du Président ou de celui qui le remplace est prépondérante (paragraphe 2). Si l'arrêt n'exprime pas en tout ou en partie l'opinion unanime des juges, tout juge aura le droit d'y joindre l'exposé de son opinion individuelle (l'article 57 du Statut et l'article 95 paragraphe 2 du Règlement). Une opinion individuelle peut ne pas porter que sur les prononcés consacrés à la demande reconventionnelle.

peut les déclarer fondées ou non, ou, selon le cas, l'une fondée et l'autre point.

L'article 95, paragraphe 1 du Règlement, précise les éléments que l'arrêt sur le fond doit comprendre[907]. Celui-ci comporte trois parties : la première appelée « qualités »[908] regroupe l'ensemble des éléments qui sont utiles à « l'individualisation »[909] de l'affaire (composition de la Cour, indication des parties et de leurs agents, exposé de la procédure, analyse des faits, conclusions des plaideurs) ; la seconde est consacrée à ce qui « constitue le support nécessaire du dispositif »[910], à savoir les motifs ; et la dernière c'est le dispositif de la décision, organisé en articles ou en alinéas clairement distincts, énonçant synthétiquement les réponses aux demandes des parties.

La structure d'un arrêt qui clôt une affaire dans laquelle des demandes reconventionnelles ont été présentées est identique à celle d'un arrêt ordinairement rendu par la Cour, à ceci près que les conclusions en demande du défendeur sont examinées séparément et que des réponses distinctes y sont données dans le dispositif. La même portée s'attache à celui-ci, qu'il concerne la conclusion principale ou reconventionnelle. L'arrêt n'est obligatoire que pour les parties en litige et dans le cas qui a été décidé (l'article 59 du Statut). Il est considéré comme ayant force obligatoire pour les parties du jour de son prononcé (l'article 94 paragraphe 2 du Règlement). L'arrêt est définitif et sans recours (article 60 du Statut), mais il peut faire l'objet des demandes en

---

[907] Ce sont les suivants : l'indication de la date à laquelle il en est donné lecture; les noms des juges qui y ont pris part; l'indication des parties; les noms des agents, conseils et avocats des parties; l'exposé sommaire de la procédure; les conclusions des parties; les circonstances de fait; les motifs de droit; le dispositif; la décision relative aux frais, s'il y a lieu; l'indication du nombre et des noms des juges ayant constitué la majorité; l'indication du texte faisant foi.

[908] *Dictionnaire du Droit International*, Jean Salmon (ed), *op. cit.*, p. 916,.

[909] P. Dailler, M. Forteau, A. Pellet, *Droit international public*, *op. cit.*, p. 1005, n° 547.

[910] *Souveraineté sur Puluu Ligitun et Pulau Sipadun (Indonésie c. Malaisie), requête* à *fin d'intervention, arrêt, C.I.J. Rec.2001,* p. 596, par. 47.

interprétation ou en révision selon les dispositions du Statut et du Règlement relatives à ces procédures[911].

[911] Sur la demande en interprétation, l'article 60 du Statut dispose : « L'arrêt est définitif et sans recours. En cas de contestation sur le sens et la portée de l'arrêt, il appartient à la Cour de l'interpréter, à la demande de toute partie ». Il est complété par les articles 98 et 100 du Règlement. Sur la demande en révision, l'article 61 du Statut dispose : « 1. La révision de l'arrêt ne peut être éventuellement demandée à la Cour qu'en raison de la découverte d'un fait de nature à exercer une influence décisive et qui, avant le prononcé de l'arrêt, était inconnu de la Cour et de la partie qui demande la révision, sans qu'il y ait, de sa part, faute à l'ignorer ». Il est complété par les articles 99 et 100 du Règlement.

Conclusion du Titre II

L'introduction de la demande reconventionnelle met en marche deux procédures distinctes, une procédure incidente et une procédure contentieuse. La première est régie par le paragraphe 3 de l'article 80 du Règlement. Elle a pour objet de permettre à la partie adverse de contester la recevabilité de cette action, à la Cour de décider sur cette recevabilité après s'être renseignée auprès des parties à ce propos. Par une ordonnance la Cour se prononce sur la question de la recevabilité de la demande formée par le défendeur. La décision favorable de la Cour au sujet de la recevabilité au titre de l'article 80 du Règlement met en marche la procédure principale, celle qui avait été suspendue suite à la présentation par le défendeur des demandes reconventionnelles dans son contre-mémoire.

L'indépendance et l'autonomie de la demande présentée à titre incident et admise par la Cour font que les dispositions du Statut et du Règlement de la Cour applicables à une affaire ordinaire s'y appliquent pour autant qu'elles s'adaptent au caractère incident de la demande. Des moyens incidents peuvent être soulevés et le respect du droit de la partie adverse de répondre aux réclamations formulées à son encontre doit être assuré. Elle peut aussi poser des questions concernant la composition de l'organe judiciaire. Cette présentation n'aura toutefois pas pour effet la suspension de la procédure contentieuse, comme c'est le cas pour la demande principale. La Cour entendra les parties quant à la demande reconventionnelle présentée par le défendeur et statuera par un seul arrêt sur le fond de l'ensemble des demandes dont elle a été saisie, à titre principal et reconventionnel.

Conclusion de la troisième partie

L'article 80 du Règlement détermine la manière dont la demande reconventionnelle est introduite dans l'instance. Dans son premier alinéa, il dispose qu'elle « est présentée dans le contre-mémoire et figure parmi les conclusions contenues dans celui-ci ». Le contre-mémoire est à la reconvention ce qu'est la requête ou le compromis à la demande principale ; il est l'acte de saisine. A ce titre, il doit satisfaire aux conditions prévues à l'article 40 du Statut et à l'article 38 du Règlement relatifs au contenu de l'acte introductif d'instance. Si l'indication des parties à l'instance n'est pas nécessaire, celle de l'objet du litige et des moyens de droit sur lesquels le demandeur prétend fonder la compétence de la Cour est, en revanche, requise. Il doit en outre indiquer la nature précise de la demande, et contenir un exposé succinct des faits et moyens sur lesquels celle-ci repose.

La formule précitée de l'article 80 du Règlement indique à la fois le délai et la forme de l'introduction de la demande reconventionnelle. En ce qui concerne le délai, le défendeur doit impérativement présenter ses prétentions au plus tard dans le même délai que celui imparti au dépôt de son contre-mémoire. La détermination précise de cette date est importante car c'est par rapport à cette date que la Cour détermine sa compétence pour connaître de la demande reconventionnelle et juge de sa recevabilité.

Certes, l'exigence de délai prévue à l'article 80 semble très rigoureuse. Mais cela ne signifie pas que la demande du défendeur sera automatiquement rejetée parce qu'elle n'a pas été introduite dans le délai fixé. La Cour peut, en effet, se fonder sur l'article 44 alinéa 4 du Règlement pour considérer comme valables les conclusions reconventionnelles tardivement déposées. Il peut en aller autrement lorsque les droits des parties, principalement du demandeur originaire, sont mis en cause, lorsque la procédure principale a atteint un stade trop avancé, ou encore lorsque l'introduction tardive de la demande relève d'une stratégie dilatoire.

Quant à la condition de forme, elle est double : la demande du défendeur doit être présentée dans le contre-mémoire, et figurer parmi les conclusions contenues dans celui-ci. Ces conclusions sont, tout comme celles présentées par le demandeur, susceptibles d'être modifiées pendant le procès, à condition que cela n'entraîne pas la transformation de l'objet du différend qu'il a initialement porté devant la Cour, et que les conclusions modificatives soient matériellement comprises dans celles qu'il avait introduites dans son contre-mémoire.

L'introduction de la demande reconventionnelle met en marche deux procédures distinctes, une procédure incidente et une procédure contentieuse. La première est régie par le paragraphe 3 de l'article 80 du Règlement. La seconde est celle qui avait été engagée par l'acte introductif de l'instance initiale, et suspendue suite à la présentation par le défendeur des demandes reconventionnelles dans son contre-mémoire. Elle reprend sa marche après la décision favorable de la Cour quant à la recevabilité de cette demande et s'éteint par le désistement ou par l'arrêt sur le fond.

Conclusion générale

Pour définir la demande reconventionnelle au sens de l'article 80 du Règlement, il faut déterminer d'abord comment cette demande se qualifie et, ensuite, quelles sont les conditions de son examen par le juge international.

Il ressort de la jurisprudence à présent bien établie en la matière que pour être qualifiée de reconventionnelle, l'action présentée à ce titre doit soumettre un différend juridique au jugement de la Cour ; être formée par le défendeur ; et être introduite au cours du procès.

En ce qui concerne le premier point, les travaux préparatoires du Règlement et l'ordonnance du 17 décembre 1993 rendue dans l'affaire de la *Convention sur le génocide* s'accordent à dire que le défendeur doit présenter dans son contre-mémoire une conclusion qui cherche à obtenir quelque chose de plus, en même temps qu'elle vise à tenir en échec la demande de la partie adverse. Pour le dire autrement, la demande reconventionnelle est, selon cette conception, d'une nature hybride : elle est à la fois une demande (une prétention ou une revendication) et une défense. La pratique ne sanctionne toutefois pas cette manière de voir. En effet, des demandes formées par le défendeur à titre reconventionnel mais dépourvues du caractère défensif ont été acceptées par la Cour de La Haye.

Etant donné que la demande reconventionnelle ne peut être défensive que si elle est fondée sur les mêmes faits qui ont été invoqués pour la demande initiale, la pratique ci-dessus décrite implique que le défendeur peut formuler aussi une « demande reconventionnelle indirecte » dans le sens compris par Hudson, l'ancien juge de la Cour internationale, à savoir celle qui s'appuie sur des faits ou transactions autres que ceux sur lesquels se fonde la demande principale. Elle correspond ainsi à la notion de « demande reconventionnelle pure » en droit français et à une *compulsory counterclaim* en droit américain. Cela signifie que devant la CIJ, comme devant d'autres juridictions, l'élément essentiel dans la qualification de la demande du défendeur est la soumission par voie reconventionnelle d'un différend juridique à la décision du juge international. Ce qui fait qu'elle est considérée comme une exception au principe consacré par l'article 40 du Statut suivant lequel un différend juridique est soumis au juge par l'acte introductif d'instance, à savoir le compromis ou la requête. De là sa distinction d'un moyen de défense, car celui-ci ne peut avoir pour effet que le rejet des conclusions de la partie adverse. Là où cette distinction s'avérera difficile à établir, il faut se demander si la conclusion présentée par le défendeur peut, *in abstracto*, l'être par le biais d'un acte introductif d'instance, ouvrant une nouvelle procédure devant la Cour. Dans l'affirmative, elle est une demande reconventionnelle.

La demande reconventionnelle est formée par le défendeur à l'instance. Devant certaines juridictions, cette exigence est expressément indiquée, le NCPC de France en est un exemple. Devant la CIJ aussi les différentes versions du Règlement contenaient, jusqu'en 1978, une clause qui limitait la présentation de la demande aux affaires introduites par requête unilatérale. Ce qui signifiait qu'elle ne pouvait être présentée que par la partie défenderesse à l'instance. Ce n'est plus le cas. Depuis la réforme du Règlement en 1978, une demande reconventionnelle peut être introduite dans une affaire engagée par compromis, dans laquelle il n'y a pas, par définition, de demandeur et de défendeur au sens procédural du terme. Mais cela ne constitue pas une exception à la règle selon laquelle une telle demande est formée par le défendeur, dès lors que dans ces instances aussi, il y a des cas où un Etat réclame les droits dont il s'estime injustement privé, et un autre Etat qui cherche à maintenir le *statu quo*. Le premier est le demandeur et le second est le défendeur, matériellement.

La demande reconventionnelle n'est pas la seule institution juridique qui met le juge en mesure de trancher tous les contentieux qui divisent les parties. Lorsqu'il ordonne, en application de l'article 47 du Règlement, la jonction de deux affaires opposant les mêmes parties et ayant le même objet du litige, ou lorsqu'il est saisi par un compromis qui expose les conclusions opposées des parties portant sur une controverse qui les divise, le juge se trouve en effet dans la même situation que lorsqu'il est saisi d'une demande reconventionnelle. Mais celle-ci se distingue nettement des autres demandes réciproques du fait qu'elle est introduite en cours du même procès qui a été intenté par l'Etat requérant. D'où son inscription à la liste des procédures incidentes qui figurent à la Section D du Règlement.

Quant au second point, à savoir les conditions de son examen par le juge international, il faut distinguer entre les conditions requises pour la demande reconventionnelle en tant que telle, ou en tant qu'acte juridique, et celles qui sont requises pour la demande reconventionnelle en tant que prétention nouvelle. Ces dernières conditions seront vérifiées au stade du fond. En effet, en cas de jonction, à l'instar de celle portée par l'acte introductif d'instance, la demande formée par le défendeur est soumise au contrôle des conditions de recevabilité générales. Il s'agit pour la Cour, de vérifier, d'office ou à la demande de la partie adverse, qu'elle a le pouvoir de trancher la contestation dont elle a été saisie, que la demande du défendeur comporte un différend juridique, qu'il a l'intérêt et la qualité pour agir etc.

Les conditions requises pour la demande reconventionnelle en tant que telle, ou en tant qu'acte juridique sont énoncées à l'article 80 du Règlement qui stipule qu'une telle demande doit relever de la compétence de la Cour et entretenir une connexité directe avec l'objet de la demande initiale. Ces conditions sont vérifiées au stade préliminaire de la reconvention, avant la jonction. La compétence exprime le caractère consensuel de la juridiction internationale, et la connexité garantit le caractère exceptionnel de la demande. Quant à la première condition, il s'agit, selon la jurisprudence récente, de la compétence établie pour la demande initiale. Point n'est besoin de souligner que l'interprétation ainsi donnée est (très) rigoureuse, dès lors qu'elle restreint considérablement la faculté du défendeur dans la présentation de faits qu'il peut reprocher à son adversaire. En ce qui concerne la seconde condition, à savoir la connexité directe, il s'agit, selon cette même jurisprudence, de s'assurer qu'il existe un lien suffisant entre les deux demandes. La Cour appréciera souverainement ce lien tant sur le plan factuel que juridique. Dans cette appréciation, il tiendra compte de la « nature », du « temps » et du « lieu » des faits sur lesquels s'appuie la demande. Quant à la connexité juridique ou de droit, il s'agit de tenir compte du « but juridique » de chacune des actions intentées par les deux parties. Selon ce critère, la connexité existe lorsque les parties veulent obtenir de la Cour une chose identique, l'établissement d'une responsabilité juridique par exemple. Une approche large a été adoptée dans l'appréciation de la connexité, ce qui compense l'approche restrictive retenue quant à la condition de compétence, dans la mesure où elle permet au défendeur de soumettre à la juridiction un vaste éventail des faits litigieux.

Une demande présentant ces caractéristiques satisfait aux conditions énoncées par l'article 80 du Règlement, mais cela ne signifie pas qu'elle sera automatiquement jointe à l'instance en cours. Le juge international s'est réservé le droit de s'y opposer, « l'économie de procès » étant le facteur le plus déterminant pour décider sur ce point. C'est, en d'autres termes, pour « éviter la multiplication des procédures » que le juge autorise le défendeur à contre-attaquer. Il peut le lui refuser quand son action n'a pas cet effet même si elle est connexe à celle de la partie adverse ou lorsqu'elle est intentée à des fins abusives. Il peut aussi l'admettre, même s'il n'y a pas de connexité, tout simplement parce qu'elle a cet effet. Tel est le sens du pouvoir discrétionnaire de la Cour en matière de jonction. Il s'agit de tenir compte des circonstances particulières à chaque espèce dans la décision d'acceptation ou du refus de la demande formée par le défendeur. La raison en est que les considérations qui commandent la jonction ou non de la demande à l'instance en cours sont semblables, sinon identiques, à celles qui ont présidé l'adoption par les juges de la CPJI de la disposition réglementaire permettant au défendeur de contre-attaquer. Il apparaît donc normal que les juges veillent constamment à l'observation de ces considérations chaque fois qu'ils sont saisis d'une demande reconventionnelle. On a dit plus haut que celle-ci est une exception à l'article 40 du Statut qui indique les voies ordinaires de la saisine. L'exception est justifiée par les avantages importants que de telles demandes présentent dans un procès. Il semble logique que le juge soit autorisé à refuser celle qui ne produit pas les avantages escomptés.

Une fois saisi d'une prétention en vertu de l'article 80 du Règlement, le juge doit ainsi s'interroger sur trois questions : la conclusion contenue dans le contre-mémoire constitue-t-elle une demande reconventionnelle ? Les dispositions de l'article 80 du Règlement sont-elles respectées ? En cas de réponse positive à ces questions, faut-il accepter ou refuser la jonction de la demande à l'instance en cours ? Il faut admettre toutefois que cette dernière question se pose lorsque la logique de la jonction cadre mal avec la réponse donnée à l'existence ou non de la connexité, c'est-à-dire lorsque les « raisons décisives » s'opposent à la jonction alors que la demande est en connexité avec l'objet de la requête ou au refus alors que cette connexité n'existe pas. L'approche ainsi adoptée ressemblerait à celle de la Cour en matière consultative où celle-ci a déclaré à maintes reprises qu'elle a le pouvoir discrétionnaire pour donner ou non une suite favorable à une requête déposée à cette fin, non sans préciser qu'il faudrait des « raisons décisives » pour y opposer un refus.

Il est vrai que dans le seul cas, celui de l'affaire de la *Convention sur le génocide,* où les conditions d'une disjonction de la reconvention introduite par le défendeur, pourtant connexe à l'objet de la requête, furent réunies, la Cour n'en a pas moins conclu à sa jonction à l'instance en cours. Ce qui peut laisser penser que, ce faisant, elle a approuvé la thèse opposée, qui consiste à dire que la Cour a compétence liée, qu'une fois les conditions réglementaires remplies, elle doit accepter la prétention qui lui a été soumise à titre incident. C'est la raison pour laquelle, nous formulons le souhait que la Cour indique expressément qu'elle dispose de ce pouvoir discrétionnaire en matière reconventionnelle, comme elle l'a fait en matière consultative.

En se basant sur l'ensemble des enseignements ainsi tirés de la jurisprudence et la pratique la Cour internationale de Justice, on peut enfin conclure que la demande reconventionnelle dont celle-ci peut connaître est *une demande autonome introduite incidemment par le défendeur dans le procès.* Si elle se distingue nettement de celle qui est admise en droit interne, il n'en demeure pas moins qu'elle la rejoint sur plus d'un point. Il est, par exemple, établi que devant la CIJ, la demande formée à titre incident ne peut, contrairement à ce qui est le cas en droit interne, avoir pour effet la prorogation de compétence de l'organe judiciaire. Mais il est aussi constant que, comme en droit interne, elle peut être directe ou indirecte, pure ou hybride, compulsory ou permissive. Lorsqu'elle a pour objet un fait différent de celui de la demande principale, elle est indirecte, pure (ou simple) et permissive (au sens où son auteur a le choix entre sa formulation dans le procès intenté contre lui et sa présentation au juge par une requête introductive d'instance dans le cadre d'une nouvelle affaire). Lorsqu'elle a pour objet un fait identique à celui de la demande principale, elle est directe, hybride et, dans certaine mesure, compulsory. Elle est directe, parce qu'elle se repose sur le même fait ; hybride, parce qu'elle influence le sort de la demande principale ; et compulsory parce que sa présentation s'impose au défendeur, et son acceptation au juge. Le principe *res judicata* empêcherait le défendeur d'engager une nouvelle affaire afin de soumettre au juge la prétention qu'il ne lui a pas présentée à titre reconventionnel. Un seul fait ne peut pas être jugé deux fois. Pour la même raison le juge saisi d'une demande de ce genre ne pourrait pas la rejeter en s'appuyant sur son pouvoir discrétionnaire en matière de jonction.

I. COURS A L'ACADEMIE DE DROIT INTERNATIONAL DE LA HAYE

BROWNLIE (I.), "International law at the fiftieth anniversary of the United Nations", *RCADI*, 1995, vol. 255, pp. 8-228.

CALOYANNI (M. A.), « L'organisation de la Cour permanente de justice internationale et son avenir », *RCADI*, 1932, t. XXXVIII, pp. 651-786.

HAMBRO (E.), "Juridiction of the international court of justice", *RCADI*, 1950 (I), vol. 76, pp. 125-215.

MBAYE (K.), « L'intérêt pour agir devant la Cour internationale de justice », *RCADI*, 1988 II, vol 209, pp. 223- 346

SALVIOLI (G.), « Problèmes de la procédure dans la jurisprudence internationale », R.C.A.D.I., 1957, t. 91, pp. 553-617

SCERNI (M.), "La procédure de la Cour permanente de justice internationale », *RCADI*, 1938 (III), tom. 65, pp. 565-681

TORRES BERNADEZ (S.), « L'intervention dans la procédure de la Cour internationale de justice », *RCADI*, 1995, vol. 256, pp. 193-458

II. OUVRAGES, MONOGRAPHIES

ABERCROMBIE BAKER (S.), DAVIS (M. D), *UNCITRAL Arbitration Rules in Practice: The Experience of the Iran-United States Claims Tribunal,* Kluwer Law International, Netherlands, 1992, 314 p.

ABI-SAAB (G.), *Les exceptions préliminaires dans la procédure de la Cour internationale de Justice*, Pedone, Paris, 1967, 279 p.

ALDRICH (G.H.), "*The Jurisprudence of the Iran-United States* Claims *Tribunal: An Analysis of the Decisions of the Tribunal*", Clarendon Press, Oxford, 1996, 590 p.

AMERASINGHE (Ch. F.), Jurisdiction of international tribunals, Kluwer law international, The Hague/ London/ New York, 2003, 881 p.

ANTONOPOULOS (C.), *Counterclaims before the International Court of Justice*, T.M.C. Asser Press, The Hague, 2011, 177 p.

ASLAOUI (O.), *Les conclusions et leurs modifications en procédure judiciaire internationale*, Thèse : Sc. Pol. : Université de Genève, Institut universitaire des Hautes études internationales, Droz, Genève, 1963, 135 p.

BALASKO (A.), *Causes de nullité de la sentence arbitrale en droit international public*, Pedone, Paris, 1938, 403 p.

BASDEVANT (J.), *Dictionnaire de la Terminologie du Droit International*, Paris, Sirey, 1960, 755 p.

BERGERES (M-C.), *Contentieux communautaire*, 3 éd., PUF, Paris, 1998, 399 p.

BLACK (H –C.), *Black's Law Dictionary*, Sixth edition, West Publishing co.1990, p. 1496.

BOUM (P.), *Les demandes reconventionnelles dans la procédure de la cour internationale de La Haye*, Thèse: Droit public : Paris II : S.I, 1982. 231 p.

BRAAS (A.), *Précis de procédure civile*, t. 1, Bruylant, Bruxelles, 1944, 2 vol., 870 p.

BROWNLIE (I.), *The Rule of Law in International Affairs: International Law at the Fiftieth Anniversary of the United Nations*, Martinus Nijhoff Publishers, The Hague, 1998, 242 p.

CADIET (L.), *Droit judiciaire privé*, 3e éd., Litec, Paris, 2000, 951p.

CAPPELLETI (M.) et PERILLO (J-M.), *Civil Procedure in Italy*, Martinus Nijhoff, The Hague, 1965, 451p.

CHANDRASEKHARA RAO (P.) et GAUTIER (Ph.) (eds), *The rules of the International Tribunal for the Law of the Sea: a commentary*, M. Nijhoff, Leiden/Boston, 2006, 521p.

CHAPUS (R.), *Droit du contentieux administratif*, 8e éd., Montchrestien, Paris, 2008, 1520 p.

CORNU (G.) (éd.), *Vocabulaire juridique*, PUF, Paris, 1987, 127 p.

CORNU (G.) et FOYER (J.), *Procédure Civile*, 3e éd., PUF, Paris, 1996, 780 p.

CORTEN (O.), *Méthodologie du droit international*, ULB, Bruxelles, 2009, 291p.

COUCHEZ (G.), *Procédure Civile*, 14e éd., Sirey, Paris, 2006, 497 p.

CRAWFORD (J.), *Les articles de la C.D.I. sur la responsabilité de l'Etat pour fait internationalement illicite : introduction, texte et commentaires,* Pedone, Paris, 2003, 461p.

DAHL (H-S.), *Dahl's Law Dictioanry / Dictionnaire Juridique Dahl, Français-Anglais / French-English, Troisième éd., Dalloz, Paris, 2007,* 685p.

DAILLIER (P.), FORTEAU (M.), NGUYEN (Q-D.), PELLET (A.), *Droit international* public, 8e éd., LGDJ, Paris, 2009, 1722 p.

DASPRE (J.), *De la demande reconventionnelle en matière de séparation de corps et de divorce* : Thèse : Université de Grenoble. Faculté de droit et des sciences économiques : Imprimerie de Allier, Grenoble, 1954, 231p.

De LEVAL (G.), *Eléments de procédure civile*, 2e éd., Larcier, Bruxelles, 2005, 552p.

De VISSCHER(Ch.), *Aspects récents du droit procédural de la Cour internationale de justice*, Pedone, Paris, 1966, 219 p.

DOUCHY-OUDOT (M.), *Procédure civile : l'action en justice, le procès, les voies de recours*, 2e éd., Gualino éditeur, DL, 2006, 432p.

DUBISSON (Ch.), *La Cour Internationale de Justice,* LGDJ, Paris, 1964, 471 p.

DUPUY (P-M.), *Droit international public*, 9e éd., Dalloz, Paris, 2008, 879 p.

ELIAS (T. O.), *The International Court of Justice and some contemporary problems: essays on international law*, Martinus Nijhoff Publishers, The Hague, 1983, 374 p.

GAILLARD (E.), *La jurisprudence du CIRDI*, A. Pedone, 2004, 1105 p.

FARAG (W M.), *L'intervention devant la Cour Permanente de Justice Internationale: articles 62 et 63 du statut de la Cour* : Thèse : Université de Paris (1896-1968). Faculté de droit et des sciences économiques., L.G.D.J., 1927, 144 p.

FITZMAURICE (G.), *The Law and Procedure of the International Court of Justice*, Grotius Publications, Cambridge, 1986, 2 vol. 860 p.

FLEMING (J.), GEOFFREY C. (H.), LEUBSDORF (J.), *Civil procedure*, Little Brown, Boston, 1992, 726 p.

FOUNTOULAKIS (Ch.), *Set-off defenses in international commercial arbitration: a comparative analysis*, Oxford and Portland, Or. : Hart Pub., 2011, 257 p.

GILL (T D.), *Litigation strategy at the International Court: a case study of the Nicaragua v. United States dispute*, Martinus Nijhoff Publishers, Boston/Leiden, 1989, 362 p.

GLICHITCH (S.), *La juridiction obligatoire de la CPIJ*, Jouve et Cie, Paris, 1940, 184 p.

GRISEL (E.), *Les exceptions d'incompétence et d'irrecevabilité dans la procédure de la Cour international de justice*, Editions Herbert Lang & Cie SA, Berne, 1968, 241 p.

GUINCHARD (S.) (ed), *Droit et pratique de la procédure civile*, 5e éd., Dalloz, Paris, 2006, 1392 p.

GUINCHARD (S.) *(ed.), Lexique des termes juridiques, 20e édition, Dalloz, 2012,* 967 p.

GUINCHARD (S.) et FERRAND (F.), *Procédure civile : droit interne et droit communautaire,* 28e éd., Dalloz, Paris, 2006, 1449 p.

GUINCHARD (S.), CHAINAIS (C.), FERRAND (F.), *Procédure civile : droit interne et droit de l'Union européenne*, 30e éd., Dalloz, Paris, 2010, 1585 p.

GUINCHARD (S.), *Méga Nouveau Code de Procédure Civil : texte du code, textes complémentaires, jurisprudence, annotations*, 2e éd., Dalloz, Paris, 2001, 2183 p.

GUYOMAR (G.), *Commentaire du Règlement de la Cour internationale de justice: interprétation et pratique*, Pedone, Paris, 1983, 760 p.

GUYOMAR (G.), *La Révision du règlement de la Cour internationale de justice*, A. Pédone, Paris, 1973, 23 p.

HERON (J.) et LE BARS (T.), *Droit judicaire privé*, Montchrestien, Paris, 2006, 964 p.

HUDSON (M.O.), *La Cour permanente de justice internationale*, Pédone, Paris, 1936, 723 p.

HUDSON (M.O.), *The permanent court of international justice: A Treatise*, Macmillan, New York, 1934, 731 p.

JAPIOT (R.), *Traité élémentaire de procédure civile et commerciale*, 3e éd., A. Rousseau, Paris, 1935, 770 p.

JULIEN (P.), FRICERO (N.), *Procédure civile*, 4e édition, Paris L.G.D.J., 2011, 544 p.

LA FONTAINE (H.), *Pasicrisie internationale : histoire documentaire des arbitrages internationaux, 1794-1900*, Stampfli, Berne, 1902, 308 p.

LAUTERPACHT (H.), *The Development of International Law by the International Court*, 2e éd., Stevens, London, 1958, 408 p.

MANI (V S.), *International Adjudication: Procedural Aspects*, M. Nijhoff, The Hague ; Boston, 1980, 456 p.

MERIGNHAC (A.), *Traité théorique et pratique de l'arbitrage international*, L. Larose, Paris, 1895, 528 p.

PARRY (C.), GRANT (J.), *Parry and Grant encyclopaedic dictionary of international law, Oceana Publications, New York. London. Rome, 1986,* 564 p.

RALESTON (J-H.), *International law and procedure*, Ginn and Company, Boston and London, 1910, 512 p.

REDFERN (A.), HUNTER (M.), *Droit et pratique de l'arbitrage commercial international*, traduit de l'anglais par Éric Robine, L.G.D.J, Paris, 1994, 574 p.

ROSENBERG (M.), SMIT (H.) et COOPER DREYFUSS (R.), *Elements of Civil Procedure*, Foundation Press, Fifth edition, Westbury New York, 1990, 1155 p.

ROSENNE (Sh.), *Intervention in the international court of justice,* Martinus Nijhoff, Boston, 1993, 207 p.

ROSENNE (Sh.), *Procedure in international Court: A commentary on the 1978 Rules of international court of justice*, M. Nijhoff, Boston, 1983, 305 p.

ROSENNE (Sh.), *The law and practice of the International Court 1920-2005*, 4th ed., Martinus Nijhoff Publishers, Leiden/Boston, 2006, 4 vol., 1891 p.

ROSENNE (Sh.), *The World Court, what it is, how it works*, Martinus Nijhoff Publishers, Leiden/Boston, 2003, 332 p.

SALMON (J.) *(ed), Dictionnaire du Droit International public, Brulant 2001,* 1198 p.

SANTULLI (C.), *Droit du contentieux international*, Montchrestien, Paris, 2005, 584 p.

SHIHATA (I.), *The power of the international court to determine its own jurisdiction: competence de la competence,* M. Nijhoff, The Hague, 1965, 400 p.

SOLUS (H.) et PERROT (R.), *Droit judiciaire privé. Tome 3, Procédure de première instance*, Sirey, Paris, 1991, p. 873, 1358 p.

SOREL (J-M.) et POIRAT (Fl.) (eds), *Les procédures incidentes devant la Cour internationale de Justice : exercice ou abus de droits ?,* Pedone, Paris, 2001, 158 p.

STAES (O.), *Droit judiciaire privé*, Ellipses, Paris, 2006, 256 p.

STERN (B.), *20 ans de jurisprudence de la Cour internationale de justice, 1975-1995*, M. Nijhoff, The Hague/Boston/London, 1998, 1055 p.

STUYT (A-M.), *Survey of international arbitration, 1974-1989*, A.W. Sijthoff , Oceana publ , 1972, 572 p.

VAN REEPINGHEN (Ch.) et ORIANNE (B.), *La procédure devant la Cour de justice des communautés européennes*, F. Larcier, Bruxelles, 1961, 181 p.

VAN REEPINGHEN (Ch.), *Rapport sur la réforme judiciaire*, Pasin, 1967, 318 p.

VERHOEVEN (J.), *Droit international public*, Larcier, Bruxelles, 2000, 856 p.

VOEFFRAY (F.), *L'actio popularis ou la défense de l'intérêt collectif devant les juridictions internationales*, PUF, Paris, 2004, 403 p.

WALKER (D.M.) *(ed.), Oxford Companion to Law,* Clarendon Press, *1980, p. 298.*

WITENBERG (J-C.), *L'organisation judiciaire, la procédure et la sentence internationales*, Pedone, Paris, 1937, 436 p.

ZUCKERMAN (A.), *Civil procedure*, LexisNexis UK, London, 2003, 999 p.

III. ARTICLES, CONTRIBUTIONS

AGO (R.), « Les avis consultatifs "obligatoires" de la Cour internationale de Justice : problèmes d'hier et d'aujourd'hui », *in Le Droit International au service de la paix, de la justice et du développement.* Mélanges *offerts à* M. Virally, A. Pedone, Paris, 1991, pp. 9-24.

ANZILLOTTI (D.), « La demande reconventionnelle en procédure internationale », *J.D.I.,* (clunet), 1930, vol. 57, pp. 857-877.

AZARI (H.), « La demande reconventionnelle devant le Tribunal international du droit de la mer : l'apport de l'ordonnance du 2 novembre 2012 dans l'affaire du Navire 'VIGINIA G' ». *Annuaire français de droit international*, 2012, pp. 471-476.

AZARI (H.), « La jonction d'instances devant la Cour internationale de Justice : A propos de l'ordonnance du 17 avril 2013 de la CIJ dans l'affaire de la *Construction d'une route au Costa Rica le long du fleuve San Juan (Nicaragua c. Costa Rica)* », *Annuaire français de droit international*, 2013, pp. 104-117.

AZARI (H.), « Que reste-t-il de la demande additionnelle en procédure de la Cour internationale de justice ? », *Revue belge de droit international*, 2011/1-2, page 1-20.

BASDEVANT (J.), « Quelques mots sur les 'conclusions' en procédure internationale », *Scritti di diritto internazionale in onore di Tomaso Perassi*, Vol. 1, 1957, pp. 173-180.

BEDJAOUI (M.), « La 'fabrication' des arrêts de la Cour internationale de Justice », *in Le droit international au service de la paix, de la justice et du développement. Mélanges offerts à M. Virally*, A. Pedone, Paris, 1991, pp. 87-107.

BEDJAOUI (M.), OUGUERGOUZ (F.), « Le *forum prorogatum* devant la Cour internationale de Justice : les ressources d'une institution ou la face cachée du consensualisme », *A.Y.I.L.*, 1997, Vol. 5, pp. 91- 114.

BEKKER (P.H.F.), « New ICJ jurisprudence on Counterclaims », *A.J.I.L.*, 1998, pp. 509-517.

BILDER (R. B.), "The Fact/Law Distinction in International Adjudication" in Lillich (ed), *Fact-Finding Before International Tribunals*, Transnational Publishers, New York, 1991, pp. 95-98.

BOISSON DE CHAZOURNES (L.), « La Cour internationale de Justice aux prises avec la crise du Kosovo : à propos de la demande en mesures conservatoires de la République fédérale de Yougoslavie », *A.F.D.I.*, volume 45, 1999, pp. 452-471.

BOLLECKER-STERN (B.), « L'affaire des Essais nucléaires français devant la Cour internationale de justice », *A.F.D.I.*, volume 20, 1974, pp. 299-333.

BRIGGS (H. W.), « La compétence incidente de la Cour Internationale de Justice en tant que compétence obligatoire ». *R.G.D.I.P.*, vol. 64, 1960, pp. 217-229.

BROWER (Ch.), BEKKER (P. H. F.), "Understanding "Binding" Advisory Opinions of the International Court of Justice", in Nisuke Ando, Edward McWhinney et RüdigerWolfrum, (dir.), *Liber amicorum Judge Shigeru Oda,* Kluwer Law International, La Haye, 2002 , pp. 351-369.

BROWNLIE (I.), « Why do states take disputes to the international Court », in Nisuke Ando, Edward McWhinney et RüdigerWolfrum, (dir.), *Liber Amicorum du juge Shigeru Oda*, Kluwer Law International, La Haye, 2002, pp. 829-834.

CADIET (L.), « Connexité », *Répertoire de la Procédure Civile*, Dalloz, septembre 2006, n°1-57.

CAFLISH (L.), « L'avenir de l'arbitrage international interétatique », *A.F.D.I.,* 1979, vol. XXV, pp. 9-45.

CHABAS (F.), « Réflexions sur la compensation judicaire », *JCP*, Doctrine, 1966 (I), n° 2026.

CHARPENTIER (J.), « L'affaire de la Barcelona Traction devant la Cour internationale de Justice (arrêt du 5 février 1970) », *A.F.D.I.,* volume 16, 1970, pp. 307-328.

CHINKIN (C.), "Article 62", in ZIMMERMANN (A.), TOMUSCHAT (Ch.), OELLERS-FRAHM (K.) (eds), *The Statute of the International Court of Justice : A commentary ;* Oxford University Press, 2006, pp. 1331-1368.

COLARD-FABREGOULE (C.), MUXART (A.) et PARAYRE (S.), « Le procès équitable devant la Cour internationale de Justice », in RUIZ FABRI (H.) (ed), *Procès équitable et enchevêtrement des espaces normatifs,* CNRS, vol. 4, 2003, p. 19.

COUSSIART-COUSTERE (V.) et EISEMANN (P-M), « La procédure devant les juridictions internationales permanentes », in *La juridiction internationale permanente*, Colloque *SFDI* de Lyon, Pedone, Paris, 1987, pp. 167-190

David (E.), « L'avis consultatif de la Cour internationale de Justice du 15 décembre 1989 sur l'applicabilité de la section 22 de l'article VI de la Convention sur les privilèges et immunités des Nations Unies (affaire Mazilu) », *AFDI*, 1989. pp. 298-320.

De BOURNOVILLE (Ph.), « Au sujet des demandes incidentes en matière d'arbitrage », in MATRAY (L.), De LEVAL (G.) (dir.), *L'Arbitrage : travaux offerts au professeur Albert Fettweis,* E. Story-Scientia, Bruxelles, 1989, pp. 55-71.

De FROUVILLE (O.), « Une harmonie dissonante de la justice internationale : les arrêts de la Cour internationale de justice sur les exceptions préliminaires dans l'affaire relative à la Licéité de l'emploi de la force », *A.F.D.I*, volume 50, 2004, pp. 337-369.

De HOUGH (A. J. J.), «Intervention under article 62 of the Statute and the quest for incidental jurisdiction without the consent of the principal parties », *L.J.I.L.*, vol. 6, n° 1, 1993, pp. 23-25.

DESDEVISES (Y.), « Demande en justice », *J-Cl. procédure civile* 6, 1997, Fasc. 126-7. DISTEFANO (G.), "La demande reconventionnelle au fil des textes régissant le fonctionnement de la Cour de La Haye et de sa jurisprudence", *R.S.D.I. E,* 2008, vol. 18, issue 1-2, pp. 45-67.

DOMINICE (Ch.), « La compétence prima facie de la Cour internationale de Justice aux fins d'indication de mesures conservatoires », in Nisuke Ando, Edward McWhinney et Rüdiger Wolfrum, (dir.), *Liber amicorum Judge Shigeru Oda*, Kluwer Law International, The Hague, cop. 2002, vol. 1, pp. 383-395.

DOPAGNE (F.), « Les exceptions préliminaires dans l'affaire des Activités armées sur le territoire du Congo (nouvelle requête 2002), (République du Congoc. Rwanda), *A.F.D.I.*, 2007, pp. 328-346.

DOUCHY-OUDOT (M.), « Demande reconventionnelle », *Répertoire du droit civil*, Dalloz, Paris, 2003, n°1-52.

DOUSSIS (E.), Intérêt juridique et intervention devant la Cour internationale de Justice, *R.G.D.I.P.*, 2001, n° 1, pp. 55-91.

DUPUY (P-M.), "The Judicial Policy of the International Court of Justice", in SALERNO (F.), *Il Ruolo del giudice internazionale nell'evoluzione del diritto internazionale comunitario : atti del Convegno di studi in memoria di Gaetano Morelli*, CEDAM, Padova, 1995, pp. 61-82.

DUPUY (R. J.), « La réforme du Règlement de la Cour internationale de justice », *A.F.D.I.,* 1972, pp. 265-283.

FAVOREU (L.), « L'arrêt de la Cour internationale de Justice dans les affaires du Sud-ouest africain », A.F.D.I., 1966, pp. 123-143.

FITZMAURICE (G.), "The law and procedure of the International Court of Justice, 1951-4: questions of jurisdiction, competence and procedure", 34 *B.Y.I.L.*, *1958,* pp. 1-161.

FITZMAURICE (G.), "The Law and procedure of the International Court of Justice: International Organizations and Tribunals", 29 *B.Y.I.L.*, 1952, pp. 1-62.

FORTEAU (M.), « La saisine des juridictions internationales à vocation universelle (C.I.J. et T.I.D.M.) », in RUIZ FABRI (H.) et SOREL (J.M.) (éd), *La saisine des juridictions internationales*, Paris, Pedone, 2006, pp. 9-89.

GAILLARD (E.), « C.I.R.D.I., Chronique des sentences arbitrales », *Journal du droit international*, 1988, n°1, pp. 181-184.

GASPAR BROWN (E.), "Counterclaim to a counterclaim", *M.L.R*, vol. 52, n° 8, 1954, pp. 1179-1184.

GENET (R.), « Les demandes reconventionnelles et la procédure de la Cour permanente de justice internationale », *R.D.I.L.C*, t. XIX, 1938, n° 1, pp. 145-178.

GENIN-MERIC (R.), « Demandes Reconventionnelles », *J-CL*, 1996, fasc. 132, n°1-80 GONIDEC (M.P.F.), « L'affaire du Droit d'asile », *RGDIP*, 1951, pp. 547-592.

GROSS (L.), « Limitations upon the Judicial Function », *A.J.I.L*, vol. 58, n°2, pp. 415-431.

GUILLAUME (G.), « le désistement devant la C.I.J. », in *La cour internationale de justice à l'aube du XXIème siècle: le regard d'un juge*, Pedone, Paris, 2003, pp. 141-159.

GUILLAUME (G.), « La cause commune devant la Cour internationale de justice », in *La cour internationale de justice à l'aube du XXIème siècle: le regard d'un juge*, Pedone, Paris, 2003, pp. 125-140.

HAMMARSKJOLD (A.), « Le Règlement de la Cour permanente de Justice internationale », R.D.I.L.C., 1922, pp. 125-148.

HEURTE (A.), « Les demandes reconventionnelles », *A.J.D.A.* 1960 I., pp. 444-453.

JENNINGS (R.), "Reflections on the Term "Dispute", in MacDonald, Ronald St. John., (ed) *Essays in honour of Wang Tieya*, Martinus Nijhoff Publishers, 1993, pp. 401-405.

JIMÉNEZ de ARÉCHEGA (E.), « The Amendments of the Rules of Procedure of the International Court of Justice », 67 *A.J.I.L.,* (1973), pp. 1-22.

JOUANNET (E) , « Le principe de l'*Or monétaire*. A propos de l'arrêt du 30 juin 1995 dans l'affaire du Timor oriental », *R.G.D.I.P.*, 1996/3, pp. 673-714.

JOUANNET (E.), « existe-t-il de grands arrêts de la Cour internationale de Justice ? », in APOSTOLIDIS (Ch.) (éd.), *Les arrêts de la Cour internationale de Justice*, Dijon, Edition universitaire de Dijon, 2005, pp. 169 -197.

KERBRAT (Y.) « De quelques aspects des procédures incidentes devant la Cour internationale de Justice : les ordonnances des 29 novembre 2001 et 10 juillet 2002 dans les affaires des Activités armées sur le territoire du Congo », *A.F.D.I.*, 2002, pp. 343-361.

KOOIJMANS (P-H), «Article 31», in ZIMMERMANN (A.), TOMUSCHAT (Ch.), OELLERS-FRAHM (K.) (eds), *The Statute of the International Court of Justice : A commentary* ; Oxford University Press, 2006, pp. 495-506.

LACHS (M.), « The revised procedure of the international court of justice », in KALSHOVEN (F.), KUYPER (P.) and LAMMERS (J.) (eds), *Essays on the development of the international legal order, in memory of Haro F. Van Panhuys*, Sijthoff § Noordhoff, 1980, pp. 21-35.

LARCHAN (B.), MIRFENDERESKI (G), "The Status of Counter-Claims in International Law, with Particular Reference to International Arbitration Involving a Private Party and a Foreign State", *D.J.I.L.P.*, vol. 15, n°1, 1986, pp. 11-48.

LEVEL (P.), « La jonction de procédures, intervention de tiers et demandes additionnelles et reconventionnelles », *Bulletin de la cour internationale de l'arbitrage de la CCI* vol. 7/n° 2- décembre 1996, pp. 36-44.

LOPES PEGNA (O.), "Counter-claims and Obligations Erga Omnes before the International Court of Justice", *E.J.I.L.*, vol. 9, No. 4, pp. 724-736.

MALICK NDIAYE (T.), "La recevabilité devant les juridictions internationales", *in* Tafsir Malick Ndiaye, Rüdiger Wolfrum (ed), *Law of the Sea, Environmental Law, and Settlement of Disputes: Liber Amicorum judge Thomas A. Mensah*, Martinus Nijhof Publishers, Leiden/Boston, 2007, pp. 249-295.

MARION (L.), « La saisine de la CIJ par voie de compromis », *R.G.D.I.P.*, 1995, pp. 258-300.

MIAJA DE LA MUELA (A.), « La reconvencion ante el Tribunal internacional de Justicia », *Estudios de derecho procesal en honor de Niceto Aiculci-Zumoru y Castillo, Boletin mejicano de derecho comparado,* No. *24, 1975,* pp. 738-761.

MIGUET (J.), « Demande additionnelle », *J-Cl. procédure civile* 1, 1995, Fasc. 127.

MILANOVIC (M.), "State Responsibility for Genocide", *E.J.I.L.*, Vol. 17, 2006, pp. 553-576.

MILLER (M.), "Counterclaim Against Counterclaim", 48 *Nw. U. L. Rew.*, 1954, pp. 671-680.

MOMTAZ (DJ.), « Article 36 », *in* COT (J-P), PELLET (A.) et FORTEAU (M.) (éd.), *La Charte des Nations Unies – Commentaire article par article,* 3ème édition, 2ème vol., Paris, Economica, 2005, pp. 1091-1108.

NOUVEL (Y.), « La recevabilité des demandes reconventionnelles devant la Cour internationale de Justice à la lumière de deux ordonnances récentes », *A.F.D.I.*, 1998, pp. 324-336.

PALCHETTI (P.), “Opening the International Court of Justice to Third States: Intervention and Beyond”, *Max Planck UNYB 6 (2002)*, pp. 139-181.

PRAGER (D W.), “The 2001 Amendments of the Rules of Procedure of the International Court of Justice”, *LPICT*, vol. 1, 2001, N° 1, pp. 155-197.

QUENEUDEC (J-P.), « Observations sur le traitement des exceptions préliminaires par la C.I.J. dans les affaires de Lockerbie », *A.F.D.I.*, 1998, pp. 312-323.

RIGAUX (F.), « Les demandes reconventionnelles devant la Cour internationale de Justice » *in* ANDO (N.) , MC WHINNEY (E.) et WOLFRUM (R.), (dir.), *Liber amicorum judge Shigeru Oda*, Kluwer Law International, vol. 2, 2002, pp. 935-945.

RIVIER (R.), « La preuve devant les juridictions interétatiques à vocation universelle (CIJ et TIDM) », in RUIZ FABRI (H.) et SOREL (J-M.) (eds), *La preuve devant les juridictions internationales*, Pedone, Paris, 2007, pp. 9-54.

ROBERT (J.), « La bonne administration de la justice », *A.J.D.A.*, 1995, pp. 117-132

ROSENNE (Sh.), "*The Forum Prorogatum* of the ICJ", *in R.H.D.I.,* 1953, pp. 1-26

ROSENNE (Sh.), “The framework agreement as the basis for the jurisdiction of the international court of justice and some problems of language”, *in Essays in international law and practice*, M. Nijhoff Publishers, Leiden, 2007, pp. 161-170

ROSENNE (Sh.), « Unilateral applications to the international Court of justice : history revisited”, in *Essays in international law and practice*, M. Nijhoff Publishers, Leiden, 2007, pp. 171-197

ROSENNE (Sh.), « The international Court of Justice: Revision of Articles 79 and 80 of the Rules of Court », 4 *L.J.I.L*, 2001, pp. 77-87

ROSENNE (Sh.), “Controlling interlocutory aspects of proceedings in the international court of justice”, 94 *A.J.IL.*, 2000, pp. 307-347

ROUSSE (J-P.), « Les demandes reconventionnelles formées pour la première fois en appel », *Gaz. Pal.* 2 novembre 1976, 2 Doct. 69

RUIZ FABRI (H.) et SOREL (J-M), « Chronique de contentieux international » *R.G.P.*, 1998/4, pp. 733-735

RUIZ FABRI (H.) et SOREL (J-M) « Chronique de la jurisprudence de la CIJ pour l'année 1997 », *J.D.I.*, 1998 (2), pp. 792- 800

RUIZ FABRI (H.) et SOREL (J-M) « Chronique de la jurisprudence de la CIJ pour l'année 1999 », *J.D.I.*, 2000 (3), pp. 796-801

SALERNO (F.), « Demande reconventionnelle dans la procédure de la Cour internationale de justice », *R.G.D.I.P.*, 1999, Tome 103, pp. 329-378

SANTULLI (C.), Observations sur les exceptions de recevabilité dans l'affaire du Mandat d'arrêt du 11 avril 2000 (République démocratique du Congo c. Belgique), *A.F.D.I.*, 2002, volume 48, pp. 257 – 280

SAVADOGO (L.), « La renaissance de la procédure des demandes reconventionnelles », *R.B.D.I.*, 1999/1, pp. 237-270

SIERDLECKI (M-L.), « Les demandes reconventionnelles, étude critique et comparative », *RTD civ.* 1937, pp. 772-791

SUR (S.), « Les affaires des Essais nucléaires (Australie c. France, Nouvelle-Zélande c. France, C.I.J. – arrêts du 20 décembre 1974), *R.G.D.I.P.*, 1975, pp. 972-1027

TALMON (S.), « Article 43 », *in* ZIMMERMANN (A.), TOMUSCHAT (Ch.), OELLERS-FRAHM (K.) (eds), *The Statute of the International Court of Justice : A commentary* ; Oxford University Press, 2006, pp. 977-1038

THIERRY (H.), « L'arrêt de la Cour internationale de Justice dans l'affaire du Cameroun septentrional (Cameroun c. Royaume-Uni). Exceptions préliminaires, arrêt du 2 décembre 1963 », *A.F.D.I.*, volume 10, 1964, pp. 315-327

THIRLWAY (H.), "Counterclaims Before the International Court of Justice: The Genocide Convention and Oil Platforms Decisions", 12 *L.J.I.L.*, (1999), pp. 198-229

THIRLWAY (H.), « Indication of provisional measures by the international court of justice", in BERNHARDT (R.) (ed.) *Interim measures indicated by international courts,* Springer-Verlag, Berlin/New York, 1994, pp. 1-34

THOUVENIN (J-M), L'arrêt de la CIJ du 30 juin 1995 rendu dans l'affaire du Timor oriental (Portugal c. Australie), *A.F.D.I.*, volume 41, 1995, pp. 328-353

TORRES BERNARDEZ (S.), "The New Theory of 'Indispensable Parties' under the Statute of the International Court of Justice", in WELLENS (ed.), *International law: theory and practice: essays in honor of Eric Suy*, M. Nijhoff, 1998, pp. 735-751

TORRES BERNARDEZ (S.), « La modification des articles du règlement de la Cour internationale de Justice relatifs aux exceptions préliminaires et aux demandes reconventionnelles », *A.F.D.I.*, volume 49, 2003, pp. 207-247

VAURS-CHAUMETTE (A-L.), « Si le fait l'accuse, le résultat l'excuse : l'arrêt de la CIJ sur les exceptions préliminaires dans l'affaire Croatie/Serbie », *AFDI*, 2008, pp. 275-304

VERHOEVEN (J.), «Jura novit curia et le juge international», in P-M. Dupuy et al. (eds), *Common Values in International Law. Essays in Honour of Christian Tomuschat*, Kehl, Engel, 2006, pp. 635-653

WALDOCK (C. H. M.), "Forum Prorogatum or Acceptance of a Unilateral Summons to Appear Before the International Court", 2 *INT'L L.Q*. 377 (1948), pp. 377-391

WAYLER (E.), « La détermination par la Cour de sa propre compétence », in APOSTOLIDIS (Ch.) (éd.), *Les arrêts de la Cour internationale de Justice*, Dijon, Edition universitaire de Dijon, 2005, pp. 21-43

WEIL (P.), « Compétence et saisine : un nouvel aspect du principe de la juridiction consensuelle », in *Theory of International Law at the Threshold of the 21st Century: essays in honour of Krzysztof Skubiszewski*, Kluwer law, La Haye, 1996, pp. 833-848

WINIARSKI (B.) « Quelques réflexions sur le soi-disant «forum prorogatum» en droit international », *in Problèmes fondamentaux du droit international*, Mél. Spiropoulos, Bonn, 1957, pp. 445-452.

WRIGHT (Ch-A.), "Estoppel by Rule: The Compulsory Counterclaim Under Modern Pleading", 38 *Min. L.R.,* 1954, pp. 423, 436

YEE (S.), "Article 40", *in* ZIMMERMANN (A.), TOMUSCHAT (Ch.), OELLERS-FRAHM (K.) (eds), *The Statute of the International Court of Justice : A commentary* ; Oxford University Press, 2006, pp. 845-922

YEE (S.), "Forum Prorogatum and the Advisory Proceedings of the International Court", 95 *A.J.I.L*, (2001), pp 381-85.

YEE (S.), "Forum Prorogatum and the Indication of Provisional Measures in the International Court of Justice", in: Goodwin-Gill & Talmon (eds.), *The Reality of International Law*, Essays in Honour of Ian Brownlie, Oxford University Press, 1999, pp. 565-584

IV. DOCUMENTS SELECTIFS

Annuaire de la Commission du droit international, 1950, vol. II, p. 136-137(Procédure arbitrale : rapport de Georges Scelle, rapporteur spécial, A/CN.4/18.)

Annuaire de la Commission du droit international, 1991, vol. II, (deuxième partie), (Projet d'articles sur les immunités juridictionnelles des Etats et de leurs biens, adopté par la CDI à sa quarante-troisième session).

Annuaire de la Commission du droit international, vol. II 1958 (Commentaire relatif à certains articles du modèle de règles sur la procédure arbitrale).

Annuaire de la Cour internationale de Justice (C.I.J. Annuaire), 1997-1998, n° 52

Annuaire de l'Institut de droit international, Session Berlin, 1999, vol. 68, t. 1 (Le Règlement judiciaire et arbitrale des différends internationaux impliquant plus de deux Etats)

- Rapport de Rudolf Bernhardt, Première partie : Travaux préparatoires Report – final version.
- Revised Draft Resolution, novembre 1998.

Code judiciaire belge

Cyclopedia of Federal procedure, 3rd ed.,Rochester, NY.: Lawyers Cooperative Publishing.,1988, , 1138 p.

Documents officiels de l'Assemblée générale, trente et unième session, Supplément n° 17 (A/31/17).

G.A. Res. 1262 (XIII), U.N. GAOR, 13th Sess., Supp. No. 18, U.N. Doc. A/4090 (1958)

Nouveau code de procédure civile de France

Projet de règlement pour la procédure arbitrale internationale, *IDI*, Session de La Haye, 1875 (reproduit dans la Revue de Droit International et de législation comparé (R.D.I.L.C.), 1874, p. 594 ; et R.D.I.L.C., 1875, p. 281)

Recueil des sentences arbitrales publié par l'ONU, 1922, vol. 1, pp. 307-346

Recueil des traités de la France, J. DE CLERQ (éd.), 1901-1902, t.22, pp.552-558.

Règlement CE n° 44-2001 du 22 déc. 2000 concernant la compétence judiciaire, la reconnaissance et l'exécution des décisions en matière civile et commerciale (JOCE n° L 12, 16 janv. 2001, p. 1).

Règlement de la Commission des Nations Unies pour le droit commercial international (CNUDCI).

Règlement de la Cour d'arbitrage de la Chambre de commerce international (CCI).

Règlement du Centre international de règlement des différends liés aux investissements (CIRDI).

Statut et Règlement de la Cour Permanente de Justice Internationale: éléments d'interprétation, Max-Planck-Institut für Ausländisches Öffentliches Recht und Völkerrecht, Berlin, Carl Heymans Verlag, 1934, 498 p.

The rules of the International Tribunal for the Law of the Sea

United States Federal Rules of Civil Procedure

V. JURISPRUDENCE

1. La Cour internationale de Justice

A. Procédure contentieuse

Actions armées frontalières et transfrontalières (Nicaragua c. Honduras), compétence et recevabilité, arrêt, C.I.J. Recueil 1988, p. 69.

Activités armées sur le territoire du Congo (nouvelle requête : 2002) (République démocratique du Congo c. Rwanda), compétence de la Cour et recevabilité de la requête, arrête du 3 février 2006, C.I.J., Recueil 2006, p. 6.

Activités armées sur le territoire du Congo (République démocratique du Congo c. Ouganda), ordonnance du 29 novembre 2001, C.I.J. Recueil 2001, p. 660.

- *Mesures conservatoires, ordonnance du 1er juillet 2000, C. 1. J. Recueil 2000,* p. 111.

- *Arrêt du 19 décembre 2005, C.I.J. Recueil* 2005, p. 168.

Activités militaires et paramilitaires au Nicaragua et contre celui-ci (Nicaragua c. Etats-Unis d'Amérique), compétence et recevabilité, arrêt, C.I.J. Recueil 1984, p. 392.

- *Déclaration d'intervention, ordonnance du 4 octobre 1984, C. I.J. Recueil 1984,* p 215.

- *Fond, arrêt du 27 juin 1986, C. I.J. Recueil 1986*, p. 14.

Affaire des pêcheries, arrêt du 18 décembre 1951 : C. I. J. Recueil 1951, p. 116.

Ahmadou Sadio Diallo (République de Guinée c. République démocratique du Congo), Exceptions préliminaires, C.I.J. Recueil, 2007, p. 1.

- *Fond, arrêt du 30 novembre 2010, C.I.J. Recueil, 2010*, p. 1.

- *Indemnisation due par la République démocratique du Congo à la République de Guinée, arrêt du 19 juin 2012*, p. 1.

Ambatielos (compétence), Arrêt du Juillet I952 : C. I. J. Recueil 1952, p. 28.

- *(Fond : obligation d'arbitrage), Arrêt du 19 mai 1953: C. 1. J. Recueil 1953*, p. 10.

Anglo-Iranian Oil Co. (Royaume-Uni c. Iran), exceptions préliminaires, arrêt du 22 juillet 1952, C.I.J. Recueil 1952, p. 93.

- *Ordonnance du 5 juillet 1951 : C. I. J. Recueil 1951*, p. 89.

Applicabilité de l'obligation d'arbitrage en vertu de la section 21 de l'accord du 26 juin 1974 relatif au siège de l'Organisation des Nation Unies, avis consultatif, C.I.J. Recueil 1988, p. 12.

Application de la convention de 1902 pour régler la tutelle des mineurs (Pays-Bas c. Suède), arrêt du 28 novembre 1958, C.I.J. Recueil 1958, p. 55.

Application de la convention internationale sur l'élimination de toutes les formes de discrimination raciale (Géorgie c. Fédération de Russie), mesures conservatoires, ordonnance du 15 octobre 2008, C.I.J. Recueil 2008, p. 353

Application de la convention internationale sur l'élimination de toutes les formes de discrimination raciale (Géorgie c. Fédération de Russie), arrêt, 1er avril 2011, C.I.J. Recueil 2011, p. 1.

Application de la convention pour la prévention et la répression du crime de génocide (Croatie c. Serbie), exceptions préliminaires, arrêt, C.I.J. Recueil 2008, p. 1.

- *Ordonnance du 4 février 2010, C.I.J. Recueil 2010*, p. 1.
- *Fond, arrêt du 3 avril 2015, C.I.J. Recueil 2015*, p. 1.

Application de la convention pour la prévention et la répression du crime de génocide, (Bosnie-Herzégovine c. Serbie-et-Monténégro), ordonnance du 10 septembre 2001, C.I.J. Recueil 2001, p. 572.

- *Fond, arrêt du 26 février 2007, C.I.J. Recueil 2007*, p. 43.

- *Mesures conservatoires, ordonnance du 8 avril 1993, C.I.J. Recueil 1993*, p. 8.

- *Exceptions préliminaires, arrêt, C.I.J. Recueil 1996*, p. 595.

- *Demandes reconventionnelles, ordonnance du 17 décembre 1997, C.I.J. Recueil* 1997, p. 243.

- *Mesures conservatoires, ordonnance du 13 septembre 1993, C.I.J. Recueil 1993*, p. 325.

Avena et autres ressortissants mexicains (Mexique c. Etats-Unis d'Amérique), arrêt, C.I.J. Recueil 2004, p. 12.

Barcelona Traction, Light and Power Company, Limited, Exceptions préliminaires, arrêt, C.I.J. Recueil 1964, p. 6.

Cameroun septentrional (Cameroun c. Royaume- Uni), Exceptions préliminaires, Arrêt du 2 décembre 1963: C. I. J. Recueil 1963, p. 15.

Certaines activités menées par le Nicaragua dans la région frontalière (Costa Rica c. Nicaragua), construction d'une route au Costa Rica le long du fleuve San juan (Nicaragua c. Costa Rica), demandes reconventionnelles, ordonnance du18 avril 2013.

Certaines questions concernant l'entraide judiciaire en matière pénale (Djibouti c. France), Arrêt du 4 juin 2008, C.I.J, Recueil 2008, p. 177.

Certaines terres à phosphates à Nauru (Nauru c. Australie), exceptions préliminaires, arrêt, C.I.J. Recueil 1992, p. 240.

Certains biens (Liechtenstein c. Allemagne), exceptions préliminaires, arrêt, C.I.J. Recueil 2005, p. 18.

Certains emprunts norvégiens, Arrêt du 6 juillet 1957 : C. I. J. Recueil 1957, p. 9

Compétence en matière de pêcheries (Espagne c. Canada), compétence de la Cour, arrêt, C.I.J. Recueil 1998, p. 432.

Compétence en matière de pêcheries (République fédérale d'Allemagne c. Islande), mesures conservatoires ordonnance du 17 août 1972. C.I.J.Recueil 1972, p. 30.

Construction d'une route au Costa Rica le long du fleuve San juan (Nicaragua c. Costa Rica), jonction d'instances, Ordonnance, 17 avril 2013.

Délimitation maritime et questions territoriales entre Qatar et Bahreïn, compétence et recevabilité, arrêt, C.I.J. Recueil 1995, p. 6.

- *Ordonnance du 17 février 1999, C.I.J. Recueil 1999*, p. 3.
- *Ordonnance du 30 mars 1998, C.I.J. Recueil 1999*, p. 243.

Demande d'interprétation de l'arrêt du 20 novembre 1950 dans l'affaire du droit d'asile, (Colombie/Pérou), arrêt du 27 novembre 1950, C.I.J. Recueil 1950, p. 395.

Demande d'examen de la situation au titre du paragraphe 63 de l'arrêt rendu par la Cour le 20 décembre 1974 dans l'affaire des Essais nucléaires (Nouvelle-Zélande c. France), C.I. J. Recueil 1995, p. 288.

Demande en interprétation de l'arrêt du 15 juin 1962 en l'affaire du Temple de Préah Vihéar (Cambodge c. Thaïlande), mesures conservatoires, ordonnance du18 juillet 2011, p. 1.

Demande en révision et en interprétation de l'arrêt du 24 février 1982 en l'affaire du Plateau continental (Tunisie/Jamahiriya arabe libyenne) *(Tunisie c. Jamahiriya arabe libyenne), arrêt, C.I.J. Recueil 1985,* p. 192.

Détroit de Corfou, arrêt sur l'exception préliminaire, C. 1. J. Recueil 1948, p. 15.

- *arrêt du 9 avril 1949 : C.I.J. Recueil 1949*, p. 4.
- *ordonnance du 26 mars* 1948 : *C. I. J. Recueil* 1948, p. 53.

Différend frontalier (Bénin/ Niger), arrêt, C.I.J. Recueil 2005, p. 90.

Différend frontalier terrestre, insulaire et maritime (El Salvador/ Honduras : Nicaragua (intervenant)), arrêt, C.I.J. Recueil 1992, *p. 351.*

- *Requête à fin d'intervention, C.I.J. Recueil 1990,* p. 92.

- *Constitution de chambre, ordonnance du 8 mai 1987, C.I.J. Recueil 1987,* p. 10.

- *requête à fin d'intervention, ordonnance du 28 février 1990, C.I.J. Recueil 1990,* p. 3.

- *Arrêt du 11 septembre 1992, C.I.J. Recueil* 1992, p. 351.

- *Ordonnance du 10 janvier 1986, C.I.J. Recueil 1986*, p. 3.

Différend relatif à des droits de navigation et des droits connexes (Costa Rica c. Nicaragua), arrêt, C.I.J. Recueil 2009, p. 213.

Différend territorial (Jamahiriya arabe libyenne/ Tchad), arrêt, C.I.J. Recueil 1994, p. 6.

Différend territorial et maritime entre le Nicaragua et le Honduras dans la mer des Caraïbes (Nicaragua c. Honduras), arrêt, C.I.J. Recueil 2007, p. 659.

Différend territorial et maritime, (Nicaragua c. Colombie), Arrêt du 19 novembre 2012.

Droit d'asile, (Colombie/Pérou), arrêt du 20 novembre 1950, Recueil 1950, p. 266.

Droit de passage en territoire indien (Portugal c. Inde), fond, arrêt, C.I.J. Recueil 1960, p. 6.

Droits des ressortissants américains au Maroc, arrêt du 27 août 1952, C.IJ. Recueil 1952, p. 176.

Elettronica Sicula S.P.A. (ELSI), C.I.J. Recueil 1989, p. 15.

Essais nucléaires (Australie c. France), arrêt, C.I.J. Recueil 1974, p. 253.

- *requête* à *fin d'intervention, ordonnance du 12 juillet 1973, C.I.J. Recueil 1973,* p. 320.

- *Requête à fin d'intervention, ordonnance du 20 décembre 1974, C.I.J. Recueil 1974,* p. 530.

Essais nucléaires (Nouvelle-Zélande c. France), arrêt, C. I. J. Recueil 1974, p. 457.

Frontière terrestre et maritime entre le Cameroun et le Nigéria (Cameroun c. Nigéria ; Guinée équatoriale (intervenant)), arrêt, C. I. J. Recueil 2002, p. 303

- *Requête à fin d'intervention, ordonnance du 21 octobre 1999, C.I. J. Recueil 1999,* p. 1029.

- *Ordonnance du 30 juin 1999, C.I.J. Recueil* 1999, P. 983.

- *Exceptions préliminaires, arrêt, C.I. J. Recueil 1998,* p. 275.

Haya de la Torre, Arrêt du 13 juin 1951: C.I. J. Recueil 1951, p. 71.

Immunités juridictionnelles de l'Etat (Allemagne c. Italie), demande reconventionnelle, ordonnance du 6 juillet 2010, C.I. J. Recueil 2010, p. 2.

- *Requête de la République hellénique à fin d'intervention, ordonnance du 4 juillet 2011*, p. 2.

Incident aérien du 3 juillet 1988 (République islamique d'Iran c. États-Unis d'Amérique), ordonnance du 13 décembre 1989, C.I.J. Recueil 1989, p. 132.

Interhandel, Arrêt du 21 mars 1959 : C. I. J. Recueil 1959, p. 6.

Kasikili/Sedudu (Botswana/Namibie), arrêt, C.I.J. Recueil 1999, pp. 1045.

LaGrand (Allemagne c. États-Unis d'Amérique), mesures conservatoires, ordonnance du 3 mars 1999. C.I.J. Recueil 1999 (I), p. 14, p. 9.

Licéité de l'emploi de la force (Serbie-et-Monténégro c. Belgique), exceptions préliminaires, arrêt, C.I.J. Recueil 2004, p. 279.

- *mesures conservatoires, ordonnance du 2 juin 1999, C.I. J. Recueil 1999,* p. 139, p. 124.

Mandat d'arrêt du 11 avril 2000 (République démocratique du Congo c. Belgique), arrêt, C.I.J. Recueil 2002, p. 9.

Minquiers et des Écréhous, Arrêt du 17 novembre 1953 : C. I. J. Recueil 1953, p. 47.

Nottebohm (exception préliminaire), Arrêt du 18 novembre 1953 : C. I. J. Recueil 1953, p.111.

Or monétaire pris à Rome en 1943, (question préliminaire), Arrêt du 15 juin 1954 : C. I. J. Recueil 1954, p. 19.

Personnel diplomatique et consulaire des Etats-Unis à Téhéran, arrêt, C.I.J. Recueil 1980, p. 3.

- *Mesures conservatoires, ordonnance du 15 décembre 1979, C.I.J. Recueil 1979*, p.7.

- *Ordonnance du 24 décembre 1979, C.I.J. Recueil 1979*, p. 23.

Plateau continental (Jamahiriya arabe libyenne / Malte), requête à fin d'intervention, arrêt, C.I.J. Recueil 1984, p. 3.

- *Arrêt, C. I.J. Recueil 1985*, p. 13.

Plateau continental (Tunisie / Jamahiriya arabe libyenne), requête à *fin d'intervention, arrêt, C.I.J. Recueil 1981*, p. 3.

Plateau continental de la mer du Nord, arrêt, C.I.J. Recueil 1969, p. 3.

Plateau continental de la mer Egée, mesures conservatoires, ordonnance du 11 septembre 1976, C.I.J. Recueil 1976, p. 3.

Plates-formes pétrolières (République islamique d'Iran c. Etats-Unis d'Amérique), exception préliminaire, arrêt, C. *I.* J. *Recueil 1996*, p. 803.

- *arrêt, C.I.J. Recueil 2003*, p. 161.

- *demande reconventionnelle, ordonnance du 10 mars 1998, C.I. J. Recueil* 1998, p. 190.

Projet Gabcikovo-Nagymaros (Hongrie / Slovaquie), arrêt, C. I. J. Recueil 1997, p. 7.

Questions concernant l'obligation de poursuivre ou d'extrader (Belgique c. Sénégal), mesures conservatoires, ordonnance du 28 mai 2009, C.I.J. Recueil 2009, p. 139.

- *20 juillet 2012, arrêt,* p. 1.

Questions d'interprétation et d'application de la convention de Montréal de 1971 résultant de l'incident aérien de Lockerbie (Jamahiriya arabe libyenne c. Royaume-Uni), exceptions préliminaires, arrêt, C.I.J. Recueil 1998, p. 9.

Questions d'interprétation et d'application de la convention de Montréal de 1971résultant de l'incident aérien de Lockerbie (Jamahiriya arabe libyenne c. Etats-Unis d'Amérique), exceptions préliminaires, arrêt, C.I.J. Recueil 1998, p. 115.

Sentence arbitrale du 31 juillet 1989, mesures conservatoires, ordonnance du 2 mars 1990, C.I.J. Recueil 1990, p. 64.

Sentence arbitrale rendue par le roi d'Espagne le 23 décembre 1906, Arrêt du 18 novembre 1960:C. I. J. Recueil 1960, p. 192.

Souveraineté sur Puluu Ligitun et Pulau Sipadun (Indonésie/ Malaisie), requête à fin d'intervention, arrêt, C.I.J. Recueil 2001, p. 575.

Sud-ouest africain (Éthiopie c. Afrique du Sud ; Libéria c. Afrique du Sud), Exceptions préliminaires, Arrêt du 21 décembre 1962 : C. I. J. Recueil 1962, p. 319.

- *Deuxième phase, arrêt, C.I.J. Recueil 1966,* p. 6.

Temple de Préah Vihéar (Cambodge c. Thaïlande), Fond, Arrêt du 15 juin 1962 : C. I.J. Recueil 1962, p. 6.

Timor oriental (Portugal c. Australie), arrêt, C.I.J. Recueil 1995, p. 90.

Violations alléguées de droits souverains et d'espaces maritimes dans la mer des Caraïbes (Nicaragua c. Colombie), ordonnance du 17 novembre 2017, p. 1.

B. Avis consultatifs

Interprétation des traités de paix conclus avec la Bulgarie, la Hongrie et la Roumanie, première phase, avis consultatif, C.I.J. Recueil 1950, p. 71.

Applicabilité de la section 22 de l'article VI de la convention sur les privilèges et immunités des Nations Unies, avis consultatif C.I.J. Recueil 1989, p. 177.

Conséquences juridiques pour les Etats de la présence continue de l'Afrique du Sud en Namibie (Sud-Ouest africain) nonobstant la résolution 276 (1970) du Conseil de sécurité, avis consultatif C.I.J. Recueil 1971, p. 16.

Jugement n° 2867 du tribunal administratif de l'organisation internationale du travail sur requête contre le fonds international de développement agricole, Avis consultatif du 1er février 2012, p. 3.

Différend relatif à l'immunité de juridiction d'un rapporteur spécial de la Commission des droits de l'homme, avis consultatif; C. I. J. Recueil 1999, p. 62.

Jugement du Tribunal administratif de L'O. I. T. sur requêtes contre l'U. N. E. S. C. O., Avis consultatif du 23 octobre 1956 : C. I.J., Recueil 1956, p. 77.

Demande de réformation du jugement no 158 du Tribunal administratif des Nations Unies, avis consultatif, C.I. J. Recueil 1973, p. 166.

2 Cour permanente de Justice internationale

Interprétation du statut du territoire de Memel, fond, arrêt, 1932, C.P.J.I. série A/B n° 49, p. 294.

Losinger, ordonnance du 27 juin 1936, C.P.J.I. série A/B n° 67, p. 15.

Administration du prince von Pless, ordonnance du 4 février 1933, C.P.J.I. série A /B n° 52, p. 11.

- *ordonnance du 11 mai 1933 (Demande en indication de mesures conservatoires), C.P.J.I., Série A/B, n° 54*, p. 150.

Borchgrave, Série A/B, n°72, p. 158.

Certains intérêts allemands en Haute-Silésie polonaise, C.P.J.I. série A, n° 6, p. 4.

Chemin de fer Panevezys-Saldutiskis, ordonnance du 30 juin 1938 (Exceptions préliminaires) C.P.J.I., Série A/B, n° 75, p. 53.

- *arrêt du 28 février 1939, C.P.J.I., Série A/B, n° 76*, p. 4.

Compagne d'électricité de Sofia et de Bulgarie (ordonnance du 26 février 1940), C.P.J.I. Série A/B n° 80, p. 4.

Concessions Mavrommatis en Palestine, arrêt du 26 mars 1925, série A, n° 5, p. 7.

- *arrêt n° 2, 30 août 1924, C. P. J.I. série A n° 2*, p. 7.

Interprétation des arrêts numéros 7 et 8 (Usine de Chorzów), C.P.I.J., arrêt du 16 décembre 1927, Série A, n° 13, p. 5.

La juridiction territoriale de la commission internationale de l'Oder, C.P.I.J. Série A, n° 23, p. 15.

Lotus, C.P.I.J., Série A, n° 10, p. 4.

Phosphates du Maroc, arrêt du 14 juin 1938, C.P.J.I., Série A/B, n° 74, p. 10.

Prises d'eau à la Meuse (Pays-Bas c. Belgique), C.P.J.I., Série A/B, n°70, arrêt du 27 juin 1937, p. 4.

Société commerciale de Belgique, C. P. J. I., série A/B no 78, p. 160.

Statut de la Carélie orientale, C. P. J. I., série B n° 5, p. 8.

Usine de Chorzów (Allemagne c. Pologne), C.P.J.I., Série A, n° 13, p. 4.

3. Opinions et Déclarations des juges de la CIJ et CPJI

Déclaration commune des juges M. DILLARD et Sir Humphrey WALDOCK, *Essais nucléaires (Australie c. France), requête à fin d'intervention, ordonnance du 20 décembre 1974, C.I.J. Recueil 1974*, p. 532.

Déclaration du juge *ad hoc* Guillaume jointe à l'ordonnance du 18 avril 2013 de la CIJ dans l'affaire relative *à Certaines activités menées par le Nicaragua dans la région frontalière*.

Déclaration du juge *ad hoc* Kreća, *Application de la convention pour lu prévention et la répression du crime de génocide, demandes reconventionnelles, ordonnance du 17 décembre 1997, C.I.J. Recueil 1997,* p. 262.

Déclaration du juge *ad hoc* Verhoeven, *Activités armées sur le territoire du Congo (République démocratique du Congo c. Ouganda), ordonnance du 29 novembre 2001, C.I.J. Recueil 2001,* p. 684.

Déclaration du juge M. Jiménez De Aréchaga, *Essais nucléaires (Australie c. France), requête à fin d'intervention, ordonnance du 20 décembre 1974, C.I.J. Recueil 1974*, p. 532.

Opinion dissidente du juge Ago, *Plateau continental (Jamahiriya arabe libyenne/ Malte), requête à fin d'intervention, arrêt, C. I.J. Recueil 1984*, p. 115.

Opinion dissidente du juge Anzilotti, *C.P.J.I., Série A/B, n°70, arrêt du 27 juin 1937*, p. 45.

Opinion dissidente du juge Bedjaoui, *Compétence en matière de pêcheries (Espagne c. Canada), compétence de la Cour, arrêt, C.I.J. Recueil 1998*, p. 516.

Opinion dissidente du juge Higgins, *Plates-formes pétrolières (République islamique d'Iran c. Etats-Unis d'Amérique), demande reconventionnelle, ordonnance du 10 mars 1998, C.I. J. Recueil 1998,* p. 217.

Opinion dissidente du juge MORENO QUINTANA, *Temple de Préah Vihéar (Cambodge c. Thaïlande), Fond, Arrêt du 15 juin 1962 : C. I.J. Recueil 1962*, p. 67.

Opinion dissidente du juge Oda, *Plateau continental (Jamahiriya arabe libyenne/ Malte), requête à fin d'intervention, arrêt, C.I.J. Recueil 1984*, p. 90.

Opinion dissidente du juge Oda, *Plates-formes pétrolières (République islamique d'Iran c. Etats-Unis d'Amérique), demande reconventionnelle, ordonnance du 10 mars 1998, C.I. J. Recueil 1998,* p. 208.

Opinion dissidente du juge Schwebel, *Plateau continental (Jamahiriya arabe libyenne / Malte), requête à fin d'intervention, arrêt, C.I.J. Recueil 1984*, p. 131.

Opinion dissidente du juge Sette-Camara, *Plateau continental (Jamahiriya arabe libyenne/Malte), C. I.J. Recueil 1984,* p. 71.

Opinion dissidente du Vice-président Weeramantry, *Application de la convention pour lu prévention et la répression du crime de génocide, demandes reconventionnelles, ordonnance du 17 décembre 1997, C.I.J. Recueil 1997*, p. 287.

Opinion dissidente du juge Sir Carfield Barwick, *Essais nucléaires, (Australie c. France), C. 1. J. Recueil 1974*, p. 391.

Opinion individuelle de Sir Gerald Fitzmaurice, *Cameroun septentrional (Cameroun c. Royaume- Uni, Exceptions préliminaires, Arrêt du 2 décembre 1963: C. I. J. Recueil 1963*, p. 97.

Opinion individuelle du Juge *ad hoc* Kreća, *Licéité de l'emploi de la force, exceptions préliminaires, arrêt, C.I.J. Recueil 2004,* p. 662.

Opinion individuelle du juge *ad hoc* Lauterpacht, *Application de la Convention pour la prévention et la répression du crime de génocide, C.I.J. Rec. 1997*, p. 278.

Opinion individuelle du juge *ad hoc* Sur, *Questions concernant l'obligation de poursuivre ou d'extrader (Belgique c. Sénégal), ordonnance du 28 mai 2009*, p. 2.

Opinion individuelle du juge Alvarez, *Conditions de l'admission d'un État aux Nations unies (Charte, art. 4), avis consultatif : C. I. J. Recueil 1948,* p. 67.

Opinion individuelle du juge Ammoun, *Barcelona Traction, Light and Power Company, Limited, arrêt, C.I.J. Recueil 1970*, p. 286.

Opinion individuelle du juge Koroma, *Application de la convention pour lu prévention et la répression du crime de génocide, demandes reconventionnelles, ordonnance du 17 décembre 1997, C.I.J. Recueil 1997,* p. 272.

Opinion individuelle du juge Oda, *Plateau continental (Tunisie/Jamahiriya arabe libyenne), requête à fin d'intervention, arrêt, C.I.J. Recueil 1981*, p. 23.

4 Autres documents de la CIJ et CPJI

Déclaration du juge Schewbel, la 36e séance de la cinquante-deuxième session de l'Assemblé générale de l'ONU, tenue le 27 octobre 1997, et à la Sixième Commission de l'Assemblé générale, le 30 octobre 1997. UN Doc. A/52/PV.36, 1-5, 27 octobre 1997.

Déclaration solennelle de MM. Bola Ajibola et KébaMbaye, juges ad hoc en l'affaire de la Demande en interprétation de l'arrêt du 11 juin 1998 en l'affaire de la *Frontière terrestre et maritime entre le Cameroun et le Nigéria (Cameroun c. Nigéria), exceptions préliminaires*, Audience publique tenue le mercredi 17 février 1999, à 9 h 45, au Palais de la Paix, sous la présidence de M. Schwebel, COMPTE RENDU, CR 3/1999 .

Observations écrite de la République fédérale d'Allemagne sur les demandes reconventionnelles de l'Italie (article 80 du Règlement), exceptions préliminaires, 10 mars 2010, dans l'affaire de des *Immunités juridictionnelles de l'Etat.*

Observations écrites de la République italienne (article 80 du Règlement), 18 mai 2010, dans l'affaire des *Immunités juridictionnelles de l'Etat.*

Observations écrites de la Bosnie-Herzégovine sur les demandes reconventionnelles de la Yougoslavie, le 9 octobre 1997, dans l'affaire de l'*Application de la convention pour lu prévention et la répression du crime de génocide.*

Observations écrites de la République démocratique du Congo sur les demandes présentées comme demandes reconventionnelles par la République de l'Ouganda dans son contre-mémoire du 21 avril 2001, 25 juin 2001, dans l'affaire des *Activités armées sur le territoire du Congo.*

5. Plaidoiries

CRAWFORD (J.), Affaire du *Différend territorial et maritime (Nicaragua c. Colombie) Requête du Honduras à fin d'intervention, tenue le mercredi 20 octobre 2010,* CR 2010/20.

WEIL (P.), Affaire de la *Délimitation maritime et questions territoriales entre Qatar et Bahreïn,* CR 94/5.

WEIL (P.), Affaire du *Différend frontalier terrestre, insulaire et maritime (El Salvador/Honduras; Nicaragua (intervenant)),* C 4/CR 91/5.

6. La Jurisprudence du TIDM

Affaire du Navire « Virginia G »,(la Guinée-Bissau/ le Panama) *Ordonnance du 2 novembre 2012.*

7. Sentences arbitrales

CIRDI, 15 aout 1980, *S.A.R.L. Benvenuti & Bonfant c. Congo,* ARB/77/2, Sentence du 8 aout 1980.

CIRDI, Atlanitic Triton c. Guiné, ARB/84/1, Sentence du 21 avril 1986.

CPA, Sentence du tribunal arbitral dans l'affaire du vapeur postal français « carthage » (Italie/ France), La Haye, le 6 mai 1913.

CPA, Sentence du tribunal arbitral dans l'affaire du vapeur postal français « *Manouba* » (Italie/ France), La Haye, le 6 mai 1913.

8. IR-US CTR

Bendix Corp. c. Iran, 18 IR-US CTR 1988 I.

Stanwick Corp. c. Iran, 24 IR-US CTR 1990 I.

In Computer Sciences Corp. c. Iran, No. 221-65-1 (16 April 1986), IR-U.S. CTR 1986.

9. Jurisprudence de la Cour de justice de la Communauté européenne

Affaire *Meeth/ Glacetal, 23/78, CJCE, Recueil des Arrêts, 9 novembre 1978, deuxième partie.* Affaire *Danvoern C-341/93, CJCE, Recueil des Arrêts, 13 juillet 1995.*

9. Jurisprudence interne

A. Jurisprudence française

Cass. 2e civ., 21 mai 1959, *Bull. civ*, n° 453

Cass. 1er civ. 4 oct. 1989, D. 1989, IR, n° 259

Cass. 2e civ., 11 juill. 1974, *Bull. civ.* II, n° 230

Cass. 2e civ., 19 juill. 1962, *Bull. civ.* II, n° 616

Cass. com., 19 juill. 1971, *Bull. civ.* IV, n° 213

Cass. com., 26 mai 1998, *Bull. civ.* IV, n° 172

Cass. com., 19 juill. 1971, *Bull. civ.* IV, n° 213

Cass. req., 5 fév. 1940, DH 1940, n° 101

Cass. soc., 19 juill. 1983 : *Bull. civ.* V, n° 444

Cass. Soc., 16 oct. 1984, *Bull. Civ.* V, n° 379

Cass. Civ., 12 juin 1950 : D. 1950, *Bull. civ.* n° 614

Cass. Civ., 12 mars 1971, *Bull. civ.* III, n° 188, p. 137

Cass. Civ., 14 jan. 1987, *Bull. civ.* II, n°12

Cass. Civ., 1er, 17 déc. 1991, *Bull. civ.* 1, n° 355

Cass. Civ., 1er, 17 déc. 1991, *Bull. civ.* 1, n° 355

Cass. Civ., 1er, 30 juin 1993, *Bull. civ.* 1, n° 235

Cass. Civ., 1er, 4 oct. 1988, D. 1989. IR. n° 259

Cass. Civ., 1er, 8 avril 1957, *Bull. civ.* I, n° 177 ;

Cass. Civ., 2, 14 janvier 1987, *Bull. civ.*, II, p. 7.

Cass. Civ., 21 oct. 1980, Gaz. Pal. 1981.

Cass. Civ., 14 jan. 1987, *Bull. civ.* II, n°12.

Cass. Civ., 23 nov. 1960, *Bull. civ.* II, n° 511

Cass. Civ., 19 mars 1969, *Bull. civ.* II, n° 83.

Cass. Civ., Ire, 9 octobre 1974, *Bull. civ.*, I, n° 223.

Cass. Civ., 3, 21 mai 1979, D., 1979, IR 509;

Cass. Com. 17 mai 1994, *Bull. civ.* IV, n°178.

Cass. Soc., 4 nov. 1969, *Bull. civ.* V, n° 471, p. 477.

B. Jurisprudence américaine

Warren v. indian Refining Co., 30 F Supp 281 ;

Joseph Bancroft & Sons CO. v. M. Lowenstein & Sons, Inc., 50 FRD 415 ;

Meyer v. S.S. Vance, 406 P.2d 996 (Okl.1965).

Williams v. Robinson, 3 Fed Rules Serv 13a.11, Case 1; 1 FRD 211. City of Cleveland v. Cleveland Elec. Illuminating Co., 570 F2d 123 (CA6, 1978).

Old Homestead Co. v. Continental Baking Co., 47 FRD. 560, 563.

U.S. v. Aronson, C.A. Fla., 617 F. 2d 119. 121.

Tasner v. Billera, D.C.III., 379 F. Supp. 809, 813.

Harris v. Steinem, 571 F2d 119 (CA2, 1978).

Baker v. Gold Seal Liquors, Inc., 517 US, 41 L Ed 2d 243, 94 S Ct 2504.

Mesker Brothers Iron Company v. Donata Corp., 401 F.2d 275, 279.

Meyer v. S.S. Vance, 406 P.2d 996 (Okl.1965).

American Surety Co. of New York, D.C.E.N.Y. 1938, 25 F. Supp. 700.

Southern Const. Co. v. United States for Use of Pickard, 371 US 57, 9 L Ed 2d 31, 83 S Ct 108.

TABLE DES MATIERES

DROIT INTERNATIONAL
AUX ÉDITIONS L'HARMATTAN

Dernières parutions

LE GÉNOCIDE DES LARIS AU CONGO
Dominique Kounkou
Dans toute l'histoire politique du Congo, les Lari ont connu persécutions, crimes et génocide. Quelle idéologie de la haine a justifié la programmation de leur extermination ? L'auteur, au moyen d'une enquête en continu, découvre que l'impunité de Sassou Nguesso, de son fils Christel et de tous les exécuteurs d'ordres les pousse à commettre des crimes de sang et des crimes économiques. En outre, les présidents français et les réseaux financés par l'argent des Congolais, détourné par Sassou et son fils ne seraient-ils pas les complices de ce vaste génocide des Laris?
(120 p., 14 euros)
ISBN : 978-2-343-15760-3, EAN EBOOK : 9782140100512

DROIT DU CONTENTIEUX INTERNATIONAL AFRICAIN
Jurisprudences et théorie générale des différends africains
Saidou Nourou Tall
Préface de Ahadzi Nonou Koffi - Avant-propos de Mamadou Badji
Cet ouvrage de référence, très documenté, mêle à la fois la théorie générale du droit des contentieux et l'originalité et/ou spécificités des juridictions et justiciables africains. Il est une remarquable contribution à la compréhension et à la complexité des contentieux internationaux et de leur règlement sous le prisme du Droit.
(562 p., 50 euros)
ISBN : 978-2-343-15555-5, EAN EBOOK : 9782140097843

LE DROIT MARITIME DANS LA ZONE CEMAC
Eric Dibas-Franck
Volontairement limité au Droit maritime dans la communauté économique et monétaire de l'Afrique centrale (CEMAC), cet ouvrage a pour ambition de faire le point sur la construction du droit maritime dans cette zone en scrutant le Code communautaire de la marine marchande. Les grands problèmes contemporains du Droit maritime comparé ou international y trouvent des réponses précises. Le livre est également enrichi d'une jurisprudence inédite.
(Coll. Affaires maritimes et Transports, 258 p., 26 euros)
ISBN : 978-2-343-14948-6, EAN EBOOK : 9782140096082

L'AMÉNAGEMENT CONVENTIONNEL DE LA SOCIÉTÉ COMMERCIALE EN DROIT FRANÇAIS ET EN DROIT OHADA
Wendkouni Judicaël Djiguemdé
Préface de Bernard Saintourens
Toute législation en matière économique se doit d'être souple et adaptée à l'évolution du monde des affaires. Le droit des sociétés OHADA n'échappe pas à ce principe.Cette étude participe de l'élaboration d'un régime juridique adapté, permettant de sécuriser les aménagements conventionnels, signe d'une contractualisation du droit des sociétés.
(Coll. Le Droit aujourd'hui, 458 p., 42 euros)
ISBN : 978-2-343-14563-1, EAN EBOOK : 9782140096013

L'OCTROI DE MER

L'ultime réforme

Fred Le Breton

Survivance du passé colonial, l'octroi de mer est un impôt qui touche les Régions Ultra Périphériques (RUP) de Guadeloupe, Guyane, Martinique, Mayotte et La Réunion. La Communauté européenne ne voulant pas de restriction à la libre-circulation des marchandises, beaucoup prédisent la disparition prochaine de cet impôt. Cet ouvrage présente la lente mais inéluctable évolution de cette question qui, depuis des siècles, a toujours été au centre de la vie politique et économique dont seule une réponse juridique et fiscale de taille est attendue.

(352 p., 33 euros)

ISBN : 978-2-343-13752-0, EAN EBOOK : 9782140074141

LA COUR PÉNALE INTERNATIONALE

Entre nécessité de justice et impératif de paix

Dindio Konaté

Préface de Francis Dacko - Postface de Gaelle Carayon

La Cour pénale internationale (CPI), avancée notable en ce XXIè siècle, apparaît sous les feux des projecteurs. Au-delà des critiques dont elle fait l'objet, se posent la question de la justice et de la paix, deux notions que la Cour doit s'efforcer de conjuguer. L'avènement de la CPI a suscité beaucoup d'espoirs, mais pour que celle-ci joue pleinement son rôle, elle doit effectuer sa mue et se débarrasser des limites tant textuelles qu'opérationnelles qui minent son action. Certes, imparfaite, la CPI n'en demeure pas moins à ce jour le modèle le plus achevé d'une juridiction internationale pénale.

(Coll. Harmattan Côte-d'Ivoire, 226 p., 23 euros)

ISBN : 978-2-343-13616-5, EAN EBOOK : 9782140057724

DROIT DE L'INTÉGRATION AFRICAINE

Organisations communautaires en Afrique de l'Ouest, rapports entre les organisations sous-régionales, l'Union africaine et l'Organisation des Nations unies, défis prioritaires de l'intégration en Afrique

Kémoko Diakité

Préface de Abdoulaye Sakho

Cet ouvrage se veut une contribution à la réflexion sur les organisations d'intégration en Afrique, notamment ouest-africaine telles que la CEDEAO, l'UEMOA et l'OHADA. Il met en exergue le régime juridique des actes de la CEDEAO, de l'UEMOA et de l'OHADA, fait une analyse actualisée du droit communautaire matériel et évoque les réformes institutionnelles récentes des différentes organisations.

(192 p., 20 euros)

ISBN : 978-2-343-10024-1, EAN EBOOK : 9782140046858

LA PROBLÉMATIQUE DE LA RÉPRESSION DES CRIMES DE GUERRE ET DES CRIMES DE GÉNOCIDE EN AFRIQUE

Taïcha Maïga

La répression des crimes internationaux, dont les crimes de guerre et de génocide, constitue une préoccupation majeure pour la communauté internationale. Mais la mise en oeuvre d'une stratégie pénale commune est devenue problématique. La détermination de l'Union africaine et des États africains dans la voie de l'africanisation de la répression des crimes internationaux les a conduits à créer la Cour africaine de justice, des droits de l'homme et des peuples (CAJDHP) et les Chambres africaines extraordinaires (CAE). Cette africanisation de la répression des crimes internationaux permettra-t-elle cependant la fin de l'impunité en Afrique ?

(Coll. Harmattan Sénégal, 376 p., 37,5 euros)

ISBN : 978-2-343-12934-1, EAN EBOOK : 9782140048401

JUSTICE SOCIALE ET PAIX EN AFRIQUE

Réflexions sur les voies du droit

Halidou Yacouba

Face au malaise et à la crise endémique que traverse le processus démocratique africain, il importe de jeter un regard analytique et réflexif sur la problématique de la paix en Afrique. Cet ouvrage montre que la construction d'une paix civile et politique laisse entrevoir que sa condition première, originelle et fondamentale, c'est la justice entendue à la fois comme pratique du bien et application du droit.

(Coll. Études africaines, 296 p., 31 euros)

ISBN : 978-2-343-13042-2, EAN EBOOK : 9782140047138

LA DIFFUSION DU DROIT INTERNATIONAL PÉNAL DANS LES ORDRES JURIDIQUES AFRICAINS

Herman Blaise Ngameni

Préface de Franck Latty

L'Afrique est le terrain de prédilection du pluralisme juridique qui favorise la juxtaposition de l'ordre juridique moderne et l'ordre juridique traditionnel. L'articulation du droit international pénal avec les ordres juridiques africains est une condition de sa diffusion. Il importe pour les États africains de favoriser une coopération effective avec les juridictions pénales internationales qui ne sera possible qu'au sein de régimes politiques démocratiques. Ceci est nécessaire pour un véritable universalisme du droit international pénal.

(Coll. Études africaines, 682 p., 49 euros)

ISBN : 978-2-343-12855-9, EAN EBOOK : 9782140046162

CONSTITUTIONNALISME ET MÉTISSAGE CULTUREL AU-DELÀ DES DROITS DE L'HOMME

Salvatore Bonfiglio

Les sociétés multiculturelles demandent une réinterprétation des principes constitutionnels, capable de favoriser la cohésion sociale, notamment par l'extension des droits fondamentaux aux « non-citoyens ». Il s'agit de reconnaître à l'individu en tant que tel un statut de droits fondamentaux, pour affirmer ainsi le caractère à la fois moral et juridique de la dignité de la personne.

(Coll. Harmattan Italia, 208 p., 26 euros)

ISBN : 978-2-336-31233-0, EAN EBOOK : 9782140103193

LA PROCÉDURE

Sous la direction de Joanna Genovese et Giovanna Debernardi

La procédure est souvent perçue par les parties comme une source de difficultés supplémentaires dans la résolution d'un conflit. Elle est en réalité protectrice des droits des individus. Il n'existe pas qu'une procédure mais une pluralité. Il est question de procédure civile, de procédure collective, de procédure pénale... La procédure s'adapte en fonction des contraintes et besoins tant par la dématérialisation que la déjudiciarisation.

(Coll. Droit privé et sciences criminelles, 138 p., 16,5 euros)

ISBN : 978-2-343-15460-2, EAN EBOOK : 9782140102769

LE RECOURS AUX MODES ALTERNATIFS DE RÈGLEMENT DES LITIGES EN MATIÈRE DE PROPRIÉTÉ INTELLECTUELLE

Jean Tankeu

Préface de Joseph Fometeu

La mondialisation et le développement des échanges économiques posent de nouveaux défis en matière d'application des droits de propriété intellectuelle. Plus le commerce et les affaires s'intensifient au niveau international, plus la question des effets des droits de propriété intellectuelle et de leur application au-delà des frontières nationales devient pertinente. D'où le développement du contentieux non juridictionnel international de la propriété intellectuelle auquel l'auteur consacre cet ouvrage.

(326 p., 33 euros)

ISBN : 978-2-343-15648-4, EAN EBOOK : 9782140102653

MÉTHODOLOGIES DE LA SÉCURITÉ URBAINE

François Dieu, Bruno Domingo

Quelles sont les méthodologies de la sécurité urbaine ? Comment réaliser un diagnostic local de sécurité ? Quelles sont les précautions à prendre avec les chiffres de la délinquance ? Comment mesurer le sentiment d'insécurité et la victimisation ? Quelles sont les modalités de diffusion de l'information au sein des dispositifs de prévention ? Comment mettre en place un observatoire local de la délinquance ? En bref, comment impulser une réflexion objective et un partenariat dynamique pour une politique de sécurité efficace ?

(Coll. République et sécurité, 276 p., 28,5 euros)

ISBN : 978-2-343-15718-4, EAN EBOOK : 9782140102295

DROIT DES ENTREPRISES INDIVIDUELLES

Commerçant / Entreprenant / Bail à usage professionnel / Fonds de commerce / Vente commerciale / Commerce électronique

Cheikh Abdou Wakhab Ndiaye

L'entreprise est une notion moderne et polysémique qui n'a fait son apparition que très récemment dans le droit sénégalais. L'entreprise individuelle concerne le commerçant, personne physique, et l'entreprenant. Son droit est un véritable droit du développement. Il matérialise une volonté de promouvoir l'initiative privée par, d'une part, la facilitation des conditions d'accès au monde des affaires et, d'autre part, la mise en place d'un climat favorables aux investissements. Il est ainsi un creuset où les droits OHADA, UEMOA et sénégalais sont conjugués pour la réalisation de cette ambition.

(Coll. Harmattan Sénégal, 404 p., 40 euros)

ISBN : 978-2-343-15882-2, EAN EBOOK : 9782140102196

LES FINANCES PUBLIQUES DU GABON

Droit budgétaire et droit de la comptabilité publique

Fidèle Mengue Me Engouang

Considéré comme un pays riche, grâce à ses ressources naturelles, le Gabon demeure pourtant un Etat pauvre. L'une des raisons de ce paradoxe est la mauvaise gestion des moyens financiers dont dispose l'Etat. L'assainissement de la gestion des finances publiques constitue donc un des défis majeurs que doivent relever le gouvernement et l'administration. Ce qui exige une parfaite maîtrise des normes juridiques applicables en la matière, en plus d'une grande probité morale. Cet ouvrage veut contribuer au renforcement des capacités des personnes. Il traite des règles et des procédures d'élaboration, d'adoption, d'exécution et de contrôle du budget de l'Etat.

(Coll. Finances publiques, 386 p., 38 euros)

ISBN : 978-2-343-15534-0, EAN EBOOK : 9782140101335

L'INCOHÉRENCE DES LOIS DE CIRCONSTANCES EN MATIÈRE PÉNALE

Paul Laurent

Pour adapter le droit pénal à la criminalité, le Législateur adopte des lois pour des motifs qui échappent à la stricte nécessité juridique, au profit de l'opportunité. Ces lois en réponse à des faits divers sont des lois de circonstances. Leur développement est indéniable. Ce mouvement s'opère aux dépens de la politique pénale de réflexion et des règles de forme classiques. Cette adaptation du droit aux évolutions de la criminalité mérite analyse et débat.

(Coll. Bibliothèques de droit, 272 p., 27 euros)

ISBN : 978-2-343-15317-9, EAN EBOOK : 9782140101625

Structures éditoriales du groupe L'Harmattan

L'Harmattan Italie
Via degli Artisti, 15
10124 Torino
harmattan.italia@gmail.com

L'Harmattan Hongrie
Kossuth l. u. 14-16.
1053 Budapest
harmattan@harmattan.hu

L'Harmattan Sénégal
10 VDN en face Mermoz
BP 45034 Dakar-Fann
senharmattan@gmail.com

L'Harmattan Cameroun
TSINGA/FECAFOOT
BP 11486 Yaoundé
inkoukam@gmail.com

L'Harmattan Burkina Faso
Achille Somé – tengnule@hotmail.fr

L'Harmattan Guinée
Almamya, rue KA 028 OKB Agency
BP 3470 Conakry
harmattanguinee@yahoo.fr

L'Harmattan RDC
185, avenue Nyangwe
Commune de Lingwala – Kinshasa
matangilamusadila@yahoo.fr

L'Harmattan Congo
67, boulevard Denis-Sassou-N'Guesso
BP 2874 Brazzaville
harmattan.congo@yahoo.fr

L'Harmattan Mali
Sirakoro-Meguetana V31
Bamako
syllaka@yahoo.fr

L'Harmattan Togo
Djidjole – Lomé
Maison Amela
face EPP BATOME
ddamela@aol.com

L'Harmattan Côte d'Ivoire
Résidence Karl – Cité des Arts
Abidjan-Cocody
03 BP 1588 Abidjan
espace_harmattan.ci@hotmail.fr

L'Harmattan Algérie
22, rue Moulay-Mohamed
31000 Oran
info2@harmattan-algerie.com

L'Harmattan Maroc
5, rue Ferrane-Kouicha, Talaâ-Elkbira
Chrableyine, Fès-Médine
30000 Fès
harmattan.maroc@gmail.com

Nos librairies en France

Librairie internationale
16, rue des Écoles – 75005 Paris
librairie.internationale@harmattan.fr
01 40 46 79 11
www.librairieharmattan.com

Lib. sciences humaines & histoire
21, rue des Écoles – 75005 Paris
librairie.sh@harmattan.fr
01 46 34 13 71
www.librairieharmattansh.com

Librairie l'Espace Harmattan
21 bis, rue des Écoles – 75005 Paris
librairie.espace@harmattan.fr
01 43 29 49 42

Lib. Méditerranée & Moyen-Orient
7, rue des Carmes – 75005 Paris
librairie.mediterranee@harmattan.fr
01 43 29 71 15

Librairie Le Lucernaire
53, rue Notre-Dame-des-Champs – 75006 Paris
librairie@lucernaire.fr
01 42 22 67 13

www.ingramcontent.com/pod-product-compliance
Lightning Source LLC
LaVergne TN
LVHW021142061026
849535LV00002B/331